伟大的音乐家

伟大的音乐家

[英] DK出版社 编著　胡禹平 译

華中科技大學出版社
http://press.hust.edu.cn
中国·武汉
有书至美
BOOK & BEAUTY

图书在版编目（CIP）数据

伟大的音乐家/英国DK出版社编著；胡禹平译. 一武汉：华中科技大学出版社，2022.3（2023.10 重印）

ISBN 978-7-5680-7881-8

Ⅰ.①伟… Ⅱ.①英… ②胡… Ⅲ.①音乐家－生平事迹－世界 Ⅳ.①K815.76

中国版本图书馆CIP数据核字（2021）第281257号

Original Title: Composers: Their Lives and Works

伟大的音乐家
Weida de Yinyuejia

［英］DK出版社 编著
胡禹平 译

出版发行：华中科技大学出版社（中国·武汉）
电话：（027）81321913
华中科技大学出版社有限责任公司艺术分公司
电话：（010）67326910-6023
出 版 人：阮海洪

责任编辑：莽 昱 宋 培
责任监印：赵 月 郑红红　封面设计：邱 宏

制　作：北京博逸文化传播有限公司
印　刷：惠州市金宣发智能包装科技有限公司
开　本：720mm×1020mm　1/8
印　张：40
字　数：300千字
版　次：2023年10月第1版第2次印刷
定　价：228.00元

本书作者

Jessica Duchen
杰西卡·杜琴，毕业于剑桥大学音乐系，为报纸和杂志撰写音乐评论超过30年。她的作品包括许多书籍、歌剧剧本和舞台剧。

Malcolm Hayes
马尔科姆·海斯，作曲家、作家，他的小提琴协奏曲曾在2016年BBC舞会上演出。他出版的图书中包括李斯特和韦伯恩的传记，并参与编写了《威廉·沃尔顿书信选》。

Andrew Stewart
安德鲁·斯图尔特，在伦敦国王学院学习音乐，并作为记者和作家撰写有关古典音乐的文章超过30年。他还是一位经验丰富的合唱团教练和指挥家。

Richard Wigmore
理查德·威格莫尔，音乐作家、讲师和主持人，专门从事歌剧和抒情诗乐的表演。他的作品包括《舒伯特：完整的歌曲文本》《海顿的费伯口袋指南》，还撰写了许多关于音乐词典和百科全书的文章。

R. G. Grant
R.G·格兰特，作家，尤其擅长撰写历史、传记和文化类文章。他最近出版的图书包括《海上哨兵》《音乐：权威的视觉历史和作家们》（合著）。

Diana Loxley
戴安娜·洛斯利，自由作家和编辑，她曾是伦敦一家出版机构的主编并拥有文学博士学位。

Marcus Weeks
马库斯·威克斯，作家和音乐家。他学习过音乐、哲学和乐器技术，在开始作家生涯之前曾当过教师。他撰写并贡献了许多关于哲学、文学和艺术的书籍。

Iain Zaczek
伊恩·扎切克，曾在牛津大学瓦德姆学院学习法语和历史，出版了30多本关于文化、历史和艺术方面的书。

第1页　曼努埃尔·安图努斯的大钢琴，里斯本，1767年

第2页　伊莎贝拉·安吉拉·科尔布兰，约翰·海因里希·施密特特绘，1817年

第3页　《五种感官：听觉》，亚伯拉罕·博塞，约1635年

▷《米歇尔·代·拉·巴雷指挥演出指挥》，安德烈·鲍伊斯，约1710年

第一章 1600年以前

第二章 17和18世纪

第三章 19世纪早期

第四章 19世纪晚期

目录

第五章
20世纪早期

第六章
20世纪晚期和21世纪

序言

在大约公元600年，伟大的学者圣依西多禄（St Isidore of Seville）悲叹道："如果人们记不住声音，它们就不复存在了，因为没有办法把它们记录下来"。事实上，巴比伦人和古希腊人都分别发明了音乐记谱法，但随着这些文明的衰落，它们也一同被彻底遗忘。这意味着在之后的许多世纪内，音乐作品只能通过不断的演出来传递给一代又一代的人。

然而，在圣依西多禄身后大约100年，僧侣们开始试图通过书写来记录他们的吟诵。到了11世纪，其中最重要的一名先驱，圭多·达莱佐（Guildo d'Arezzo）为我们今日所使用的记谱法打下了基础。这使他在音乐史上具有举足轻重的地位，也因此成为本书将要介绍的第一人。在圭多之前也有作曲家，但只有在他之后的作曲家们才得以流芳百世。

本书中提到的早期作曲家中有几位和圭多一样是意大利人。法国和与其毗邻的佛兰德同样人才辈出。英国在中世纪晚期和文艺复兴时期也有着令人赞叹的音乐传统。到了18世纪，音乐势力版图发生了剧烈的变化。在德国和奥地利，从约翰·塞巴斯蒂安·巴赫（Johann Sebastian Bach）开始，涌现了一系列声名显赫的作曲家，其音乐发展的繁荣程度远非任何其他地方可比，而维也纳成了毫无争议的世界音乐之都。

在19世纪，在德奥之外的更多地方出现了一些卓越的作曲家：俄罗斯、东欧和斯堪的纳维亚地区都出现在了音乐版图中。从20世纪开始，音乐家已分布在世界各地，其中首当其冲的是美国，包括澳大利亚、巴西、加拿大、日本在内的20多个国家的作曲家都被收录在本书中。

作曲家的地理分布变广了许多，他们的作品类型也变得越来越多样。在中世纪，天主教会是西方世界最具影响的机构。与视觉艺术一样，音乐受宗教支配，许多作曲家将大部分的精力投入弥撒曲（教堂礼拜的核心活动，纪念基督的死与重生）的创作。然而，文艺复兴使艺术日趋世俗化——歌剧体裁在大约1600年于意大利兴起。接着，新的体裁、风格相继出现，乐器的种类也越来越多，并出现了其他的声音源。

本书中一些早期人物的生平只有较少的记载，不过其他许多作曲家的传记素材相当丰富。伟大作曲家的"好莱坞"式的流行形象大部分由几位19世纪音乐巨匠树立——他们的一生可谓传奇：路德维希·范·贝多芬（Ludwig van Beethoven），一位骄傲、叛逆，逐渐遭耳聋桎梏的局外人；埃克托·柏辽兹（Hector Berlioz），将自己对一位美丽女演员热烈的单相思倾注在了一部最具创意的交响曲中；弗雷德里克·肖邦（Frédéric Chopin），一生遭疾病掣肘的钢琴诗人；彼得·伊里奇·柴可夫斯基（Pyotr Ilyich Tchaikovsky），其颠沛的一生和令人困惑的死亡至今引人揣测；还有理查德·瓦格纳（Richard Wagner），极度的自负背后是强大的创作力和独创性。

当然，有些作曲家没有如此引人注目的人格，但他们中也不乏一些了不起的角色——有些家喻户晓，有些名气则小一些。他们中有卡洛·杰苏阿尔多（Carlo Gesualdo），这位意大利贵族残暴地谋杀了他的妻子和妻子的情人，但逃脱了惩罚；埃里克·萨蒂（Erik Satie），被认为是怪诞风格的守护神；还有埃塞尔·史密斯（Ethel Smyth）——她不仅在被男性主导的世界里斩获成功，而且在20世纪妇女争取选举权的运动中成为关键人物后被囚，是一名女权英雄。

有些作曲家寻求独处，另一些则一生活跃在大众视野下，比如费利克斯·门德尔松（Felix Mendelssohn）。他是近现代国际音乐巨星的鼻祖，维多利亚女王和阿尔伯特王子都是他的朋友。还有一些音乐家则受到政治事件的直接影响：威廉·伯德（William Byrd）和托马斯·塔利斯（Thomas Tallis）在英国革命的湍流中步步为营，而谢尔盖·普罗科菲耶夫（Sergei Prokofiev）和德米特里·肖斯塔科维奇（Dmitri Shostakovich）在政府的压力下听从党的指挥。

本书中一些角色的职业生涯之短令人扼腕。比如莉莉·布朗热（Lili Boulanger），她自婴儿时期就患病，死时年仅24岁。其他作曲家中有些死于梅毒，或至少被认为因此而折寿——弗雷德里克·戴留斯（Frederick Delius）、葛塔诺·多尼采蒂（Gaetano Donizetti）、弗朗茨·舒伯特（Franz Schubert）和贝德里赫·斯美塔那（Bedřich Smetana）都在其中。莫杰斯特·穆索尔斯基（Modest Mussorgsky）或许是作曲家中因嗜好酒精而过早离世的最著名案例。在另一个极端，一些作曲家却是非常高寿：华金·罗德里戈（Joaquín Rodrigo）和迈克尔·蒂皮特（Michael Tippett）都活到了90多岁；卡米尔·圣桑（Camille Saint-Saëns）、伊戈尔·斯特拉文斯基（Igor Stravinsky）和朱塞佩·威尔第（Giuseppe Verdi）也都年近90才去世。

在一个更广的历史和文化背景下，本书赞颂这些作曲家的生平和成就。他们的爱恨情仇、关键影响和工作方式等一同铸就了他们的杰作，跨越了世代却永远传神达意。

1600年以前

第一章

▷ **圭多·达莱佐，湿壁画**
这幅壁画位于意大利托斯卡纳区（Tuscany）的奇吉亚纳音乐学院（Chigiana Music Academy），描绘的是这位著名的意大利僧人、音乐理论家讲学的场景。

圭多·达莱佐

约991—1050年，意大利

在本笃会修行时，圭多发明了用来学习礼拜唱吟唱的办法，同时也发明了支撑起现代西方音乐的记谱法。

圭多·莫纳科（Guido Monaco）公元991年出生于佛罗伦萨以南大约80千米的阿莱佐（Arezzo）城邦。随着他在意大利教会音乐世界中声名鹊起，他开始被称为圭多·达莱佐（即阿莱佐的圭多）。关于他的家庭和早年生活的记载寥寥无几，人们只知道他在意大利东北沿海地区的彭波萨（Pomposa）本笃会修道院接受教育，且年轻时在那里做修士。

解决问题

在彭波萨，圭多展现出惊人的音乐天赋，在注意到僧侣们学习清唱旋律时遇到的困难后，他取得了一些教学上的名声。他对音乐理论进行了研究，并发明了一些帮助唱者提升背谱演唱的方法，其中使用了简略的记谱法作为辅助。

圭多发现这个艰巨的学习过程可以通过一套辅助记忆方法来极大地简化：给音阶上的每个音都起个名字。这些名字与他专门为此目的的创作的赞美诗《施洗约翰》（*John the Baptist*）相联系。他还生动地将这些音符的名字排列成仿佛在五指关节处的样子，极大减少了学习新唱段所需的时长。他进而发明了一种在谱表上记录音乐符号的办法，这些符号可以精确表达每个音符的音高。

虽然圭多的这些新方法使得学习和演出变得更容易，但彭波萨的许多僧侣对此并不热衷，而他在约1025年离开修道院后回到了阿莱佐。在那里，主教任命他做教堂唱诗班的老师，并委任他写一篇关于其音乐原理的论文，以及汇编一套应答圣歌呈递教皇约翰十九世（Pope John XIX）。

圭多在1026年完成了《论音乐艺术的教学》（*Micrologus de Disciplina Artis Musicae*），后者很快成为了中世纪音乐理论和教育的标准文献。他的名声也得以传播，并于1028年受教皇邀请前往罗马。然而，疾病限制了他的活动，大约1050年后他便去世了。

对后世的影响

严格来说，圭多不是一位重要的作曲家（他所创作的唯一为人所知的作品，是用于其辅助教学的赞美诗），但他的音乐教育准则和谱表记谱法对后世产生了深远的影响。有了一套精确的记谱法后，音乐家们得以演奏更为复杂的音乐；因为知道作品可以被准确地复制，他们甚至可以开始作曲。音乐一旦可以写下，乐思便可以被快速、广泛地传播。不夸张地说，是圭多开启了西方古典音乐的纪元。

术语

从纽姆（neumes）到横线谱表

天主教会的无数诵唱都曾是通过僧侣们的死记硬背，并口口相传到后代的。然而，到了9世纪，图形化的符号（被称为纽姆记谱法）被记在文字的上方，用于提示旋律的形态。最终，这些记号被代表特定音高的横线代替（如C或F）。人们相信是圭多提出了用四条横线来分别代表某个精确的音高，而这后来进化成了我们熟悉的五线谱。

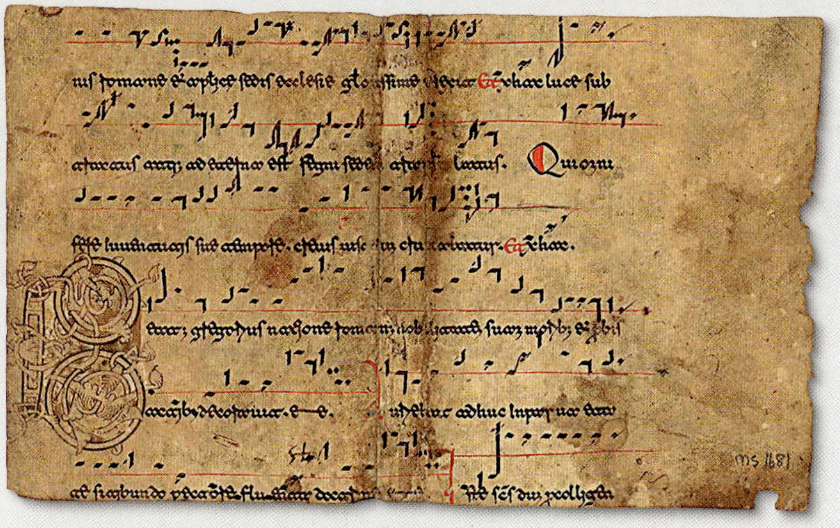

12世纪的乐谱，展示的是齿距纽姆谱（diastematic neumes，也作音高纽姆谱 heightened neumes），以及一根单条谱线。

▽**16世纪的“圭多手”**

圭多发明了一个手掌记谱法。按他自己的话说，“任何有智性、肯钻研的人”都可以学会。这个16世纪的例子中有着完整的唱名符号（如re，mi，fa），即对应音阶中特定音高的符号。

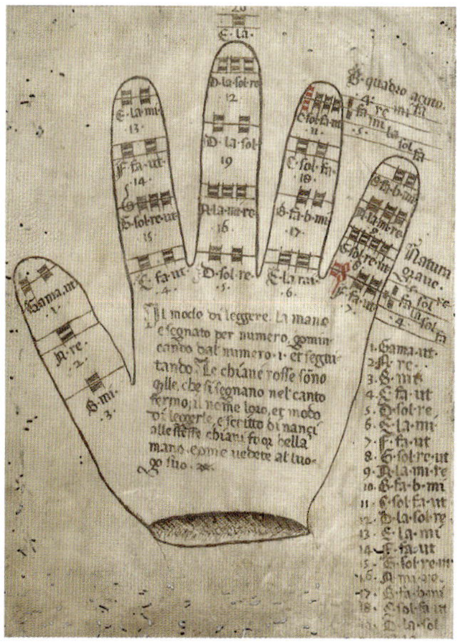

◁**鸟瞰彭波萨修道院**

彭波萨修道院壮观的钟楼是意大利北部科迪戈罗（Codigoro）地区最具标志性的景观。圭多在这里生活了许多年。

希尔德加德·冯·宾根
（Hildegard von Bingen）

1098—1179年，德国

希尔德加德是一位有传说色彩的人物，既是作曲家、学者、神学家，也是传教者和科学家，并且有着惊人的天赋。她的作品被赞誉为中世纪辉煌的音乐成就之一。

△迪希邦登堡修道院

希尔德加德年仅14岁时就在迪希邦登堡的修道院开始了敬神的一生。她在这里度过了40年。

希尔德加德·冯·宾根——也被称为圣希尔德加德，或莱茵的女先知——1098年出生于莱茵兰（Rheinland），可能是在贝默斯海姆市（Bermersheim）的一个贵族地主家庭，不过她的家庭并非大富大贵。她可能是10个孩子里最小的那个。

她在儿童时期就已与众不同。从5岁起，她开始拥有异象（vision），而这些异象对她未来的生活产生了深刻的影响。后来，她将这些异象通过具有冲击力的绘画、音乐和一系列成就斐然的神学著作记载了下来。

毕生的投入

在1106年，8岁的希尔德加德开始接受约塔·冯·施潘海姆修女（Jutta von Spanheim，1092—1136年）的指导学习拉丁语和赞美诗。后者是一位极为虔诚的年轻女贵族。对希尔德加德的父母来说，让她跟随约塔既是一个关乎教育与信仰的重大决定，也是一个财务上的重大决定，因为他们不如富裕而具有影响力的施潘海姆那样有着雄厚的资本。这个决定可以让他们的女儿在未来确保长远的稳定。

这两位女性一起生活了6年后，在1112年，她们在奥登海姆的迪希邦登堡（Disibodenberg at Odernheim）的本笃会（男）修道院中开始了一段离群索居、高度虔诚的生活。后来，这里发展成了一个小型的女修道院，由约塔任院长。修女们住在石头小间里，与男性修士们没有往来。1115年，希

◁希尔德加德·冯·宾根

希尔德加德通过教会、音乐，以及书籍写作（话题从神学、自然世界到医学、性等），挑战男性权威。

背景

挑战精英阶层的修道院生活

希尔德加德出生的那段时期，修道院是欧洲极具影响力的机构，对经济、政治和灵修生活都有很大影响。修士和修女们通常来自上等家庭，并对地区施加着强有力的影响，这导致了腐败和财富的集中。到了12世纪，这个系统开始受到挑战，挑战者包括西多教会（Cistercian）——这是一个主张修士和修女们从事体力劳动的宗教修道会——以及宗教领袖彼得·沃尔多（Peter Waldo）。后者摒弃了自己的财富，呼吁自发的贫穷。

西多会的修士和修女们在田里劳动

> “［音乐是］神圣的声音，万物与之回响。”
>
> 希尔德加德·冯·宾根

△宇宙与人

这幅描绘了一个人类岔开双脚站在构成宇宙的圆形的13世纪绘画来自希尔德加德的《神之功业书》（1163—1174年）。书中她提出了诸多理论，包括关于人类和宇宙，而这些理论都基于一个（古希腊的）基本假设，即人类都是由世界的基本元素——土壤、水、空气和火——构成的。

尔德加德立下了誓约，并在1136年约塔去世后继任院长。她人生的一半时间几乎都在迪希邦登堡度过。

希尔德加德的助手是学识广博的弗玛（Vdmar）。后者是一位修士、神学家，按修道院的规矩成为了希尔德加德的助手，帮助记录她的异象。他也是她的精神导师、告解对象和伴侣。他先于希尔德加德6年去世。对她而言，弗玛的去世势必是一次重大的个人和职业损失。

在1141年，希尔德加德记录了一次异象，其中“从天堂降下了极强的光，将我的头脑笼罩，而我的心中燃起了一团火……它温暖我，就像太阳温暖大地”。她认为这次强烈的体验是来自神的干预，而这促使她向公众公布了这次异象——一部分是通过她的神学著作。其中最著名的是《认识主道》（*Scivias*，1141—1151年），据说其中的插图都是由希尔德加德自己完成，讨论了创世、救赎和解脱；另一本是《生之功德书》（*Liber vitae Meritorum*，1158—1163年），书中表现了善与恶的激烈争论；以及《神之功业书》（*Liber Divinorum Operum*，1163—1174年），陈述了她关于宇宙的理论。

新的方向

希尔德加德的异象为她带来了巨大的名声和众多的皈依者，这令她在1148年左右萌生了在宾根（她的名字即源于此）附近的鲁伯斯堡（Rupertsberg）创办自己的女修道院的想法。后来她又创办了第二所修道院，地处莱茵河西岸的吕德斯海姆（Rüdesheim）的艾宾根（Eibingen），但她从未在那里居住。

60岁时，希尔德加德开始在德国进行巡回布道，主题聚焦于她的异象和精神洞察——这在男性具有绝对统治地位的那个时代是一个非常有勇气的决定。音乐是希尔德加德的诸多天赋之一，也是其热情所在：对她而言，天堂中充满音乐。她坚称自己的音乐创作“补全”了她的异象。她的音乐总是与文字相结合——对她来说，这两者密不可分：“文字是躯体，而音乐可以表现灵魂。”

与世隔绝的生活离不开音乐。希尔德加德应该非常熟悉圣咏体裁，包括格里高利圣咏（Gregorian Chant，中世纪教堂的素歌或礼拜圣咏），也可能接触过一些世俗音乐。她也很有可能对11世纪德国作曲家和神学家

▷异象降临希尔德加德

这幅西维亚的绘画描绘了希尔德加德·冯·宾根（左）在一次异象体验中接受神的指引。陪伴她的是她的助手、神学家和副院长弗玛。一束亮光从天上照下，落在她的头上，而她则在一块书写板上记录这一超自然的体验。

**“我是天物的炙热生命，我是田野上方的炽焰，
我照亮江河，我在太阳和星月里燃烧。”**

希尔德加德·冯·宾根

赫曼努斯·孔特拉克图斯（Hermanus Contractus）和贝尔诺·冯·赖兴奥（Berno von Reichenau）的作品有所了解。然而，根据希尔德加德的记载，她没有受过音乐教育，从未研究过音乐、结构和作曲。据说，她所有的作品都是在异象体验的驱动下完成的。文学学者和语言学家马克·阿瑟顿（Mark Atherton）曾提出，希尔德加德的作曲技法与传统的格里高利圣咏素歌存在本质区别：“她的旋律时常跨越两个八度，频繁地从一个低音跃至一个高音，短乐句和主题不断变化，且在旋律起伏时流连于某个音节处。”

希尔德加德的创作从浮华、愉悦感官的早期作品发展到后来更为严谨克制的圣咏。这些圣咏立足于礼拜仪式，创作时间介于1140年至1160年间，包括拜赞歌、对唱、应答圣歌、赞美诗以及弥撒曲的继叙咏。她最著名的作品是宗教剧《美德典律》（*Ordo Virtutum*，约1150年）——一组伴有音乐的道德剧，共82个旋律——以及77部礼拜圣咏合集《天国启示的和谐交响》（*Symphonia armonie celestium revelationum*，约1158年）。

据中世纪音乐学者克里斯朵夫·佩奇（Christopher Page）回忆，“我们不知道希尔德加德只是坐着哼唱歌曲，还是一边哼唱一边在白板上写下来，再由其他人将终稿誊写到石板或羊皮纸上……我们不知道是先有歌词，还是歌词与音乐作为一个有机整体被创作出来。”

△**鲁伯斯堡修道院**
这座位于宾根的鲁伯斯堡修道院地处莱茵河和纳厄（Nahe）河的交汇点，由希尔德加德于1148年创办。1632年，它被三十年战争中的瑞士军队摧毁。

一位开拓进取的女性

希尔德加德于1179年在她位于鲁伯斯堡的修道院去世。2012年，教宗本笃十六世（Benedict XVI）将其封圣。在她的一生中，她一直被尊为一位有异象能力的先知，但由于她的隐居和女子之身，她的音乐没有收获关注——直到20世纪80年代，她在音乐上的开创性成就才被人们发现。她在医学、科学、宇宙学和自然世界上的惊人写作量也对后世产生了影响。在某些圈子里她有着近乎偶像般的地位，尤其是在女权运动中。同时，她在大众文化和学界中都引起了人们的兴趣。

背景

12世纪的诗人音乐家

希尔德加德对格里高利圣咏以及宗教音乐的了解毋庸置疑。同时，她应该也对行吟诗人（trouvères）有所了解。这些是12世纪活跃在欧洲北部的贵族诗人作曲家，他们的歌词经常是由诗人自己吟唱出来，有时有乐器伴奏。她想必也对恋歌诗人（minnesänger）有所耳闻。恋歌诗人们是欧洲北部的旅行歌手们，其中颇为著名的是瓦尔特·冯·德·福格尔魏德（Walther von der Vogelweide，1170—1230年）。他的诗关于政治和爱情，其中最著名的一首令人喜爱的作品是《椴树下》（*Under the Linden Tree*），听起来像夜莺的歌声。

乐手们，来自《圣母玛利亚歌曲集》（*Cantigas de Santa Maria*，约1280年）手抄本

关键作品

1141—1151年
创作了《认识主道》。这是她的第一部引人注目的关于异象和神学的手稿。

约1150年
创作了《美德典律》，配乐道德剧。

约1158年
创作了《天国启示的和谐交响》

1158—1163年
完成了《生之功德书》，书中描写了善与恶的对话。

1163—1174年
汇编了她最后一部关于异象的杰作，《神之功业书》

纪尧姆·迪费（Guillaume Dufay）

约1397—1474年，法国

迪费是15世纪勃艮第（Burgundian）乐派最出色的作曲家。他的技艺在意大利期间登峰造极，为中世纪与文艺复兴时期的音乐实现了风格上的优雅过渡。

纪尧姆·迪费是一个神父的私生子，大概在1397年出生于布鲁塞尔附近的贝尔塞尔（Beersel，当时属于荷兰勃艮第区）。他父亲的身份至今不明。纪尧姆由妈妈抚养长大，后来随了母亲的名字 Du Fayt，后来也拼做 Du Fay 或 Dufay。

纪尧姆童年时随母亲前往康布雷（Cambrai）与一个亲戚一起居住。后者是教堂的教士。1409年，通过这层关系，他加入了教堂的唱诗班，并开始勤恳地接受音乐教育。他在教堂里一路升任至副执事。

△**音乐抄本**

15世纪早期音乐手稿，由迪费所著。这是其中有插图的一页。这本手稿是他早期重要的创作源泉。

意大利之旅

1420年，迪费前往意大利，为里米尼（Rimini）的马拉泰斯塔家族（Malatesta）的仪式提供服务。这使他得以继续发展教会中的职业，并接触到新兴的意大利文艺复兴音乐风格，从而拓宽自己的音乐视野。

后来他从里米尼搬至了博洛尼亚（Bologna），于1468年在那里被授予了神职，然后又前往罗马加入了教皇唱诗班。至此，他已经是一个有名的作曲家，并谋得了一系列有声望的职位：萨伏依（Savoy）唱诗班指挥（maître de chapelle），隶属阿梅代八世公爵［Duke Amédée VIII，后又成为对立教皇菲利克斯五世（Antipope Felix V）］；后又供职于佛罗伦萨的教皇教堂；最后为费拉拉的埃斯特家族的仪式工作。

整个15世纪30年代，教皇体制和巴塞尔会议（Council of Basel）之间的政治动荡对天主教会有所冲击，导致迪费在意大利的工作变得不稳定。在大约1440年，他回到康布雷负责教堂的音乐事务，也与勃艮第的菲利普公爵的宫廷建立了联系。

一种新风格

迪费被认为是当时欧洲优秀的作曲家之一，其宗教音乐和世俗音乐都广受赞誉。他率先尝试了基于单个圣咏或旋律——经常是流行的非宗教歌曲，或他自己的香颂曲——的完整弥撒创作（"首尾循环"弥撒）。他与他的同事吉尔·班舒瓦（Gilles Binchois）一起创建了一种非常独特的勃艮第文艺复兴早期风格——摒弃了中世纪音乐的朴素，加入抒情性和意大利旋律，以及英国式作曲（contenance angloise），即使用英国作曲家们更为甜美的合声，如约翰·杜恩斯塔布尔（John Dunstaple）。

迪费对定居意大利依然抱有希望。1449年，他回到都灵（Turin）和萨伏依寻求退休后可以出任的职位。然而，政治局面依然动荡，他不得不在1458年重返勃艮第。多亏在都灵时教皇授予他的基督教法学位，他在康布雷也被任命为了大教堂教士。迪费在康布雷度过了余生，直到1474年去世。

人物

好人菲利普

勃艮第公爵的宫廷因对艺术家们慷慨解囊而著名，尤其是在菲利普三世（Philip III，他也被称为好人菲利普）于1419年至1467年掌权期间。在他慈善开明的治理之下，佛兰德艺术家——比如扬·凡·艾克——走向全盛；而包括迪费和吉尔·班舒瓦（两位都和公爵几乎同龄）等在内的法国佛兰德作曲家得以树立了颇具影响力的"乐派"，吸引了来自英国和法国的音乐家们。

勃艮第的菲利普三世，复刻自罗希尔·范德魏登（Rogier van der Weyden）的作品，约1445年

▷**年轻男子的画像**

这幅由佛兰德画家扬·凡·艾克（Jan van Eyck）创作于约1432年的肖像画，通常被认为描绘的是迪费30多岁时的样子。

"如果我面如死灰，那是因为爱。"

纪尧姆·迪费，摘自他的歌曲《如果我面如死灰》（*If My Face Is Pale*）

▷托马斯·塔利斯
16世纪英国最顶尖的声乐作曲家，在宗教改革时期分别为天主教会和新教教会工作过。作为皇室教堂音乐团的一员，他顺应皇室不断变化的精神需求来创作音乐。此处，塔利斯的形象被画在彩绘玻璃上，位于伦敦格林尼治（Greenwich）的圣阿腓基教堂（St Alfege Church）。

托马斯·塔利斯

1505—1585年，英国

塔利斯是都铎王朝（Tudor period）时期杰出的教堂音乐作曲家。宗教改革期间他举步维艰，但最终还是维持了自己在皇室教堂音乐团（Chapel Royal）里的显赫地位。

关于托马斯·塔利斯的早年生活我们知之甚少。有说法称他来自肯特莱斯特郡（Leicestershire），但最早关于他的记录来自1532年，当时他在多佛的小隐修院做管风琴师。他在1537年之前迁址伦敦的山之圣玛丽（St-Mary-at-Hill）的堂区教堂。1年后，他转往了首都城外的沃尔瑟姆（Waltham）修道院。

这应该是很明智的。在亨利八世接管英国教会的计划下，当时的修道院正在经受打压，但支付给职员的解雇金相当丰厚。沃尔瑟姆修道院于1540年被遣散时，塔利斯被偿付了20先令的欠薪，以及额外20先令的“奖金”。

皇家教堂

对许多音乐学徒而言，遣散修道院是一场灾难，但是塔利斯的天赋和雄心壮志为他的未来铺平了道路。他很快找到了另一份工作：坎特伯雷大教堂（Canterbury Cathedral）的一个“唱者”。1543年，他得到了梦寐以求的工作，供职皇家教堂音乐团——这是一个从属于皇室的精英神职人员和音乐家团体，他们在君主需要之时演奏。作为一个宗教音乐作曲家，这无疑是职业的巅峰：稳定、报酬高，且与最优秀的乐手们共事。塔利斯在这个团体一直工作到退休。

改变与适应

塔利斯最大的长处是他的适应能力。他从宗教改革的动荡时期全身而退——在此期间，礼拜的主持由拉丁语改为英语；歌祷堂（“灵魂牧师”为死者吟唱弥撒之所）被取缔；同样被终止的还有诸圣瞻礼日（saints' feast-days）的特别仪式。音乐变少了，剩下的音乐也变得简单而直接。精巧的复调被忽视，取而代之的是对赞美诗和颂歌的重视。不过这些改变不是永久的。在爱德华六世（Edward VI，1547—1553年）和玛丽（Mary，1553—1558年）女王在位时，天主教得以复兴，直到伊丽莎白女王一世（Elizabeth I）的统治下新教再度回归。

塔利斯在不同的音乐风格间自如地切换。《见证圣母奇迹》（*Videte miraculum*）是一部关于圣母玛利亚的优美的六声部应答圣歌。相比之下，《如果你爱我》（*If You Love Me*）很好地展现了他“改革”后的简单风格。

然而，塔利斯的最佳杰作是规模宏大的《寄希望于上主》（*Spem in alium*），一部由围成一圈的合唱团演出的八声部经文歌。听众坐在圆圈中央，唱声在他们的四面八方此起彼伏。有传言说塔利斯的这部作品是对诺福克公爵（Duke of Norfolk）的一次挑战的回应，但这无从证实。

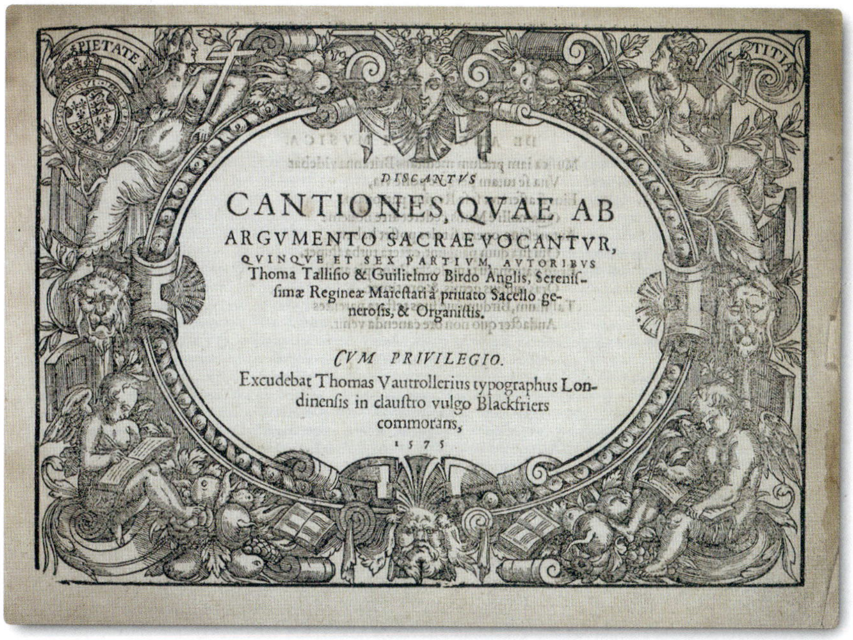

△《圣歌集》乐谱

晚年，塔利斯与他的学生威廉·伯德（William Byrd）获得了伊丽莎白女王一世关于音乐出版销售的唯一授权。1575年，他们完成了一本经文歌集《圣歌集》（*Cantiones scarae*）。1575年，《圣歌集》出版，图中是原作手稿的封面。

背景

解散修道院

根据至尊法案（Act of Supremacy，1534年），亨利八世（Henry VIII）成为了英国教会的领袖，拥有绝对的权力。2年后，他的首席部长托马斯·克伦威尔（Thomas Cromwell）开始对修道场所（修道院、女修道院、隐修院）进行打压，并没收了他们的所有财产上缴皇室。1540年3月，沃尔瑟姆修道院成了最后一个被打压的对象。这项政策对英国音乐家们造成了严重的后果——许多人失去了家庭和生计。在修道院图书馆被清算甚至毁掉的过程中，无数的音乐手稿不知去向。

沃尔瑟姆修道院，埃塞克斯郡，英国

△亨利八世

英国都铎国王（1509—1547年间在位）对修道场所进行了一系列打压，对一些音乐家造成了很大的打击。

乔瓦尼·达·帕莱斯特里纳
（Giovanni da Palestrina）

约1525—1594年，意大利

帕莱斯特里纳最为出名的是其有着崇高精神境界的、为教堂仪式创作的声乐作品。他通过复杂交织的人声声部实现了祥和、纯洁的情感表露。

1525年，乔瓦尼·皮耶路易吉（Giovanni Pierluigi）出生于罗马城外的帕莱斯特里纳小镇，后来以这个名字为人所知。他小时候在名声显赫的圣母大殿唱诗班参加合唱。20岁时，他已经是帕莱斯特里纳大教堂的音乐总监。大约6年后，他被教宗儒略三世（Julius III）任命为圣伯多禄大殿（St Peter's Basilica）的唱诗班总管，职责包括创作宗教音乐和指导演出。帕莱斯特里纳的第一本弥撒集出版于1554年。

◁**儒略三世**
儒略三世［此处由雕塑家富尔维奥·西尼奥里尼（Fulvio Signorini）刻画］发现了帕莱斯特里纳的才华，当时这位年轻的作曲家是帕莱斯特里纳大教堂的音乐总监。

命运反转

儒略三世并不在乎帕莱斯特里纳有妻子（任此职位者理应独身禁欲），也不在乎他所创作的宗教音乐里时而缀有世俗牧歌的元素。然而，儒略三世在1555年去世，才禄二世（Marcellus II，帕莱斯特里纳为他创作了其最著名的弥撒曲《教宗才禄弥撒》（*Missa Papae Marcelli*）短暂的在位之后，更为严守教法的保禄四世（Paul IV）掌管了梵蒂冈。这位新的教宗解聘了帕莱斯特里纳。

不过，帕莱斯特里纳的天分和声望确保了他在其他罗马教堂依然可以找到工作。在1571年他被复聘为教皇唱诗班总管时，他的作曲风格已经贴合了反宗教改革派的需求。他称自己的音乐“遵照了那些最严肃、虔诚的上层人物的看法”。

1570年，瘟疫肆虐罗马。帕莱斯特里纳痛失妻子以及两个儿子。然而，在1581年，他娶了一名罗马皮毛商人的遗孀，后者接管了亡夫的生意，且经营利润颇丰。商业活动之外，他持续创作了一系列弥撒曲和其他宗教音乐，包括1584年出版的《所罗门的歌》（*Song of Solomon*）的配曲，以及1590年左右出版的八声部的《圣母悼歌》（*Stabat Mater*）。到了1594年去世时，他创作了多达105部弥撒曲，超过300首经文歌，以及数百部其他作品，其中宗教作品和世俗作品皆有。

天堂之声

帕莱斯特里纳生前就很有名，身后数个世纪也一直保持着很高的名声。他的作品一直被广泛研究，是技巧完美的复调音乐典范。赞赏他的作曲家包括巴赫和门德尔松，后者称帕莱斯特里纳的音乐听起来“仿佛是直接从天堂传来的”。

背景
帕莱斯特里纳与反宗教改革

16世纪，在新教改革的冲击下，天主教会开展了一场反宗教改革运动，试图纠正松散的宗教活动以重振信仰。16世纪60年代早期，天主教会成员召开特伦特会议（Council of Trent），讨论在宗教仪式中禁止音乐的问题。他们认为音乐给朝拜者带去感官的愉悦，会使其无法专心。传说中，是帕莱斯特里纳的《教宗才禄弥撒》深深触动了教会中的要员，才改变了他们的想法。虽然传说本身并不真实，但帕莱斯特里纳的音乐符合教会的长远利益，因为精神纯洁的音乐的确能坚固人们的信仰。

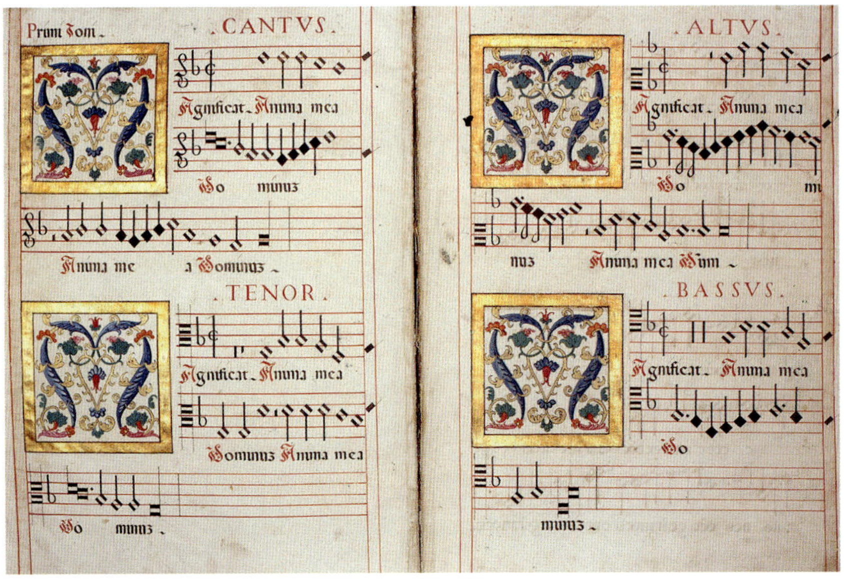

◁**《圣母颂歌》（*Magnificat*）乐谱**
这份16世纪的配图手稿是帕莱斯特里纳《圣母颂歌》一首配曲的第一份双开面乐谱。《圣母颂歌》的歌词取自《圣经》。

▷**乔瓦尼·达·帕莱斯特里纳**
这幅画中，作曲家手持他最为出名的《教宗才禄弥撒》（1562年）。据帕莱斯特里纳说，“音乐应唤起敬神的热情……和谐的合唱令人愉悦。”

MISS
PÆ MARCEL
Ad Mat

奥兰多·德·拉絮斯（Orlande de Lassus）

约1532—1594年，佛兰德

文艺复兴晚期作曲家拉絮斯是彼时欧洲最受欢迎的歌曲作家。他只为人声创作，一生中孜孜不倦地创作了2000多首世俗和宗教歌曲。

奥兰多·德·拉絮斯出生于蒙斯（Mons），位于哈布斯堡（Habsburg）王朝下的尼德兰（Netherlands，今比利时）。这是一个以文艺复兴时期音乐著名的地区。他可能出生于1530年或1532年。人们对其父母毫无所知，而他名字的确切写法也从未有定论，从Orlando di Lasso到Roland de Lattre，有着不少版本。

早年

据说，拉絮斯儿时的嗓音极为优美，以至于他被互相竞争的几个合唱团绑架过3次。12岁左右时，他加入了哈布斯堡将军费兰特·贡扎加（Ferrante Gonzaga）的随从团，并被带到了意大利。拉絮斯可能是随后在曼托瓦（Mantua）、巴勒莫（Palermo）、那不勒斯（Naples）和米兰停留期间开始作曲。1553年，他已是拉特朗圣若望大殿的音乐总监——这个职位对于一位20多岁的年轻人而言是难以企及的。

1555年，拉絮斯回到了尼德兰。他的第一本书在安特卫普（Antwerp）出版，其中汇编了他创作的一些意大利牧歌、经文歌和其他歌曲。

◁**奥兰多·德·拉絮斯**
这幅匿名创作的弗莱芒画派的肖像画中，拉絮斯着装正式，不带笑容。据说，这位作曲家晚年患有抑郁症。

△《**音乐的守护**》（***Patrocinium Musices***）
这是1589年拉絮斯的五声部声乐作品《音乐的守护》（1573—1580年）的封面页。底部配图中，音乐家们围绕着一张圆桌。

拉絮斯的名字引起了巴伐利亚的阿尔布雷希特五世（Albrecht V）的注意，并被他邀请前往其位于慕尼黑的宫廷。他的第一个正式职位是男高音，但是到了1563年，他已经是公爵的音乐总管。他担任这个职位直至去世。他与女侍从雷吉娜·韦金格（Regina Wäckinger）育有二子，他们后来都成为了作曲家。

名噪文艺复兴

拉絮斯为宫廷提供世俗音乐，为教堂提供宗教音乐。他的一些作品专供公爵享用——直到公爵去世，拉絮斯都不被准许出版他广受欢迎的《忏悔诗篇》（*Penitential Psalms*）。不过，作曲家的海量作品中的很大一部分创作都得以付梓。据估计，16世纪后半叶在欧洲所有出版的音乐作品中，超过一半都来自拉絮斯。他的部分作品受到的喜爱没有局限于皇室宫廷。他游历各地，为慕尼黑的音乐机构征募歌手，并监督指导其作品的演出。1571年，他在法国国王查理九世（Charles IX）宫廷的露面引起了轰动，以至于后来被两度邀回。神圣罗马皇帝将他提为贵族。1574年，拉絮斯被教宗格列高利十三世（Pope Gregory XIII）封为金马刺骑士。

1579年阿尔布雷希特五世（Albrecht V）去世后，巴伐利亚奢侈的音乐机构遭到削减。拉絮斯最后的意大利牧歌集《圣彼得之泪》（*Lagrime di San Pietro*）出版后不久，他便去世了（1594年）。他的作品中最著名的一些，包括经文歌集《先知西比尔》（*Prophetiae Sibyllarum*）在他死后由他的两个儿子出版。

人物

巴伐利亚的阿尔布雷希特五世

阿尔布雷希特五世公爵（1528—1579年），自1550年起统治巴伐利亚至其去世。他是文艺复兴时期著名的艺术家赞助者。他同时也是反宗教改革派的重要人物，在自己的领土上严格执行天主教法。然而他本性是一个享乐者和审美家。他积攒了大量的古罗马与古希腊文物、书籍、珠宝、雕塑和绘画。聘用了拉絮斯后，他得以将其慕尼黑宫廷打造成意大利之外的欧洲又一大音乐中心。公爵在收藏品和艺术家赞助上挥金如土，使巴伐利亚负债累累。

巴伐利亚的阿尔布雷希特五世与狮子，汉斯·米利希（Hans Mielich），1556年

“每个人都必须在（拉絮斯）面前尊敬他，背后赞美他。”

萨穆埃尔·凡·奎克贝尔格（Samuel Van Quickelberg），1566年

▷**威廉·伯德，1580年**
这位天赋异禀，创作了500多部作品的作曲家，起初在伦敦的皇家教堂音乐团跟随理查德·鲍尔（Richard Bower）学习歌唱，并跟随托马斯·塔利斯学习键盘和作曲。多年后，他被皇家教堂音乐团称为“一位音乐之父”。

威廉·伯德

约1540—1623年，英国

威廉·伯德是一位才华横溢、作品丰富的作曲家，既为声乐也为器乐创作。虽然在英国宗教改革中皈依了天主教，但他的受欢迎程度丝毫不受影响。

威廉·伯德于大约1540年出生于伦敦，不过具体日期存在争议。据推测，他受过全面的音乐教育，且很可能是皇家教堂音乐团的合唱团成员，师从托马斯·塔利斯。

1563年，他被任命为林肯座堂（Lincoln Cathedral）的管风琴师和唱诗班指挥，并担任这个职位长达9年。在林肯座堂，他与朱莉安·伯利（Julian Birley）结为夫妻。这段婚姻幸福美满，从1568年一直持续到朱莉安1580年去世。

名声渐长

在林肯座堂期间，伯德作为一名演奏者和作曲家的名气越来越大。1570年，他在皇家教堂音乐团荣获“绅士”的头衔。然而，他与改革派新教当局之间有着明显的摩擦，而这可能是因为他酷爱创作精致华美的教堂音乐。

无论如何，他的音乐获得了音乐机构与许多贵族的喜爱。到了1575年，他与塔利斯共同担任皇家教堂音乐团的管风琴师。伊丽莎白女王一世对伯德崇尚繁华礼仪的安立甘大公主义（high Anglicanism）倾向视若无睹，将印刷销售音乐与横线谱的独家特许经营权授予了他和塔利斯——合奏音乐和主调合唱是当时英国非常流行的消遣活动，而伯德从这门特许经营中获利颇丰。

◁《喜乐欢唱》（*Sing Joyfully*）乐谱
晚期作品《我们的力量向神喜乐欢唱》（*Sing joyfully unto God our strength*）是一首六声部教堂颂歌，被普遍认为是伯德出色的颂歌作品之一。

天主教作曲家

在这段时间内，他皈依了天主教。他利用女王的庇佑，同时为天主教仪式和安立甘教会创作音乐。然而，到了16世纪80年代，天主教会受到愈发强烈的抵制，而伯德和他的家庭由于与天主教会里重要人物的关联而备受怀疑。虽然被多次批评逃避出席安立甘仪式，伯德还是持续地同时为英格兰教会和天主教仪式作曲，但精明地将其中的一些作品献给了清教贵族以此讨好对方，除了两套经文歌曲集《圣歌集》，还包括大量器乐合奏作品、两本英文歌曲，以及为键盘而作的《内维尔夫人曲集》（*My Lady Nevells Booke*）。这些作品都意在大众市场。

伯德的妻子去世后，他又结了一次婚，且在1593年或1594年携全家迁往艾塞克斯郡的斯通登梅西（Stondon Massey）。在那里有他的天主教朋友们，包括他的赞助人约翰·彼得（John Petre）。由此，他得以创作了一整套包含三、四和五声部的天主教弥撒曲，以及两套经文歌《升阶径》（*Gradualia*）。这是他退休前最后的重要作品。

背景

英国宗教改革

伊丽莎白女王一世，尼古拉斯·希利亚德（Nicholas Hilliard）

在亨利八世饱受争议的英国国教会之建议之后，存在着长期的教派纷争。这是英国宗教改革的特征之一。尽管英国教会废除了教宗的权威，许多人，包括亨利的女儿玛丽，依然坚守天主教信仰。作为英格兰女王，玛丽试图扭转其父亲所做的改革。随着她的女儿伊丽莎白一世继任，天主教再次转向地下。

在伊丽莎白1558年登基时，伯德年约18岁，且是一名清教徒，然而在1570年伊丽莎白统治期间，他皈依了天主教。或许是因为伊丽莎白相比她的一些清教徒臣民更为宽容，且她也喜爱音乐，伯德没有遭受过度的迫害。伊丽莎白的继任者詹姆斯一世（James I，玛丽女王的儿子）对伯德的态度则更为开明。

◁**林肯座堂**
1563年，伯德被任命为这座位于林肯市的宏伟教堂的唱诗班指挥，接替了作曲家托马斯·阿普尔比（Thomas Appleby）。在林肯期间，伯德作为一名出色作曲家和演奏者的名声得以确立。他于1572年离开了林肯。

卡洛·杰苏阿尔多

1566—1613年，意大利

杰苏阿尔多毕生倾注于音乐艺术，其作品极富表现力。与之同样出名的是他对他的妻子及其情人实施的谋杀。晚年的他独居于其宅邸，深受抑郁的困扰。

卡洛·杰苏阿尔多私密而富有表现力的音乐风格，尤其体现在他的牧歌和宗教声乐作品中，反映了他动荡生活中的情绪。

他出生于意大利南部的一个贵族家庭。他出生时，这个家庭刚接手韦诺萨（Venosa）公国的统治。1584年，他的哥哥去世后，他成为公国的继承人，并被寄予了结婚成家并延续家族血脉的希望。虽然这打消了他成为一名牧师的念头，但却使他有机会有更多时间投入自己热爱的音乐中。

危险的私通

1586年，卡洛娶了他的表姐玛丽亚·阿瓦洛斯（Maria d' Avalos）。很快，玛丽亚开始不满于卡洛对其缺乏关注，开始在别处寻求欢愉。她和另一位贵族法布里奇奥·卡拉法（Fabrizio Carafa）有一段持续多年的韵事。虽然这在当地似乎是一个公开的秘密，但是杰苏阿尔多似乎对此始终一无所知。1590年的一个夜晚，这对男女被他捉奸在床。在仆从的帮助下，杰苏阿尔多将他们杀害于床上。据说这是一起相当凶残的激情犯罪——偷情的男女被刀刺、枪击并肢解。杰苏阿多尔下令在宫殿外展示尸首，以公开羞辱两人。

鉴于案件的背景和肇事人的贵族身份，这起谋杀没有被追究，而杰苏阿尔多依然是自由身。不过，这个事件无疑对他造成了深刻的影响。次年，其父去世，他继任成为韦诺萨亲王。在1594年，他为自己张罗了第二次婚姻，对象是女贵族莱奥诺拉·德斯特（Leonora d'Este）。这不是一次爱的结合，只是考虑了方便——似乎他的意图是在她的家乡费拉拉（Ferrara）定居，那里是一个以盛产牧歌作曲家和演奏家而出名的地方。

在接下去的几年里，他在自己位于阿韦利诺（Avellino）杰苏阿尔多镇的城堡创建了一个相似的音乐机构，并开始专注作曲。

孤独的献身

杰苏阿尔多的第一本牧歌集写于费拉拉。后来，他又创作了5本牧歌集和两套圣歌集（*Sacrae Cantiones*）。

他对于音乐的投入致使其婚姻再度破裂。莱奥诺拉越来越多的时间是在她哥哥家度过的，尤其是在他们的儿子阿方西诺（Alfonsino）于1600年去世后。杰苏阿尔多越来越与世隔绝——他从不离开自己的宅邸，且不断遭受抑郁之苦，甚至做出了自鞭的行为。1613年，他与前妻的儿子埃马努埃莱（Emanuele）之死似乎成了最后一根稻草，仅仅3周后，他也去世了。

△《圣歌集》
杰苏阿尔多的两卷经文歌《圣歌集》于1603年出版。图中是其中一本的着色插画的封面。

◁卡洛·杰苏阿尔多
弗朗西斯科·曼奇尼所画的这幅肖像中，这位作曲家兼亲王身着贵族服饰，但从其中丝毫看不出杰苏阿尔多生活的痛苦和动荡，也看不出他忧郁的性情。

术语

富有表现力的和声

或许杰苏阿尔多的音乐中最显著的特征便是他对半音和声（chromatic harmony，即与作品调性无关的和声）的卓越运用。杰苏阿尔多使用了非常出人意料且奇特的和弦，产生了很强的戏剧效果，从而在牧歌和圣歌中表达出极端的情绪和痛苦。这种独特而动人心弦的创作风格使他的音乐成为了意大利文艺复兴晚期最具个人私密情感的作品。

手持鲁特琴和乐谱的唱者，威尼斯，16世纪

▷**约翰·道兰德**
图中的道兰德手持鲁特琴和翎笔，面带他（据说）标志性的忧愁面容。事实上，他许多阴沉的作品都巧妙利用了在那个年代颇为流行的忧郁气息——这并非是一种负面情绪，而是深刻思想的象征。

约翰·道兰德（John Dowland）

1563—1626年，英国

道兰德是一位杰出的鲁特琴家和歌曲作家。他所创作的悲喜参半的旋律彰显着他无限的天赋，也使他名震整个文艺复兴时期的欧洲。

◁**歌曲或埃尔曲第一卷**
图中是约翰·道兰德极为成功的作品，1597年版的歌曲或埃尔曲第一卷原稿。可以看到富有创意的“圆桌排版”。

关于约翰·道兰德的早年没有确凿的信息。关于他的首个记载显示1580年他在巴黎的英国大使亨利·科巴姆爵士（Sir Henry Cobham）家中做家仆。他大概已经在此类贵族家中学会了弹奏鲁特琴。在法国期间，他皈依了天主教，而这决定性的一步将对他未来的职业产生深远的影响。

家和天涯

道兰德在16世纪80年代中期回到英国，并在牛津大学进修了一个音乐学位。他还结了婚并育有一子。他在音乐圈内的名声渐长，一些作品被演奏供皇室欣赏。1594年，宫廷鲁特琴师空缺，他满怀信心地申请这个职位，却因为他的信仰遭到拒绝。道兰德为此陷入消沉，决定离开家前往海外寻找新的机会。

道兰德来到了德国和意大利一些亲王的宫廷。在这些地方，道兰德受到了热烈的欢迎和数不清的重礼馈赠，他将这些礼物寄给了自己的妻子，包括布伦瑞克公爵（Duke of Brunswick）送的金项链和衣物；黑森州（Hesse）领地伯爵送的金戒指和茶杯。不过，他在意大利邂逅了一群心怀不满、似乎正在密谋颠覆伊丽莎白女王一世的天主教徒。道兰德立刻陷入了恐慌，并给英国大臣罗伯特·塞西尔（Robert Cecil）写了一封冗长的信，向对方保证自己对伊丽莎白女王一世的忠诚，并提出为对方担任间谍。英国当局对他这封惊恐的信函作何回应已无处可查，但这封信对道兰德的职业前途并无益处。

1597年，他返回英国，且依然寄希望于获得皇室的青睐。然而他依然没有被考虑。不过，他此行并没有白费——他出版了他的具有突破性的作品集《歌曲或埃尔曲第一卷》（*The First Booke of Songes or Ayres*）。这部作品大获成功，部分归功于其别出心裁的“圆桌排版”——乐手和歌者可以围着一个小桌子站立，从一本谱中各自读取自己的部分。

创新的结合

歌曲本身也富有创意。道兰德将来自牧歌、伴奏歌曲和单页歌谣里的元素进行融合，创作了精美而忧伤的旋律。它们表现出在当时很流行的喜忧参半的伤感，并冠以一些典型的标题，如《让我隐居于黑暗》（*In Darkness Let Me Dwell*）或《欢迎，暗夜》（*Welcome, Black Night*，一首婚礼歌曲）。道兰德出版了3卷歌曲集，包括极为出色的《流泪》（*Lachrimae*），其中有他著名的《流吧，我的眼泪》（*Flow, My Tears*）的7个变奏。

这几卷歌曲使道兰德成为了文艺复兴时期欧洲著名的音乐家之一。他在丹麦担任宫廷鲁特琴师尤为成功——丹麦的克里斯蒂安四世（Christian IV）为他支付了高得离谱的薪水。道兰德在其家乡从未收到过如此高的礼遇，不过在1612年他终于得到了詹姆斯一世的皇家任命。

背景

叛国之潮

1570年，教宗庇护五世（Pius V）开除了伊丽莎白女王一世的教籍，使后者的天主教臣民不必再对其效忠。这引发了对她的数起暗杀，其中包括里多尔菲阴谋（Ridolfi Plot，1571年）和巴宾顿阴谋（Babington Plot，1586年）。作为回应，伊丽莎白一世雇了一些特务在国内外调查寻找阴谋的发起者，由弗朗西斯·沃尔辛厄姆（Francis Walsingham）和重臣罗伯特·塞西尔（Robert Cecil）指挥。道兰德在意大利经历了一起事件后，唯恐自己被指控叛国，才给塞西尔写了信。

罗伯特·塞西尔，第一代索尔斯伯里伯爵（1st Earl of Salisbury）

▽**赫尔辛格（Elsinore），丹麦，1600年**
1598年至1606年间，道兰德在丹麦。在此期间，英国与丹麦关系紧张，尤其在捕鱼权相关的事务上。他不仅被聘为鲁特琴师，同时也是两国之间的谈判者和信使。

名录

佩罗坦（Pérotin）

活跃于约1200年，法国

佩罗坦是一个极为模糊的形象，不过13世纪晚期，一些关于他的记载得以留存。根据其中稀疏而含糊的信息，佩罗坦应当是那段时期重要的音乐家之一。他的名字的意思是小彼得（little Peter）或皮埃尔（Pierre）；有时，他也以拉丁名称佩罗蒂努斯（Perotinus）为人所知。人们认为他在巴黎圣母院大教堂工作，专注创作宗教音乐。他似乎是复调音乐（几条旋律和谐地混合或交织形成的音乐）最重要的先驱。早期的宗教音乐通常只有一首素歌在另一条旋律的衬托下唱出，但佩罗坦的音乐里有3个或4个声部。这被认为是西方音乐重要的突破之一。

关键作品：《众人所见》（*Viderunt omnes*），《诸君落座》（*Sederunt principes*），《复活节哈利路亚》（*Alleluia, Our Passover*，复活节赞美诗）。日期不详

▷纪尧姆·德·马肖（Guillaume de Machaut）

约1300—1377年，法国

马肖是一名诗人兼作曲家。他是当时重要的文化人物之一，各路皇室贵族都对他有所任用，令他享誉欧洲。他的作品有逾100件存世，远超14世纪的任何其他作曲家。虽然他在教会中担任过各种次要的职位，但他的作品以世俗为主，最显著的例外是《圣母弥撒曲》（*Messe de Nostre Dame*，第一部由单个作曲家谱写的弥撒）。他的歌曲尤为出名，其中许多的主题都是典雅爱情，这些歌曲为整个体裁注入了新鲜的变化和复杂度。马肖的一生浪迹天涯，不过主要居住于兰斯（Reims）。

关键作品：《玫瑰百合春天绿树》（*Rose, liz, printemps, verdure*），约14世纪40年代；《圣母弥撒曲》（*Messe de Nostre Dame*），约1360年；《我的结局是我的开始》（*Ma fin est mon commencement*），约1370年

约翰·杜恩斯塔布尔（John Dunstaple）

约1390—1453年，英国

关于杜恩斯塔布尔我们所知甚少，但在他生前，他是公认的重要角色，而如今他被认可为15世纪的杰出英国作曲家（据说他在天文学、数学方面也很有造诣）。有证据显示，他为一些身居高位的主顾服务，其中最为显赫的是兰开斯特（Lancaster）的约翰、贝德福德公爵（Duke of Bedford，亨利五世的弟弟），但细节不详。大约有60部他的作品存世，包括两部完整的弥撒，以及一些拉丁文字的各类乐谱。他的风格独特之处在于其旋律的新颖甜美。他在欧洲受到很高的评价——事实上，有人称其是“披头士之前最有对外影响力的英国作曲家”。

关键作品：《历代君王弥撒》（*Missa Rex seculorum*）；《万福母后，仁慈的母亲》（*Salve Regina, mater misericordiae*）；《荣耀十字架》（*O crux gloriosa*）。日期不详

△纪尧姆·德·马肖，法国，14世纪

△雅各布·奥布雷赫特，汉斯·梅姆林（Hans Memling）绘

约翰内斯·奥克冈（Johannes Ockeghem）

约1410—1497年，法国佛兰德斯

虽然奥克冈属于佛莱芒乐派，但是他为法国的连续三位国王工作过［当时位于图尔（Tours），而非巴黎］。那个时期政治版图错综复杂，出生地难以确认，因此他和一些其他作曲家一起，被归为了“法国佛兰德斯”这样一个笼统的国籍。他的真诚和慷慨，以及他的音乐造诣都使他受人敬爱，且他有时被赋予外交使命。他创作过一些世俗作品，包括一些歌曲，但是他的作品以宗教音乐为主：他一共有14部弥撒曲存世，其中包括最早的复调弥撒曲《安魂弥撒》（*Requiem Mass*）。他的音乐风格精巧复杂，作品中包括精美的织体与和声，且充满着绽放的优美旋律，而不是戏剧化的词藻。

关键作品：《亡者弥撒》（*Missa pro defunctis*）；《可用任意调式唱的弥撒曲》（*Missa cuiusvis toni*）；《我张嘴笑了》（*Ma bouche rit*）。日期不详

若斯坎·德普雷（Josquin des Prez）

约1450—1521年，法国佛兰德

若斯坎在世时是颇富盛誉的音乐家之一。他死后更被誉为当代最顶尖的作曲家。他的声名远扬归功于印刷术的发明：最早付印的由单一作曲家谱写的作品便是他于1502年出版的弥撒集，以及之后他创作的另外两部同体裁作品。他的职业生涯早期始于意大利，他在那里为两任教宗、费拉拉公爵以及米兰公爵工作过。自1504年至其去世，他任职于埃斯科河畔孔代的圣母院（church of Notre-Dame at Condé-sur-l'Escaut，因其音乐传统而出名）。若斯坎是一名歌者，而他的作品几乎完全由声乐构成，包括宗教音乐和世俗音乐。它们多元且具备独创性——若斯坎几乎从不自我重复。

关键作品：《别了，我的风流韵事》（*Adieu, mes amours*），约1480年；《费拉拉的赫拉克勒斯弥撒》［*Missa Hercules dux Ferrariae*，赫拉克勒斯即费拉拉公爵埃尔科莱·德斯特（Ercole d'Este）］，约1505年；《童贞圣母祈祷弥撒》（*Missa de Beata Virgine*），约1510年

◁雅各布·奥布雷赫特（Jacob Obrecht）

约1457—1505年，法国佛兰德

奥布雷赫特在世时是颇富盛誉的音乐家之一。在那个时代的佛兰德乐派作曲家中，他的地位仅次于若斯坎。他是一名小号手的儿子。作为一名宗教音乐家，他在安特卫普、布鲁日（Bruges）等地的大小教堂都任职过。其中一些职位非常短暂——奥布雷赫特似乎一直不倦地奔波。不过，他也创作世俗音乐，并在费拉拉公爵埃尔科莱·德斯特的宫廷度过了最后一段职业生涯，直到最终死于瘟疫。他是卓越的弥撒音乐作曲家——他有超过30部弥撒作品存世，它们优雅地流淌，雄浑又有力。他的世俗音乐中包括一些荷兰语的歌曲，有的轻浮，有的则很严肃。

关键作品：《绝望的命运弥撒》（*Missa Fortuna desperata*），约1490年；《在你的保护下弥撒》（*Missa Sub tuum praesidium*），约1500年；《玛丽亚弥撒》（*Missa Maria zart*），1500—1505年

约翰·塔弗纳（John Taverner）

约1490—1545年，英国

虽然塔弗纳的职业生涯相当短暂（他的绝大部分作品都创作于16世纪20年代左右），他被认为是当时英国的一名杰出作曲家。1526年，他成为了红衣主教沃尔西（Wolsey）在牛津新办的红衣主教学院［Cardinal College，即现牛津大学基督堂学院（Christ Church）］的唱诗班指挥。然而，在沃尔西败落后不久，塔弗纳回到了家乡林肯郡（Lincolnshire）并加入了波士顿的圣博托尔夫教堂（St Botolph's Church）唱诗班。他应该是在1537年停止了宗教音乐活动，过上了富有绅士的生活。他写过一些歌曲和器乐作品，但他以创作宗教音乐为主，尤其是弥撒曲。他的风格既包含中世纪特色的浮华元素，也有着极为超前的旋律感。

关键作品：《西风弥撒》（*Western Wynde Missa*）；《荆冕弥撒曲》（*Missa Corona spinea*）；《荣耀三一弥撒》（*Missa Gloria tibi Trinitas*）。日期不详

汤马斯·路易斯·德·维多利亚（Tomás Luis de Victoria）

1548—1611年，西班牙

维多利亚在当时的西班牙音乐节是极为重要的人物。生涯之初，他是阿维拉主教座堂（Avila Cathedral）的唱诗班男童。变声后，他前往罗马，并在那里度过了20年（1565—1585年）。1575年，他被授职成为一名牧师，获得了若干教堂的任命，并出版了一些他的音乐作品集。回到西班牙后，他成为了菲利普二世（Philip II）的妹妹、神圣罗马帝国皇后玛丽亚的牧师，当时皇后住在皇家赤足女修道院（Convent of the Descalzas Reales）。1603年皇后驾崩后，维多利亚在女修道院担任管风琴师直至去世。他所有的音乐都是宗教作品，以其情绪浓烈著称，被认为具有西班牙独有的风格。人们将维多利亚与同时代伟大的西班牙画家埃尔·格雷考（El Greco）相提并论。

关键作品：《圣周仪式组曲》（*Officium Hebdomadae Sanctae*），1585年；《快来，主圣灵》（*Sancte Spiritus*），1600年；《悼亡仪式》（*Officium Defunctorum*），1605年

17和18世纪

第二章

克劳迪奥·蒙特威尔第（Claudio Monteverdi）

1567—1643年，意大利

蒙特威尔第在曼托瓦（Mantua）和威尼斯工作。他创作的最早的歌剧至今都还频繁上演。他极富表现力的牧歌与辉煌华美的晚祷也受人喜爱。

克劳迪奥·蒙特威尔第（Claudio Monteverdi）是一名药剂师的儿子，1567年出生于意大利北部的小城克雷莫纳（Cremona）。没有记载表明他的家庭有任何音乐传统，不过小蒙特威尔第无疑展现了极高的音乐天赋，因为他被克雷莫纳大教堂的音乐总监马尔坎托尼奥·因格涅里（Marcantonio Ingegneri）收为学生。

晋升之路

因格涅里是文艺复兴传统复调音乐（即曲子里的多个声部互相独立，且有着同等的地位）的杰出作曲家。15岁时，蒙特威尔第已经充分吸收了因格涅里教授的知识，并成功出版了他自己的三声部作品。同时，他也成长为了一名技艺精湛的弦乐[如维奥尔琴（Viol）]演奏者。

蒙特威尔第在克雷莫纳度过了整个16世纪80年代，出版了包括两卷世俗牧歌集在内的一批作品，是一名引人注目的青年才俊作曲家。1590年，他获得了颇有声望的曼托瓦公爵宫廷的任命。虽然曼托瓦领袖文琴佐一世·贡扎加（Duke Vincenzo I Gonzaga）很清楚蒙特威尔第的作曲天赋，他还是将后者聘为维奥尔琴演奏家。

◁克劳迪奥·蒙特威尔第

这幅由贝尔纳多·斯特罗齐（Bernardo Strozzi）创作的肖像刻画了蒙特威尔第晚年的形象。七旬之年，这位作曲家的创造力最后一次喷薄而出，音乐成就达到顶峰。

蒙特威尔第不得不在宫廷的音乐家等级制度中努力向上攀升。1596年，曼托瓦音乐总监去世后他没有获得任命，这令他非常郁闷。不过诸多迹象表明公爵对他相当青睐，比如，1595年文琴佐在一场针对土耳其人的出征中前往匈牙利时，选择了蒙特威尔第领导一众音乐家随其同行。同为音乐家的弟弟朱利奥·切萨雷（Giulio Cesare）也加入了宫廷。1599年，在公爵的准许下，蒙特威尔第娶了一名宫廷乐手的女儿克劳迪雅·凯塔尼奥（Claudia Canttaneo）为妻。凯塔尼奥有可能曾是公爵的情妇。公爵对其厌倦后，希望为她找个合适的丈夫——但是只存在零星的证据。

公众争议

在此期间，蒙特威尔第不断出版新的牧歌集，它们相当具有创新性，以至于引发了一些重大的公众争议。1600年，保守派音乐理论家乔瓦尼·阿尔图西（Giovanni Artusi）针对“当代音乐的弊病”的一系列直言不讳的攻击，其中尤其指控蒙特威尔第对不和谐音的粗鲁使用以及对音乐创作基本原则的冒犯。包括蒙特威尔第本人在内的“当代音乐”的支持者们摆出了两种合理的音乐“实践”作为回应。第一种早在之前一个世纪被大量运用，严格遵循复调音乐规则，而不将被唱出的文字纳入考虑。新的“第二实践”，也即蒙特威尔第所遵循并因

△克雷莫纳大教堂

蒙特威尔第漫长而成功的音乐生涯始于其少年时期，师从克雷莫纳大教堂音乐总监。

背景

贡扎加治下的曼托瓦

蒙特威尔第的赞助人贡扎加家族统治曼托瓦近400年。15和16世纪，这个家族的宫殿是文艺复兴文化中心之一，吸引了众多艺术家，其中包括安德烈亚·曼特尼亚（Andrea Mantegna），他在宫殿的婚礼堂（Camera degli Sposi）创作了这幅壁画（1465—1474年）。1490年嫁入贡扎加家族的伊莎贝拉·迪埃斯特（Isabella d'Este）是文艺复兴艺术最有名望的赞助人。当蒙特威尔第1591年来到曼托瓦的时候，贡扎加宫廷正处于财力和名望的盛期，但家族在17世纪日渐衰落。贡扎加家族的统治在1708年告终。

卢多维科·贡扎加（Ludovico Gonzaga）与家人，湿壁画，曼特尼亚，约1474年

L'ORFEO
FAVOLA IN MVSICA
DA CLAVDIO MONTEVERDI
RAPPRESENTATA IN MANTOVA
l'Anno 1607. & nouamente data in luce.
AL SERENISSIMO SIGNOR
D. FRANCESCO GONZAGA
Prencipe di Mantoua, & di Monferato, &c.
In Venetia Appresso Ricciardo Amadino.
M D C IX.

△《奥菲欧》的卷首插图
蒙特威尔第的《奥菲欧》是全世界早期的歌剧之一。这幅卷首插图来自1609年作品出版2年后的某个版本。

此遭受批评的，是文字的情感效果表达的先例。它使用不和谐音和其他偏离传统音乐规则的做法，将文字的感官和情绪效果烘托出来。

1601年，蒙特威尔第终于获得了梦寐以求的曼托瓦音乐总监职位；次年，他被荣誉授予曼托瓦公民身份。1607年，公爵的儿子弗朗切斯科·贡扎加（Francesco Gonzaga）委约（commission，一种雇佣艺术创作形式）蒙特威尔第为曼托瓦的狂欢季创作一部戏剧演出。此类作品，后被称为歌剧，此前在其他意大利城市也演出过，因此贡扎加家族可谓赶时髦。蒙特威尔第的《奥菲欧》（*L'Orfeo*）是基于希腊神话《奥菲欧与尤丽狄茜》（*Orpheus and Eurydice*）的一个变体，将器乐和声乐与长长的叙唱部和咏叹调谱写在一块，效果极具冲击力。《奥菲欧》是他的第一部作品，立刻取得了成功。次年他写了第二部歌剧，其中只有一个部分流传了下来，那就是富有戏剧性的宣叙调《阿里安娜的哀歌》（*Lamento d'Arianna*）。

△圣马可大教堂
蒙特威尔第40多岁时被任命为这座壮观的威尼斯大教堂的音乐总监，并在这里度过了余生。

困难时期

虽然蒙特威尔第的音乐创作处于巅峰，他的生活却进入了一段低谷。他的妻子生了一场大病后死于1607年，使他悲伤不已，也同时使他独自背负起了抚养3个孩子的责任。次年，他为了满足宫廷奢华的享受需求而不得不过度工作——其中包括创作任务繁重的《阿里安娜》（*L'Arianna*）——并一度精神崩溃，且暂时离开了曼托瓦。他与贡扎加家族的关系从未被修复。他曾怒气冲冲地写信抱怨自己的薪资和在宫廷内的地位。1612年，弗朗切斯科·贡扎加接替了爱挥霍的父亲后，将控制支出摆在了首要的位置，而爱惹麻烦的蒙特威尔第兄弟被解除了职务。

蒙特威尔第转而专注寻求来自教会的赞助。1610年，他出版了一卷宗教音乐，其中包括一部复调弥撒曲，以及《圣母晚祷》（*Vespers for the Blessed Virgin*）——后者是一部集合了独唱、二重唱和器乐间奏的“现代”风格作品，富有戏剧性且相当复杂。这次出版的作品被献给了教宗保禄五世（Paul V），它几乎是一封求职申请，显示着作曲家的天赋可以运用并服务于宗教目的。1613年，他被任命为威尼斯圣马可大教堂（St Mark's Basilica）的音乐总监。

蒙特威尔第在威尼斯似乎比在曼托瓦宫廷时期更为满足。他兢兢业业地履行自己的职责，为教堂仪式创作音乐，并指导教堂的唱诗班。同时，他也没有间断世俗音乐的创作，并不断探索如何表达情感，建立音乐与文字之间的连接。他最优秀的一次尝试是为托尔夸托·塔索（Torquato Tasso）的史诗《耶路撒冷的解放》（*Jerusalem Liberated*）的部分篇幅谱写的配乐。《坦克雷德与克洛琳达之争》（*Il combattimento di Tancredi e Clorinda*）于1624年在威尼斯的一座私人宫殿里首演，它被认为是第一部清唱剧，且其中第一次出现了拨奏（pizzicato）——用拨弦模仿剑的碰击声。

1632年，蒙特威尔第领受了圣秩（holy orders），但他从未打算将教会以外的赞助者拒之门外。他认真考虑过波兰皇室宫廷的职位，也曾寻求过位于维也纳的神圣罗马帝国皇帝的关注。

人物

雅各布·佩里（Jacopo Peri）

16世纪末，执着于复兴艺术并向古人学习的佛罗伦萨人文主义者们试图再现古希腊戏剧（人们已经知道古希腊戏剧中存在音乐）。1598年，作曲家兼歌唱家雅各布·佩里秉承着这份精神写下了《达芙妮》（*La Dafne*）。这通常被认为是第一部歌剧。2年后，他继续创作出了《尤丽狄茜》（*Euridice*）——这是乐谱得以流传至今的最早的一部歌剧。这股新的风潮很快传到了意大利的其他城市，并致使蒙特威尔第在1607年写下了《奥菲欧》。

雅各布·佩里，又被称作扎西里诺（Il zazzerino）

“所有好音乐的目的都是为了触动灵魂。”

克劳迪奥·蒙特威尔第

然而，他最终还是在圣马可度过了他的余生，其间不断抱怨着他过低的薪资以及曼托瓦拖欠他的养老金。

新的征程

令人赞叹的是，作为一名年过七旬、爱发牢骚的老人，蒙特威尔第的创造力能够继续绽放。他又写了两部歌剧，为音乐的舞台形式开拓了新的疆域。世界上首座歌剧院于17世纪30年代末在威尼斯的开幕催生了这两部歌剧。

于圣乔瓦尼保罗剧院（Teatro Santi Giovanni e Paolo）上演的蒙特威尔第的歌剧——《尤利西斯返乡记》（*Il ritorno d'Ulisse in Patria*）和《波佩亚的加冕》（*L'incoronazione di Poppea*）是舞台戏剧的杰作，在情感真实的场景中呈现了一系列鲜明的人物形象。这两部作品大获成功，且对奠定歌剧日后作为一种重要的艺术体裁无疑比任何其他作品都要功不可没。

蒙特威尔第死于1643年，并光荣地葬于威尼斯华丽的圣方济会圣殿。他的音乐一度被人遗忘，但在20世纪被人们重拾。能够真实还原演出效果的技法和乐器也得到了研究。他的音乐是文艺复兴与巴洛克的桥梁，且因其浓烈的情感以及动听的音响获得了现代听众的喜爱。

△**《波佩亚的加冕》**
蒙特威尔第最后一部歌剧《波佩亚的加冕》讲述了尼禄（Nero）对其情妇的爱。图中的制作来自2017年柏林国立歌剧院的演出。这场演出的显著特点之一是其奢华的巴洛克风格的服饰。

关键作品

1587年
蒙特威尔第的第一本牧歌集出版——最后一本（即第八本）的出版是在1638年。

1607年
《奥菲欧》，早期的歌剧之一，蒙特威尔第基于奥菲欧传说的创作，在曼托瓦上演。

1610年
蒙特威尔第最复杂的宗教作品《圣母晚祷》出版。

1624年
基于塔索伟大的诗作《耶路撒冷的解放》创作的《坦克雷德与克洛琳达之争》在威尼斯的莫契尼哥宫（Palazzo Mocenigo）首演。

1640年
他的第一部为公众歌剧院创作的作品《尤利西斯返乡记》在威尼斯上演。

1643年
创作了他最后一部歌剧《波佩亚的加冕》。同年去世。

法兰洁丝卡·卡契尼（Francesca Caccini）

1587—1641年后，意大利

卡契尼是一位薪俸很高的宫廷音乐家，也是第一位创作歌剧的女性。她是一名天赋极高的作曲家和歌唱家。她写下了很多作品，以声乐为主，仅有一小部分存世。

法兰洁丝卡·卡契尼1587年出生于佛罗伦萨的一个音乐世家。她的母亲、哥哥和妹妹都是歌唱家；她的父亲朱利欧·卡契尼（Giulio Caccini）是一名著名的作曲家和教师，当时顶尖的音乐家之一。他受雇于欧洲最有权势的美第奇（Medici）家族，因此与一些大人物有联系。

家庭合唱团

卡契尼的母亲在其6岁时去世，留给其父亲3个幼童和一个十几岁的儿子。次年（1594年），她的父亲娶了另一名歌唱家，18岁的玛格丽塔·德拉·斯卡拉因（Margherita della Scalain）。家里的女性成员们［法兰洁丝卡，她的妹妹塞蒂米亚（Settimia），以及她的继母］组成了家庭合唱团，开始了职业演唱。法兰洁丝卡1600年首次在公众面前演唱，当时她13岁，节目是雅各布·佩里的《尤丽狄茜》。

法兰洁丝卡是一个极具天赋和智慧的孩子（她的音乐职业显然在有极强音乐抱负的家庭的注目下），很早就学会了吉他、鲁特琴、竖琴、键盘和声乐。这样的训练效果显著：1605年，亨利四世（Henry IV）宫廷重金邀请她出任歌唱家，然而托斯卡纳区费迪南德大公爵（Grand Duke Ferdinand）极力希望将法兰洁丝卡卓越的才华保留在美第奇家族，因此拒绝批准放行。

受此限制，卡契尼不得不追寻其父亲的职业道路。1607年开始在美第奇宫廷工作，并在接下来的20年内担任教师、歌唱家以及室内乐、舞台音乐作曲家。到第7年，她已经是宫廷内薪水最高的音乐家。加入美第奇宫廷同年，她与另一位歌唱家乔瓦尼·巴蒂斯塔·西尼奥里纳（Giovanni Battista Signorina）成婚。夫妻二人于1622年生下了一个孩子玛格丽塔（Margherita）。

卡契尼的父亲去世后1年（1618年），她出版了《牧歌集第一卷》（*Il primo libro delle musiche*），其中包括32首独唱歌曲和四首二重唱配乐，宗教和世俗乐皆有。然而，卡契尼作为第一名创作歌剧的女性而尤为出名——她于1625年出版的《鲁杰罗的解放》（*La liberazione di Ruggiero dall'isola d'Alcina*）改编自卢多维科·阿里奥斯托（Ludovico Ariosto）的史诗《疯狂的罗兰》（*Orlando Furioso*，1516年）。歌剧的核心是两位女巫——正义与邪恶——围绕战士鲁杰罗的斗争。

时过境迁

1626年，卡契尼的丈夫去世。大约1年以后，她迁至卢卡（Lucca），随后嫁给了一名贵族（并借此提升了社会地位）并又生了一个儿子，托马索（Tommaso）。然而，她在1630年再次丧夫。富裕且拥有土地的她3年后回到了佛罗伦萨，再次为美第奇家族工作，不过在1637年（也有可能更晚）就退休了。

卡契尼一生创作了数百部作品，包括歌曲以及舞台配乐，其中大部分都已经遗失。除了作曲家，她还是一名诗人，并为她的不少作品都写下了歌词。她去世的原因和日期都不明确，不过可以知晓的是托马索在1645年被托付给了他的舅舅。

◁**佛罗伦萨，1650年**

这幅画中展现的是卡契尼所处时代佛罗伦萨的样子。作曲家在这里出生、长大并度过了生命中的很多时光。

背景

女主人的宫廷

1607年，卡契尼开始在美第奇家族女主人的宫廷中工作。学者苏珊娜·G.卡西克（Suzanne G. Cusick）认为，那里“被普遍认为是美第奇的实际权力中心”。在这里，卡契尼为托斯卡纳区精英谱写音乐，上头便是大力推行艺术的洛林大公爵夫人克里斯蒂娜［Grand Duchess Christina，与奥地利的玛利亚·马达肋纳（Maria Maddalena）共同摄政］。除作曲以外，卡契尼还完善了复杂的呼吸技巧，从而创造了一种被视作美第奇权力的象征和支持的产物的新唱法。卡契尼在该区域德高望重，并与大部分重要人物有联系，因此得以帮助她的女赞助人推进其艺术与政治议程。

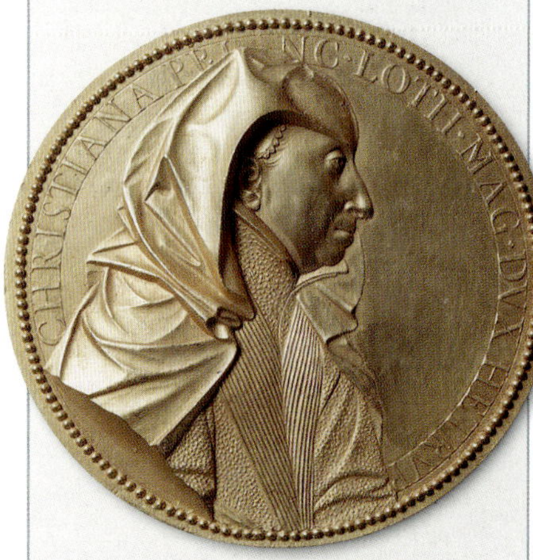

刻有洛林大公爵夫人克里斯蒂娜头颅的徽章

▷**法兰洁丝卡·卡契尼**

经过验证的卡契尼肖像为数甚少，但这幅意大利画家雅各布·帕尔马（Jacopo Palma）所画的肖像通常被认为刻画的是作曲家年轻时的样子。

A M B
N D

芭芭拉·史特罗齐（Barbara Strozzi）

约1619—1677年，意大利

史特罗齐出生于男性主宰的17世纪的威尼斯，是同时代出版世俗音乐最多的作曲家，同时也是康塔塔（cantata）和咏叹调兴起过程中的关键角色。

芭芭拉·史特罗齐1619年左右出生于威尼斯。她是一个私生女，被颇有影响力的诗人朱利欧·史特罗齐（Giulio Strozzi）收养。她的母亲伊莎贝拉·葛索尼（Isabella Garzoni）是一名女仆，很可能也是一名高级妓女。朱利欧是未知学会（Accademia degli Incogniti）的成员，并利用自己的精英关系网来展露女儿的音乐天赋。他将芭芭拉送至杰出的作曲家与歌剧先锋弗朗切斯科·卡瓦利（Francesco Cavalli）门下学习。

◁**史特罗齐的康塔塔**
画中的钢琴原谱是史特罗齐的真迹——她是意大利康塔塔发展历程中的重要角色。

一位女性的工作

1637年，18岁的史特罗齐已经成为了一名技艺精湛的歌唱家，并因此小有名气。1644年，她开启了作曲家的职业生涯，并出版了《牧歌集第一卷》（*First Book of Madrigals*），由2至4个人声演唱。

刚过30岁时，她已经是4个孩子的母亲。孩子们的父亲很有可能是艺术赞助人，她的父亲的朋友乔瓦尼·维德曼（Giovanni Vidman）。然而，史特罗齐一直是一名单身母亲，从未结婚。有未经证实的传言称史特罗齐自己也是一名高级妓女。她的父亲死于1652年。此后，史特罗齐出版了大量的作品（毫无疑问出于财务原因）：超过100部世俗声乐——小咏叹调、咏叹调，以及长而复杂的康塔塔——以及一本宗教歌曲集。她的大部分作品都为女高音独唱而作，主题聚焦于爱和欲望。她的作品以其文字和音响的感性著称。

史特罗齐从未创作过歌剧。这一点很引人注目，因为在当时歌剧是非常时髦的新体裁。学者黛安娜·耶齐奇（Diane Jezic）和伊丽莎白·伍德（Elizabeth Wood）认为，史特罗齐的性别导致其音乐创作和演出无法从私人交际圈里突破出来，体裁也受限于世俗声乐和室内乐，用来呈献给一个小圈子的男性精英。

自己的声音

不过，她的音乐不仅在威尼斯，在英国、奥地利和德国也颇为流行。她的成功归功于她在生意上的顽强和机敏，以及她对女性的“得体行为”的无视。许多试图在社会上发声的女性都使用了男性化的化名，但是她没有——她的所有作品都署上了自己的真名。

史特罗齐一生的大部分时光都在威尼斯度过，但是她1677年死于帕多瓦。她的知名度逐渐淡去，她的生平和作品也很大程度上被遗忘。直到20世纪90年代，女权主义学者重拾了对史特罗齐的兴趣，因为他们试图理解史特罗齐如何在极端男权环境下的17世纪的威尼斯取得了这样的成就。

背景

未知与志趣相投

芭芭拉·史特罗齐的父亲朱利欧·史特罗齐（1583—1652年）是未知学会的成员。该学会由当地在政治文化领域富有影响力的知识分子组成，对威尼斯歌剧的推动起着重要的作用。1637年，朱利欧创办了和谐学会（Accademia degli Unisoni），作为未知学会的音乐分支，朱利欧让女儿在这里展露声乐和音乐天赋。芭芭拉是和谐学会的明星女主持，时常演出她自己的作品。由于女性极少被允许参加这样的场合，她的出席总是伴随着绯闻和讥讽，也加剧了关于她的传言，即她不仅是一位显要、美貌的女作曲家兼演奏家，也是一位高级妓女。

朱利欧·史特罗齐，芭芭拉的父亲，约17世纪20年代

◁**芭芭拉·史特罗齐**
这幅史特罗齐的肖像露出了她的乳房。就此有不同的评论：有些人认为这确证了史特罗齐高级妓女的身份，而另一些人认为这是对史特罗齐母亲身份的表达。

> “作为一名女性，为对出版这部作品顾虑重重。它是否……会遭受诽谤的利刃。”
>
> 芭芭拉·史特罗齐，1644年，谈及她的《牧歌集第一卷》的出版

阿尔坎杰罗·科雷利（Arcangelo Corelli）

1653—1713年，意大利

科雷利被音乐理论家安杰洛·贝拉尔迪（Angelo Berardi）誉为“我们时代的新奥菲欧”。他对意大利器乐奏鸣曲和协奏曲的兴起贡献卓著。虽然他的作品产量不算多，但科雷利在欧洲影响广泛。

在17世纪前往罗马的诸多知名音乐家中，阿尔坎杰罗·科雷利以其富有表现力的小提琴演奏以及被奉为楷模的作曲能力著称。虽然他据称是一名宁静谦逊的男子，他的演奏似乎激烈而充满活力。

阿尔坎杰洛1653年出生于富西尼亚诺（Fusignano）的一个富有的地主家庭。出生前不久他的父亲就去世了，因此她母亲独自一人将包括他在内的5个孩子带大。他的音乐启蒙教育很可能来自 名神父。1666年，13岁的他被送往博洛尼亚继续自己的学业。作为一名极为出色的小提琴家，他很快就被当时新成立的爱乐学院（Accademia Filarmonica）录取了。

多面能手

科雷利1670年移居罗马后事业蒸蒸日上。在家庭关系和自己强大的天赋的助推下，他在众多演奏家中脱颖而出，成为了瑞典前女王克里斯蒂娜（Christina，1654年退位后在罗马居住）的一名室内乐手。他将自己的第1号作品——教堂奏鸣曲集献给了克里斯蒂娜女王。

了不起的艺术赞助人枢机班奈迪托·潘菲利（Cardinal Benedetto Pamphili，同时也是一位厉害的作曲家）成功地诱使科雷利前往他位于罗马的宫殿参加星期天音乐会的演奏，后来还任命他做自己的音乐总管。“那个博洛尼亚人”——科雷利当时被这么称呼——还获得了枢机伯多禄·奥托柏尼（Pietro Ottoboni）的赏识。科雷利将自己的第4号作品——室内三重奏作品集，献给了奥托柏尼。年轻的奥托柏尼是教宗任命的一系列饱受争议的侄系枢机中的最后一位，他将科雷利视作朋友，这一点可以从他寄给作曲家的信里看出。

才智和独创性

两位枢机所掌握的充裕的乐队资源成为了科雷利的试验田。他利用这些乐团来测试自己的弦乐协奏曲。这些作品具有突出的创新性，对罗马的其他作曲家产生了影响，其中包括亨德尔（Handel）、巴赫和塔蒂尼（Tartini）在内的一批作曲家基于科雷利的主题创作了自己的作品——这一风潮在20世纪被拉赫马尼诺夫（Rachmaninoff）和蒂皮特（Tippett）再次兴起。

科雷利的6号作品集出版于1714年，其中包括12首大协奏曲：8首属于教堂风格，4首室内乐风格。欧洲的音乐爱好者们被这些协奏曲的精巧［尤其是第8首、轻快的《圣诞协奏曲》（*Christmas Concerto*）］以及科雷利精练而自如的谱曲风格深深吸引。他出版的6部作品多次再版，在整个18世纪被广泛演奏。这在那个追逐新风潮的时代可谓稀奇。

△枢机伯多禄·奥托柏尼

奥托柏尼自己也是一名音乐家（同时也是一名歌剧剧本作家）。他是科雷利的赞助人之一。这幅1689年的肖像画中是他刚过20岁时的样子。

▷阿尔坎杰洛·科雷利

科雷利出生于富西尼亚诺的一个富裕家庭。他的家庭曾发动过一次运动以实现对该城的统治，但最终未能如愿。科雷利的成功虽然取决于他无比的天赋，但其家庭关系毫无疑问也起到了很大的作用。

术语

大协奏曲

科雷利一共只出版过6卷作品。它们专注于独奏奏鸣曲、三重奏奏鸣曲和弦乐协奏曲。他对这些体裁的发展作出了重大的贡献，设定了很高的艺术标准，并兼顾了许多种气氛。科雷利的大协奏曲的想法源于他富有的罗马赞助人帮助张罗的大型乐团，并成为了纯器乐作品的典范，而不再受到人声与诗文的限制。大协奏曲充分发挥数个独奏乐器组（concertino）的强弱和戏剧性张力的对比，辅之以乐手数量众多的“全”乐队（ripieno）伴奏。

G小调大协奏曲乐谱，阿尔坎杰洛·科雷利，1675年

▷ **亨利·珀赛尔，约1695年**
这幅亨利·珀赛尔的肖像画出自约翰·克拉斯特门（John Closterman），作曲家在同年悲剧性地早逝。当时他只有36岁，正处于事业的巅峰。他死于什么疾病无人知晓，不过有人推测他死于结核病。也有人猜测他死于风寒——有一晚，珀赛尔喝醉回家后被他的妻子锁在了门外。

亨利·珀塞尔（Henry Purcell）

1659—1695年，英国

珀赛尔是巴洛克时期伟大的、创作范围很广的作曲家之一。他最为出名的作品是《狄朵与埃涅阿斯》（*Dido and Aeneas*）——第一部真正的英国歌剧。

◁《狄朵与埃涅阿斯》舞台设计
珀赛尔歌剧《狄朵与埃涅阿斯》舞台效果图，弗朗切斯科·加利·比比恩纳（Francesco da Bibiena）于1712年设计。建筑师比比恩纳不仅建造剧院，还因其壮美的舞台设计而出名。

在他短暂而匆忙的一生中，亨利·珀赛尔被认为在英国作曲家中无人能及。在他36岁骤然离世后，更是被同时代评论家称作“我们人见人爱的英国奥菲欧”和“国家的喜事，世界的奇迹”。一个世纪后，他成了“我们音乐界的莎士比亚”。在当时，没有任何作曲家可以比肩珀赛尔的旋律天才，或是他的极富灵感的折中平衡——既吸收了吕利（Lully）和科雷利的欧洲大陆风潮，同时其英国性又没有遭到折损。他对英语语言韵律的极高的敏感度至今无人超越。

然而，关于这位成为了国家象征的音乐家的生平却残缺不全。可以确定的是，他于1659年出生于一个宫廷音乐家庭，在伦敦威斯敏斯特修道院脚下长大，且是皇室教堂音乐团的12位男童高音之一。18岁时，他被任命为“王室小提琴的终身作曲家”。1679年，他成为了威斯敏斯特修道院的管风琴师，并在1年或2年后与弗朗西丝·彼得斯（Frances Peters）结婚。

事业有成

接下去的10年内，珀赛尔的职业以宫廷和教堂为中心，创作着赞美诗、皇室颂歌、皇室迎宾歌（通常其音乐远胜阿谀奉承的歌词）等体裁的音乐，以及1685年为詹姆斯二世（James II）而作的加冕颂歌。从他的维奥尔琴幻想曲和三、四声部的意大利风格奏鸣曲中可以窥见珀赛尔的天赋，尤其是其中的变化和声。《狄朵与埃涅阿斯》（1683—1689年）简短得有些可怜，讲述的是埃涅阿斯——维吉尔（Virgil）史诗《埃涅阿斯记》（*Aeneid*）中的英雄——与迦太基女王狄朵（Dido）间的爱情故事。后者在埃涅阿斯遭挑拨并抛弃后自尽。

1688年，詹姆斯二世被推翻后，珀赛尔的创作活动领域变得更广。1689年，他为玛丽二世（Queen Mary II）的生日谱写颂歌。但是由于军人气质的威廉三世（William III）反对精致的教堂音乐，珀赛尔开始为更广泛的中产阶级受众作曲——包括他出版的《曲调与歌曲选集》（*Choyce Ayres and Songs*），配剧音乐以及为多赛特花园剧院（Dorset Garden Theater）的“半歌剧”[semi-operas，这个名字来自当代作家罗杰·诺思（Roger North）]所写的音乐。宫廷作曲家珀赛尔转身活跃在了商业舞台上。

对“醇厚”的英国气息而言，来自意大利的、有些过于异国风情的纯人声歌剧难免带来陌生感。在公众面前成功的秘诀在于取一个现成的剧作，细细切片，然后往里填入音乐、舞蹈和壮美的舞台效果。这其中多种媒体的奢华布局，分别涉及演员、舞蹈家和歌唱家的班子，对当代的制作人是一个巨大的挑战，因此这类戏剧很少演出。然而，珀赛尔晚年的4部半歌剧——《女先知》（*Dioclesian*）、《亚瑟王》（*King Arthur*）、《仙后》（*The Fairy-Queen*）以及《印度女王》（*The Indian Queen*）中，可以听到珀赛尔最大气、旋律最引人入胜的音乐。

▷《仙后》乐谱
这份手写的乐谱来自珀赛尔的1692年创作的半歌剧《仙后》第5幕的咏叹调《非常幸福的情人们》（*Thrice Happy Lovers*）。这个唱段中对争风吃醋和“婚姻生活中的忧虑和冲突”进行了警示。

背景

珀赛尔和玛丽皇后

1689年，威廉三世和玛丽二世的登基对珀赛尔的职业生涯至关重要。虽然国王并不重视自己的文化修养，皇后却热爱艺术，且是一位热情的艺术赞助人。珀赛尔为皇后谱写了最精美的生日颂歌，包括生动活泼的《艺术的子弟来临》（*Come, Ye Sons of Art*）。1695年3月，他为皇后在威斯敏斯特修道院的葬礼准备音乐。在埋葬仪式中用的歌曲之一，《上帝，你知晓我心中一切秘密》（*Thou Knowest, Lord, the Secrets of Our Hearts*）在同年晚些时候珀赛尔自己的葬礼上也被演出。

威廉和玛丽加冕银章，1689年

安东尼奥·维瓦尔第（Antonio Vivaldi）

1678—1741年，意大利

维瓦尔第是那个时代杰出的意大利作曲家和著名的小提琴家。他作曲体裁范围广，且相当多产。然而，他死后几乎被彻底遗忘，直到20世纪才再次被人们发现。

◁**威尼斯，弗朗西斯科·瓜尔迪（Francesco Guardi）**

这幅画中18世纪的威尼斯与同时期的维瓦尔第有着很强的关联。他在这里出生，成为神父，并在这里享受了许多年的礼遇，直到死前1年才离开。

背景

圣马可教堂（St Mark's），威尼斯

维瓦尔第初次以音乐家身份登台是在18岁。当时他与父亲在圣马可教堂同台演奏小提琴。圣马可是威尼斯最重要的教堂，修建于11世纪晚期，有着悠久的音乐传统。与这座教堂有渊源的杰出作曲家包括乔万尼·加布里埃利（Giovanni Gabrieli，1585年至1612年间任教堂的首席管风琴师）以及克劳迪奥·蒙特威尔第（1613年至1643年任音乐总监）。不仅圣马可教堂内会演奏音乐，在宗教仪式上音乐也是重要的组成部分。

圣马可教堂正厅，威尼斯，意大利

维瓦尔第的名字与他最著名的作品《四季》（*The Four Seasons*）密不可分——这也是所有古典音乐作品中被演出和录制最多的作品。然而，这4部小提琴协奏曲只是他的所有作品中的沧海一粟。他不仅写了近500部协奏曲（几乎一半是为他自己的乐器——小提琴而作），还写了约50部歌剧（其中16部完整地保存了下来，其余的只有部分存世）、大量宗教音乐、数不清的奏鸣曲（1或2个乐器），以及各种其他作品。批评者们认为维瓦尔第生产过度，作品中有大量的自我重复，但是他的那些优质作品无疑代表着那个时代的最高水准。

维瓦尔第出生于威尼斯。虽然他一生游历四方，有时远离意大利，但他生命中的大部分时光都在这座城市度过。他的父亲虽然一开始是一名理发师，但是作为一名业余小提琴手也极为出色，以至于最终转职成为专业演奏家。1685年，维瓦尔第的父亲开始在圣马可教堂任职。

◁**安东尼奥·维瓦尔第**

这幅同时代匿名创作的画中，维瓦尔第所戴的假发遮住了他的红头发。维瓦尔第因为他的红发被戏称为“红发神父”。

音乐和信仰

维瓦尔第继承了父亲的小提琴天赋，因此音乐生涯召唤着他，但宗教信仰在他的生活中也扮演着重要角色。1693年，他开始受训成为一名神职人员，这可能是受到一名在他们教区任神父的叔叔的影响。1703年3月，维瓦尔第正式成为一名神父，时年25岁。6

“我听见他炫耀自己写一部协奏曲的速度比抄谱员抄写的速度还要快。”

夏尔·德·布罗斯（Charles de Brosses），1739年造访威尼斯时

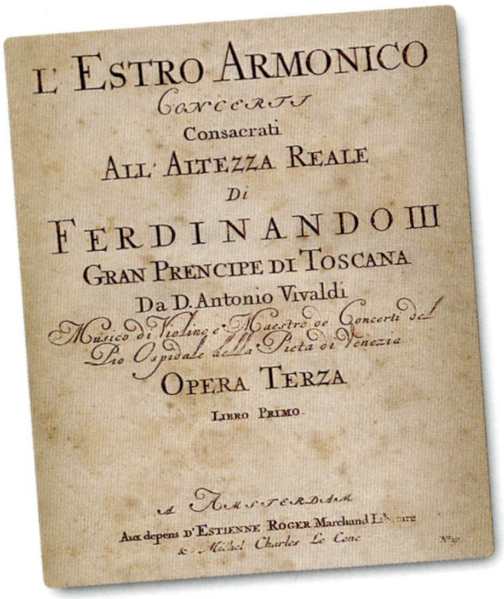

△《**和谐的灵感**》
1711年出版的这本《和谐的灵感》的封面上，可以看到维瓦尔第给托斯卡纳大公费迪南德的献词，后者是一位了不起的艺术——尤其是音乐——赞助人。费迪南德位于佛罗伦萨附近的波焦阿卡伊阿诺（Poggio a Caiano）的宫殿是许多音乐演出者选择的场所。

关键作品

1711年
《和谐的灵感》，一套共12部协奏曲，出版于阿姆斯特丹并产生了广泛的影响。

1713年
维瓦尔第的第一部歌剧《奥托尼在维拉》（*Ottone in Villa*）在维琴察首演。

约1715年
《荣耀颂》（*Gloria*），作曲家最著名的合唱音乐。作品在作曲家死后遗失，直到1939年才再次得以演出。

1725年
《四季》出版于阿姆斯特丹。这套共12部协奏曲所署标题为《和谐与创意的试验》（*The Contest between Harmony and Invention*）。

1735年
维瓦尔第与剧作家卡洛·哥尔多尼（Carlo Goldoni）合力制作的《葛莉赛妲》（*Griselda*）在威尼斯首演。

个月后，他被任命为皮耶塔慈善医院（Ospedale della Pietà）——这里专门收养被遗弃或成为孤儿的女孩，在威尼斯共有4处这类机构——的小提琴教师。在这些收养院，音乐教育是课程的一部分，而在维瓦尔第的时代，皮耶塔院的合唱和管弦乐品质尤为出名。顶尖的作曲家会专门为其作曲，且他们的音乐会人气总是很旺。

除了教学，维瓦尔第在皮耶塔的职责还包括作曲、指挥和采购乐器。他几乎整个的余生中都与这座收养院保持着关联。然而，他的其他活动和行程意味着他无法全身心投入对皮耶塔的服务中，且他似乎也因其性格问题与收养院的管理层发生过冲突。维瓦尔第的虚荣、自大以及对批评的暴躁都是出了名的，而同时代的一些人认为他的世俗与其神父身份格格不入。

扬名海外

维瓦尔第于1705年在威尼斯首次出版作品，但是更重要的还是在1711年，在阿姆斯特丹工作的法国人艾蒂安·罗杰（Estienne Roger）出版了其12部协奏曲，统称为《和谐的灵感》（*L'estro Armonico*）。罗杰是欧洲最重要的音乐出版商，一部分归因于其版画和印刷品质，但更重要的原因是他非常高效的分销网络——他在柏林、伦敦和巴黎等城市都有代理商。他对奠定维瓦尔第的国际声望起到了至关重要的作用。

维瓦尔第自己的旅行也对传播声望起到了帮助。他的第一部歌剧于1713年产生于维琴察，而1718年至1720年他居住在曼托瓦（该城属神圣罗马帝国），并为热爱音乐的统治者黑森-达姆施塔特（Hesse-Darmstadt）的菲利普王子写了若干部作品。18世纪20年代早期，他在罗马度过了许多时间，此期间在那里上演了他的多部歌剧（他同时是作曲家和自己的经理人）。1729年末至1731年初，他与年迈的父亲游历欧洲中部，访问了维也纳，可能还去了布拉格。

维瓦尔第的歌剧使他有机会接触到了年轻美貌的歌唱家安娜·吉洛（Anna Girò，也作 Giraud），后者在1726年至1739年间频繁在他的歌剧中亮相，且经常演主角。虽然她比维瓦尔第小30岁，还是有传言称两人是一对情人。虽然传言并没有根据，但还是对维瓦尔第的职业造成了损害。其中一件能证明该传言的事件发生在1738年，当时费拉拉大主教禁止维瓦尔第入城，且取消了他在那里的歌剧演出。

垂暮维也纳

此时，维瓦尔第的音乐在威尼斯的受欢迎程度已呈下滑态势，而他在1740年移居维也纳，希望从皇帝查理六世那里获得更多的赞助［两人在1728年曾经相遇，当时查理六世（Charles VI）作为一名出色的业余音乐家对维瓦尔第慷慨解囊］。然而，维

▷**第9号作品《七弦琴》（*La Cetra*）乐谱**
安东尼奥·维瓦尔第将这套命名为《七弦琴》（一种很像李尔琴的乐器）的12部协奏曲献给了查理六世，并为皇帝呈献了一册手抄本。

“这样的演出之前闻所未闻，以后也无法超越……”

约翰·弗雷德里希·阿曼德·冯·乌芬巴赫（J.F.A.von Uffenbach），1715年聆听维瓦尔第的独奏

瓦尔第刚到维也纳不久，查理六世就意外去世了，而作曲家的职业生涯也走到了尽头。他次年在维也纳离世，并被安排了一场简朴的葬礼，这也意味着他囊中羞涩。尽管他曾日进斗金，但他的支出也很惊人，尤其是为了制作他的歌剧。

维瓦尔第死后名声逐渐退去，整个19世纪几乎没有人记起他。20世纪初期，对这位作曲家学术上的兴趣逐渐兴起，尤其在1926年他的一大批乐谱——包括数百部之前不被知晓的作品——被发现时，这个趋势得到了增强。

不过，维瓦尔第直到20世纪50年代才在大众视野内取得名声，而这与慢转唱片（LP）的兴起有着密切的联系。《四季》可谓是为这种新媒介量身定做的（唱片的每一面灌录两部协奏曲），而这部作品很快就进入了公众的想象空间。

协奏曲遗产

虽然维瓦尔第对歌剧倾注了心血，但是如今他的歌剧已经被人淡忘，而他的名声主要集中在协奏曲上。这些作品里充满着华丽、有创意的音乐。其特征是由维瓦尔第创立，并被无数后世作曲家效仿的三乐章结构——一个居于中间的、缓慢而抒情的乐章，而其前后各有一个快得多的乐章，前者通常比较雄壮威严，而后者则较欢愉。《四季》同时也是最早的标题音乐——即表达叙事或画面的音乐——之一：吠叫的狗、质朴的风笛和冰天雪地等都被维瓦尔第通过音乐塑造了出来。

◁奥地利的查理六世

这幅查理六世的肖像由约瑟夫·基斯（Josef Kiss）和弗雷德里希·迈尔霍费尔（Friedrich Mayrhofer）绘制。这位皇帝访问里雅斯特（Trieste）时与维瓦尔第相遇。查理六世非常赞赏维瓦尔第的工作，并授予了他骑士头衔。

术语

巴洛克小提琴

维瓦尔第的时代所用的小提琴与现在的小提琴表面上非常相似，但是设计上存在显著的不同。在巴洛克小提琴上没有腮托，因为相比我们今天所熟悉的演奏方法，当时的演奏家们将小提琴置于一个更低的位置演奏，而指板也更短。琴弦由有机物质（如羊肠）制作，而非后来取而代之的金属或合成物。发出的声音相比现代小提琴更轻柔亲切。早期音乐的专业演奏家们通常会使用真品或复刻的巴洛克小提琴演奏。

巴洛克小提琴，1750年

▷格奥尔格·菲利普·泰勒曼

这位作曲家和管风琴师对德国音乐在18世纪上半叶的革新起着重要作用。他的作品量令人咋舌，总共创作了约3000部作品，涵盖所有主流的作曲形式。大约40部歌剧，超过1000首教堂康塔塔，大约125部组曲以及至少等量的协奏曲、50部奏鸣曲、40部四重奏，海量的室内乐以及大约250首键盘独奏曲。他完成了500首赞美诗的和声，并写了数十首歌曲。

格奥尔格·菲利普·泰勒曼（Georg Philipp Telemann）

1681—1767年，德国

泰勒曼创作力极强，且擅长各种风格的作曲。他留下了许多宝贵的遗产，包括一些世界顶级的晚期巴洛克器乐作品。

格奥尔格·菲利普·泰勒曼在世时是德国顶尖的作曲家。他作曲量极大，然而，泰勒曼的名声并非因为其作品的数量，而是因为作品上乘的品质、他的创新和突破、融合多种音乐风格的才能以及他迎合审美趋势而不断演变的能力。

秘密兴趣

泰勒曼1681年出生于马格德堡（Magdeburg）。他出生不久后父亲便去世了。虽然小格奥尔格接受过歌唱和基本的键盘演奏训练，他作为一名音乐家和作曲家大体上是自学成才。他的母亲反对他对音乐的喜爱，并没收了他所有的乐器；他与亨德尔［住在往南80千米的哈雷（Halle）］一样，只能悄悄练习和作曲。

在来自家庭的压力和个人抱负的推动下，泰勒曼来到了莱比锡大学学习法律。在他的《诗篇6》配乐在圣托马斯大教堂（St Thmoas's）演出后，莱比锡市长邀请他为圣托马斯和新教堂创作音乐。泰勒曼很快成立了学生乐团，出任莱比锡歌剧团的总监以及新教堂的管风琴师，并与心生嫉妒的圣托马斯教堂合唱指挥约翰·库瑙（Johann Kuhnau）产生了矛盾。

在莱比锡的学徒期间，以及后来为鲍铭兹伯爵（Count of Promnitz）工作期间，泰勒曼掌握了主要的欧洲音乐风格，同时吸收着波兰和摩拉维亚（Moravian）的民间音乐。他在巴赫的故乡爱森纳赫（Eisenach）有过一些工作经历，也出任过法兰克福的音乐总监和教堂演奏家，且因此过上了富足的生活。1721年，他接受邀请成为了汉堡市著名的约翰诺依姆学校（Johanneum）的合唱指挥，并担任该市5座主要教堂的音乐总监。次年，他又成为了该市的“鹅市”歌剧院（Gänsemarktoper，德国的第一座公众歌剧院）的总监，因此工作强度进一步增加。

婚姻与工作的重担

泰勒曼的第一任妻子死于1711年。她的第二任妻子比他小17岁，给他生了8个儿子和1个女儿，并后来与一位瑞典军官之间产生了绯闻。1724年，这段风流韵事还在汉堡的一出木偶戏里遭到调侃。她还欠下了巨额的赌债，在泰勒曼的朋友们的帮助下才得以偿还。她在1736年终于离开了这个家。

泰勒曼在汉堡期间仅工作量就非常人可及，而他却还设法挤出时间在拜罗伊特（Bayreuth）和埃森纳赫的宫廷兼职工作，写了3本自传，与巴赫和亨德尔保持着友谊。他还创办了德国第一家音乐期刊，并与一些有才华的年轻作曲家通信（其中包括他的教子C.P.E.巴赫），教授作曲、写诗，拓展音乐家身份的边界，甚至操持园艺。直到80多岁，他依然是一位活跃的作曲家，甚至在去世前不久的1767年还在研究最新的音乐风格。

泰勒曼死后名气渐渐淡去，不过，近年来演奏家们开始重拾他的《餐桌音乐》（*Tafelmusik*）里的特定几首作品。这部1733年的作品中包括了对几乎所有器乐体裁的尝试。人们还开始推崇他的其他作品，包括《汉堡的潮汐》［*Hamburger Ebb und Fluht*，又名《水上音乐》（*Water Music*）］以及令人肝肠寸断的《布罗克斯受难曲》（*Brockes-Passion*）。

△**乐谱，宗教康塔塔（*Sacred Cantata*）**
这份作曲家签名的泰勒曼《宗教康塔塔》手稿中显示的是第一小提琴部分。这是他所写的超过1000部宗教康塔塔之一。

背景

三十年战争

泰勒曼还是一个孩子时，马格德堡被三十年战争（1618—1648年）摧残得只剩残垣断壁。1631年，天主教军队对这座新教城市进行了毁灭性的破坏，血流成河、遍地饥馑，而这份记忆一直纠缠着这里的居民。内战的阴影促使德国认真思考如何通过商业和艺术来促进国内外的和平。

德国作曲家们创造了所谓的“综合品位”——不同音乐风格的结合——从而对国家和谐做出了贡献。泰勒曼展示了炼金术士一般的音乐技巧，将他所谓的“法国的生机……意大利的奉承……英国和波兰的幽默”进行加工。

马格德堡1631年的沦陷，时值三十年战争

让-菲利普·拉莫（Jean-Philippe Rameau）

1683—1764年，法国

拉莫一直期许着在舞台上获得成功，但到了50岁才创作出自己的第一部歌剧。他没有就此止步，并成为了一位非常杰出的巴洛克作曲家和音乐理论家。

让-菲利普·拉莫出生于第戎（Dijon）的一个音乐家庭。他的父亲是一位教堂管风琴师，而让-菲利普也沿袭了这条道路，担任过多个管风琴师职位，并在工作中加入了修书和教学。

拉莫第一次进入公众视野是因为他的作品——《和声学》（*Treatise on Harmony*，1722年）引发了热烈的反响，影响力巨大。2年后，一本羽管键琴作品集最终确立了他的名声。他没有停止作曲，专注于宗教音乐，但一直没能取得关键突破。这或许与作曲家易怒的性格有关［拉莫与不少人有着跌宕起伏的私交，其中包括文学家伏尔泰（Voltaire）］。终于，他获得了来自大财主勒里奇·德·拉·普普利尼埃（Le Riche de la Pouplinière）的赞助，这使他得以在1733年上演他的歌剧《希波吕托斯与阿里奇埃》（*Hippolyte et Aricie*）。对这部作品的评论分为两个阵营——歌剧作曲家让-巴普蒂斯特·吕利（Jean-Baptiste Lully）的拥护者们认为这部作品过于俗艳，过于“意大利味”，但也有不少人对其赞赏有加。

◁**让-菲利普·拉莫，1728年**

拉莫年轻时曾前往意大利，在与一群旅行音乐家们一同演奏时担任“头号小提琴”，并从此展开了音乐生涯。

抓住机会

拉莫很好地利用了这次机会。在整个18世纪30年代，他创作了一系列歌剧，包括他后来最著名的两部作品《双子星卡斯托耳与波吕丢刻斯》（*Castor et Pollux*）和《殷勤的印第安人》（*Les Indes Galantes*）。他保留了吕利多样化的形式，有层层叠叠的壮观场面、变换的场景和幕间芭蕾。吕利的作品中包含抒情悲剧、歌剧芭蕾和喜剧芭蕾，而拉莫则更偏重听觉效果——他扩大了吕利的弦乐团，加入了长笛、巴松、双簧管、小号和鼓，并在合唱和独唱之间进行了更复杂的和声设计。他宣称道：“吕利需要演员，而我需要歌唱家”。

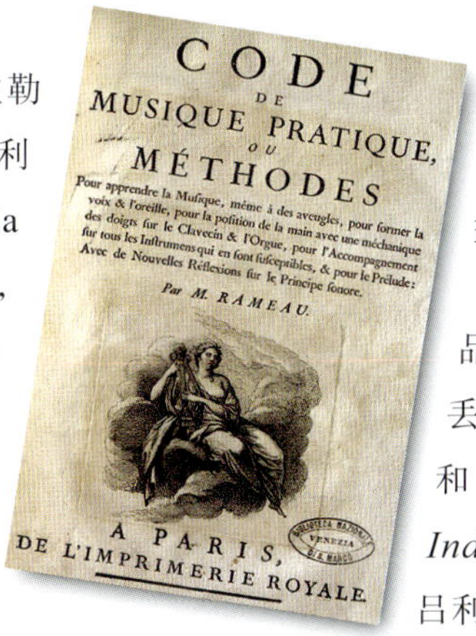

◁**《音乐实践规范》封面页**

拉莫的《音乐实践规范》出版于1760年，是18世纪音乐理论的顶尖产物。

认知转变

拉莫最终取得了与吕利同等的名声。他的晚期作品频繁上演于巴黎歌剧院和皇家场所；到了晚年，路易十五（Louis XV）授予了他头衔、俸禄和皇室作曲家的办公室。然而，随着意大利喜歌剧的兴起，拉莫的名声发生了讽刺性的转变：年轻时，批评家们认为拉莫过于“意大利”（或者说华美），但在“喜歌剧之争”（War of the Buffoons）中，这些笔杆子们又嫌他“不够意大利”，而是一个坚守旧法派的老顽固。到了20世纪，拉莫的名声才得以恢复。

背景

喜歌剧之争

18世纪50年代早期，拉莫卷入了一场舌战，论题关于意大利喜歌剧和相对严肃的法国歌剧的价值。这场争论源自乔瓦尼·巴蒂斯塔·佩尔戈莱西（Giovanni Battista Pergolesi）的歌剧《女仆作夫人》（*La Serva Padro*）的成功。这部歌剧由一个名叫“小丑”（Buffoon）的剧团执行演出，并促使法国哲学家让-雅克·卢梭（Jean-Jacques Rousseau）撰文赞扬意大利精神。随之而来的是一系列带着爱国色彩的文章之间的交锋，而作为那个时代顶尖的歌剧作曲家，拉莫在这场舌战中时常被打上保守者的标签。

意大利作曲家乔瓦尼·巴蒂斯塔·佩尔戈莱西（1710—1736年）

◁**《希波吕托斯与阿里奇埃》**

拉莫的第一部歌剧是抒情悲剧《希波吕托斯与阿里奇埃》。图中是2009年在图卢兹（Toulouse）的一场演出。虽然他写出这部歌剧时早已不年轻，但还是借此获得了声望。

约翰·塞巴斯蒂安·巴赫

1685—1750年，德国

巴赫被许多人赞誉为最伟大的巴洛克作曲家。从宗教清唱剧到私密的键盘作品，他的创作领域甚广。在他的作品中结合着数学的精巧和人性的深邃。

◁**巴赫故居，爱森纳赫**
这个位于爱森纳赫的半木结构屋子曾错误地被认为是巴赫的出生地。现在，这个地方被用作重现巴赫的生活和工作的博物馆，其中收藏着若干件巴赫拥有并使用过的乐器。

约翰·塞巴斯蒂安·巴赫1685年3月出生在德国图林根（Thuringia）的爱森纳赫镇，是8个孩子中最小的那个。巴赫的家庭从16世纪开始就培养了许多音乐家：他的父亲约翰·安布罗修斯（Johann Ambrosius），是一位很有天赋的弦乐演奏家，在爱森纳赫的音乐界中颇有名气；他有几位叔叔是管风琴家；他的一个叔辈，约翰·克里斯朵夫·巴赫（Johann Christoph Bach），也是一名很有声望的作曲家。

巴赫很小就开始学习演奏和作曲，这一点深受家庭的深厚音乐传统以及路德基督教义（Lutheran Protestantism）的影响。在巴赫9岁那年，他的母亲与父亲相隔9个月双双去世，他成为孤儿，并被送往奥尔德鲁夫（Ohrdurf）附近与他的长兄克里斯朵夫（Christoph）一起生活。克里斯朵夫是一名管风琴家，曾是著名作曲家约翰·帕赫贝尔（Johann Pachelbel，参见第83页）的学生。在克里斯朵夫的照顾下，巴赫的非正式音乐教育得以延续。巴赫很有可能在奥尔德鲁夫学会了管风琴演奏。他无疑参加了当地的教堂唱诗班，因为他在15岁那年凭借自己的声乐技巧进入了卓有声望的圣米歇尔教堂学校（Michaeliskirche），该学校地处德国北部汉堡附近的吕纳堡（Lüneburg）。在那里，巴赫受到圣约翰大教堂的管风琴家、作曲家格奥尔格·伯姆（Georg Böhm）的影响，对管风琴愈发感兴趣。

郁闷的职员

在17岁那年，巴赫完成了学业，开始谋生。在魏玛公爵的宫廷中短暂供职后，他成了一名教堂管风琴师，起先在阿恩施塔特（Arnstadt），后前往米尔豪森（Mühlhausen），这两座小镇都在图林根。然而，由于其满溢的才华遭到了枯燥工作的束缚，巴赫没能成为一个守规矩的职员。他请了长假远赴吕贝克（Lübeck）聆听迪特里希·布克斯特胡德（Dieterich Buxtehude）的演奏——后者是当时德国音乐的前沿人物——惹恼了教堂当局。教堂还称其为唱诗班提供的伴奏过度的精巧复杂。巴赫则抱怨他被安排了太多工作，而这使他无法专心于管风琴和作曲上。他无法容忍当地音乐家的糟糕品质。有一次，他辱骂

> “演奏巴赫的作品时你无法伪装。
> 如果做到了乐谱中的所有，你会听到吟唱。”
>
> 希拉里·哈恩（Hilary Hahn），小提琴家

术语

路德教会音乐

路德教会仪式中，音乐是不可或缺的部分。到了18世纪，礼拜信众们的合唱（众赞歌）由一名管风琴师来和声伴奏。康塔塔——由独唱家、合唱团和器乐演奏家合作的更为精巧的表演——也是仪式的一个环节。整场仪式中，音乐元素会持续一个小时，甚至更久。周日的礼拜仪式是德国各个城市最主要的音乐活动，不过也有路德会教徒认为音乐影响了对神的敬拜。

1650年左右在图林根生产的德国巴洛克管风琴

▷**约翰·塞巴斯蒂安·巴赫**
这幅肖像画由德国画家埃利亚斯·戈特洛布·豪斯曼（Elias Gottlob Haussmann）创作，展现了巴赫约60岁时的形象。画中，作曲家手持他的著名的六声部谜语卡农。

Canon triplex à 6

人物

安娜·马格德莱纳·巴赫

巴赫的第二任妻子，1701年出生的安娜·马格德莱纳·韦尔肯（Anna Magdalena Wülcken），是一个小号手的女儿。在与巴赫结婚前，她曾是克滕（Köthen）的一名歌手。她在1723年生下第一个孩子，之后总共生育13个。安娜·马格德莱纳是一个有才能的音乐家，曾为她的丈夫抄写乐谱，但关于巴赫的一些作品是由她创作的说法是缺乏根据的。安娜·马格德莱纳笔记是巴赫为其妻子整理的一系列音乐作品，在其中可以窥见安娜在家庭音乐中的角色。巴赫死后，安娜·马格德莱纳陷入赤贫，1760年死时已是一名乞丐，被埋在穷人墓中。

巴赫的D小调无伴奏小提琴帕蒂塔（*Partita in D Minor for Solo Violin*）中的恰空（*Chaconne*）中的一页，由安娜·马格德莱纳手抄

了一位年轻的巴松演奏员，并卷入了一场粗暴的斗殴。

初露锋芒

此时，巴赫的管风琴演奏的水平已经获得一些关注，而他的一部分重要作品也开始浮现。1707年，当他还在米尔豪森时，他出版的第一部作品付印——康塔塔《神是我的王》（*Gott ist mein König*）。他著名的管风琴作品之一，《D小调托卡塔与赋格》（*Toccata and Fugue in D minor*）也可能是在这段时期创作的。

巴赫严格遵循路德基督教会的性道德。最早的关于他表露出对异性感兴趣的证据出自教堂当局的一则批评，称巴赫让一名“陌生的少女”进入了阿恩施塔特的管风琴楼箱。1707年，巴赫得到了来自舅舅的一小笔遗产，并娶了他的堂妹玛丽亚·芭芭拉（Maria Barbara）。他们一共生了7个孩子，其中3个在婴儿时期就夭折了。这些孩子们大多生于魏玛公爵的宫廷。巴赫自1708年起就在那里担任管风琴师，后来还担任乐团首席。

△**萨克森魏玛公爵（The Duke of Saxe-Weimar）**

1708年，巴赫出任萨克森魏玛公爵威廉·厄恩斯特（Wilhelm Ernst）的宫廷乐师。后者与其弟弟约翰·厄恩斯特（Johann Ernst）一同治理领土。

魏玛的影响

公爵的广泛影响力使巴赫得以接触德国之外的音乐趋势，其中最值得注意的就是意大利作曲家安东尼奥·维瓦尔第。同时，巴赫精湛的技巧也得以声名远扬。据说，他受邀前往德累斯顿（Dresden）与法国管风琴家路易斯·马尔尚（Louis Marchand）比赛，而法方选手心知不敌，最后没有露面。在宫廷的工作比图林根教堂宽松自由，且薪俸高得多，但尽管如此，反复无常的魏玛公爵从未使巴赫工作得舒心。1717年，巴赫希望公爵允许他接受另一个德国宫廷——属于克滕的莱奥波德（Leopold）王子——的音乐总监的职位。公爵震怒于巴赫的不忠，将巴赫囚禁了1个月，才不情愿地让巴赫离开。

莱奥波德王子酷爱音乐，是一名业余乐手，并拥有一个小型的乐团，因此克滕成为了激发巴赫灵活想象力的丰沃土壤。他工作的重心从管风琴音乐和康塔塔转移到了羽管键琴、小

◁**巴赫教堂，阿恩施塔特**

巴赫在阿恩施塔特的新教堂（Neue Kirche）担任管风琴师。1935年，教堂被重新命名为约翰·塞巴斯蒂安·巴赫教堂，以致敬这位作曲家。

提琴、大提琴，以及为室内乐团的创作上。

在克滕

巴赫很有可能在克滕创作了双小提琴协奏曲、无伴奏大提琴组曲、无伴奏小提琴奏鸣曲和帕蒂塔等杰作（虽然确定他的作品年份出了名的困难）。《勃兰登堡协奏曲》（*Brandenburg Concertos*）——6部基于意大利的大协奏曲（concerto grosso）风格，即独奏家与小型乐团合作演奏——创作于1721年，而《平均律钢琴曲集》（*Well Tempered Clavier*）的第一卷——涵盖所有调性的24部前奏曲与赋格——于次年问世。

在克滕的这些年对巴赫来说总体上是愉快的，但是1720年的家庭悲剧也为之蒙上阴影。在他陪同王子前往卡尔斯巴德（Carlsbad）水疗时，他的妻子玛丽亚·芭芭拉意外染疾去世，而他未能及时回赴葬礼。次年，他娶了20岁的歌唱家安娜·马格德莱纳·韦尔肯。

决意前往莱比锡

也许是出于对这些事件的担忧，又或者是由于一些宫廷里的变化，王子娶了一位非常不喜欢音乐的女子，而巴赫也开始寻觅新的职位和挑战。1723年，莱比锡的萨克森城（Saxon）有了一个空缺。当时莱比锡是一个极富生命力的商业与文化中心。空缺职位是教堂领唱，将负责圣托马斯大教堂（Thomaskirche）和城里其他主要教堂的音乐事务。莱比锡当局未能聘用到著名的作曲家格奥尔格·菲利普·泰勒曼，

△托马斯学校（Thomasschule），1840年
巴赫在莱比锡时居住在隶属于圣托马斯大教堂的托马斯学校。他是这座路德教堂的音乐总监。这幅学校的速写画由菲利克斯·门德尔松创作，他于1835年至1847年住在学校对面的房子里。也正是门德尔松在19世纪重新激发了人们对巴赫作品的兴趣。

“所有音乐的唯一使命和目的应是神的荣耀和人类心智的重建。”

巴赫

△巴赫和他的儿子们

这幅德国肖像画家巴尔塔扎·登纳（Balthasar Denner）的画作被认为刻画的是手持大提琴的巴赫与他的3个儿子在一起。然而，有些历史学家对这个说法存疑。

才无奈选择了巴赫——用一名官员的话说，“得不到最好的，就必须接受平庸的”。巴赫必须答应其创作的音乐将“不会过长”，也不能在风格上“歌剧化”。虽然这个开头并不乐观，但莱比锡的这份工作却占据了巴赫的余生。

在莱比锡的前几年，巴赫的创造力令人咋舌。他负责4座教堂的音乐，平均每周产出一部新的康塔塔，此外还为教堂年历中的重要日期创作大型作品：他为1723年圣诞节创作了《圣母颂歌》（*Magnificat*）；1724年的复活节创作了《约翰受难曲》（*St John Passion*）；1727年的复活节创作了《马太受难曲》（*St Matthew Passion*）。而且他的产出远不止宗教音乐。他最受喜爱的键盘作品，包括《帕蒂塔》（*Partitas*）、英国组曲（*English Suite*）和《法国组

关键作品

1721年
为克滕宫廷乐团创作了6部《勃兰登堡协奏曲》，题献给勃兰登堡藩侯（Margrave）。

1722年
《平均律钢琴曲集》第一卷，其中包括24首键盘前奏曲和赋格。后有第二卷。

1724年
巴赫的《约翰受难曲》在他担任莱比锡教堂音乐总监的第一年的复活节首演。

1727年
《马太受难曲》于复活节在莱比锡的圣托马斯大教堂首演。

1734—1735年
圣诞清唱剧，由6部分组成，在莱比锡尼古拉大教堂（Nikolaikirche）演出。

1741年
为德累斯顿的俄罗斯驻萨克森大使创作了30首键盘变奏曲——被称为《哥德堡变奏曲》。

1747年
《音乐的奉献》，基于普鲁士国王弗雷德里克二世（Prussian King Frederick II）提供的一段曲调创作的精美的赋格变奏。

1749年
完成了《B小调弥撒》。这部作品从1733年开始创作，且没能在他有生之年演出。

◁**马太受难曲**

图中是马太受难曲的手稿。这部作品用的是德语，巴赫在其中强调了耶稣在十字架上受难的深重的痛苦。

曲》(*French Suite*)都出自这段时期。1729年，他成为了莱比锡大学音乐社(Collegium Musicum)的总监，音乐社每周都会在齐默尔曼咖啡屋举办世俗音乐演出。

家庭和生活

巴赫家成为了音乐创作中心，全家人都参与其中。巴赫写了不少用于家庭演出或给他的孩子们用于学习的曲子。安娜·马格德莱纳在1723年至1742年间为他生了13个孩子，其中只有6个没有在婴儿期夭折。然而，这一轮又一轮的生育和死亡似乎并没有影响巴赫的生产力，也没有影响到双方对婚姻的满足。

相比之下，巴赫与他的雇主间的关系一直很紧张。他们之间存在无止境的冲突，关于薪俸和地位，或关于巴赫应当却经常没有履行的非音乐方面的教学义务。1736年，他设法获得了另一个职位——在德累斯顿出任萨克森选帝侯的宫廷作曲家。这是一个极具声望的角色，使巴赫几乎可以无视莱比锡当局的任何批评。巴赫在德累斯顿受俄罗斯大使凯泽林克(Keyserlingk)公爵的委约创作一部舒缓的音乐，并交由羽管键琴家戈特利布·哥德堡(Gottlieb Goldberg)弹奏用来帮助公爵在夜里入睡——这部作品如今被称作《哥德堡变奏曲》(*Goldberg Variations*)。

旅行和麻烦

巴赫不跟随音乐时尚。1737年，他受到了年轻的音乐评论家约翰·阿道夫·沙伊贝(Johann Adolf Scheibe)的大力攻击，后者称巴赫的音乐“华而不实且令人困惑的风格”与当代对简约的音乐和旋律、和声的清晰的趣味格格不入。然而，巴赫在他后来的音乐中进一步增加了他的老派做法，包括密集的对位，以及两条或更多旋律线的交织。

1747年造访柏林时，巴赫被邀请在普鲁士国王弗雷德里克大帝(Frederick the Great)面前演奏，后者聘用了巴赫的儿子卡尔·菲利普·伊曼努尔(Carl Philipp Emmanuel)为宫廷乐手。国王给了巴赫一个原创的主题，而巴赫基于这个主题当场在钢琴上即兴弹奏了一个三声部的赋格，令国王大悦。回到莱比锡后，他利用这个主题创作了《音乐的奉献》(*The Musical Offering*)。这是一组对位法作品，其中包括一首六声部的赋格。直至去世前，他都还在创作《赋格的艺术》(*Art of Fugue*)。他在这部作品中探索对位法创作的可能性的极限，而这部作品也成为一个正在淡出历史舞台的音乐世界的象征。

晚期作品

巴赫在1749年失明，次年去世，死因可能是糖尿病。他的墓上没有铭刻。他的作曲成就也在很大程度上被世界遗忘。但到了19世纪，人们重新燃起了对巴赫作品的兴趣，尤其是在门德尔松于1829年在柏林演出了《马太受难曲》之后。

至19世纪末，巴赫的声名鹊起，以至于人们将他的遗体挖出并用雕饰精美的铭文石棺重新埋葬。他的遗体如今被存放在莱比锡的圣托马斯大教堂。

◁**普鲁士的弗雷德里克二世**

巴赫将自己的《音乐的奉献》题献给这位普鲁士国王，不过现在人们认为这部作品表现出作曲家对弗雷德里克的宗教及美学观念的批评。

人物

C. P. E 巴赫

巴赫的4个儿子有着令人瞩目的职业，其中最著名的是卡尔·菲利普·伊曼努尔·巴赫(1714—1788年)。他的名声曾一度超过他父亲。C. P. E 巴赫在约翰·塞巴斯蒂安与第一任妻子成活的孩子们中排第二。他在普鲁士皇宫中供职了30年。他因其精湛的羽管键琴技巧而享有盛名，并撰写了很有影响力的一本键盘技巧手册，其中介绍了大拇指在键盘演奏中的使用。他的键盘奏鸣曲富有情绪和戏剧性，是海顿、莫扎特和贝多芬的灵感来源。

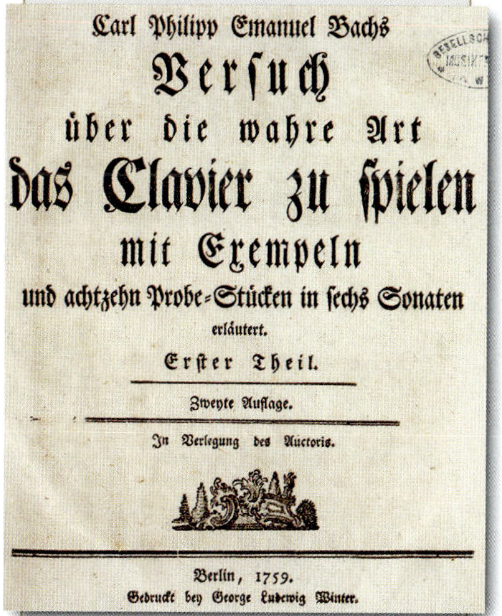
Carl Philipp Emanuel Bachs
Versuch
über die wahre Art
das Clavier zu spielen
mit Exempeln
und achtzehn Probe-Stücken in sechs Sonaten
erläutert.
Erster Theil.
Zweyte Auflage.
In Verlegung des Auctoris.
Berlin, 1759.
Gedruckt bey George Ludewig Winter.

C. P. E 巴赫的《论羽管键琴演奏的艺术》(*Treatise On the Harpsichord*)的封面，1759年

“巴赫是史上最具天才的管风琴家和键盘演奏家。”

巴赫的讣告，刊登在《音乐图书馆》(*Musikalische Bibliothek*)月刊，1754年

多梅尼科·斯卡拉蒂（Domenico Scarlatti）

1685—1757年，意大利

意大利作曲家斯卡拉蒂在西班牙写下了他最著名的作品。他激情四射的键盘奏鸣曲中融入了西班牙流行音乐元素，挑战了作曲的规则且拓展了键盘演奏的技巧范畴。

朱塞佩·多梅尼科·斯卡拉蒂1685年出生于那不勒斯——这是一个诞生了巴赫和亨德尔的吉利年。他的父亲是歌剧作曲家亚历山德罗·斯卡拉蒂（Alessandro Scarlatti），而他15岁时就在父亲的帮助下被任命为那不勒斯皇家教堂的管风琴师。虽然多梅尼科展现出了很强的键盘演奏天赋，但是他的父亲还是坚持让他创作声乐，而他的第一部歌剧作品首演于1703年。

1709年，斯卡拉蒂成为了波兰女王玛利亚·卡西米拉（Maria Casimira）的御用作曲家，当时女王正流亡罗马。接下来的5年内，她为女王的剧院创作了7部歌剧，并树立了羽管键琴技巧大师的名声。

服务皇室

1715年，斯卡拉蒂被任命为圣彼得大教堂的合唱团总监。这个职位曾经属于帕莱斯特里纳（参见第22页）。但他越来越希望摆脱父亲的阴影，并开始对不得不专注声乐创造感到厌烦。1719年，他接受了加入位于里斯本的葡萄牙国王若昂五世（Joao V）的皇室宫廷的邀请。他的职责之一是向国王9岁的女儿玛丽亚·芭芭拉·德·布拉干萨（María Bárbara de Bragança）教授音乐。1729年，玛丽亚嫁给西班牙未来的国王时，斯卡拉蒂陪同前往塞维利亚，然后又来到马德里。作曲家在马德里的宫廷度过了余生。

◁**葡萄牙的芭芭拉**
斯卡拉蒂为他颇有才华的键盘学生玛丽亚·芭芭拉·德·布拉干萨写过一些作品。

键盘创新

1728年，在某一次访问罗马时，斯卡拉蒂与16岁的玛利亚·卡德莉娜·真蒂利（Maria Caterina Gentili）结婚，在1739年玛丽亚去世前，夫妻二人育有6个孩子。作曲家又与第二任妻子阿纳斯塔西娅·马克萨尔蒂·希梅内斯（Anastasia Maxarti Ximenes）生了4个孩子，其中最小的一个出生时他已经64岁。

在西班牙期间，斯卡拉蒂创作了著名的555首单乐章键盘奏鸣曲。这些作品主要是为羽管键琴而作，其中不乏许多出人意料的转调和不和谐和声，并探索了广阔的技巧范畴，比如两手交叉弹奏。这些奏鸣曲的许多独创效果的灵感源自西班牙民间音乐，其中充斥着吉他拨弦、响板、踩踏地板的节奏和弗拉门科舞曲。1638年出版的30部奏鸣曲，统称《练习曲》（*Exercises*），确立了斯卡拉蒂在整个欧洲的名望。然而，在他的一生中几乎没有出版更多的作品。

自从斯卡拉蒂1757年在马德里去世后，他其他的键盘作品逐渐被发现。时至今日，虽然斯卡拉蒂的歌剧很少再获得很高的评价，但是他的键盘作品中独特的“现代”风格确保了其在音乐演出中依然会频频亮相。

▷**1725年的羽管键琴**
斯卡拉蒂是羽管键琴大师。有一次，在罗马与亨德尔进行键盘演奏比赛时，评委们猜测亨德尔管风琴会弹得更好，但斯卡拉蒂羽管键琴会弹得更好。同时代有人评论他的管风琴演奏仿佛“琴上有1000个恶魔”。

人物

亚历山德罗·斯卡拉蒂

多梅尼科的父亲亚历山德罗·斯卡拉蒂在那个时代是一位顶尖的歌剧作曲家。他1660年出生于西西里的巴勒莫。他的职业生涯大部分在那不勒斯度过，后被任命为总督教堂（Viceregal Chapel）的合唱总监。他在罗马、佛罗伦萨和威尼斯都工作过。他的产出量非常惊人，其中包括超过100部歌剧，此外还有许多清唱剧和康塔塔。他的作品中收到最高评价的是《米特里达梯·尤帕托雷》（*Il Mitridate Eupatore*，1707年首演）。他1725年去世时负债累累。

亚历山德罗《十人团的垮台》（*la Caduta del Decemviri*，1682—1683年）的乐谱

▷**多梅尼科·斯卡拉蒂**
这幅多明哥·安东尼奥·德·贝拉斯科（Domingo Antonio Velasco）画的肖像纪念斯卡拉蒂于前1年加入了圣地亚哥骑士团。

乔治·弗里德里希·亨德尔（George Friedrich Handel）

1685—1759年，德国—英国

亨德尔会写意大利歌剧、英语清唱剧，还在乔治王时代的伦敦写下了充满活力的管弦乐组曲。他的音乐直接、有力，且丝毫不多愁善感，代表着巴洛克时期音乐的最高品质。

◁《阿尔米拉》
亨德尔的第一部歌剧《阿尔米拉》于1705年在德国汉堡首演。图中是2014年在汉堡国立歌剧院的制作。

乔治·弗里德里希·亨德尔1685年出生于德国莱比锡附近的哈雷（Halle）镇。后来他将自己名字中的Händel英国化为Handel。他的父亲为当地的贵族提供理发和外科手术服务，而他的母亲是一位路德派牧师的女儿。作为殷实的中产阶级，他们希望亨德尔成为一名律师。因此，对亨德尔从小表现出极高的艺术天赋，这对父母并不感到喜悦。在亨德尔的管风琴天赋被当地的一位贵族发现后，他的父母在游说之下终于同意掏钱让亨德尔在当地教区的圣玛利亚教堂（Marienkirche）跟随管风琴师学习音乐。虽然由此入门，但是亨德尔靠自学成才，通过模仿其他人的作品来学习。

◁乔治·弗里德里希·亨德尔
这幅由巴尔塔萨·丹纳（Balthasar Denner）于1726年所画的肖像中，作曲家刚过40岁，富有而出名，正处于职业的巅峰。

亨德尔年轻而富有活力，擅长社交、精力旺盛、有事业心、天赋异禀且极富自信。18岁时，他离开哈雷前往港口城市汉堡。在那里，他被汉堡市的歌剧院“鹅市”歌剧院聘为演奏家。在一个著名的轶事中，他与一名同事发生争执并上升为一场决斗，而对手的剑被亨德尔衣服上的一枚扣子挡住才让亨德尔没有丢掉性命。

意大利的冒险

他的第一部歌剧《阿尔米拉》（*Almira*）于1705年在汉堡歌剧院上演并收获满堂彩。这番成功后，亨德尔在1707年前往意大利——欧洲声乐的中心。他在佛罗伦萨、罗马、威尼斯和那不勒斯与当地社交圈打成一片，用他炫目的管风琴技巧获得了人们的喜爱。他可能与佛罗伦萨歌唱家维多利亚·塔尔奎尼（Vittoria Tarquini）有过一段恋情——如果属实，这将是他唯一的一桩风流事。

音乐方面，他的意大利之行使他的教育得以完整——他学会了当时为阉伶和为女高音而设计的意大利歌剧作曲风格。他的《阿格里皮娜》

术语

阉伶歌手（Castrato Singers）

自16世纪以来，在意大利存在将男性在青春期前去势以将高音保留至成年的做法。自从大约1680年以后，将阉伶用作意大利歌剧的男主唱已是惯常做法。一些阉伶获得了巨大的财富和地位，人们喜爱他们纯洁的嗓音、气息控制和精美的旋律装饰音。其中最著名的三位——塞内西诺（Senesino，即Francesco Bernardi）、卡法雷利（Caffarelli，即Gaetano Maiorano）和法里内利（Farinelli，即Carlo Broschi）——都曾在亨德尔的歌剧中献声。由于人们的音乐品位发生了改变，加上对阉割男童的人道主义谴责，去势男高音的传统在1790年左右断绝。

法里内利的肖像画，科拉多·贾贡托（Corrado Giaquinto），约1753年

“从来没有哪一门艺术之完美可以这样结合在一个如此富有创作力的人身上。”

安东尼·普列沃斯（Antoine Prévost）评价亨德尔，1733年

背景

皇家烟火表演

1749年，乔治二世（George II）下令在伦敦的绿园举行烟火表演来庆祝奥地利王位继承战争（War of the Austrian Succession）的结束。亨德尔被委任为此庆典写音乐，且国王明确要求“不要小提琴”。在沃克斯霍尔欢乐花园（Vauxhall Pleasure Gardens）的公开排练吸引了12000名付费观众，导致伦敦交通堵塞。虽然这场烟火表演因为下雨、观众意外受伤以及一座宫殿的失火而被糟蹋，亨德尔的乐团无疑上演了一出激动人心的节目。

绿园烟火，1749年

（*Agrippina*）于1709—1710年在威尼斯上演，是一次巨大的成功。

移居伦敦

1710年，亨德尔回到了德国，并接受了汉诺威（Hanover）宫廷音乐总监的职位。这个小而有志的地方与英国有着特殊的关联，因为当时的汉诺威公爵是英国王位的指定继承人。亨德尔几乎立即请了长假前往伦敦，在那里他得到了很多施展才华的机会。很快，亨德尔在财富的诱惑下彻底放弃了汉诺威。他余生都在伦敦度过。

当时的伦敦盛行意大利歌剧，而亨德尔的歌剧《里纳尔多》（*Rinaldo*）于1711年在女王剧院上演，从而确立了自己在这个国家该体裁大师的身份。他擅长巴结英国贵族，并得到了伯林顿伯爵（Earl of Berlington）和钱多斯公爵（Duke of Chandos）的赞助。他还获得了安妮女王的喜爱——他为庆祝1714年结束了英法战争的乌得勒支和约（Peace of Utrecht）创作音乐，并因此获得了来自王室的补贴。

同年安妮女王去世后，亨德尔的汉诺威雇主前来登基，成为了乔治一世国王。这对亨德尔来说是一个充满不确定性的时刻，因为当年亨德尔未经准许就擅自抛弃了汉诺威。好在国王并未心怀积怨。1717年，伦敦居民们目睹乔治国王顺着泰晤士河在50名乐手的陪伴下乘坐一艘大平底船漂流而下，演奏的音乐是亨德尔专门为此准备的——被称作《水上音乐》（*Water Music*）的三部组曲。

皇家音乐学院

在伦敦的布鲁克街的新家落脚后，亨德尔不仅创作歌剧——18世纪20年代他一共创作了15部歌剧——而且还开始运营一家歌剧公司。在财力雄厚的投资者的支持下，他在皇家干草剧院（King's Theatre in Haymarket）创办了命名浮夸的皇家音乐学院，并游遍欧洲以招募最著名的歌唱家，包括阉伶塞内西诺、女高音范切斯卡·库松妮（Francesca Cuzzoni）以及女中音福斯蒂娜·波朵妮（Faustina Bordoni）。管理这些超级明星并非易事。据说，有一次库松妮坚持不愿演唱亨德尔写的一首咏叹调，而气急败坏的亨德尔威胁要将她扔出窗外。但是亨德尔在皇家剧院上演的节目在当时是伦敦最时髦的娱乐活动。这段时期亨德尔最受赞誉的歌剧包括《奥托内》（*Ottone*，1723年）、《朱利亚斯·凯撒》（*Giulio Cesare*，1724年）和《塔梅拉诺》（*Tamerlano*，1724年）。

从歌剧到清唱剧

18世纪20年代末，亨德尔的歌剧生意遇到了麻烦——约翰·盖伊（John Gay）充满活力的英文音乐剧《乞丐歌剧》（*The Beggar's Opera*）于1728年上演，演出大获成功且使意大利歌剧不再显得时髦。皇家音乐学院因给明星们支付的巨额报酬而破产，于1734年关门大吉。亨德尔放弃了歌剧生意，不过还是继续写歌剧，主要在科文特花园剧院（Covent Garden Theatre）演出，直到1741年。

意大利歌剧的衰落促使亨德尔开始创作清唱剧。这些为独唱家、乐团和合唱团创作的大型宗教音乐作品收获了巨大的成功。亨德尔选择了《圣经》主题并辅以英文歌词，成功迎合了英国人的爱国情绪和新教氛围。《以斯帖》（*Esther*）于1732年作为歌剧季的一部分上演，且在之后的20年内又涌现了20多部清唱剧。其中最著名的一部《弥赛亚》（*Messiah*）于1742年首演于都柏林，当时亨德尔受到爱尔兰总督的邀请前往组织音乐季。虽然有批评者和观众反对将耶稣这样神圣的对象用于音乐会演出，但《弥赛亚》以及亨德尔很快就在英国家喻户晓。

虽然皇家中并非人人都喜爱亨德

△**福斯蒂娜·波朵妮**

这位威尼斯女中音歌唱家因其完美的音准而出名。1726年至1728年间，亨德尔在他的歌剧公司为她写了5个角色。

“向他学习如何使用如此简约的手法来实现了不起的效果。”

路德维西·凡·贝多芬评价亨德尔

关键作品

1711年
亨德尔在伦敦演出的第一部歌剧《里纳尔多》取得了巨大成功。

1717年
三部器乐组曲——《水上音乐》在泰晤士河上的大平底船上演奏，以取悦乔治一世。

1727年
为乔治二世的加冕创作并演出了《牧师扎多克》。

1739年
出版了《大协奏曲》（*Concerti grossi*）——12部为小型器乐团体创作的曲子。

1742年
《弥赛亚》，亨德尔最著名的清唱剧，在都柏林首演。

1749年
写下了《皇家烟火》（*Music for the Royal Fireworks*）庆祝亚琛合约的签订。

尔，但是他已是这个汉诺威裔君权的官方作曲家。每逢和平降临或战争胜利，亨德尔就会受到召唤作曲庆祝。他的地位堪称国家标志，这一点可以从法国雕塑家路易-弗朗索瓦·鲁比利亚克（Louis-François Roubiliac）于1738年在沃克斯霍尔欢乐花园为他竖立的雕塑中得到体现。

18世纪50年代初，亨德尔失明。他的最后一部清唱剧，《耶夫塔》（*Jephtha*）于1752年在科文特花园剧院演出，由作曲家亲自指挥，尽管他几乎什么都看不见。他在晚年变得越发虔诚和关心民间疾苦，并在布卢姆茨伯里的弃儿养育院（Foundling Hospital in Bloomsbury）安排《弥赛亚》的演出，为养育弃儿的工作筹款。

亨德尔的一生渴望财富和名望，而1759年去世时他已是名利双收。数千人参加了他在威斯敏斯特修道院的葬礼。他已然被英国人接纳为这个国家的一员；他的清唱剧被顶礼膜拜，成了英国合唱传统的核心。虽然他的歌剧直到20世纪的后半叶才开始复兴，一直以来亨德尔都被认为是伟大的作曲家之一。

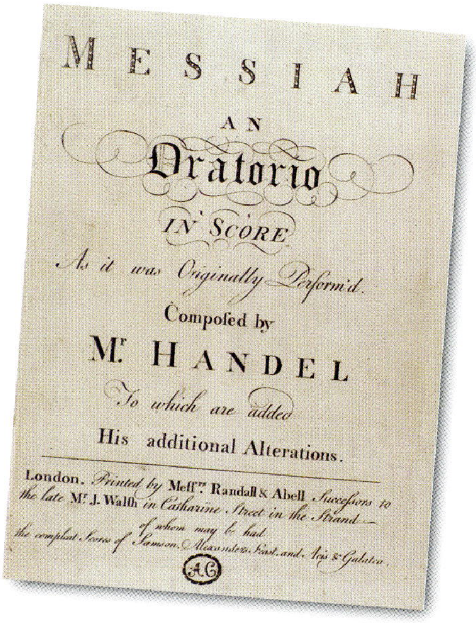
MESSIAH
AN
Oratorio
IN SCORE
As it was Originally Perform'd.
Composed by
Mr. HANDEL
To which are added
His additional Alterations.
London. Printed by Mess.rs Randall & Abell Successors to the late Mr. J. Walsh in Catharine Street in the Strand. of whom may be had the compleat Scores of Samson, Alexander's Feast, and Acis & Galatea.

△ **亨德尔的《弥赛亚》**

图中的《弥赛亚》乐谱来自1747年，即都柏林首演5年之后。作曲家不断改进这部清唱剧，直到1754年才形成了如今我们所知的版本。

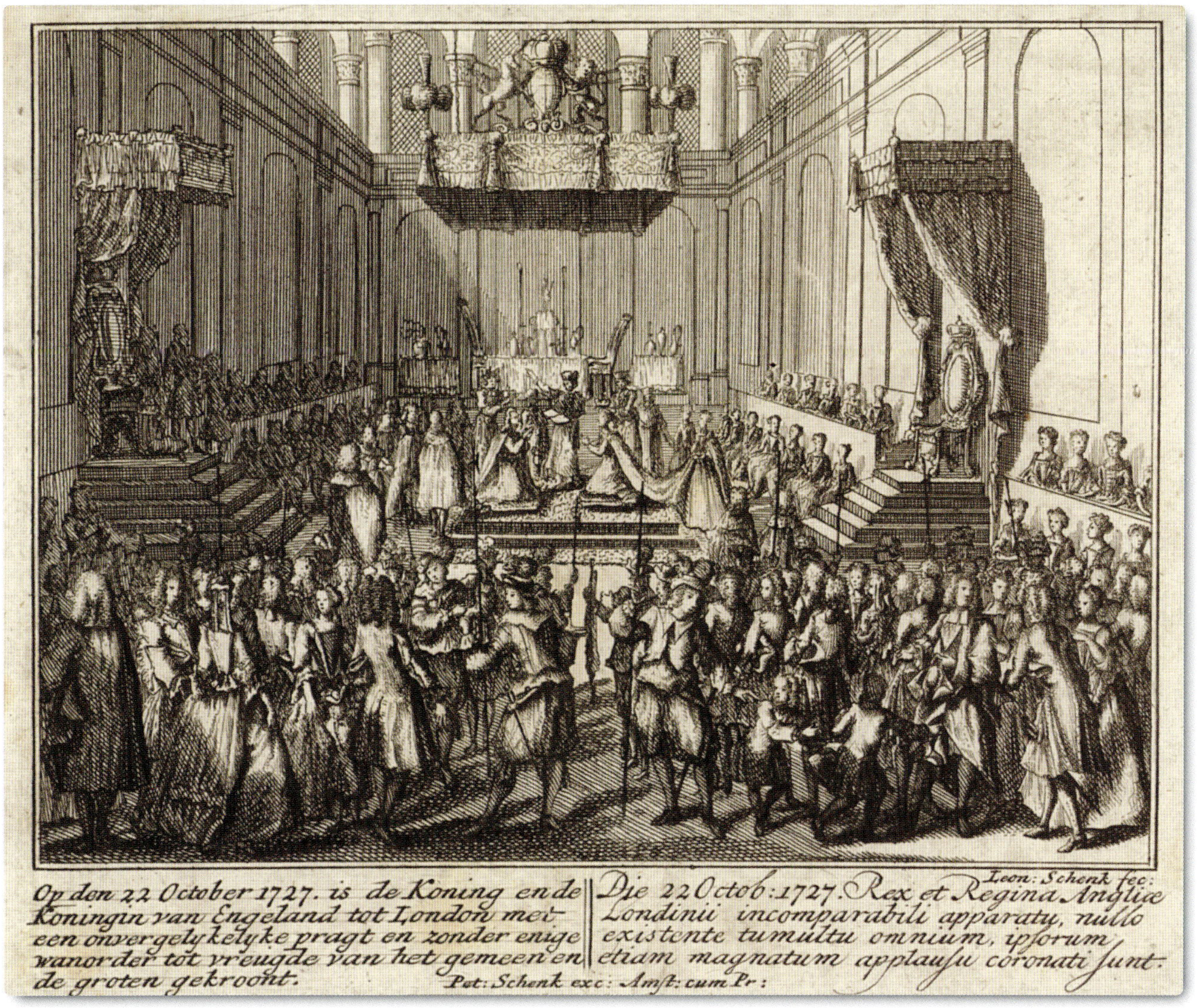

◁ **乔治二世的加冕**

亨德尔为乔治二世在1727年的加冕创作了辉煌的颂歌《牧师扎多克》（*Zadok the Priest*）。自那以后，每一场英国的国王加冕都会演出这部作品。

▷**克里斯托夫·格鲁克**
这幅肖像画中的格鲁克刚过50岁，却已经迎来了职业生涯的晚期。虽然他的职业在开始并不顺利，且遭到家人反对，但格鲁克设法逐渐获得了名声和财富。1787年，格鲁克去世，享年73岁。

克里斯托夫·维利巴尔德·格鲁克
（Christoph W. Gluck）

1714—1787年，奥地利

莫扎特、柏辽兹和瓦格纳等都推崇格鲁克。他从歌剧中剔除炫技的表演，提倡情感的直接流露和戏剧的真实性。在这一点上，他比任何一名其他作曲家都功勋卓著。

格鲁克1714年出生于巴伐利亚州的阿斯巴赫（Erasbach）。13岁时，他离家出走前往布拉格，靠唱歌和吹单簧口琴维生。

20多岁时，格鲁克在米兰创作了自己的第一部歌剧《阿塔瑟西》（*Artaserse*，1741年）。这一次成功致使他后来创作了一系列在当时正流行的正歌剧，格鲁克于1752年在维也纳定居。是年，他创作了截至当时最大胆创新的正歌剧《狄托的仁慈》（*La clemenza di Tito*）——剧本由歌剧剧作家梅塔斯塔斯（Metastasio）撰写，后由莫扎特配乐。

愈渐成功

18世纪50至60年代初，格鲁克也为帝国宫廷就神话主题进行过创作。此外，他还写了若干部法国喜歌剧。这段创作时期的最后，格鲁克写下了《不期而遇》（*La Rencontre imprévue*），其剧情和剧中的土耳其女后宫影响了莫扎特的《后宫诱逃》。不过这段时期的两起关键事件是两部革命性的芭蕾舞剧《唐璜》（*Don Juan*，1761年）

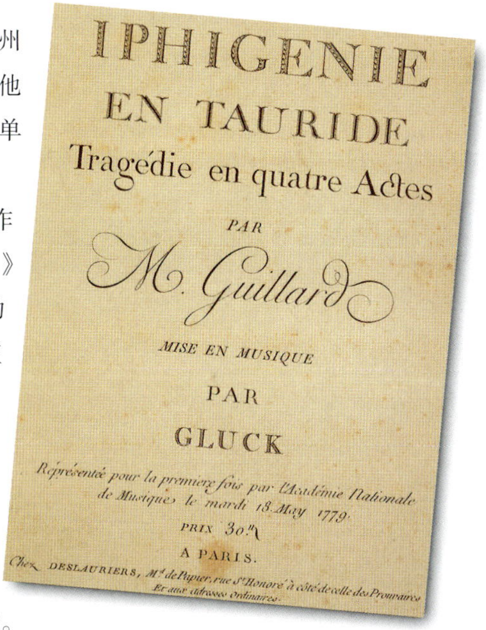
IPHIGENIE
EN TAURIDE
Tragédie en quatre Actes
PAR
M. Guillard
MISE EN MUSIQUE
PAR
GLUCK
Représentée pour la premiere fois par l'Académie Nationale de Musique le mardi 18 May 1779.
PRIX 30.tt
A PARIS.
Chez DESLAURIERS, Md de Papier, rue St Honoré à côté de celle des Prouvaires
Et aux adresses ordinaires.

◁《伊菲姬尼在奥利德》
这是格鲁克第一版《伊菲姬尼在奥利德》的封面页，被一些人认为是格鲁克最好的作品。于1779年在巴黎出版。

和《奥菲欧与尤丽狄茜》（*Orphée et Eurydice*，1762年）。这是他首次与剧作家拉尼耶里·德·卡尔扎比吉（Ranieri de' Calzabigi）合作，也是歌剧史上的重要里程碑。

紧接着诞生的两部歌剧中，古典的剧情以及独唱、合唱与芭蕾的融合将格鲁克与卡尔扎比吉的舞台宗旨结合了起来。在《阿尔切斯特》（*Alceste*）的序言中阐述了这部歌剧的初衷：实现形式、剧情和语言的"简朴，忠实，自然"。在《帕里德与艾莱娜》（*Paride ed Elena*）中，格鲁克明言其"通过斯巴达（Sparta）的野蛮本质与弗里吉亚（Phrygia）的精致柔美之间的对比，描绘了两个民族的性格差异"。

格鲁克职业生涯的晚期围绕巴黎展开，创作了不少作品，包括《伊菲革涅亚在奥利斯》（*Iphigénie en Aulide*）、《奥菲欧与尤丽狄茜》的扩充版（1774年），以及《阿尔切斯特》的颇为激进的法国重制版（1776年）；接着是有着浪漫主义色彩的《阿尔米德》（*Armide*，1777年）和《伊菲姬尼在奥利德》（*Iphigénie en Tauride*，1779年）。

格鲁克的最后一部法国歌剧《回声与水仙》（*Echo et Narcisse*）失败了。部分原因是格鲁克与意大利人尼可罗·皮钦尼（Niccolò Piccinni）各自的支持者互相争吵，也因为观众们事先习惯了格鲁克的法国歌剧中的严肃内容。

人物

拉尼耶里·德·卡尔扎比吉

拉尼耶里·德·卡尔扎比吉（1714—1795年）在意大利剧本作家洛伦佐·达·彭特（Lorenzo da Ponte）笔下是一个游侠式的角色：一个投机的冒险家，用卡萨诺瓦（Casanova）的话说是"女人们的完美情人"。卡尔扎比吉在一次谋杀审判后逃到意大利。他是法国启蒙运动的信徒，反对意大利歌剧对人声的过度使用。他的理念与格鲁克完美共鸣。卡尔扎比吉取用奥菲欧深入地狱从哈迪斯手中营救尤丽狄茜的故事原型，只保留最基本的元素。相应地，格鲁克的音乐有力、直接而简约，剔除了所有洛可可式的虚饰。

拉尼耶里·德·卡尔扎比吉

◁《奥菲欧与尤丽狄茜》
在这场格鲁克的广受好评的歌剧的排练中，俄罗斯歌唱家德米特里·科尔查克（Dmitry Korchak，中间）饰演奥菲欧，被芭蕾舞团的舞蹈演员围绕着。这场制作由美国舞蹈编导和导演约翰·纽迈耶（John Neumeier）编排，亚历山德罗·德·马尔基（Alessandro De Marchi）任音乐总监，并在2019年2月于德国的汉堡国立歌剧院首演。

弗朗茨·约瑟夫·海顿（Franz Joseph Haydn）

1732—1809年，奥地利

海顿作曲量丰富，写了超过100部交响曲和大量的室内乐，为西方音乐的古典时期奠定了基础。他的作品对莫扎特，尤其是贝多芬产生了重大的影响。

弗朗茨·约瑟夫·海顿1732年出生于罗劳（Rohrau）村，位于奥匈边境附近。他的父亲是一名马车制作工兼厨师。他的父母都不识音符，但他的叔叔在附近的海恩堡（Hainburg）镇负责教堂音乐，而海顿被父母送往这位叔叔家生活，并参与了教堂的音乐工作。在那里，海顿被维也纳的圣斯德望主教座堂（St. Stephen's Cathedral）的合唱指挥发现，并被招募至维也纳加入了主教座堂的合唱团。从8岁起，海顿就经受着18世纪唱诗班儿童习以为常的虐待——糟糕的食物、频繁的鞭打——但同时也获得了宝贵的音乐经验。

从教堂到街头

17岁时，海顿已经失去了合唱团男童所必须的高音。有一次，他被指剪短了一位合唱团伙伴的辫子，并被合唱团开除了。被扔到街上时，除了身上穿的衣服，他一无所有，而他靠做一名街头艺人在街角演唱小夜曲活了下来。

虽然开头并不顺利，但靠着决心、运气和无法掩藏的天赋，海顿开始了自己的音乐生涯。在维也纳街头流浪的岁月中，他通过研究学习手册和其他人所作的曲子——尤其是C.P.E.巴赫的键盘作品——自学作曲。一次偶遇的机会，他成为了意大利作曲家和教师尼古拉·波尔波拉（Nicola Porpora）的得力助手，从而收获了关于作曲的指导，并且与贵族阶级中的潜在赞助人建立了联系。

宫廷生活

27岁时，海顿得到了自己的第一份全职工作——在费迪南德·马克西米利安·冯·马尔青伯爵（Count Ferdinand Maximilian von Marzin）的不算奢华的宫廷中担任音乐总监。他最早的一批交响曲就是为马尔青伯爵的乐团而作的。终于有了稳定的收入，海顿仓促地与玛丽亚·安娜·凯勒（Maria Anna Keller，一位美发师的女儿）结了婚。事实证明，这两人并不般配——海顿其实一直心仪玛丽亚的姐姐。这段充满酸苦的婚姻没有带来孩子，且两人都通过婚外情寻求慰藉，直至玛丽亚在1800年去世。

◁圣斯德望主教座堂
维也纳一座雄伟的大教堂，也是城市的标志性建筑之一。约瑟夫·海顿与他的弟弟米歇尔（Michael）在这里做过唱诗班男童。

背景

埃施特哈齐亲王们

埃施特哈齐（The Esterházys）是匈牙利的一个贵族家庭，神圣罗马帝国的亲王，且是帝国里最大的土地拥有者。他们效忠于维也纳的哈布斯堡家族，尽管有时他们比后者还要富有。18世纪60年代出现的埃施特哈齐宫殿规模极为宏大，因此被称为"匈牙利凡尔赛"。这座宫殿为海顿的赞助人尼古劳斯·埃施特哈齐亲王赢得了"伟岸"（Magnificent）的绰号。尼古劳斯二世亲王（Nikolaus II，1765—1833年）也是一位音乐赞助人，并于1807年向贝多芬委约了C大调弥撒，然而家族的财富在他的骄奢淫逸和肆意挥霍之下不复当年。

尼古劳斯一世，身着他的匈牙利步兵团制服

▷约瑟夫·海顿
在这幅18世纪的肖像画中，海顿正在辛勤工作。他身着优雅的服饰，暗示着他的显赫成功。虽然开头并不顺利，但是海顿后来的职业生涯令人赞叹且回报丰厚。

△**埃施特哈齐宫殿**
1766—1790年间，海顿住在埃施特哈齐主宫不远处的仆人住宅区的有着4个房间的套房中。虽然宫殿地处偏远，使他的乐手们感到乏味，但是海顿因此有了充分的时间作曲。

1761年，海顿开始为一个显赫得多的客户工作——匈牙利的埃施特哈齐王爵家族。1766年，他已成为这个家族的音乐总监，掌管着一个超过20名乐手的管弦乐团（这在当时是很大的编制）以及新建的埃施特哈齐王宫的一所歌剧院。严格说来，他只是一个宫廷的高级仆人，但事实上他的自由程度令人羡慕。他完全可以将宫廷音乐家用作自己的创作试验田，并且（据他自己后来所说）可以“随心所欲地大胆尝试”。他所受到的唯一重大限制是必须为尼古劳斯·埃施特哈齐亲王喜爱的上低音维奥尔琴（baryton，与大提琴相近的乐器，如今已不再使用）写很多的曲子。

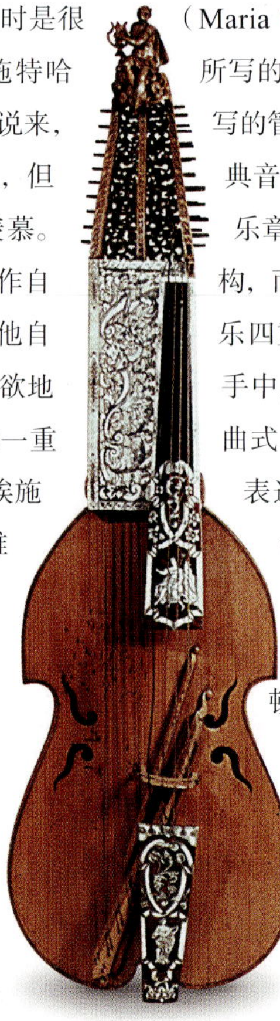

▷**上低音维奥尔琴，约1720年**
在他的雇主的要求下，海顿为上低音维奥尔琴写了约200首曲子（大部分是三重奏）。这个乐器既有拨弦也有弓弦。

古典创新

海顿为宫廷制作歌剧和音乐会，以满足宫廷成员和宾客的欣赏需求。有时候，奥地利帝国女皇玛丽亚·特蕾莎（Maria Theresa）也在宾客中。海顿所写的歌剧如今已被遗忘，但是他写的管弦乐和室内乐成为了西方古典音乐风格的基石。他奠定了四乐章交响曲经典管弦乐作品的结构，而且（不夸张地说）发明了弦乐四重奏和钢琴三重奏。在他的手中，音乐结构形式，包括奏鸣曲式、回旋曲等，展现出了各种表达方式和戏剧性效果的深厚潜力。

后世的评论家认定在18世纪70年代早期，海顿经历了一段“狂飙突进”（Sturm und Drang）风格的创作阶段，映射了当时的大文化环境转向混乱不宁的情绪。但是海顿并未刻意迎合“痛苦的浪漫主义者”这一艺术形象：他性情乐观，喜欢在自己的作品里掺入音乐性的玩笑和惊愕。他深知如何唤起沉痛、忧愁和凄美，但他的音乐总是最终和解为对生命之力量与欢乐的诠释。

国际声望

在埃施特哈齐的宫殿，海顿在相对独立的环境下工作，但是随着他的作品不断被出版，他的名声在更广的世界里开始逐渐响起。1779年以后，埃施特哈齐家族允许海顿自己出版作品牟利，于是他开始针对国际市场作曲。他创作于1785—1786年间的几部巴黎交响曲便是为法国首都的演出而创作的。

他还被允许在维也纳逗留更多时间。在那里，他遇见了莫扎特。两人惺惺相惜，并互相影响。与此同时，海顿在宫廷的生活也添了一番滋味：他与年轻的意大利女中音卢伊吉亚·波泽利（Luigia Polzelli），在其丈夫的默许下私通。

关键作品

1761年
写下了第6—8号交响曲——他为埃施特哈齐宫廷写的前三部交响曲。

1772年
第44号交响曲《悲伤》（*Trauer*），“狂飙突进”时期典型的更为情绪化的风格。

1781年
开始写弦乐四重奏（作品号33）等作品，为出版而非为他的雇主所作。

1791—1795年
两次造访伦敦，并为此写了12部“伦敦”交响曲（作品号93—104）。

1796年
为小号大师安东·魏丁格尔（Anton Weidinger）创作小号协奏曲。这是他最受欢迎的协奏曲。

1798年
《创世纪》在维也纳演出。这是海顿的两部伟大的清唱剧中的第一部。

1790年，尼古劳斯·埃施特哈齐亲王去世，而他的继承人安东亲王（Prince Anton）无意继续保留一个昂贵的音乐机构。虽然依然拿着埃施特哈齐家族的薪俸，但是海顿手中既没有乐团，也没有什么事可做。而此时，音乐经纪人约翰·彼得·所罗门（Johann Peter Salomon）急于物色一名作品出名但未曾在公众面前露面的作曲家。1791年，所罗门为海顿安排了一系列伦敦的音乐会。

凯旋伦敦

在痴迷音乐的伦敦，海顿的降临引起了轰动——他被人们设酒宴款待、受到国王接见、观看赛马、接受了牛津大学的荣誉博士学位，并与寡妇丽贝卡·施勒特尔（Rebecca Schröter）有一段韵事。他的音乐会（海顿为之创作了6部交响曲）是一次辉煌的成功。如今这些交响曲一起被称作“伦敦交响曲”，是海顿颇受人喜爱的作品之一。1794至1795年，海顿再次前往伦敦，并又写了6部交响曲。海顿在伦敦获得的成功不仅是音乐上的，也是财务上的：从此，他成了一名富翁。

埃施特哈齐的新一任亲王——尼古劳斯二世的继位，一定程度上恢复了海顿在宫廷的职责。他又写了一系列弥撒曲，并于1797年为奥地利帝国写了一首爱国颂歌。此时，奥地利帝国正与法国大革命的军队处于焦灼的战争中。部分受到年轻的贝多芬的影响，海顿开始探索一些新的音乐领域。他的最后一组弦乐四重奏（创作于1797—1798年，作品号76）以及他最后几部钢琴三重奏，无论力量还是表现范围都超过他早先的任何室内乐作品。

《创世纪》（*The Creation*，1798年）与《四季》（*The Seasons*，1801年）两部清唱剧将海顿的创作生涯带到了最后的高峰。受到了在伦敦所见的亨德尔清唱剧的启发，这两部清唱剧都基于剧作家戈特弗雷德·范·斯维顿（Gottfried van Swieten）的剧本［分别基于《创世记》（*Book of Genisis*）与詹姆斯·汤姆逊（James Thomson）的诗］。《创世纪》尤其在观众中引发了狂热。在海顿的余生中，这部清唱剧在维也纳以及国外被演出了超过80次。

1802年，海顿由于年迈和健康恶化而退休。他最后一次露面是在1808年的一次向他致敬的《创世纪》演出中。次年，他在维也纳去世。他死前的日子并不平静——恰逢他热爱的奥地利在拿破仑战争中被法军击溃。

◁**炮轰维也纳**

1809年5月，海顿正处疾病晚期，围困维也纳的法军对海顿所在的街区用爆破榴弹进行轰炸。海顿在当月的最后一天去世时，法军已经占领了这座城市。

“神给了我天赋。我感谢他。”

约瑟夫·海顿，约1800年

人物

约翰·彼得·所罗门

出生于波恩（Bonn）的德国音乐家约翰·所罗门（1745—1815年）是一位双簧管演奏家的儿子。1781年他移居伦敦，并成为了该市音乐界的领军人物，不仅是一名受人喜爱的小提琴家，还是作曲家和指挥家。然而，他被世人记住最重要的原因是18世纪90年代作为一名音乐经纪人将海顿带到了英国。他还是皇家爱乐协会（Royal Philharmonic Society）的创始人之一，该协会在1813年组建了伦敦的第一支长期交响乐团。

约翰·彼得·所罗门，托马斯·哈迪（Thomas Hardy），1790—1792年

▷**穆齐奥·克莱门蒂**
克莱门蒂是非凡的作曲家兼演奏家、富有的音乐出版商和钢琴及键盘乐器生产商、受人尊敬的教育家、天赋异禀的钢琴家以及影响深远的演奏技巧指导手册的作者，对音乐世界做出了卓越的贡献。

穆齐奥·克莱门蒂（Muzio Clementi）

1752—1832年，英国—意大利

克莱门蒂是欧洲颇有影响力的音乐家之一，被赞誉为钢琴之父。他因其钢琴奏鸣曲而出名，且是这一音乐形式发展的关键人物。

穆齐奥·克莱门蒂1752年出生于罗马的一个普通家庭。他很早就开始研习音乐。1766年他14岁时，已经是达玛稣的圣老楞佐圣殿（San Lorenzo in Damaso）的管风琴师之一。那年的晚些时候，他的键盘演奏技巧被来自英国的富有的彼得·贝克福德爵士（Sir Peter Beckford）发现。后者将年轻的克莱门蒂带往其在英国多赛特郡（Dorset）的宅邸。

◁ **名手之道**

这是奥芬巴赫版的克莱门蒂《名手之道》（约1870年）的封面。

伦敦和国外

1774年22岁时，克莱门蒂与贝克福德的7年契约到期。他移居伦敦，一开始在皇家剧院担任“大键琴指挥者”。1779年，他出版了他的《三部奏鸣曲》（*Three Sonatas*，作品号2）。这部作品被普遍认为是键盘音乐作品的一大里程碑，而克莱门蒂作为一名非凡作曲家兼演奏家的名声开始显露。这次成功促使他前往法国、德国和奥地利展开了一次宣传之旅，这也是他多次访问欧洲大陆中的第一次。在维也纳，他有幸得到皇帝约瑟夫二世（Joseph II）的邀请前往皇家宫廷演奏，并在那里遇见了莫扎特。

他在1781年回到伦敦的家里之后，创作重心从羽管键琴逐渐转向了一种新的乐器——钢琴。1782年，克莱门蒂的《三首钢琴奏鸣曲》（*Three Piano Sonatas*，作品号40）促进了他作为作曲家兼演奏家的职业生涯。刚过30岁时，克莱门蒂已经享誉欧洲，在1785年至1790年间职业生涯到达顶峰。1790年，他富有创新性的升F小调奏鸣曲（作品号25）第五首问世——为这个时代的音乐带来了一种更缓慢、内省的情绪。

克莱门蒂敏锐地观察到了一个极具商业潜力的市场，并在1798年投资了一家音乐出版和钢琴生产公司（Clementi & Co.），后来取得了巨大的成功。

△ **一架克莱门蒂方钢琴**

这架方钢琴于1813年由克莱门蒂的成长迅猛的钢琴公司生产。这家公司一直营业到1830年。克莱门蒂的钢琴以富有弹奏乐趣著称——反应迅速、触感轻盈。

一生专注钢琴

克莱门蒂的实践论文《钢琴演奏艺术导论》（*The Introduction to the Art of Playing on the Piano Forte*）于1801年在他自己的出版公司出版，此后出现了多种语言的版本和多个重印版。克莱门蒂还是一名著名的老师，以及1813年创办伦敦爱乐协会的创始人之一，该协会在100年后成为了皇家爱乐协会。然而，他最为出名的还是对钢琴演奏技巧的伟大曲集《名手之道》（*Gradus ad Parnassum*）。这个曲集在1817年至1826年间分3卷出版。

克莱门蒂写过超过50部奏鸣曲和大量其他键盘作品，6部交响曲以及2首序曲。此外还有室内乐、声乐和一部钢琴协奏曲。他极富创意，运指如飞，作品中复杂的演奏技巧令人望而生畏，而他因此被誉为第一位钢琴宗师。克莱门蒂结过3次婚，可能一共生有4个孩子。1832年他在一场短暂的疾病后便去世了，被埋葬在伦敦的威斯敏斯特修道院。

背景

克莱门蒂-莫扎特竞技

1781年，克莱门蒂受皇帝约瑟夫二世的邀请在维也纳的皇家宫廷演奏。在接受邀请时，克莱门蒂并不知道这会是一场竞技，而对手是当地另一名极具天赋的音乐家，比他小4岁的莫扎特。两位参赛者被要求基于一个主题进行即兴演奏，然后演奏一首各自的作品，再接着试奏一首奏鸣曲。这场对决以平局告终，而两位音乐家的演奏为现场地位显赫的宾客们带来了愉悦。克莱门蒂盛赞了他的对手（“我从未听过任何人的演奏如此灵动”），而莫扎特（显然因为这位意大利人的精湛技巧而有所悸动）称克莱门蒂只不过是一个“假内行”和“技工”。

皇帝约瑟夫二世（细节图），安东·冯·马隆（Anton von Maron），1775年

沃尔夫冈·阿马德乌斯·莫扎特（Wolfgang Amadeus Mozart）

1756—1791年，奥地利

莫扎特是西方古典音乐领域极为重要的人物。他死于35岁，在短暂的一生中写了600多部作品，其中包括22部歌剧、23首钢琴奏鸣曲和41部交响曲。

△第一把小提琴
莫扎特的第一把小提琴是一把精工细作的乐器，于1740年在萨尔茨堡由安德烈亚斯·费迪南德·迈尔（Andreas Ferdinand Mayr）制作。他是大主教宫廷的弦乐器匠，也是利奥波德·莫扎特的音乐家同事。

沃尔夫冈·阿马德乌斯·莫扎特1756年1月27日出生于萨尔茨堡（Salzburg）。他的父亲利奥波德（Leopold），在萨尔茨堡统治者亲王大主教的宫廷里担任乐手。利奥波德是一位有能力的作曲家，著有一本指导小提琴演奏技法的书并因此小有名气。但莫扎特的家庭经济状况不佳，社会地位也很低，租住在一个杂货店楼上的公寓中。

音乐神童

莫扎特是家里第7个也是最小的孩子，也是第2个活过婴儿期的。他的姐姐玛丽亚·安娜（Maria Anna），昵称南妮儿（Nannerl），比莫扎特大4岁。两个孩子都接受父亲的教育，且各自都天赋异禀，不过莫扎特比他的姐姐更有天资且早熟。他在4岁时就可以在键盘上演奏，5岁时就完成了第一首简单的作曲。利奥波德在意识到自己的儿子是一个神童后，开始四处奔走，试图利用这次机会获得短期的财务回报并帮助小莫扎特实现长期的成功。1762年，莫扎特一家开始了长达超过10年的第一次演出之旅。利奥波德带着两个孩子前往慕尼黑演出，后来又去了维也纳。在那里，他们为令人敬畏的奥地利哈布斯堡女皇玛丽亚·特蕾莎（Maria Theresa）在美泉宫（Schönbrunn Palace）献上了一场演奏。沃尔夫冈自作主张亲吻了女皇——这种对社交界限的淡漠在他的余生中也屡有表现。皇室、贵族与外交官们都对两位小莫扎特早熟的音乐技巧感到赞赏，但也许是因为莫扎特不合时宜的举止，或是因为利奥波德过于死缠烂打，他们一家并未获得女皇的赞助。

背景

萨尔茨堡

在莫扎特的时代，萨尔茨堡市由大主教作为一个独立国家统治，尽管它其实是更大的哈布斯堡家族统治的神圣罗马帝国的一部分（维也纳是帝国的首都）。人口不到20000的萨尔茨堡支持着精致的宫廷和基督教生活，城市里装点着精美的巴洛克式建筑。虽然萨尔茨堡气势恢宏，但莫扎特却对它心存鄙夷，认为它是一个音乐家们“粗劣、懒散、放荡”的落后地区。1803年，这个城市不再独立，而是成为了奥地利的一部分。

巴洛克教堂绿色穹顶之下的萨尔茨堡

◁沃尔夫冈·阿马德乌斯·莫扎特
这幅莫扎特死后创作的肖像画由维也纳画家巴尔巴拉·克拉夫特（Barbara Krafft）绘制。莫扎特的姐姐南妮儿认为这幅肖像画很像作曲家本人。

“这个可怜的小家伙的演奏好极了。
他是一个有灵性的孩子，充满活力和魅力……”

卡尔·冯·青岑多夫伯爵（Count Karl von Zinzendorf），评价6岁的莫扎特，1762年

△家庭

这幅于1781年由奥地利画家约翰·内波穆克·德拉克罗切（Johann Nepomuk della Croce）创作的绘画中，利奥波德手持一把小提琴，儿子莫扎特和女儿南妮儿端坐在钢琴边。他们亡母的肖像画挂在墙上。

巡演和成功

1763年回到萨尔茨堡后，利奥波德被提拔为亲王大主教宫廷的代理教堂乐长，并立刻开始了另一次更长的假期。一家人来到了巴黎，在那里两个孩子为法国国王路易十五演奏；然后又去到伦敦，一家人在1764—1765年间居住在那里并进行了许多公开演出。他们成为了作曲家约翰·克里斯蒂安·巴赫（Johann Christian Bach）的朋友，后者是约翰·塞巴斯蒂安·巴赫的儿子，且在当时的伦敦音乐圈子里是响当当的人物，他的作品清晰易懂但又充满戏剧性和情绪，对莫扎特的发展产生了深远的影响。

1766年末回到萨尔茨堡后仅过了9个月，这家人又再次前往维也纳寻求机会渺茫的皇室赞助。这家人不断的奔波，经常是在残破的路上坐马车，充满了危险。两个孩子都得过重病，其中莫扎特在1767年险些因为风湿热丧命。此外，旅费和住宿费几乎耗尽了演出所获。然而利奥波德的意志非常坚决——他们第二次前往维也纳时正值当地的天花疫情暴发。

莫扎特最后的作为神童被炫耀的巡演发生于1770年至1773年间，与他的父亲3次前往意大利。第一次极为成功：他被接纳为博洛尼亚音乐学会的成员；罗马教皇封他为金马刺骑士；他还写了一部意大利歌剧《本都王米特拉达梯》（*Mitridate, re di Ponto*）并在米兰上演，此时他还未满15岁。

“音乐不应让耳朵感到痛苦，而应该取悦、征服它。”

莫扎特，给父亲的信，1781年9月26日

“他的音乐清澈透明，像小溪般令人愉悦。”

旺达·兰多芙丝卡（Wanda Landowska）评价莫扎特

然而，他的第二次到访反响平平，而到了1773年，他的年龄使他已经无法被作为神童来炫耀了。

莫扎特13岁时在萨尔茨堡亲王大主教的宫廷获得了乐团首席的职位，他和父亲的薪水使家庭过上了更好的日子。他们在萨尔茨堡出了名，而莫扎特的许多新作品在这里得到演出。然而，新一任亲王大主教对音乐的态度消极了许多，而他的上任使莫扎特一家在宫廷的地位岌岌可危。

独立精神

1778年，在父亲的敦促下，莫扎特再次上路寻求有钱人的赞助。利奥波德担心再次休假会让他失去工作，因此没有随行，而莫扎特改由其母亲陪同。在巴黎他们孤立无援，灾难也随之降临：莫扎特的母亲突然染疾去世。莫扎特回到萨尔茨堡后，他的父亲一时失去理智迁怒于他。自此以后，莫扎特下决心摆脱父亲对他的掌控。之后，年幼时所受的吹捧让他的性格逐渐扭曲，音乐也渐渐失去了协调与超凡境界。他沉湎于对年轻女性的低俗趣味——在他的信件中可窥见莫扎特下流不堪的幽默感。他傲慢无度，从不掩饰自己自恃高人一等。被当作领工资的仆人令他感到非常愤怒——而这是当时音乐家的典型地位的阴影，并开始对不得不专注声乐创造感到厌烦。1781年，他与萨尔茨堡宫廷发生了争执，且因为他的粗鲁无礼被解雇。之后，他决意前往维也纳成为一名独立自由的作曲家、钢琴演奏家和音乐教师。

婚姻和财产

失去了稳定的收入后，莫扎特又娶了一位身无分文的妻子，并因此加剧了自己的财务负担。此前他一直在追求女高音阿罗伊齐亚·韦伯（Aloysia Weber），一个穷困的低音提琴演奏家的女儿。遭到她的抛弃之后，莫扎特转而追求她的妹妹康丝坦兹（Constanze）。1782年，在康丝坦兹的家人的施压之下（威胁诉诸法律），莫扎特正式承认了这段关系。很快两人

△**《本都王米特拉达梯》**

这页乐谱是莫扎特在1770年首演他的这部早期作品所用的乐谱。这部作品在米兰狂欢节取得了巨大的成功，连续演了21场。这有力地说明了莫扎特的天赋。

背景

共济会制（Freemasonry）

18世纪共济会颇为流行，其成员通常是王公贵族。莫扎特于1784年加入了共济会，而他晚期的歌剧《魔笛》中据说含有共济会的标志，并表达了共济会“天下共济”的理想。18世纪晚期后，天主教会和君权主义者们开始将共济会视作危险组织，认为其可能颠覆教会和君权。这其中的政治因素对莫扎特是否重要，我们无从得知。

共济会入会仪式，莫扎特坐在最左侧

△**康丝坦兹·莫扎特，1802年**

这幅丹麦画家汉斯·汉森（Hans Hansen）所作的肖像画描绘了莫扎特的妻子。这场婚事给莫扎特带来了幸福，但他也不得不忍受丈人对他的反感。

关键作品

1778年
第31号交响曲（《巴黎》）在莫扎特第二次访问巴黎时对公众演出。

1782年
德语歌剧《后宫诱逃》首次上演于维也纳，并大获成功。

1784—1786年
3年内写下12部钢琴协奏曲，包括戏剧性的第24号钢琴协奏曲。

1785年
出版了6部题献给海顿的弦乐四重奏。

1786年
莫扎特最著名的喜歌剧《费加罗的婚礼》在维也纳的城堡剧院上演。

1787年
莫扎特的半严肃半诙谐的歌剧《唐·乔望尼》在布拉格首次上演。

1788年
在6月至8月间创作了他最后3部主要管弦乐作品，第39—41号交响曲。

1791年
在他去世前3个月，最后一部歌剧《魔笛》首演。

△《依多美尼欧第一版》，1781年
莫扎特的《依多美尼欧》也许是他最伟大的正歌剧，讲述的是国王依多美尼欧向海神尼普顿（Neptune）保证牺牲他所见的第一个人来换取穿越海洋的安全通道。而依多美尼欧所见到的第一个人是他的亲儿子伊达孟特（Idamante）。但是海神改变了主意，表示如果国王将王位让予他的儿子的话，就免伊达孟特一死。

▽布拉格钢琴
访问布拉格期间，莫扎特可能停留于贝特拉姆卡（Bertramka），这是捷克作曲家弗朗蒂舍克·杜舍克（František Dušek）的家。莫扎特很有可能在那里弹奏的就是这架钢琴，也有可能就着这台钢琴创作了《唐·乔望尼》的部分乐谱。

生下了孩子，而康丝坦兹最终一共生有6个孩子，其中只有2个活过了婴儿期。这段婚姻满足了莫扎特感情上的需求，但有时也在财务上对他造成难以承受的负担。

高强度的创作

在18世纪80年代的前几年，莫扎特的作曲量大幅增长。在他的歌剧《依多美尼欧》于1781年在慕尼黑取得成功后，他创作了德语歌唱剧（Singspiel）《后宫诱逃》，并上演于维也纳的城堡剧院（Burgtheater）——这是由玛丽亚·特蕾莎的继位者约瑟夫二世赞助兴办的场馆。1782年首演的《后宫诱逃》是一次巨大的成功，它讲述了主人公贝尔蒙特（Belmonte）试图将他心爱的康丝坦兹从后宫中救出的故事。这段时期莫扎特还写出了一些质量最上乘的钢琴协奏曲、一系列题献给海顿的弦乐四重奏和他最著名的交响曲中的两部——《哈夫纳》（*Haffner*，1782年）和《林茨》（*Linz*，1783年）。

在对《后宫诱逃》的后继者的漫长搜寻中，莫扎特发现了他理想的剧本作家洛伦佐·达·彭特（Lorenzo da Ponte）。两人合作创作了《费加罗的婚礼》（*Le nozze di Figaro*）。于1786年在城堡剧院首演的这部作品，通过用音乐对角色形象进行细致的刻画，将歌剧提升至了一个新的高度。《费加罗的婚礼》讲述的是一个关于阶级和性政治的故事，呼应了莫扎特对傲慢的贵族的反抗姿态。作品大受欢迎，但在莫扎特生前并未取得与《后宫诱逃》相媲美的成功。

1787年，莫扎特首次造访布拉格，而这座城市热情地接纳了他。他与达·彭特的第二次合作《唐·乔望尼》（*Don Giovanni*）便是为布拉格的城邦剧院（Estates Theatre）的演出所作，在10月首演。1788年，这部歌剧在维也纳演出，不过约瑟夫皇帝对其中复杂的音乐表示担忧，认为它“对歌唱家们而言太困难”。

晚期作品

1787年5月利奥波德死后，莫扎特的创作力正值巅峰。他在1788年的夏天写下的3部伟大的交响曲（39、40和41号）是他的管弦乐作品之冠。

人物

洛伦佐·达·彭特

达·彭特于1749年出生于维也纳的一个犹太家庭，是莫扎特最佳的三部歌剧的剧本作家。在皈依天主教后，他于1773年成为一名牧师，同时开始写诗。1785年，他第一次与莫扎特合作时，他已经在维也纳皇家宫廷任职。他一共为11名作曲家共28部歌剧创作过剧本，其中包括莫扎特。在18世纪90年代，他移居英国，而后前往美国。在纽约定居后，他成为了哥伦比亚大学的第一名意大利文学教授，并开办了纽约的第一家歌剧院。他于1838年在美国去世。

洛伦佐·达·彭特，1759年

1790年首演的喜歌剧《女人皆如此》（*Così fan tutte*）是他和达·彭特的第三次也是最后一次成功的合作。《狄托的仁慈》是一部匆匆完成的正歌剧，于1791年上演于布拉格，是庆祝新任皇帝利奥波德二世（Leopold II）登基的内容之一。

尽管莫扎特会不时陷入缺钱的窘境，但他此时已然是音乐界的巨星，并不再需要为寻觅赞助而发愁。他完成的最后一部杰作《魔笛》（*Die Zauberflöte*）于1791年在维也纳郊外一座热闹的剧院首演，观众反响热烈，获得了巨大的成功。

身后影响

莫扎特在创作一位奥地利贵族委约的《安魂弥撒曲》（*Requiem Mass*）时，突然发高烧并卧床。在技艺不精的医生的看护下，莫扎特于1791年12月5日去世。他的葬礼遵循了他所处时代的标准——公共墓地中的一块未刻有名字的墓碑，没有悼唁者。不久，关于莫扎特死因的具有幻想性质的传说开始流传，例如他是被心怀嫉妒的宫廷音乐家和对手安东尼奥·萨列里（Antonio Salieri，1750—1825年）投毒而死，但没有证据支持这样的说法。在他死后，他的音乐受欢迎程度骤升，并对贝多芬等音乐家形成了很强的影响。在浪漫主义时期，人们对他音乐的喜爱有所减弱；但到了20世纪，莫扎特的地位得到重振。1991年莫扎特去世200周年时，许多评论家赞誉他是有史以来最伟大的作曲家。

△城堡剧院，维也纳

城堡剧院是哈布斯堡女皇玛丽亚·特蕾莎亲自于1741年创办的，与女皇在霍夫堡宫殿（Hofburg Palace）的家直接相连。3部莫扎特的歌剧在这里首演。1888年，剧院被迁移至了一个更大的场所。

“死亡是通往真正幸福的钥匙。”

给父亲的信

名录

吉罗拉莫·弗雷斯科巴尔迪（Girolamo Frescobaldi）

1583—1643年，意大利

弗雷斯科巴尔迪是早期的键盘演奏大师之一（他会演奏管风琴和羽管键琴，同时也是一个厉害的歌唱家），也是最早专注创作键盘乐曲独奏作品的作曲家。他出生于费拉拉，职业生涯主要在罗马度过。从1608年至其去世期间的大部分时间，他都在圣彼得大教堂担任管风琴师（其中1628—1634年间在佛罗伦萨的美第奇宫廷工作）。他生前享誉国际，而在他死后的几十年内，其作品依然保持着影响力（比如，年轻的J.S.巴赫研究过他的作品）。他的风格充满活力和创新性，经常在速度上有剧烈变化。除了键盘作品，他也写宗教和世俗声乐，以及器乐合奏作品。

关键作品：《托卡塔和帕蒂塔》第一卷（*Toccate e Partite d'intavolatura, Libro Primo*），1615年；《我是生命的粮》（*Ego Sum Panis Vivus*），1621年；《音乐之花》（*Fiori Musicali*），1635年

▷海因里希·许茨（Heinrich Schütz）

1585—1672年，德国

是许茨将德国置于音乐版图之中，使德国音乐取得了其前所未有的重要性，并确立了德国音乐的高智性、高技巧性的特点。他的职业生涯的大部分时间是在德累斯顿的宫廷度过的，不过他也在别的地方工作过，其中有两次对威尼斯、两次对哥本哈根的长期访问。他的作曲量很大（超过500部存世）且品类丰富。他的大部分作品是宗教作品，但他也写其他体裁，包括第一部德语歌剧《达夫内》（*Dafne*，1627年），可惜这部作品没有流传下来。他的早期作品深受意大利音乐精致风格的影响，但后来越来越严肃——这很有可能是因为三十年战争造成的破坏使人们不再追求音乐创作中的华丽色彩。

关键作品：《大卫王诗篇》（*Psalmen Davids*），1619年；《神圣交响曲第一篇》（*Symphoniae Sacrae 1*），1629年；《葬礼音乐》（*Musikalische Exequien*），1636年；《耶稣诞生的故事》（*Historia der Geburt Jesu Christi*，俗称《圣诞的故事》），1660年

△海因里希·许茨，约1650年

伊莎贝拉·莱奥纳达（Isabella Leonarda）

1620—1704年，意大利

出身于意大利北部诺瓦拉贵族家庭的伊莎贝拉·莱奥纳达，16岁时进入了当地的女修道院，并在那里度过了余生。在这里的近70年里，她成为了修道院院长以及同时代杰出的女作曲家之一，一共创作了约200部作品。其中大部分是各类宗教声乐作品，但她也写世俗器乐，其中包括4部被认为是最早的由女性作曲家出版的奏鸣曲（她生前大部分出版作品都装帧精美，主要出版于博洛尼亚，有时也在米兰或威尼斯）。莱奥纳达将自己被允许休息的时间用来作曲，以免影响她履行作为一名修女的职责。

关键作品：《甜美的爱情颂》（*Ave Suavis Dilectio*），1676年；《天堂女王颂》（*Ave Regina Caelorum*），1684年；无伴奏小提琴与数字低音奏鸣曲（*Sonata for Solo Violin and Continuo*），1693年

迪特里克·布克斯特胡德

约1637—1707年，丹麦—德国

布克斯特胡德的确切出生地点和时间无从确证。他有时被描述为丹麦作曲家，有时则是德国作曲家，从中可以看出当时复杂多变的地缘政治。他职业生涯早期在现在的丹麦工作，而从1668年开始，他在吕贝克（现处德国）担任极具声望的圣玛利亚大教堂管风琴师——这座教堂有着杰出的音乐传统。他被赞誉为当时最了不起的管风琴家，而他创作的管风琴作品是巴赫之前该体裁的最重要的曲目库。布克斯特胡德还写过大量的宗教声乐（和一些世俗声乐）以及一些为各类乐器组合创作的器乐作品。

关键作品：《主耶稣受难圣体》（*Membra*

Jesu Nostri），1680年；7部为小提琴、维奥尔琴和羽管键琴而作的三重奏鸣曲（*Seven Trio Sonatas*），1696年；《D小调帕萨卡利亚》（*Passacaglia in D minor*），约1690—1700年

马克-安东尼·夏庞蒂埃（Marc-Antoine Charpentier）

1643—1704年，法国

夏庞蒂埃在巴黎度过了大半段人生，过着忙碌而职业多元的生活。他的作品量很大，其中大部分专注于为教堂、女修道院和私人赞助者创作宗教作品。赞助者中比较出名的是吉斯女公爵洛林的玛丽（Marie of Lorraine, Duchess of Guise，被称作吉斯女士），这位女公爵同时致力于宗教音乐和世俗音乐。夏庞蒂埃的音乐包括弥撒、诗篇配乐和各类其他作品。夏庞蒂埃还写室内乐和舞台配乐，其中一些与著名的戏剧作家莫里哀（Molière）合作完成。如今，他最著名的作品是《感恩赞》（*Te Deum*）的宏大、崇高的器乐序曲。这部作品曾一度遗失，直到1953年才被重新发现。在次年，这首前奏曲就被欧洲广播联盟采用并当作主题曲，在欧洲歌唱大赛（Eurovision Song Contest）中用作节目的前奏。

关键作品：四声部合唱团弥撒（*Mass for Four Choirs*），约1670—1675年；《圣彼得的否认》（*Le Reniement de St Pierre*），约1680—1700年；《安德罗梅德》[*Andromède*，皮埃尔·高乃依（Pierre Corneille）的戏剧]，1682年；《感恩赞》（*Te Deum*），约1692年

约翰·帕赫贝尔（Johann Pachelbel）

1653—1706年，德国

约翰·帕赫贝尔是出众的管风琴师、音乐老师和作曲家，是当时德国顶尖的音乐家。他在纽伦堡出生和去世，但在德国与奥地利的许多其他地方也工作过，包括埃尔福特、斯图加特和维也纳，而他作为一名管风琴家的声望使他受邀前往牛津任职（但是他拒绝了）。除了他卓越的管风琴作曲技巧，帕赫贝尔的大量作品中还包括室内乐、羽管键琴曲和各类声乐作品。他在1706年去世后，除了音乐学者外很少有人知道他，直到20世纪70年代他的宁静愉悦的《D大调卡农》（*Canon in D major*）意外地风靡了起来，不断被录音且出现在电影、电视和流行音乐的改编中，他才又开始为人所熟知。

关键作品：《为三把小提琴和通奏低音所作的卡农和吉格》（*Canon and Gigue for 3 Violins and Basso Continuo*，D大调卡农），约1680—1690年；《音乐的享受》（*Musicalische Ergötzung*，室内乐集），约1691年；《阿波利尼斯六音列》（*Hexachordum Apollinis*），1699年

△托马斯·阿恩，约1760年

托马索·阿尔比诺尼（Tomaso Albinoni）

1671—1751年，意大利

阿尔比诺尼是维瓦尔第同时代的顶尖威尼斯作曲家，几乎和维瓦尔第一样高产。据说他一共写了80部歌剧（虽然其中几乎没有完整存世的），并在近半个世纪中将它们成功上演于威尼斯——这在那个审美趣味快速变化的年代是很不容易的，也证明了作曲家在创作诱人旋律上的天分。他的作品在意大利以外也收获赞誉。阿尔比诺尼的其他作品包括大量的协奏曲（以双簧管协奏曲为主）、奏鸣曲（在他的时代获得了同样的国际认可）和一些教堂音乐。有趣的是，与他的名字有着最密切联系的作品——如梦般悦耳动听的《阿尔比诺尼慢板》（*Albinoni's Adagio*）——并非由他所作。1958年，音乐理论家雷莫·贾佐托（Remo Giazotto）基于所谓的阿尔比诺尼的手稿碎片整理并出版了G小调慢板（*Adagio in G minor*），但如今人们认为这首曲子应该完全是贾佐托自己写的。

关键作品：12首三重奏鸣曲（他的第一部出版作品），1694年；《平皮诺尼》（*Pimpinone*，歌剧），1708年；D小调双簧管协奏曲（Concerto in D minor for Oboe），1722年

◁托马斯·阿恩（Thomas Arne）

1710—1778年，英国

虽然托马斯·阿恩写过各种类型的音乐（包括弥撒曲——他是天主教徒），但他的专长其实是舞台音乐（他的妹妹是一名女演员，而他的妻子是一名歌唱家）。他长期与伦敦两座主要剧院——科文特花园剧院和德鲁里巷皇家剧院（Drury Lane）保持合作，有时也在沃克斯霍尔欢乐花园上演剧作。他的作品量很大，包括歌剧、清唱剧、假面剧和戏剧中的场景音乐。他的许多作品只是例行写作，但有时也会展现出惊人的旋律天赋，就像在他著名的、激动人心的作品《统治吧，不列颠！》（*Rule, Britannia!*）中那样。这首歌取自阿恩的具有爱国情怀的假面剧《阿尔弗雷德》（*Alfred*），但由于太受欢迎，很快就得以脱离该剧成为了一首独立的作品。他的其他著名作品还包括莎士比亚的《暴风雨》（*The Tempest*）中爱丽儿（Ariel）演唱的《蜜蜂吸吮》（*Where the Bee Sucks*）。

关键作品：《科莫斯》（*Comus*），1738年；《阿尔弗雷德》，1740年；《暴风雨》配乐，1740年；《阿塔赛克西斯》（*Artaxerxes*），1762年；《村恋》（*Love in a Village*），1762年

19世纪早期

第三章

L. CHERUBINI. COMP. NÉ A FLOR.

路易吉·凯鲁比尼（Luigi Cherubini）

1760—1842年，意大利

凯鲁比尼是当时重要的作曲家之一，因其震撼人心的歌剧和宏大的宗教音乐著名。在1814年，他被授予了法国最受尊敬的荣誉军团勋章（Legion of Honour）。

△《美狄亚》的乐谱，第一版

凯鲁比尼的歌剧《美狄亚》是基于希腊戏剧家欧里庇得斯（Euripides）一部悲剧的激情而残暴的复仇故事。故事聚焦于美狄亚对将她抛弃的丈夫的残酷阴谋。图中展示的是凯鲁比尼1797年的第一版乐谱。

路易吉·凯鲁比尼1760年出生于佛罗伦萨，6岁开始学习音乐。13岁时，他已经开始创作自己的作品。1778年，18岁的凯鲁比尼开始在博洛尼亚和米兰做朱塞佩·萨蒂（Giuseppe Sarti）的学徒，在他的手下学习对位法和戏剧作曲。他的第一部歌剧《第五个法比奥》（*Quinto Fabio*）诞生于1780年，之后整个意大利音乐界都纷纷邀请他创作歌剧。1784年，他被委任为伦敦皇家剧院的驻院作曲家，并在那里上演了4部歌剧，其中第一部是《德梅特里奥》（*Demetrio*，首演于1785年）。

重要的一步

次年，凯鲁比尼移居巴黎——他在那里度过余生。在法国首都的前6年中，小提琴家乔望尼·巴蒂斯塔·维奥蒂（Giovanni Battista Viotti）介绍他与女王玛丽·安托瓦内特（Marie Antoinette）以及其他当时顶尖的音乐家相识。他为巴黎歌剧院创作的第一部作品是《德莫福翁》（*Démophon*，1788年）。

凯鲁比尼很快成为了巴黎的重要人物。革命时期，他的作品风格通常是庄重严肃的。但是在1791年，他的喜歌剧《洛多伊斯卡》（*Lodoïska*）在费多剧场（Theatre Feydeau）首演，这部作品将喜剧元素和严肃主题融合，刻画对象都是普通人，而它对英雄主义的描绘与革命精神产生共鸣，成为了“拯救歌剧”的最早案例之一。该作品大受欢迎，第一年就演出了200多场，并成为了贝多芬的《菲岱里奥》（*Fidelio*，1805年）的灵感。

1792年攻占杜伊勒里宫（Tuileries Palace）之后，凯鲁比尼移居鲁昂（Rouen）。1794年搬回法国首都之后，他与安妮·赛西儿·杜雷特（Anne Cécile Tourette）结婚，并生了3个孩子。3年后，他写下了他最著名的作品《美狄亚》（*Médée*，也作 Medea）。之后，在1800年，他又通过《两天》（*Les Deux Journées*）获得了另一次巨大的成功——该作品基于“恐怖统治”期间发生的一次革命者占领政府的事件，在整个19世纪都受到广泛的欢迎。

1806年，凯鲁比尼陷入了严重的抑郁并停止了作曲，转而对植物学和绘画产生了兴趣。1808年，他重拾作曲，但是自从1816年开始他几乎只创作宗教音乐，其中的重要作品包括《C小调安魂曲》（*Requiem in C Minor*，1816年，这部作品受到音乐家们的称赞且在贝多芬的葬礼上被演奏）以及《D小调安魂曲》（*Requiem in D Minor*，1836年）。

1822年，凯鲁比尼成为了巴黎音乐学院的院长。他在1835年完成了《对位法和赋格教程》（*Cours de contrepoint et de fugue*）。他死于1842年，被埋葬于拉雪兹神父公墓（Père Lachaise）。

◁**路易吉·凯鲁比尼和掌管抒情诗的缪斯女神，1842年**

在让-奥古斯特-多米尼克·安格尔（Jean-Auguste-Dominique Ingres）的这幅描绘他的好友的寓言式肖像画中，年轻的缪斯女神矗立于疲惫的年逾80的作曲家之上，后者的荣誉军团勋章的小红花蕾在庄重的黑色长袍上异常凸显。

背景

政治背景

在动荡的革命时期，凯鲁比尼急于隐藏自己与法国旧制度（Ancien Régime）间的联系，但他很擅长结盟，似乎时而与革命派达成统一战线，时而又与保王党保持一致。比如，1797年他写了一首康塔塔来纪念一位革命英雄，却在1820年将它改写以纪念一位皇室成员。凯鲁比尼应该是攻占巴士底狱、处决路易十六（Louis XVI）、拿破仑（与作曲家有着崎岖的关系）的崛起等历史事件的亲历者。1814年君权的回归使他的日子好过了很多。

法王路易十六的处决，1793年1月

路德维希·范·贝多芬

1770—1827年，德国

虽然在许多年内近乎全聋，贝多芬依然是古典主义时期的天才和浪漫主义时期的先驱——他的作品中包括9部交响曲和32部钢琴奏鸣曲，连接了两个时代。

△贝多芬的家，波恩

在如今位于波恩巷20号的博物馆中保存着作曲家的桌子和物品。贝多芬出生于这里，附近曾住着许多宫廷音乐家。

路德维希·范·贝多芬1770年出生于德国波恩。他的家庭有着佛兰德血统——因此名字中有“范”（van）一字。他的父亲约翰·范·贝多芬（Johann van Beethoven）曾是波恩的科隆选帝侯宫廷的唱诗班成员，而贝多芬的爷爷曾是那里的音乐总监。路德维希从小就展露出天分并受到鼓励，而他的父亲为他安排了相当严苛的课程和练习。小贝多芬在键盘演奏上出类拔萃，并在宫廷中参与音乐演出。他的父亲还曾试图将他作为神童推广，但并没有全力以赴，这项努力到最后也没有成功。

前往维也纳

贝多芬的家庭没有稳定的情感环境。他的父亲是一个酒鬼，婚姻不幸福，且依靠家里微薄的收入过日子。不过贝多芬的音乐抱负还是得到了充分的支持。宫廷管风琴师克里斯蒂安·奈弗（Christian Neefe）在作曲上给贝多芬提供了帮助，并在他只有12岁时为他的第一部作品《钢琴进行曲的九首变奏》（*Nine Variations for Piano on a March*）帮忙安排出版。贝多芬17岁时，选帝侯将他送往维也纳以发展他的才能。他可能接受过莫扎特的几次辅导，但由于母亲去世，而父亲的情况也持续恶化，他又回到波恩以处理家庭事务。

浪漫主义影响

在波恩宫廷做了5年音乐家后，贝多芬被一位高级官员的寡妇——海伦·冯·布鲁宁（Helene von Brauning）周围的文化修养水准很高的圈子吸引了。他在那里接触到了刚兴起不久的德国浪漫主义的文献和哲学思想（相信艺术和艺术家具有非同寻常的价值）并坚信且在自己的音乐中奉行这个想法。他还对布鲁宁的女儿劳欣（Lorchen）展开了无望的追求，并第一次体会到了失败爱情的痛苦。此外，他还交到了一个重要的朋友——热爱音乐的维也纳贵族费迪南德·冯·华德斯坦伯爵（Count Ferdinand von Waldstein），贝多芬后

术语

贝多芬的钢琴

在贝多芬的一生中，钢琴发生了非常重大的演进。一开始，他是在5个八度的钢琴（而不是如今的7个八度的钢琴）上演奏的。这些木头结构的乐器缺乏力量和耐用性；在贝多芬猛烈的弹奏下，这些钢琴经常坏掉。1803年，他开始使用一台埃拉尔（Erard）钢琴，原因是他很赞赏这台钢琴的“单弦”（una corda）柔音踏板所创造的效果。在他生命的后半段，钢琴开始接近他理想中的样子，比如英国的布洛德伍德（Broadwood）钢琴公司的创始人托马斯·布洛德伍德（Thomas Broadwood）在1818年送给他的那台6个半八度的钢琴。他的晚期作品充分挖掘了这台乐器音色和音高的表现潜力。

贝多芬的布洛德伍德钢琴

“我心中所想无法压抑，因此我将它们写下来。”

路德维希·范·贝多芬

▷**路德维希·范·贝多芬，1820年**

这幅由约瑟夫·卡尔·施蒂勒（Joseph Karl Stieler）所画的肖像是贝多芬的许多肖像之一，但据说是唯一一幅与作曲家面对面完成的。

Solemnis

△弦乐四重奏
2005年，塔卡契四重奏（Takács Quartet）在纽约的爱丽丝塔利音乐厅（Alice Tully Hall）演出贝多芬全套16部弦乐四重奏。贝多芬的四重奏展示了他对这种古典弦乐体裁举重若轻的精湛技艺。

来对他题献了很多作品，包括《华德斯坦钢琴奏鸣曲》（*Waldstein Piano Sonata*）。1790年，海顿造访波恩，由此诞生了一个计划：让贝多芬再次前往维也纳并跟随海顿学习，以便“从海顿的手中接过莫扎特的精髓”。贝多芬1792年出发前往维也纳，然而很快贝多芬的父亲就去世了，法国革命战争将波恩变成了一座战场。1794年，法国吞并了波恩，选帝侯的宫廷被废除——贝多芬在维也纳迅速发展的同时，曾经伴随他成长的小世界被彻底抹去。

贝多芬跟随海顿学习只持续了不长的时间。然而，在华德斯坦的不断引荐下，贝多芬收到了维也纳的一些爱好音乐的贵族的赞助。他下榻于维也纳的一位艺术赞助者卡尔·李希诺夫斯基亲王（Prince Karl Lichnowsky）的宫殿中，并很快赢得了“高超的钢琴演奏家”的称号。他在私人沙龙和维也纳爱乐协会的公开演出中演奏，卓越的技巧令观众们咋舌。

人物

约瑟芬·冯·布朗斯维克

1799年，匈牙利伯爵夫人约瑟芬·冯·布朗斯维克随贝多芬学习钢琴。在伯爵去世后，贝多芬通过一系列热情洋溢的信件表达了对约瑟芬的爱慕。1810年，她嫁给了爱沙尼亚贵族克里斯托夫.冯.斯塔克尔伯格（Cristoph von Stackelberg），但由于双方间的尖刻态度，这段婚姻很快就终结了。约瑟芬很有可能是贝多芬1811年的一封信中所谓的“永远的恋人”，而两人可能在1816年见过最后一面。在病痛和孤独中度过了最后几年后，约瑟芬在1821年去世，时年42岁。

布达佩斯附近的布朗斯维克城堡，约瑟芬的家

音乐创新

贝多芬的早期作品以自己演奏所用的钢琴作品为主，第一号作品《钢琴三重奏》被证明是一次商业上的成功，随之而来的是蜂拥而至的来自音乐出版商和贵族赞助人的委约。他开始创作钢琴奏鸣曲——包括1799年出版的著名的《悲怆》（*Pathétique*）——并且从1798年开始写弦乐四重奏。1800年，他的第一交响曲在维也纳的城堡剧院首演。他的这些早期作品依然立足于过去，其中随处可见莫扎特和海顿的影响，但在当时已经被视作很有胆魄的创新。贝多芬还是一位很抢手的音乐老师。卡尔·车尔尼（Carl Czerny）就是贝多芬的学生，后来负责了贝多芬的两部钢琴协奏曲的首演。令人苦恼的是，他非常容易爱上自己的女学生，包括他1799年收下的约瑟芬·冯·布朗斯维克（Josephine von Brunsvik），以及裘莉塔·圭齐亚蒂（Giulietta Guicciardi）——他在1802年向她题献了《月光》（*Moonlight*）奏鸣曲。

然而这些女性都是大家闺秀，绝无可能嫁给一名钢琴老师，无论后者多么杰出。

1810年，贝多芬开始追求特蕾塞·玛尔法蒂（Therese Malfatti）。这是一名奥地利女音乐家，且是贝多芬一位医生的女儿。他很有可能为特蕾塞写下了后来被误读为《致爱丽丝》（*Für Elise*）的那首钢琴曲。这段迷恋也无果而终。

创作巅峰

1802年至1812年间，贝多芬创作了一连串的杰作，展现了自己音乐创作上的雄心壮志。他从未抛弃18世纪古典主义音乐结构：奏鸣曲、回旋曲、交响曲和弦乐四重奏，然而他也将这些体裁的情绪与结构的边界进行了大幅的拓展。首演于1805年的第三交响曲《英雄》（*Eroica*）通常被人们视作一个新的音乐纪元的开端，其长度远超之前的任何一部交响曲，而且更为复杂、雄浑且充满着情绪张力。

他对管弦乐形式的边界的拓展从未间断，写下了悲剧性的第五交响曲。1806年的三部《拉祖莫夫斯基》（*Razumovsky*）弦乐四重奏承载了他探索室内乐的野心。钢琴曲方面，顶尖作品包括《华德斯坦》和《热情》（*Appassionata*）奏鸣曲（1804年和1807年）以及《皇帝》（*Emperor*）协奏曲（1811年）。虽然他的作品起初收到的评价褒贬不一：他的唯一一部歌剧《菲岱里奥》（*Fidelio*）在1805年遭到冷遇。不过维也纳开放而热情的公众与赞助人令贝多芬受益良多。

名望与地位

贝多芬是第一个将自己视作艺术天才的作曲家，并且拒绝接受传统上音乐家们（哪怕是最具天赋的）所被赋予的社会地位。在与上流社会打交道时，他断然表现出符合常规的遵从。1806年，他与李希诺夫斯基亲王发生了一次激烈的争吵并从此绝交。然而，与早先的作曲家们一样，他在痴迷于音乐的自由派维也纳贵族的慷慨解囊下不断兴旺发达。1808年，一个贵族团体合力为贝多芬提供终身年金，从此他终身享有稳定收入。

帝国与革命

贝多芬坚定的独立态度通常被人们与1789年爆发的法国大革命所带来的剧变联系起来。大革命推翻了法国的贵族和王权统治。《英雄》交响曲起初是题献给法国革命军的统领拿破仑的。拿破仑于1804年在法国称帝，而或许是因为这一做法背叛了大革命的精神，贝多芬移除了对他的题献。然而，贝多芬绝不是一个改革派的共和政体拥护者，他的数部重要作品都题献给了他的赞助人兼好友、维也纳帝国皇帝的儿子鲁道夫大公（Archduke Rudolf）。1813年，贝多芬写下了具有爱国气息的《威灵顿的胜利》[*Wellington's Victory*，又称《战争交响曲》（*Battle Symphony*）]，以庆祝奥地利的英国盟军在西班牙战胜了法军。

△《月光》奏鸣曲

这是贝多芬第14号钢琴奏鸣曲的亲笔稿。它之所以会被称作“月光”，是因为德国乐评家路德维希·莱尔斯塔勃（Ludwig Rellstab）将作品的第一乐章比做琉森湖（Lake Lucerne）面的月光倒影。

▽玛尔法蒂一家

画中，特蕾塞·玛尔法蒂在家庭成员的围绕下坐在钢琴前。在1810年左右，她是贝多芬的梦中情人。有历史学家揣测贝多芬曾向她求婚。

> “那些说我心怀不轨、顽固不化和厌恶人类的，你们对我的误解如此深。”
>
> 路德维希·范·贝多芬，1802年

背景

奥地利战争

1792年至1815年间的大部分时期，奥地利和它的同盟们都与法国处于战争中。法国在1789年的大革命后成为了一个强有力的军事力量。在革命派的平等主义面前，奥地利皇帝维持着传统的社会等级制度。贝多芬在维也纳期间，这座城市两度被拿破仑皇帝的法军占领（1805年和1809年）。1814—1815年，法军被击败，而奥地利成为了欧洲的主导力量。

奥斯特利茨（Austerlitz）战役中的拿破仑，弗朗索瓦·热拉尔（Francois Gerard），1805年

耳聋和孤立

讽刺的是，在这段音乐创作的丰碑时期，贝多芬开始失去听觉。其中的医学原因不明。早在1802年，他就开始避免与人接触，因为怕人们可能会发现他的耳背，而这使他“近乎绝望”。一系列不甚可靠的治疗也未能缓解症状。

1812年后，他的创作力猛然——不过只是短暂地——下滑，而他不得不放弃演出。1818年，他已经只能通过书写与人交流。耳聋的恶化导致他愈发离群索居，且表现出不稳定的举止。他生活和工作的房间逐渐变得凌乱肮脏，而他被描述为举止不雅、邋遢和脾气暴躁。他的弟弟卡斯帕（Kaspar）在1815年去世后，他与弟媳约翰娜（Johanna）关于他9岁的侄子卡尔（Karl）的抚养权问题发生了激烈的争吵。抚养权的诉讼在法院一直进行到了1820年，导致孩子遭受了长期的精神创伤。

◁**奥地利的鲁道夫大公**

鲁道夫（1788–1831年）是一名贵族和红衣主教。他向贝多芬学习过，并成为了他的朋友和赞助人。贝多芬向他题献了许多作品。

晚期杰作

尽管耳聋，贝多芬还是写下了一批创新的、对欣赏者智性水准要求很高的辉煌的“晚期”作品。1818年的《槌子键琴》（*Hammerklavier*）钢琴奏鸣曲，在几乎所有有记录的钢琴作品中，这部作品在技巧和情绪上都十分具有挑战性。后来的杰作包括1820年至1822年间问世的最后3部钢琴奏鸣曲，以及完成于1823年的宏大合唱曲《庄严弥撒》（*Missa Solemnis*）。这部弥撒的一部分也出现在了贝多芬的另一部杰作的首演音乐会中——1824年5月贝多芬第九交响曲首演于维也纳。这场演出动用了史无前例的乐团编制，其中包括这部交响曲的末乐章，以及为弗

关键作品

1795年
贝多芬的第一部在商业上获得成功的出版作品，3部钢琴三重奏成功出版。

1802年
完成了16—18号钢琴奏鸣曲，并由此开始了他多产的“创作中期”。

1805年
第三交响曲《英雄》首次在维也纳演出。

1806年
为俄罗斯驻维也纳大使创作《拉祖莫夫斯基》弦乐四重奏（作品号59）。

1808年
第五交响曲和第六交响曲《田园》在同一场音乐会首演。

1812年
写下创作中期的最后一部杰作，第七交响曲。

1818年
完成了强有力的第29号钢琴奏鸣曲《槌子键琴》，开启了创作晚期。

1824年
第九交响曲辉煌的首演。

“在天堂我就能听见了。”

路德维希·范·贝多芬，据说是他的遗言，1827年3月

里德里希·席勒（Friedrich Schiller）的《欢乐颂》（*Ode to Joy*）配乐所需的合唱团和独唱家们。这是一次辉煌的成功，可是贝多芬既听不见他的音乐，也听不见狂热的欢呼。

第九交响曲的反响反映了贝多芬当时依然享有很高的地位。然而，此时他已不再是属于这个时代的作曲家，而只是一位受敬仰的前辈。即使是当时最前卫的鉴赏家都无法接受他临终前在病痛中完成的晚期弦乐四重奏，认为它们难以理解。不过，后来这些作品最终被认为极具力量、创意和预见性。

经历长期的病痛后，贝多芬于1827年3月死于维也纳。约20000人参加了他的葬礼。在维令根墓园（Währing Cemetery）的演讲中，诗人弗朗茨·格里帕泽（Franz Grillparzer）说道：“你们现在正在哀悼的是古往今来最伟大的人，这一点永远不可置疑”。

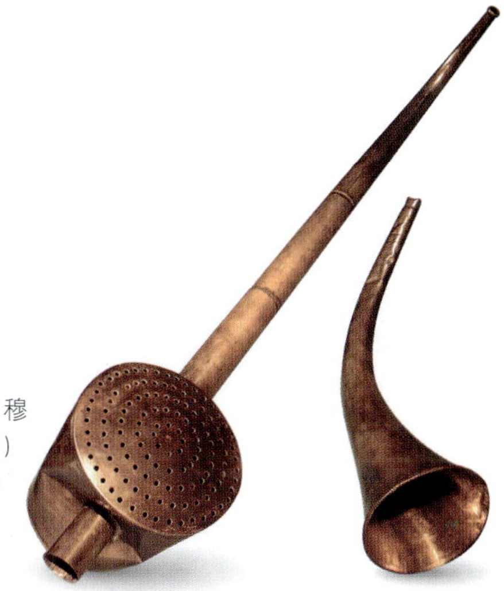

▷**助听器**
贝多芬试图用他的朋友约翰·内波穆克·梅泽尔（Johann Nepomuk Mälzel）设计的号角状助听器来改善他的听力状况。后者也是节拍器的发明者。

▽**贝多芬的葬礼**
作曲家的葬礼上，数以千计的崇拜者在维也纳的街头排起了队。抬棺人都是著名的音乐家，其中包括弗朗兹·舒伯特和卡尔·车尔尼。

▷尼科罗·帕格尼尼
这幅匿名画作中，帕格尼尼形容憔悴、眉头紧锁，身着自己标志性的黑色外衣。各种慢性疾病困扰了他的大半生，为此他服用了足以致命剂量的汞和鸦片以试图治疗。这位作曲家据说还是一名赌徒（继承了他的父亲），且曾一度质押了自己的小提琴以还债。他还常年玩弄女性——有传言称他曾因杀害了一名被他俘获的女性而入狱。

尼科罗·帕格尼尼（Niccolò Paganini）

1782—1840年，意大利

帕格尼尼是一位传奇而令人兴奋的小提琴家兼作曲家，生前是受欢迎和激进的音乐家之一。成功和财富使他沉迷于酒精、赌博和玩弄女性。

◁ **帕格尼尼的初次凯旋**
这幅安尼巴莱·加蒂（Annibale Gatti）于1890年创作的绘画被认为展示了年轻的作曲家于19世纪初期在卢卡宫廷的一次演出。

帕格尼尼1782年出生于热那亚，共有5个兄弟姐妹。他的父亲可能是一名码头工人，并且是一名业余音乐家。他教会了帕格尼尼曼陀林与吉他演奏。8岁时，帕格尼尼已经在学习小提琴演奏并自行作曲。11岁时，他第一次登台演出，并且在此后不久展开了第一次巡演。

追逐荣耀

帕格尼尼在热那亚短暂地学习过小提琴；在帕尔马（Parma），著名的小提琴家亚历山德罗·罗拉（Alessandro Rolla）表示这个男孩天赋异禀，以至于他已经没有什么可以传授。然而，帕格尼尼渴望出名，并对自己进行严苛的训练，时常一天练习自己的作品数小时之久。

1801年，19岁的帕格尼尼开始创作他的《24首小提琴独奏随想曲》（*24 Caprices for Solo Violin*，直到1820年才出版，这成为他最为著名的作品）。4年后，他接受邀请成为了拿破仑的妹妹卢卡（Lucca）公主的音乐总监。1809年，他辞去了宫廷里的职位，成为了一名游历四方的独奏家兼作曲家。到19世纪早期，他的名声越来越响。与此同时，他对女性和酒精的沉迷也愈渐出名。

1820年，帕格尼尼的健康产生了严重问题，包括不断的咳嗽。为此医生给他开了鸦片处方。3年后，他被确诊患有梅毒（他可能在22岁时就染上了），并且治疗这个病所用的汞的剂量——据他自己说——“足够用来杀人”。此后，他的牙齿开始松动并最终都脱落了，视觉和书写都发生障碍，肠胃也出现问题，并且随着年纪的增长，许多其他可怕的病痛也日渐严重。但是在1824年，他爱上了歌唱家安东尼娅·比安基（Antonia Bianchi），并在次年与她生了一个孩子，阿奇列（Achille）。这段婚姻只持续了4年——安东尼娅分到了数目可观的财产，而阿奇列随父亲生活。

▷ **小提琴“大炮”**
制琴师朱塞佩·瓜奈里（Giuseppe Guarneri）制作的这把强有力的小提琴是尼科罗·帕格尼尼炫目的小提琴收藏之一。

成功、财富和悲剧

1828年，46岁的作曲家开始了一场欧洲巡演，途经奥地利、波希米亚、德国、法国和英国。这些演出展示了帕格尼尼惊人的旺盛精力、鬼斧神工的技巧和快如闪电的乐段演奏（柏辽兹称他为“彗星”）——据称他一秒可以奏出12个音，且从不看谱。他对自己作品的演出造成了轰动，震撼了他的观众们，以至于人们猜测帕格尼尼是魔鬼的同僚。不过到了1834年，恶化的健康状况终止了他的巡演。6年后，他在尼斯（Nice）死于喉癌，阿奇列继承了他的遗产。帕格尼尼颠覆了小提琴演奏技巧，且尤以跳弓、拨弦等激进的演奏技巧而出名。除了伟大的《24首小提琴独奏随想曲》，他的作品还包括室内乐（奏鸣曲、吉他四重奏）以及管弦乐作品；除了小提琴，他也为曼陀林、吉他等谱曲。帕格尼尼的许多作品直到他在1840年去世后才得以出版。

背景

魔鬼之谜

帕格尼尼炫目到令人窒息的超人的小提琴演奏导致大众纷纷猜测他是“魔鬼的小提琴手”。作为一名精明的表演者和机敏的商人，帕格尼尼很快就开始塑造自己魔鬼般的表象人格。他骨瘦如柴，长发，经常在台上全身着黑，并用一束聚光灯来凸显他诡异的外观。有时，他会坐一辆由黑马拉的黑色马车。这些与魔鬼的暗示极大地促进了票房。然而，有人认为帕格尼尼的外观和灵巧可能是由埃勒斯-当洛斯综合征（Ehlers-Danlos syndrome）所致——这种病会致使手指变长且极为灵活。无论是什么原因，帕格尼尼的这个谜团致使天主教会拒绝将他埋葬。

银版摄影，据信是帕格尼尼

“这个魔鬼主宰着女性的性幻想。”

克劳斯·金斯基（Klaus Kinski），他的电影《帕格尼尼》（1989年）中的台词

焦阿基诺·罗西尼（Gioachino Rossini）

1792—1868年，意大利

罗西尼的歌剧主宰了19世纪的前四分之一，以最终写出《威廉·退尔》（*William Tell*）为至高点，取得了经久不衰的成功。然而，他在37岁就退休，之后再也没有写过任何一部歌剧。

焦阿基诺·罗西尼出生于意大利东北部沿海的佩萨罗（Pesaro）。他的父母都是职业音乐家：他的父亲是一名小号手，并在当地的乐团中任圆号手；他的母亲是一名歌唱家。在父母的影响下，罗西尼很早就习得了音乐技巧。在入学博洛尼亚音乐学院时，他已然开始作曲，此时他只有14岁。

◁《结婚证书》

《结婚证书》是罗西尼上演的第一部歌剧——首演于1810年。这部作品通常被称作《婚姻契约》（*La Cambiale di Matrimonio*）。

早期生涯

在变声之前，罗西尼靠在教堂和剧院唱歌挣钱，不过他的注意力一直在作曲上。1810年，他已经完成了他的第一部两幕歌剧《德梅特里奥与波利比奥》（*Demetrio e Polibio*，首演于1812年）的乐谱。同年，他在威尼斯的一个小剧院里第一次公开演出了自己的歌剧——《结婚证书》（*La cambiale di matrimonio*），一部单幕的滑稽剧。《结婚证书》获得了很好的反响，加之接下去几年里取得的接连的成功，罗西尼确信了自己的职业道路。尽管他的老师极力挽留，他依然离开了音乐学院，并开始快速地不断产出歌剧。21岁时，他已经上演了9部歌剧。

考虑到威尼斯是东北地区的歌剧中心，罗西尼前往那里定居。他的几部早期歌剧在那里演出，不过随着他的名声渐长，他也被吸引至其他城市。这不只是地区间的争夺——当时意大利还没有统一，而这些城市分属不同的国家。时局使罗西尼的处境更复杂——他的职业生涯与拿破仑战争同处一个时期，法国与奥地利正在争夺意大利半岛，威尼斯从1797年被拿破仑攻占到1814年被割让给奥地利期间，一共易手了4次。

罗西尼没能逃过这些事件的牵连。他的父亲两次因参加政治活动而短暂地被拘捕，而他自己也因为在1815年独立创作了赞美诗而招致了奥地利警察的怀疑。不过，在更多情况下他会将任何爱国情绪融入他的虚构作品中。在《阿尔及利亚的意大利女郎》（*L'italiana in Algeri*）中，伊莎贝拉（Isabella）带领一众意大利奴隶取得了自由，相应的咏叹调《想想祖国》

方法

偷工减料

在缺乏耐心的经纪人的催促下，罗西尼时常用狂飙的速度完成作曲。为了快速完成，作曲家采取了很多捷径。他对一些序曲进行了反复利用，例如，《塞维里亚的理发师》的序曲在他之前的两部歌剧［《英国女王伊丽莎白》（*Elizabeth, Queen of England*）和《奥雷利亚诺》（*Aureliano*）］中就已经出现。他还采用了旅行咏叹调（arie di baule）——从其他歌剧里借用的单独的咏叹调，即便它们与剧情无关。他还会将一些不那么重要的片段交由其他作曲家完成，如《乔瓦尼·塔多利尼》（*Giovanni Tadolini*）、《灰姑娘》中的大部分宣叙调都是被罗西尼外包完成的，咏叹调也从之前的歌剧中借用。

◁焦阿基诺·安东尼奥·罗西尼

G. P. 达·法诺（G.P. da Fano）描绘的这位意大利作曲家刚刚退休，年方37岁。他减少了自己的工作量，过上了奢侈的生活并开始放纵自己对美食的热爱。

▷法军进入威尼斯

罗西尼的职业生涯与拿破仑战争处于同一时期。这幅绘画显示了1797年5月拿破仑·波拿巴率领法军占领威尼斯的画面。

“给我一个换洗衣物清单我都能给它配上音乐。”

焦阿基诺·罗西尼

关键作品

1816年
罗西尼的喜剧杰作《塞维里亚的理发师》在罗马首演。作曲家创作这部作品只花了13天。

1817年
罗西尼的《灰姑娘》（*La Cenerentola*）版本。虽然这次创作的速度极快，作品最终大获成功。

1819年
根据沃尔特·司各特爵士（Sir Walter Scott）的小说改编，罗西尼为他未来的妻子写下了《湖上女郎》。

1823年
罗西尼的最后一部意大利语歌剧《赛密拉米德》（*Semiramide*），根据伏尔泰的悲剧改编。作品首次上演于威尼斯，并收获满堂彩。

1829年
写下了基于席勒的戏剧的宏大罗马英雄故事《威廉·退尔》。这将是他最后一部歌剧。

人物

多梅尼克·巴尔巴亚

罗西尼与那个时代最活跃的经纪人巴尔巴亚（1778—1841年）的合作对前者的职业有着重大的影响。巴尔巴亚生前的名声并不好，他发的第一笔财来自一个博彩集团，利用人们对新兴的轮盘赌的激情来赚钱。后来他在那不勒斯、米兰和维也纳收购了一些剧院。巴尔巴亚很擅长发现艺术新锐，但他与作曲家们打交道的方式很粗鲁。罗西尼的合同里要求他一年内写出两部歌剧，还需要协助舞台布置和歌剧制作。“如果他可以，他一定会让我在厨房里时也别停下。”罗西尼懊恼地自嘲。

多梅尼克·巴尔巴亚在那不勒斯，19世纪20年代

（*Pensa alla patria*）对法国国歌《马赛曲》（*Marseillaise*）做了微妙的音乐上的暗指。《威廉·退尔》的剧情则围绕着一位瑞士革命英雄展开，他试图将自己的祖国从奥地利占领军手中解放出来。

突破与成功

罗西尼早期的歌剧有很强的重复性，而《汤克雷地》（*Tancredi*）标志着他的成熟。以11世纪的锡拉库扎（Syracuse）为背景，这部正歌剧以西西里和撒拉森敌军（Saracen）间的战争为背景讲述了一个爱情故事。《汤克雷地》没有很快获得成功，但是罗西尼的旋律却迅速流行了起来。其中的一个咏叹调《心慌意乱》（*Di tanti palpiti*）在贡多拉船夫中脍炙人口，从而使这个咏叹调广为人知。

如果说《汤克雷地》是他的一次突破，那么《阿尔及利亚的意大利女郎》则是一次巨大的成功。为了帮助一位演出排期上意外出现断档的经理人，罗西尼用狂风般的速度完成了这部歌剧，并在1813年进行了首演。歌剧里有各种戏剧性事件和离奇的喜剧情节，其中一些显然受到了小丑滑稽戏和意大利即兴喜剧（commedia dell'arte）的启发。速度要求对罗西尼是一项激励（“迫不得已时最容易产生灵感”），不过他也会将宣叙调的创作外包出去，甚至将至少一首咏叹调交给一名不具名的助理完成。

罗西尼的成功吸引了其他经理人的注意力。多梅尼克·巴尔巴亚（Domenico Barbaja）是其中有影响力的一位，他在1815年说服作曲家移居那不勒斯。在那里，罗西尼成为了皇家剧院的音乐总监。

罗西尼依然设法挤出时间为其他剧院创作歌剧。比如《塞维里亚的理发师》（*The Barber of Seville*）首演于罗马。演出的第一晚事端频出，既有

▽**《塞维里亚的理发师》**

图中是罗西尼最受欢迎的歌剧《塞维里亚的理发师》（首演于1816年）的第一幕前奏的乐谱中的一页。

“艺术的基础和目标一定是欢愉。简单的旋律、清晰的律动！”

焦阿基诺·罗西尼，信件，1868年

另一部竞争歌剧的支持者的示威，也有游荡到舞台上的流浪猫。不过从第二晚开始，《理发师》开始获得巨大的成功，并从此成为了罗西尼最受欢迎的作品。

到了这个阶段，罗西尼为人所熟知的一些特点已经展现了出来。他彻底省去了无伴奏的宣叙调，确保了他的音乐可以连续不断地流淌。他在乐谱上标记了所有的演唱装饰音，而没有允许歌唱家们即兴。罗西尼的花腔唱段和戏剧高潮非常出彩，尤其是后者简单而直接，围绕着不断的和声序进不断增强。不过也有批评家认为罗西尼的高潮过于容易预测。他还喜欢使用“急嘴歌”，即将旋律用非常快的速度演唱出来以达到纯粹的喜剧效果。这在剧情较为松垮的片段中非常有用。

罗曼史和巴黎

罗西尼为首席女歌唱家伊莎贝拉·柯布兰（Isabella Colbran）写过不少严肃的歌剧，其中包括《奥赛罗》（*Othello*）和《湖上女郎》（*Lady of the Lake*）。两人第一次相遇时，她是巴尔巴亚的情妇，但是她很快移情罗西尼，两人最终在1822年成婚。2年后，他们搬到了巴黎居住，在那里罗西尼的职业达到顶峰。法国首都被视作歌剧世界的中心，而罗西尼的到来以征服者的姿态降临。他被任命为意大利剧院的总监，被委约为巴黎歌剧院创作歌剧，还受到了法国国王的嘉奖。作为回应，罗西尼写下了他的杰作之冠《威廉·退尔》。

凭借其著名的序曲［被电视剧《独行侠》（*The Lone Ranger*）用作主题音乐］以及宏大的规模（超过4个小时），《威廉·退尔》成为了大型歌剧历史上的一个里程碑。作品中充满了辉煌的配乐、大型的合唱、优雅的芭蕾以及一些罗西尼最触动人心的旋律。1829年首演后，这部作品受到了观众们狂热的喜爱，并且频频掀起演出风潮，在作曲家的一生中一共演出了大约500场。

《威廉·退尔》也是罗西尼的天鹅之歌。虽然创作这部歌剧时他只有37岁，他在生命余下的39年内没有再写过任何一部歌剧。他退休的原因不明：他受到多种病痛的困扰，所以健康状况或许是一个原因；也有可能他察觉到自己的风格开始不再那么受欢迎。无论如何，罗西尼的晚年创作了一些宗教音乐——包括标题颇为讽刺的《小庄严弥撒》（*Petite Messe solennelle*，1863年），它既不“小”也不“庄严”——放纵自己对美食的热爱，并享受着音乐带给他的巨大名声。

▽伊莎贝拉·柯布兰，约1835年
这位名震一方的西班牙女高音演唱家的声音被描述为“甜美醇香，饱满的中音可以达到极佳的抒情性”。她和罗西尼于1822年成婚。约翰·巴蒂斯特·莱特（Johann Baptist Reiter）在她大约50岁时画了这幅肖像画。

弗朗茨·舒伯特

1797—1828年，奥地利

舒伯特是一位旋律大师，尤其因为他为德语诗所作的歌曲改编而著名。他在年仅31岁时就去世了，致使他在交响乐、室内乐和钢琴作品创作上的天赋悲剧性地过早终结。

舒伯特1797年出生于维也纳。他是家里的第12个孩子，而一共14个孩子中只有5个活过了婴儿期。他的父亲是一名校长和大提琴家（不过不算出色），家里时常有音乐演奏，而舒伯特的出色天赋很快就受到了注意。1808年，他赢得了皇家教堂童声合唱团（Imperial Court Chapel Choir）的奖学金，这也使他有资格在皇家神学寄宿学校（Royal Seminary School）接受教育。

社交人士

舒伯特接受的精英教育使他有机会与上层家庭的孩子们交往，其中一些将与他成为终生的朋友。他跟随宫廷作曲家，莫扎特著名的对手（参见第081页）安东尼奥·萨列里学习作曲，在少年时期就表现出了很强的作曲才能。1813年舒伯特离开神学学校时，他已经写过歌曲、舞曲、合唱作品、室内乐，甚至他的第一交响曲。

母亲死后，舒伯特回到家里并不太情愿地成为了他父亲学校的一名助理教师，好在他依然坚持源源不断地创作。仅1815年这一年，他就写下了差不多150首歌曲，包括为约翰·沃尔夫冈·冯·歌德（Johann Wolfgang von Goethe）的歌曲《魔王》（*Erlkönig*）的配曲，这成为他颇受欢迎的作品之一。

舒伯特通过他的朋友圈子逃离了教师的职责。在一些年轻贵族，包括富有的半吊子文学家弗兰茨·冯·绍贝尔（Franz von Schober）和在神学院结交的朋友约瑟夫·冯·施鲍恩（Joseph von Spaun）的支持下，舒伯特得以走出家门，过上了不羁的艺术家生活，终日沉迷于音乐、咖啡馆聊天和（经常过度）饮酒中。舒伯特性情温和，喜爱交际，因为略微发胖的身材被戏称为“小蘑菇”（Schwammerl），并很快在维也纳的音乐爱好者的紧密圈子中成为了一个小有名气的角色。他在文学与艺术界的一大群朋友们经常组织所谓“舒伯特同好会”（Schubertiades），在这些场合下演奏一些舒伯特的音乐作品。舒伯特还获得了著名的老一代歌唱家约翰·弗格尔（Johann Vogl，1768—1840年）的关注和喜爱，约翰的演出将舒伯特的歌曲推向了更大范围的受众。

舒伯特奢侈的生活方式对他的个人财务造成了压力。不过，他在匈牙利贵族埃施特哈齐伯爵的郊外宅邸中度过了几个回报丰厚的夏季，为伯爵的两个女儿教授歌唱和钢琴，金钱上的压力也得以缓解。舒伯特在这段时期创作的大部分音乐中流淌着快乐和静谧，其

△**红螃蟹**

舒伯特出生于维也纳郊区“天堂之门”（Himmelpfortgrund）区的一栋叫做“红螃蟹”（Zum roten Krebsen）的屋子里。他在这所公寓的家中住了大约5年。住所相当简朴，只有一个房间和一个厨房。

背景

毕德麦雅时期（The Biedermeier Period）

1814—1815年，舒伯特的城市主持了“维也纳会议”，标志着漫长的拿破仑战争的终结。在接下去的所谓“毕德麦雅时期”的几年里，中产阶级主宰着文化趣味，他们拥抱家庭生活并以此回应之前那些年遭遇的动荡。家庭音乐活动激增，而乐谱市场也增长强劲，尤其是舞曲和歌曲。这些是当时舒伯特最为公众所知的音乐体裁。

毕德麦雅时期红木桌式钢琴

◁**弗朗茨·舒伯特**

这幅油画肖像由奥地利画家威廉·奥古斯特·里德尔（Wilhelm August Rieder）在1875年根据一幅早先的水彩画创作。里德尔是作曲家安布罗斯·里德尔（Ambros Rieder）的儿子，并成为了舒伯特的挚友。

关键作品

1814年
在维也纳丽赫腾塔尔教堂（Lichtental church）指挥了自己的F大调弥撒；这是他第一部重要的演出作品。

1821年
舒伯特写于1815年的戏剧歌曲《魔王》（*Erlkönig*）正式演出，并得到评论界的赞誉。

1822年
写下了B小调《未完成》交响曲的仅有的两个乐章。这部作品直到1865年才被演出。

1823年
舒伯特的第一部声乐套曲《美丽的磨坊女》（*Die Schöne Müllerin*）出版，作品中一共有20首对威廉·米勒（Wilhelm Müller）的诗进行配乐的歌曲。

1824—1827年
写下了他最杰出的管弦乐作品，C大调《伟大》交响曲。这部作品直到1839年才得到演出。

1828年
舒伯特的第二部声乐套曲《冬之旅》——同样对米勒的诗集配乐——在他去世一个月后出版。

△特蕾泽·格罗伯
十几岁的舒伯特对一位面包师的女儿特蕾泽·格罗伯产生了好感。据说，在特蕾泽18岁生日那天，舒伯特为她献上了一套他创作的歌曲集（连同一首她自己写的音乐）。

中包括创作于1819年的著名的《鳟鱼》（*Trout*）五重奏。根据一些传言，1814年左右，舒伯特爱上了一位年轻的女高音歌唱家特蕾泽·格罗伯（Therese Grob），她也是他童年时的朋友。因为穷困，他无法与特蕾泽成婚，舒伯特也没有再爱上过其他女人。然而，除了特蕾泽演唱过舒伯特的作品，几乎没有任何确凿的证据可以证明两人之间存在关系。由于没有与任何女性的罗曼史的证据，有猜测认为舒伯特是一名同性恋——男性的友情在他的生活中至关重要，这一点确凿无疑。可以确定的是，舒伯特不是没有性经验的，因为在1822年他染上了梅毒，与严重的疾病斗争了1年而无法工作，而且他可能再也没能完全恢复健康。

疾病和逆境

疾病之外，还有诸多因素使舒伯特在19世纪20年代非常不顺。法国大革命之后，奥地利政府担心政治颠覆力量，因此对所有新型的年轻人集会都怀有疑心。1820年，舒伯特与他的4名朋友被指控侮辱帝国官员而被捕。舒伯特在接受训斥后重获自由，而他的一名朋友则被驱逐了。

与此同时，他的圈子里的一些其他成员开始不再继续放纵不羁的艺术家生活，转而寻求收入稳定的工作。舒伯特靠音乐继续过着简朴的生活，虽然他作为一位受欢迎的作曲家的名声渐长，出版商们并不乐意出版他的作品，而他也没有能够打入收入颇丰的歌剧市场。根据他的一位朋友，作家兼戏剧家爱德华·冯·鲍恩费尔德（Eduard von Bauernfeld）后来的记叙，舒伯特阳光的个性被“一个忧愁感伤的黑翼恶魔”笼罩着。写于1824年的充满力量的弦乐四重奏《死神与少女》（*Death and the Maiden*）被死亡的预示笼罩着。

强大的创造力

即使舒伯特的崇拜者也倾向于将他视作歌曲、舞曲和悦耳的钢琴小曲的作曲家，即便如此，舒伯特的内心深处一直有着与同时代音乐巨匠贝多芬抗衡的雄心。然而，他将自己树立为一名管弦乐作曲家的努力遭遇了挫折。他的《未完成》（*Unfinished*）交响曲背后的真实故事无人知晓——究竟是作曲家只写完了前两个乐章与第三乐章的前几小节，还是剩余的部分被弄丢了。无论如何，这部创新性的作品在舒伯特生前没能演出。他的C大调《伟大》（*Great*）交响曲如今被认为是所有音乐会曲目中较崇高的作品之一，但在当时只是被维也纳音乐之友协会于1827年接受排练，但最终被宣布因难度太高而无法演出。

尽管遭遇挫折，但舒伯特在生命的最后几年依然保持着强劲的创作力。包括最后3部钢琴奏鸣曲（1828年）在内的一批作品都是相当复杂的杰作，其中结合了他极强的歌唱性旋律的天赋以及对宏大音乐结构驾驭的能力。晚期的声乐套曲《冬之旅》（*Winterreise*）和歌曲集《天鹅之歌》

方法

声乐套曲

一部声乐套曲是一系列独立的歌曲，每一首都可以单独演唱，但通常为了保证情绪和戏剧效果而以固定的顺序演唱。舒伯特不是第一个德语声乐套曲［被称为艺术歌曲（Lied，复数Lieder）］的作曲家，但他的杰作《美丽的磨坊女》和《冬之旅》确立了这一体裁的重要地位。这两部作品的主题都包含单恋、忧郁和孤独。罗伯特·舒曼和古斯塔夫·马勒（Gustav Mahler）等作曲家延续了德语声乐套曲的传统。

舒伯特的《冬之旅》中的《晚安》（*Gute Nacht*）的手稿，1827年

(*Schwanengesang*)也都创作于1828年，在情绪上既有深度也有广度，彻底揭开了浪漫主义时期的序幕。直到此时，舒伯特才开始获得渴望已久的认可度。1828年3月，他举办了一场作品音乐会，并在舆论和财务上双双取得成功，而他的名声也终于传出了维也纳。

身后的影响

舒伯特死于1828年，死因可能是风寒。据说他在弥留之际请求并聆听了贝多芬的第14号弦乐四重奏。他的去世令人措手不及。

舒伯特被埋葬在维也纳的维令根墓园，距离仅在1年前贝多芬下葬之处不远。媒体的讣告中充满了对舒伯特的溢美之词。敬仰他的人们为错失舒伯特本可以创作出的更多杰作而扼腕叹息，但他们中并没有人意识到舒伯特生前成就的高度。随着一部接一部的舒伯特作品在他死后得到首演，他的名声在几十年内不断高涨。在浪漫主义时期作曲家罗伯特·舒曼（Robert Schumann）和费利克斯·门德尔松的大力支持下，他的C大调《伟大》交响曲与被重新发现的《未完成》交响曲分别于1839年和1865年首演。舒伯特最终的作品总数蔚为壮观——大约1000部他的作品被编录，而他也同贝多芬、海顿、莫扎特等人一起在作曲家名人堂中占据一席之地。

△舒伯特同好会

一则舒伯特的讣告将作曲家描述为“为艺术和……朋友们而生”。他的朋友们在家中组织聚会，或所谓的“舒伯特同好会”，并演出舒伯特的最新作品。这幅速写画中描绘的就是这样的场景，演奏钢琴者就是舒伯特。

“每当我想要歌唱爱，它便化作痛苦。”

弗朗茨·舒伯特，《我的梦》（*My Dream*），1822年

▷ **葛塔诺·多尼采蒂**
多尼采蒂出生于意大利北部贝加莫贫穷而卑微的家庭，后来成为了一名成就斐然的杰出作曲家。在出生于巴伐利亚的意大利作曲家迈尔的指导和支持下，多尼采蒂最终成为了衔接罗西尼与威尔第的意大利歌剧引领者。

葛塔诺·多尼采蒂

1797—1848年，意大利

多尼采蒂极擅长写喜剧，也熟练于创作严肃作品。19世纪初期，他成为了继罗西尼之后意大利歌剧的领袖作曲家。

**“《拉美莫尔的露琪亚》被演出了。
请允许我告诉你实情，它非常受人喜爱。”**

葛塔诺·多尼采蒂，给出版商乔瓦尼·里科尔迪（Giovanni Ricordi）的信，1835年

◁**朱迪塔·帕斯塔**
多尼采蒂为好几位顶尖歌唱家创作，其中包括朱迪塔·帕斯塔（1797—1865年）。作曲家为他创造了安娜·博林娜一角。

多尼采蒂的童年处于极度的贫困中。1797年9月出生于贝加莫（Bergamo），他是家里6个孩子中的第5个，在住宅区的一个环境很糟糕的地下室被抚养大。1806年，家庭状况有所改善后迁往了一个更好的住所；与此同时，葛塔诺获得了奖学金并前往合唱学校跟随西蒙·迈尔（Simon Mayr）学习，后者出生于巴伐利亚，是贝加莫大教堂的合唱乐长，且是一名多产的歌剧作曲家。

成功之路

迈尔的指导奠定了多尼采蒂的职业基础。他安排多尼采蒂参加博洛尼亚市立爱乐中学的课程，并在1817年完成了在那里的学习后，又为他安排了一部歌剧的委约。迈尔还在罗马推动了多尼采蒂的事业，并帮助他于1821年获得了其第一次重要的歌剧委约，而委约方是5年前刚刚首演了罗西尼歌剧《塞维里亚的理发师》的阿根廷剧院。

那不勒斯地区歌剧院的经纪人多梅尼克·巴尔巴亚在多梅采蒂作品首演后深受打动，并邀请年轻的作曲家前往那不勒斯为他创作歌剧。多尼采蒂在那不勒斯公众视线下的第一次重大成功《吉卜赛女郎》（*La Zingara*）迷住了当时还是那不勒斯皇家音乐学院学生的温琴佐·贝利尼（Vincenzo Bellini）。在米兰的斯卡拉歌剧院（La Scala）的一次失意和在巴勒莫的几次失败后，多尼采蒂在那不勒斯和其他地方获得了一系列的成功，多部作品回报丰厚。有了稳定的收入后，多尼采蒂在1828年与弗吉尼亚·瓦塞利成婚。

多产

1822年至1843年之间，多尼采蒂每年创作3至4部歌剧。这样的产量在当时不算罕见，但考虑到它们上乘的质量，这实属不易。诸如《肯尼华特城堡的伊丽莎白》（*Elisabetta al castello di Kenilworth*）、《安娜·博林娜》（*Anna Bolena*）和《玛丽亚·斯图亚达》（*Maria Stuarda*）等歌剧满足了意大利公众对英国历史和传说的兴趣。1832年为米兰创作的《爱的甘醇》（*L'elisir d'amore*）、《联队之花》（*La Fille du Régiment*）以及1843年首演于巴黎的《唐·帕斯夸莱》（*Don Pasquale*）证明了多尼采蒂在喜剧上的精湛技艺，而他在悲剧《拉美莫尔的露琪亚》（*Lucia di Lammermoor*）和《宠姬》（*La Favorite*，为巴黎歌剧院创作的一部四幕歌剧）中对古典主义和浪漫主义的处理得当的融合使它们独树一帜。

多尼采蒂为像朱迪塔·帕斯塔（Giuditta Pasta）和男中音乔瓦尼·鲁比尼（Giovanni Rubini）这样的卓越演唱家们一共写了65部歌剧。1848年4月8日多尼采蒂死于梅毒。虽然在他去世后几十年内他的许多歌剧依然不断上演，但大部分变得默默无闻。然而，《唐·帕斯夸莱》《联队之花》《拉美莫尔的露琪亚》《宠姬》和《卢克雷齐亚·波吉亚》等在国际舞台上保持着重要地位，其他不少作品也在过去的半个世纪中被再度发现并演出录制。

△**《安娜·博林娜》封面**
这是多尼采蒂的二幕悲剧《安娜·博林娜》的乐谱封面。这部1830年首演于米兰的作品给作曲家带来了国际声望。

背景
巴黎的诱惑

罗西尼在巴黎赚到的钱足以让他在30多岁时退休；多尼采蒂也希望早些退休。他从1838年开始在法国首都生活了9年，不乏成功和挫折。虽然他每年在维也纳生活6个月，为哈布斯堡皇帝担任宫廷作曲家，他在巴黎的境遇并不顺利。在他的喜歌剧《唐·帕斯夸莱》在意大利剧院大获成功后不久，他曾在学生时期感染的梅毒拖垮了他的身体。身体和意志的衰退，以及他对与妓女滥交的沉溺，使巴黎坊间充满了对他的传言。多尼采蒂的最后几个月在贝加莫度过，坐在一把特制的翼状扶手椅上等待死亡。

意大利剧院，巴黎，多尼采蒂的《唐·帕斯夸莱》于1843年在这里首演

温琴佐·贝利尼

1801—1835年，意大利

贝利尼对歌词和音乐的处理一丝不苟，将浪漫主义的汹涌情绪带给了意大利歌剧。他是美声唱法的大师，启发了许多作曲家。

1801年11月3日，温琴佐·贝利尼出生于西西里的卡塔尼亚。那年夏天，他的家乡遭到突尼斯海盗的袭击——海盗急于俘获奴隶卖往利润颇丰的北非市场。这次袭击引发了一场三年战争。

许多年后，海盗这个主题将会在贝利尼的第一部歌剧体裁作品《海盗》（*Il Pirata*）中重现。他在儿童时期听到的西西里和那不勒斯民歌以及戏剧中的曲调都是贝利尼的音乐体验。

贝利尼的童年和他宝贵生命的大部分时期一样，被传记作家们处理得颇具神秘色彩。男孩被描绘成了一个命有劫数的天才。根据其中一个描述，贝利尼有“如玉米田一样的黄发，如天使般甜美”。

贝利尼是7个孩子中最年长的。他的父亲和祖父都是音乐家。6岁时，他写下了第一首曲子，并且很快开始跟随祖父学习音乐。1819年，他获得了那不勒斯皇家音乐学院的奖学金，并在那里精研声乐作曲家的技巧。

贝利尼前往宏大的圣卡洛（San Carlo）剧院聆听罗西尼、迈尔、多尼采蒂、梅卡丹堤（Mercadante）和斯蓬蒂尼（Spontini）的作品，并借此补充了自己和声和对位法技巧的训练。他用自己创作的歌剧《阿代尔森与萨尔维纳》（*Adelson e Salvini*）为自己的学业画上了完美的句号，而这部作品帮助他获得了圣卡洛剧院对《比安卡和费尔南多》（*Bianca e Fernando*）的委约，首演于1826年5月。从此作曲家的职业生涯正式开启了。次年4月，贝利尼北迁米兰，开始了与意大利最好的歌剧院之一——斯卡拉歌剧院（Teatro alla Scala）的合作。他为斯卡拉写下的第一部歌剧《海盗》（1827年）获得了巨大成功，并立刻在那不勒斯和威尼斯上演。在19世纪早期，歌剧创作是意大利作曲家利润最丰厚的工作。意大利半岛上的各个王国和城邦中有着一个很大的歌剧院网络，里头坐着对歌剧新作如饥似渴的观众们。

◁**温琴佐·贝利尼**
贝利尼明亮的蓝眼睛、秀丽的外表，短暂却辉煌的职业生涯以及在33岁的匆匆离世，都帮助他在身后取得了受人崇拜的地位。

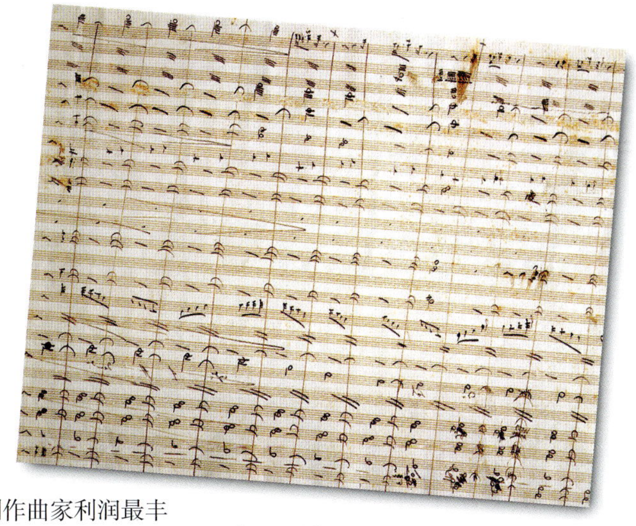

△**《诺尔玛》中的战歌**
这是贝利尼的《诺尔玛》（1831年）的第二幕中战歌的亲笔手稿。《诺尔玛》是他的10部歌剧之一，被认为是一部杰出的作品。

天妒英才

在17岁那年与同时期其他作曲家一年写出至少3部歌剧相比，完美主义的贝利尼很少能在一年内写出超过一部。他卓绝的努力（对歌词的关注与音符一样多）在《梦游女》（*La Sonnambula*，1831年）、《诺尔玛》（*Norma*，1831年）与《清教徒》（*I Puritani*，1835年）这些作品中达到顶峰。它们也确立了贝利尼在那个时代顶尖作曲家的地位。

贝利尼在伦敦和巴黎都很有市场，而他为后者创作了《清教徒》。1835年9月，这部作品在巴黎的意大利剧院首演仅过了9个月，他因痢疾死在巴黎的郊外。

贝利尼说：“歌剧必须通过演唱来使人哭泣、感到恐惧以及死去。”这种看法塑造了他的艺术见解，也无疑体现了作曲家对强烈的情绪、大胆的戏剧效果，以及将汹涌剧烈的情绪对观众进行投射的执着。

◁**圣卡洛剧院**
那不勒斯圣卡洛剧院豪华的内部。1826年，贝利尼的《比安卡和费尔南多》在这里首演，并由此揭开了他的职业生涯。这幅画由切提奥·德·斯特凡诺（Cetteo de Stefano）画于大约1830年。圣卡洛剧院是欧洲最古老的歌剧院。

人物

弗朗切斯科·弗洛里莫（Francesco Florimo）

在上大学期间，贝利尼与另一名学生弗朗切斯科·弗洛里莫成为了朋友。两人每周交换信件，贝利尼会从中倾诉牢骚和阐述新奇的想法，他们的友情也由此加深。弗洛里莫喜欢这个朋友，这份喜爱丰富了他的想象，并因此为他在19世纪80年代为贝利尼写的传记中写入了一些添油加醋的内容。贝利尼与几名有夫之妇发生过韵事，贝利尼烧掉了与其中一名的信件，而曝光了其他几名的，并在传记中编造了被焚毁的信件。弗洛里莫将贝利尼塑造成一名浪漫主义时期的英雄——一位敏感而忧伤的艺术家，在自己的时代来临之前过早去世，就像莫扎特和拜伦（Byron）那样。

埃克托·柏辽兹

1803—1869年，法国

柏辽兹是早期浪漫主义作曲家的典型人物。他违背家里人的意愿从事音乐，而且在自己的祖国遭到低估。他最著名的作品《幻想交响曲》(*Symphonie Fantastique*)源自一场执着的迷恋。

埃克托·柏辽兹出生于格勒诺布尔（Grenoble）附近的一个村子里，在6个孩子排第一。他的父亲路易是一个德高望重的乡村医生，并且是最早在治疗中使用针灸的西方人。他对孩子的养育非常关切，并在家里对柏辽兹进行教育。在他的指导下，埃克托对古典文学和文化产生了持久的兴趣。

道路冲突

柏辽兹的教育涉及范围很广，但目的是为了让他为从医做好充分的准备，因此音乐的地位是次要的。男孩学会了吹奏父亲的哨笛（flageolet，一种木管乐器），还学习了一些长笛和吉他。虽然柏辽兹后来成为了一名很不错的指挥家，但他从来没有正式学习过钢琴，也不会熟练演奏任何其他乐器，这一点对作曲家来说不太寻常。带着他标志性的自信，柏辽兹将此进行了积极的解读——他认为这“使他没有受到键盘习惯的影响（而这会进一步局限自己思维），也不会受到传统和声的诱惑”。而管弦乐团奠定了他作曲观的基础。

柏辽兹学习很努力，并获得了入学医学院所需的成绩，尽管陷入爱情让他有一些分心。在整个少年时期，他都迷恋着一位比他大7岁的邻家姑娘埃丝特勒·迪伯夫（Estelle Duboeuf）。柏辽兹后来没有将这段单相思当作一场年轻时期的头脑发热，因为他从未忘记埃丝特勒，并在19世纪60年代与她继续保持友情。

1821年，柏辽兹开始了在巴黎医学院的学业。他尽其所能满足父母的期许，但是意志上的冲突在所难免。很大程度上，这源自他对解剖室里的恐怖场景的由衷厌恶。而与此同时，由于他在法国首都受到的文化浸染，他对音乐的重视与日俱增。他时常前往巴黎歌剧院以及其他剧场。1822年后，他还频繁光顾音乐学院的图书馆。

1824年，柏辽兹从医学院毕业，并最终不得不向父母摊牌：他将走上音乐的职业道路。他的父母对此早有预感，却依然感到无法接受。他的父亲不再给他生活费，而他清教徒般的母亲甚至出言诅咒他。此时，柏辽兹已经开始作曲，并通过写音乐评

△指挥棒

这是柏辽兹的指挥棒。目前它被收藏于法国东南部伊泽尔省（Isère）的柏辽兹博物馆中，该博物馆位于拉科特—圣安德烈（La Côte-Saint-André）的一所房子，这里是柏辽兹的出生地。

背景

浪漫主义运动

柏辽兹的一生恰逢席卷了文学、绘画和音乐的浪漫主义运动。在启蒙运动的理性主义的趋势下，艺术家们开始试图传递诸如怪诞、奇异、暴力和恐怖等主题。柏辽兹对这些主题很感兴趣。他凭借康塔塔《沙达纳帕之死》(*Death of Sardanapalus*)——欧仁·德拉克洛瓦（Eugène Delacroix）画笔下著名的屠戮场景——获得了罗马大奖（Prix de Rome）。与之类似，柏辽兹的《幻想交响曲》在一场女巫的祭祀舞会中达到高潮，而这是西班牙画家弗朗西斯科·戈雅（Francisco Goya）最喜爱的主题。

《沙达纳帕之死》，欧仁·德拉克洛瓦，1827年

> **“我的音乐的特点包括热情洋溢的表达、饱满的激情、有节奏的律动以及出人意料的转折。”**
>
> 埃克托·柏辽兹，《回忆录》，1865年

▷埃克托·柏辽兹

亚历克西斯-玛丽·拉海（Alexis-Marie Lahaye）的肖像画中，柏辽兹身着黑色礼服，于1839年授予他的法国荣誉军团勋章在胸前非常显眼。不过在他职业生涯的大部分时期，他在法国受到的评价不如在海外。

> **“听过柏辽兹的乐团演奏这部交响曲的人中，没人会怀疑自己听到了史无前例的美妙奇迹。”**
>
> 理查德·瓦格纳，谈论柏辽兹的《幻想交响曲》

人物

哈里特·史密森

哈里特·史密森（1800—1854年）是一位美丽的女演员，因其对莎士比亚戏剧角色的诠释而闻名。年仅14岁时，她就在都柏林的皇家剧院开始了职业生涯。1818年时她已经在英国，并在德鲁里巷皇家剧院进行了她的伦敦首演。她在喜剧和悲剧中都有演出，获得了不错（但不算超凡）的评价。1827年，史密森来到巴黎。同样，她在各个演出中饰演角色，但是真正令人印象深刻的是在《哈姆雷特》中饰演的欧菲莉亚（Ophelia）。虽然柏辽兹的英语不算好，但看完演出后被迷得六神无主。

爱尔兰女演员哈里特·史密森的肖像，约1829年

论补贴自己微薄的收入。他的第一部重要作品是《庄严弥撒》（*Messe Solennelle*），创作于1824年，并于次年上演。然后这部作品的乐谱就被遗失了，直到1991年才被再度发现。

迷恋

除了歌剧，柏辽兹也喜爱戏剧，尤其对莎士比亚的作品产生了极高的兴趣。1827年9月，他造访奥德昂（Odéon），并在那里欣赏了一家英国剧作公司制作的《哈姆雷特》（*Hamlet*）和《罗密欧与朱丽叶》（*Romeo and Juliet*）。柏辽兹被剧中领衔的女演员迷住了，并疯狂地爱上了这位哈里特·史密森（Harriet Smithson）女士。他对这位美丽的陌生人的热情中有着一种偏执的特质——他给她写信，并没有得到回复；他搬到了她的住所对面，而她却立刻搬走了。令人欣慰的是，柏辽兹为自己炙热的爱意找到了一个有建设性的出口——他以此作为他日后最著名的作品《幻想交响曲》的灵感来源。

完成于1830年的这部作品成了浪漫主义运动中令人印象深刻的里程碑之一。他被誉为“标题音乐”（即在作品中表达音乐之外的主题和想法，并且在演出节目简介中对观众释明）的典范。柏辽兹使用了5个乐章的结构，表现了一个无助的单相思的年轻音乐家，陷入绝望后食用鸦片并产生了稀奇古怪的幻觉。故事的最后，音乐家走向断头台，还来到了魔女的狂乱舞会。而音乐家的爱慕对象——他的“固定乐思”（idée fixe）——是一段旋律性的主题，在全曲中多处重现。

1832年，哈里特·史密森终于有机会听到《幻想交响曲》的演出，并在得知作品是为她而作后，同意与柏辽兹见面。两人擦出了火花，并在1833年成婚。然而这不是一场幸福的婚姻。哈里特在1834年产下两人的孩子，但她的职业正在走下坡路，而他们的婚姻也开始变味。她开始嫉妒和反感柏辽兹职业上的不断成功，且开始变本加厉地饮酒。最终两人分手，而柏辽兹有了一名新的情妇玛丽·雷奇奥（Marie Recio）。

19世纪30年代，柏辽兹获得了职业声望，不过也时常会囊中羞涩。1834年，在尼科罗·帕格尼尼的要求下，他创作了一部有独奏中提琴的交响曲《哈罗尔德在意大利》（*Harold in Italy*）。帕格尼尼并未演奏这部作品，但是两位作曲家还是保持了友谊，且后来帕格尼尼给了柏辽兹两万法郎以资助他的其他项目。

▷ 一场柏辽兹音乐会

1846年刊登在《维也纳剧院报》（*Wiener Theaterzeitung*）上的一幅柏辽兹的漫画。画中指挥着一场震耳欲聋的音乐会，其中还有炮响，而观众中尽是混乱和恐慌，着装得体的音乐会听众捂着耳朵不愿听到可怕的轰鸣声。

挑战和名声

柏辽兹还获得了来自国家的委约并创作了《安魂曲》(*Requiem*，1837年)以纪念1830年革命中牺牲的烈士。这是一项巨大的项目，涉及超过400名演出者。作品最终获得了辉煌的成功，而作曲家日后会一直标之为自己最得意的作品。

柏辽兹的第一部歌剧《本韦努托·切利尼》(*Benvenuto Cellini*)就没有这么好运。首演之夜惨败后，作品只演出了4场就被喊停了。评论家们称赞作品中一些片段的活力和想象力，但是作曲家自己的野心破坏了整体效果：柏辽兹意图在演出中塞进太多种元素，且经常是以迅猛的节奏以至于需要乐手们具有极高的演奏技巧，因此这部作品不仅演出难度极大，而且对观众的处理速度也构成很大的挑战。

在柏辽兹最著名的歌剧《特洛伊人》(*Les Troyens*，1856—1858年)中，原定的演出总时间长达5个多小时，并涉及许多复杂的场景变换，这对制作来说是一场噩梦。因此，他不得不将它拆分成两部独立的歌剧。直到1957年，在伦敦科文特花园剧院的制作才首次完整演绎了整部作品。

1839年，柏辽兹被授予法国荣誉军团勋章并被任命为音乐学院图书馆馆长，但许多其他重要的职位最终没有考虑他。总体而言，他在法国之外的受认可程度更高——例如，他在英国、德国和俄罗斯的音乐会巡演都取得了巨大的成功。在祖国，柏辽兹的名声在他死后逐渐增长，这很大程度上得益于他文采飞扬的《回忆录》(*Memoirs*)。如今，他被认为是法国浪漫主义时期伟大的作曲家之一。

△特洛伊人

五幕史诗歌剧《特洛伊人》，其中狄多(Dido)由伊娃-玛丽亚·韦斯特布鲁克(Eva-Maria Westbroek)饰演。这场演出上演于2013年，导演是大卫·麦克维卡(David McVicar)，指挥家是安东尼奥·帕帕诺(Antonio Pappano)。

▽《浮士德的天谴》

这幅古斯塔夫·弗赖蓬(Gustave Fraipont)创作的海报，宣传的是1893年在巴黎的蒙特卡洛歌剧院上演的柏辽兹宏大的作品《浮士德的天谴》。

关键作品

1830年
创作了《幻想交响曲》，源自他对他未来的妻子哈里特·史密森的爱慕所产生的幻觉。

1834年
受到拜伦勋爵的启发，柏辽兹写下了四乐章的交响曲《哈罗尔德在意大利》。

1838年
受到一位佛罗伦萨雕塑家的回忆录的启发，创作了《本韦努托·切利尼》并在巴黎首演。这是他的三部歌剧中的第一部。

1841年
创作了《夏夜之歌》(*Les Nuits d'été*)，一个人声与一架钢琴的歌曲集。

1846年
被柏辽兹描述为“戏剧传奇”的《浮士德的天谴》(*The Damnation of Faust*)的票房惨败。

1858年
完成了《特洛伊人》。这部作品的长度导致它起初不得不拆分为两部歌剧上演。

184

范妮·门德尔松（Fanny Mendelssohn）

1805—1847年，德国

虽然范妮·门德尔松在很长一段时间内都被他弟弟费利克斯·门德尔松的光芒所遮盖，但现在人们认为她在那个时代是一个非常重要的角色，而她所创作的大量作品如今正在被重新发现。

范妮·门德尔松出生于汉堡，是一个富裕而有文化修养的家庭4个孩子中最年长的那位。她与她的弟弟费利克斯一样享受着最优越的教育。和费利克斯一样，范妮在智性上达到了很高的水准，音乐天赋也与弟弟旗鼓相当。然而，当时的社会环境限制了范妮音乐天赋的充分展现。她是一位超凡的钢琴家，但是她的父亲认为演奏家这个职业不够体面，因此1838年的一次慈善义演是她唯一一次在公众面前登台。虽然费利克斯很爱他的姐姐，但他认为对一位上层社会的女性而言，商业化的音乐职业是不得体的。出于这些原因，范妮生前几乎没有出版过她的音乐作品。

◁**《四首为钢琴而作的歌曲》（*Score for Four Songs for Pianoforte*）的乐谱，1846年**
范妮直到死前的1年才开始出版自己的作品。这四首歌曲被合并为她的第二号作品（Op.2）出版。

◁**范妮·门德尔松**
这幅范妮·门德尔松的肖像画是1842年由她丈夫的好友莫里茨·奥本海（Moritz Oppenheim）创作的。

家庭音乐会

范妮的一生大部分时间在柏林度过。1829年，她嫁给了画家威廉·亨泽尔（Wilhelm Hensel）。她的音乐生活主要是在家中演奏她自己以及她所整理的其他人的作品。这等高规格的社交活动只能凭邀请参加，但据说听众数量可达200人。宾客中有时包括普鲁士皇家的家族成员，而弗兰茨·李斯特（Franz Liszt）和克拉拉·舒曼（Clara Schumann）等明星也会客座演出。

被再度发现

1847年5月，当范妮在为一次这样的场合进行排练时，突然手指麻木，严重中风。第二天她便去世了，年仅41岁。费利克斯听闻这个消息后发出了痛苦的吼叫并昏厥过去。在很长的岁月中，范妮只不过是音乐历史中的一枚注脚，但自从20世纪后半叶起，她的作品逐渐被人们重新发现。她写的大约500部作品已经被人们了解，包括钢琴作品、歌曲、室内乐和合唱作品，它们都构思精巧，时常具有歌唱性但也不乏激烈汹涌的片段。

范妮的作品正在不断被发现中。1970年，一部被称做《复活节奏鸣曲》（*Easter Sonata*）的钢琴作品手稿在法国的一家书店中被发现，上面的署名是“F·门德尔松”。这首曲子非常出彩，并一直被认为是费利克斯所作。然而，在2010年，一位美国音乐学家证明了这份手稿是从一本范妮的作品集中取出的，而在2012年这部奏鸣曲被第一次作为范妮的作品演出。

◁**《三首歌曲》（*Three Songs*），2015年**
迄今为止，范妮的作品极少对公众演出。照片中，安娜·露西娅·里克特（Anna Lucia Richter）与布达佩斯节日管弦乐团演出范妮的《三首歌曲》。

人物

威廉·亨泽尔

虽然范妮的丈夫威廉·亨泽尔如今已经不再为人所熟知，但他在世时曾取得了不错的职业成就。1829年，他被普鲁士国王腓特烈·威廉三世（Friedrich Wilhelm III）任命为宫廷画家。在他生前，他以画自己的肖像画最为出名，但他也创作了许多宗教和历史题材的画作。亨泽尔对音乐没有什么兴趣，但他对范妮非常忠诚，对她的天分抱有充分的尊重，并大力支持她的职业和愿景。妻子的骤然离世对他造成了沉重而难以恢复的打击。

威廉·亨泽尔，自画像，1829年

费利克斯·门德尔松

1809—1847年，德国

门德尔松在许多领域都极具天赋，并且工作勤奋，在短短的一生中取得了大量的成就。作为一名广受赞誉的作曲家、钢琴家、管风琴师、指挥家和管理者，他站在欧洲音乐的最前沿。

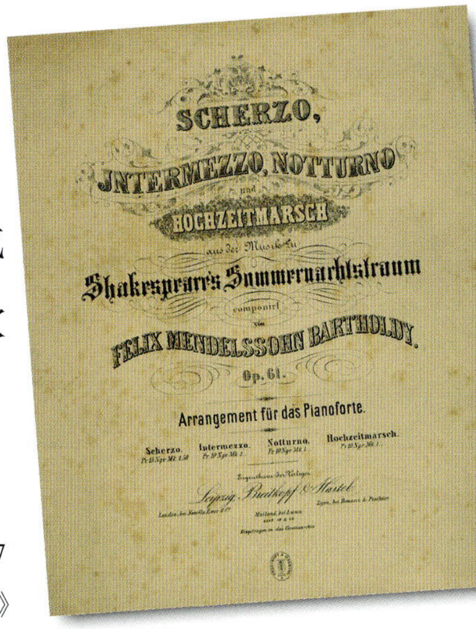

△《仲夏夜之梦》
1842年，在他写下富有朝气的《仲夏夜之梦》序曲16年后，门德尔松开始为《仲夏夜之梦》戏剧创作配乐。其中包括著名的《婚礼进行曲》和一首有活力的谐谑曲。图中是钢琴改编版。

费利克斯·门德尔松出生于一个富裕、融洽且文化修养很高的家庭，而他的天分得到了不遗余力的培养。他外表英俊、举止优雅，个性富有魅力，而且他超群的天赋注定他在任何领域都能做到出类拔萃。在幸福的童年后，他又经历了一段幸福的婚姻并育有5个孩子。然而，命运最终还是给了他沉重的打击——他挚爱的姐姐猝然离世，而他自己也在之后不久死去，年仅38岁。

早熟的天赋

费利克斯来自一个犹太家庭，家中最显赫的成员是他的外祖父，哲学家摩西·门德尔松（Moses Mendelssohn）。他的父亲是一位银行家，而他的母亲是一位出众的业余钢琴家，并且也出身于银行家族。1822年，他的父母从犹太教皈依了新教，而为了显示他们对新信仰的忠实，他们为自己的名字加上了“巴托尔迪”（Bartholdy，这是他们家族的一个基督教分支）。因此，作曲家有时也被称做费利克斯·门德尔松-巴托尔迪。

费利克斯1809年出生在汉堡，在4个孩子中排行第二，并在柏林长大。4个孩子都智力过人且具有很强的音乐天赋，但是费利克斯和他的姐姐范妮在这方面尤为超群，似乎可以轻易掌握音乐的任何方面。费利克斯9岁时第一次作为钢琴家公开演出，而他也很擅长管风琴和小提琴。少年时期，他已经开始大量创作各种体裁的音乐，包括室内乐和交响乐。他的父母甚至雇了一支乐团，以便费利克斯可以试验自己的创作。16岁时，他写下了第一部广受认可的作品，弦乐八重奏；17岁时，写下了著名的《仲夏夜之梦》（*A Midsummer Night's Dream*）序曲，以极为轻盈的方式捕捉到了莎士比亚戏剧中童话般的魔法。音乐史上不乏神童，但即使是莫扎特也没有在这样青涩的年龄写下如此令人难忘、独特而又成熟的作品。

背景

布商大厦（Gewandhaus）

从1835年开始直至其去世，门德尔松一直是莱比锡布商大厦管弦乐团的音乐总监。这是世界上最古老和最负盛名的乐团。这个乐团成立于1743年，并在1781年开始在布商大厦（因被布艺商人使用而得名）举办音乐会。1884年启用的新音乐厅在二战期间被摧毁，而如今的新建筑于1981年启用，因其音响效果极佳而出名。乐团还经常在莱比锡的与巴赫有紧密关联的圣托马斯大教堂演出。

布商大厦门外的门德尔松纪念碑，1911年

▷**费利克斯·门德尔松，1834—1835年**
由德国艺术家特奥多尔·希尔德布兰德（Theodor Hildebrandt）创作的这幅肖像画展现了门德尔松平易近人的性格。他被描绘成一个富有的绅士，但有些蓬乱的头发暗示着他的艺术气质。

“今年对我们家很重要。我们的灵魂，费利克斯，要离开了。”

范妮·门德尔松，日记，1829年1月1日

“只有一个神——巴赫——而门德尔松是他的先知。”

埃克托·柏辽兹

指挥明星

门德尔松不仅作为作曲家和钢琴家有了名气，还很快成了一名响当当的指挥家。指挥家在当时还是一个很新鲜的职业，而门德尔松成了第一位明星指挥家。尤为引人注目的是，1829年，年仅20岁的他组织并指挥演出了巴赫的《马太受难曲》。这是这部作品在巴赫死后的首演，并掀起了对巴赫音乐兴趣的一场复兴。

旅行和会面

在获得了这次成功之后，门德尔松踏上了第一次独自出国的旅途前往英国。后来他又去了英国9次，将那里视作自己第二个家（他可以熟练使用英语），并很受欢迎。第一次到英国时，他在那里从4月停留至11月，在威尔士逗留了一周，并对苏格兰进行了一次深入细致的探访。行程中还包括一次坐船前往内赫布里底群岛（Inner Hebrides）上无人居住的斯塔法岛（Staffa）。这激发他创作了《赫布里底群岛》序曲（*The Hebrides*）——也因为岛上最显著的特征而被称做《芬格尔山洞》（*Fingal's Cave*）。这成为了“音乐会序曲”（独立存在而非作为芭蕾剧、歌剧或其他节目的引子）的重要先例之一。

一次马车事故导致的腿伤使门德尔松无法及时返回德国，进而使他错过了范妮的婚礼（1829年10月3日在伦敦举办）。次年，年仅21岁的他受柏林大学音乐学院邀请成为系主任。然而，他因为希望继续探索世界而拒绝了这个职位，并在接下来的2年内的大部分时间内继续旅行，目的地包括奥地利、意大利、瑞士、法国和英国。这段时间内他还与几位著名的音乐家会面，包括在罗马与柏辽兹，以及在巴黎与肖邦。

1833年，柏辽兹被任命为杜塞尔多夫（Düsseldorf）城市音乐总监，并在2年后开始担任莱比锡布商大厦管弦乐团的音乐总监这一显赫的职位。他

▽**芬格尔山洞**
目睹了位于内赫布里底群岛的斯塔法岛上的芬格尔山洞中的八边形玄武岩石柱后，门德尔松受启发创作了《赫布里底群岛》著名的开头主题。这部作品被题献给了普鲁士腓特烈·威廉四世。

◁**阿马尔菲的5月，1831年**
门德尔松是一位有天分的画家，在旅途中创作了许多绘画和水彩画，其中这幅描绘的是意大利阿马尔菲海岸。

的余生都在莱比锡度过。然而，他继续不断旅行，在其他地方也任职，在德国各个城市以及伯明翰举办音乐节。他在布商大厦管弦乐团的工作极为出色——提升了乐团的水准，改善了乐团成员的境遇，并采用了结合贝多芬、莫扎特等大师前辈和当代作品的创新的曲目编排。1843年，他还在莱比锡创办了一所音乐学院，并成为了德国最顶尖的音乐学校。

皇家赞助与悲剧

门德尔松辉煌的职业生涯使他结识了一批显赫的人物，其中包括普鲁士的腓特烈·威廉四世（Frederick William IV）。1842年，腓特烈交给门德尔松一封信，让他交给英国的阿尔伯特亲王（Prince Albert），而门德尔松由此认识了英国的皇室家族。维多利亚女王和阿尔伯特亲王非常喜爱门德尔松的作品，三人成为了朋友并多次在白金汉宫一起演奏音乐。

门德尔松高强度的工作损害了他的健康。1847年初时他已经病得很明显。是年5月，范妮的猝然去世给门德尔松造成了摧毁性的打击，同年11月4日他在经受了一系列中风后去世，只比范妮晚了几个月，年仅38岁。他的遗体被运往柏林，并葬在了他姐姐旁边。6年后，噩运再次降临。门德尔松的遗孀塞西尔（Cécile）——门德尔松于1837年娶的一名神父的女儿——感染结核病去世，他们的孩子们成了孤儿，交由亲戚抚养。

名声起落

门德尔松极高的名声在他死后逐渐退去。在浪漫主义时期，他的音乐被认为过于循规蹈矩和多愁善感，而这一点尤其适用于他的宗教音乐。他的清唱剧《圣保罗》（*St Paul*，1836年）和《伊利亚》（*Elijah*，1846年）在首演时都大受欢迎，但50年后爱尔兰作家乔治·萧伯纳（George Bernard Shaw）称之为“可鄙的清唱剧兜售”。

门德尔松一生都忍受着来自反犹太主义的攻击，而他死后承受的甚至更多。纳粹德国期间，他的音乐被禁演，布商大厦门口的门德尔松雕像也在1936年被移除（直到1993年才有新雕像落成）。

一些批评家声称门德尔松的创作在21岁时达到顶峰，而他后来的作品缺乏广度和深度。不过他的晚期作品之一——小提琴协奏曲——是他伟大的作品之一，形式上很有创意，情绪也很饱满。

门德尔松如今已经没有他生前如神一般的地位，但他作为19世纪文化领袖的角色是不容置疑的。

◁**《伊利亚》手稿，1846年**
门德尔松为三年一度的伯明翰音乐节创作了基于先知和奇迹创造者伊利亚的一生的清唱剧。

人物
阿尔伯特亲王

维多利亚女王的丈夫（1819—1861年）热爱音乐，而他对门德尔松——一个德国人——的喜爱说明了当时门德尔松在英国所取得的成功。阿尔伯特是一位成功的钢琴家、管风琴师和优秀的歌唱家，还偶尔作曲（主要写歌曲，也有一些宗教音乐）。他将维多利亚的宫廷乐队扩展成了一个完整的管弦乐团，还提议建立国立音乐培训学校（National Training School for Music）。学校最终在1873年创立（在1882年被皇家音乐学院取代）。

门德尔松为维多利亚女王和阿尔伯特亲王弹奏，1842年

关键作品

- 1825年 写下了他的第一部杰作弦乐八重奏，年仅16岁。作品被题献给他的老师爱德华·里茨。
- 1833年 在伦敦指挥了自己的第四交响曲《意大利》（*Italian*）的首演。
- 1842年 在莱比锡指挥了自己的第三交响曲《苏格兰》（*Scottish*）的首演。他将这部作品题献给维多利亚女王。
- 1844年 完成了E小调小提琴协奏曲，作品次年在莱比锡首演。
- 1846年 在伯明翰指挥了自己的《伊利亚》。这是他最著名的清唱剧。

弗雷德里克·肖邦

1810—1849年，波兰

肖邦是浪漫主义时期的悲剧性英雄的原型人物之一，天赋异禀却又孱弱多病，伴随他一生的是被战争蹂躏的祖国，以及与一名绯闻缠身的女性的恋情。

没有作曲家比肖邦与钢琴的关系更为密切。他所有的作品都围绕着这件乐器，而他自己也是一名顶尖的钢琴演奏家。他的作品以独奏曲目为主，不过他也写过管弦乐（尤其是两部意气风发的钢琴协奏曲）、一些室内乐和一些歌曲。他的作品非常私密，充满真挚的情绪，但是其中从来没有刻意的卖弄（有时会和浪漫主义联系起来）；相反，他的作品中展现着精致的品位和技法——体现着他自己一丝不苟的个性。

◁ **第一号钢琴协奏曲**
肖邦在1830年完成了这部钢琴协奏曲，并在同年10月11日作为独奏家进行了首演。他立刻被波兰民众奉为了国家英雄。

音乐神童

肖邦出生于华沙附近的热拉佐瓦沃拉（Zelazowa Wola）。他的父亲尼古拉斯（Nicolas）是当地一名贵族的孩子们的老师。6个月后，他们一家移居华沙，尼古拉斯在那里新建的华沙中学（Warsaw Lyceum）任法语教师。当时的波兰还不是一个独立的国家——在之前的一个世纪内波兰一直经历着争夺战，而在1815年拿破仑战争结束后，它实际上成为了俄罗斯帝国的一部分。这一处境也激发了争取国家独立的社会运动。

年轻的肖邦克体质虚弱。虽然他长到了平均身高，但他的体型一直很纤弱，并且一生都遭受着疾病困扰。很小的时候他就表现出了对音乐的兴趣，而他融洽而有修养的家庭对此也给予了鼓励：肖邦6岁开始认真学习钢琴；7岁出版了自己的第一部作品，而后完成了首次登台演出。很快，他就成了有名的奇迹男孩。

◁ **弗雷德里克·肖邦，1838年**
这幅由欧仁·德拉克洛瓦创作的肖像画是画家为肖邦和他的情人兼缪斯乔治·桑所画的未完成的作品的一部分。后来这幅画被拆成了两半。

早年的成功

从1826至1829年，肖邦在华沙音乐学院学习。在他的毕业评语中他被称做“音乐天才”。此时他的确已经表现出了作曲家和钢琴家的卓越天分。他年轻时期最重要的作品便是他的两部钢琴协奏曲，都完成于20岁前。1830年的3月和10月，他作为独奏家对这两部作品分别进行了首演，大获好评。然而华沙对于音乐而言是一个边缘地区，而此时的肖邦已经在考虑离开波兰。他在1828年和1829年曾两次短暂访问了柏林，并且在1830年11月（他的钢琴协奏曲大获成功后）前往欧洲的音乐之都维也纳进行了一次更长时间的停留。

他抵达维也纳仅过了一周，就传来了在华沙爆发反俄罗斯起义的消息，而肖邦的父母敦促肖邦不要回国，远离家乡的屠戮。孤独、思乡的肖邦在维也纳没有取得什么进展，于是决定迁往巴黎，并在1831年抵达。在途中，他得

方法

肖邦的钢琴

在职业生涯的大部分时期，肖邦使用法国的两个主要钢琴生产商的乐器：埃拉尔（Erard）和普雷耶（Pleyel）。埃拉尔钢琴的声音更洪亮浑厚，但是肖邦通常更偏爱普雷耶轻快悦耳的声音：“当我状态不佳的时候，我弹奏埃拉尔的钢琴，这样很容易弹出不错的效果；但如果我精力充沛，我需要普雷耶帮我找到自己的声音。”在英国期间，他也很享受布洛德伍德公司生产的“很美妙的乐器”。

肖邦在巴黎的公寓中使用的普雷耶钢琴

“用丝绒般的手指抚触键盘。感受琴键，而不要击打它。”

弗雷德里克·肖邦（给学生的建议）

“肖邦可以让区区一件乐曲诉说永恒的话语。”

乔治·桑

人物

简·斯特灵（Jane Stirling）

肖邦有许多富有的学生，其中最重要的一位是简·斯特灵（1804—1859年），来自苏格兰的一户地主人家。他们俩在1843年相遇，并且是简促使他在1848年暂居在英格兰和苏格兰。她对肖邦有相思之情，但肖邦并无同感。他对斯特灵对他的兴趣感到疲倦，并在一位给朋友的信中写道“离我更近的是一座棺材而不是婚姻”。斯特灵对他的爱持续到了他去世之后——她斥资为他举办了奢华的葬礼，买下了他大部分的财产，并为保留肖邦的功业做出了许多努力。

知了华沙被俄罗斯帝国占领的消息，据说这起事件激起了肖邦最为汹涌的作品——《革命》（*Revolutionary*）练习曲——的灵感。这首不到3分钟的音乐中充满着湍急动荡的情绪。

在巴黎

肖邦的余生都以巴黎为家。他再也没有回到过波兰，但是他的音乐中经常反映出他的传承和爱国情绪。他写过20多首波兰舞曲（polonaises，基于波兰贵族的宫廷舞曲的一种作品）和超过50首玛祖卡（mazurkas，波兰乡村舞曲）。他的其他作品系列包括夜曲（nocturnes）和华尔兹（waltzes）。这些中大部分都是微型作品，每一首只有几分钟那么长，但其中展现出无尽的旋律创意和新颖结构、色彩感和织体感，以及大量富有表现力的细节，为钢琴音乐打开了新的探索方向。

▷ **乔治·桑，1864年**
乔治·桑因为表现乡下穷人的生活与爱的小说而出名。她也是一个天才的戏剧运动家和早期的现代自由女性之一。她是肖邦的情人、缪斯和护理员，两人的关系在1847年破裂。

相比音乐厅，肖邦私密的音乐和精致的演奏风格更适合画室。他在巴黎的生活主要依靠在贵族的家里演奏和给富有的学生上课来维持。这种生活方式很适合他，因为他本身追求精致、举止得体，而且还比较擅长社交攀附。他的收入很不错，但他混迹的圈子所习以为常的奢侈生活方式也导致他花掉了大部分的收入。这种生活方式让肖邦结识了不少有吸引力的年轻女性。他有过多次不算热烈的恋情（其中有一次以取消订婚告终），但其中最瞩目的是他与奥萝尔·杜德万（Aurore Dudevant，1804—1876年）的恋情——她的笔名乔治·桑（George Sand）更为人所熟知。她在1836年与肖邦相遇时，已经因为她的写作和不同寻常的生活方式而出名：她与丈夫分居，有许多情人，穿男装，还抽雪茄。她与肖邦从1838年开始热恋，两人一起在马略卡岛度过了1838年和1839年的冬天。

这场恋情持续了将近10年，直到1847年以不可开交的激烈冲突告终。此时肖邦的健康状况已经开始恶化，经济状况也比较窘迫，而巴黎的生活也开始变得不舒服——法王路易·菲利普（Louis Philippe）在1848年2月被废黜后，空气中弥漫着革命的气息。从4月到11月，肖邦逃至英国和苏格兰生活。他在伦敦、曼彻斯特、爱丁堡和格拉斯哥举办过公开演出，但主要在伦敦和苏格兰的贵族家庭中演出。维多利亚女王曾作为嘉宾出席过他在伦敦的演出，而在苏格兰，演出场所主要是他的学生简·斯特灵亲友们的家里。此时他已经

▷ **十一月起义（the November Uprising）**
这幅作品描绘的是波兰反抗俄罗斯统治的起义，画家贾纽厄里·苏霍多尔斯基（January Suchodolski）参加了这场被称作“十一月起义”（1830—1831年）的战斗。起义最后被强大的俄罗斯军队暴力镇压。对肖邦而言，这场败仗意味着自己无法回到自己的祖国波兰。他对返乡的渴望，以及他对战败的错愕都体现在他的数部作品中。

△为贵族演奏

这幅由亨利克·西米拉茨基（Henryk Siemiradzki）于1887年描绘的场景中，肖邦在他的一位赞助人安东尼·拉齐维乌亲王（Prince Antoni Radziwitt）位于柏林的宫殿中的沙龙里演奏。

病到如行尸走肉一般——他已经无法爬楼梯，必须由仆人抬动——但在钢琴边他依然像一位魔法师一般。

最终的返乡

回到巴黎后，他的状况不断恶化，并在1849年10月17日去世，大概是因为结核病。在他的弥留之际，许多朋友和熟人都前来告别，其中的一位［歌唱家宝琳·维亚朵（Pauline Viardot）］带有讥讽地表示巴黎所有的贵妇都来到了他的房间并哭到晕厥。

肖邦的葬礼在马德莱娜教堂（church of the Madeleine）举行。教堂的正面遮上了黑丝绒，3000人参加了这场葬礼。然后，肖邦被埋葬在拉雪兹神父公墓（Père Lachaise Cemetery）。然而，根据肖邦的要求，他的心脏被取出并被带回了波兰，并被埋在了华沙圣十字（Holy Cross）圣殿中他的纪念碑之下。

关键作品

1830年
先后首演了第二号钢琴协奏曲和第一号钢琴协奏曲（编号根据出版顺序确定）。

1833年
出版了第一组夜曲。他后来又出版了7组夜曲，总共18首。

1839年
完成了第二号钢琴奏鸣曲，其中第三乐章是广受赞誉的葬礼进行曲。

1846年
完成了钢琴和大提琴奏鸣曲。这是他最具突破性的室内乐作品。

▷波兰舞曲《英雄》（*Heroique*）

肖邦在1842年写下了这部降A小调波兰舞曲。这部钢琴独奏曲是他被人称道的作品之一。

罗伯特·舒曼（Robert Schumann）

1810—1856年，德国

舒曼曾写下一些浪漫主义时期最热切、最创新的音乐，尤其是他的钢琴作品和歌曲。他的职业生涯被严重的精神疾病残酷终结。

1810年出生于萨克森州的茨维考（Zwickau）的罗伯特·舒曼在父亲（一名书商和出版商）的鼓励下对文学和音乐产生了兴趣。罗伯特在学校一名老师的指导下学习了一些音乐基础和钢琴弹奏，并很快展现出了作曲和即兴演奏的过人天赋。

投石问路

在青春期，舒曼依然想象自己未来可以成为一名文学家。16岁之前，他就已经开始模仿自己的偶像们——德国浪漫主义运动时期作家——创作诗歌和小说，但在两者上都没有表现出潜力。1825年，舒曼的姐姐艾米丽（Emilie）投河自尽；10个月后，他热爱的父亲也去世了。舒曼的母亲从来都不看好他对音乐的兴趣，并将他送往大学学习法律，先在莱比锡大学，后来去了海德堡大学。

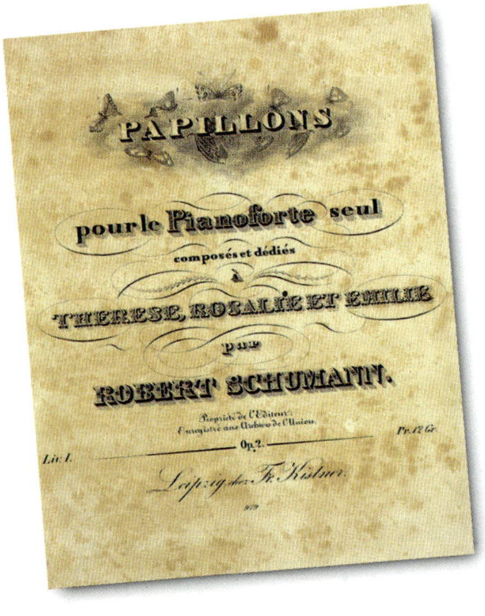

△《蝴蝶》卷首插图

舒曼为钢琴而写的第二号作品《蝴蝶》是对德国浪漫主义作家让·保罗（Jean Paul）的小说《妄自尊大时期》（*Flegeljahre*）最终章的配乐。

◁**克拉拉·维克**

维克在11岁时遇见了舒曼，并在整个少女时期都爱慕着他。她的父亲试图阻止两人的结合，而情侣二人与他斗争并最终结婚。

舒曼学习并不勤奋。他白天专注在钢琴上，晚上则用来饮酒和亲近美色。1828年，他遇见了弗里德里希·维克（Friedrich Wieck），这是一位以独特的钢琴教学法著称的音乐家，在莱比锡很出名。维克向舒曼的母亲保证一定可以将他培养成超级钢琴家，借此帮助舒曼逃离法律职业。1830年，舒曼作为一名寄宿学生搬进了维克在莱比锡的家，在他的这个新家中还有维克11岁的女儿，音乐神童克拉拉。

舒曼的超级钢琴家之梦没能持续很久。他制作了一个用来增强手指力量的装置，而这导致他的手部受到了永久的创伤。这个意外使他得以心无旁骛地专注在作曲上。

职业发展

从1831年出版的舒曼1号作品《阿贝格变奏曲》（*The Abegg Variations*）开始，舒曼写下了一系列表达复杂思绪，并且在音乐性上有着很强原创性的钢琴独奏作品，包括《蝴蝶》（*Papillons*，1832年）、《狂欢节》（*Carnaval*，1835年）、《大卫同盟舞曲》（*Davidsbündlertänze*，1837年）以及《克莱斯勒偶记》（*Kreisleriana*，1838年）。这些作品形式自由，和声上富有创意，且具有源自文学的灵感。它们情绪变化的幅度巨大，而且时常蕴含着对作曲家的自指和音乐密文。这段时期内，舒曼确立了自己顶尖音乐记者

“将光照进人心深处——这是艺术家的使命。”

罗伯特·舒曼

背景

德国浪漫主义

19世纪上半叶，德国文学、视觉艺术和音乐都受到了浪漫主义运动的支配。相比18世纪启蒙运动对理性的推崇，浪漫主义运动推崇情绪、直觉、自然和有远见的天才们。舒曼受到如小说家让·保罗（1763—1825年）、诗人海因里希·海涅（1797—1856年）以及哥特式幻想作家E. T. A. 霍夫曼（E. T. A. Hoffmann）等浪漫主义作家的影响。他的钢琴曲集《童年情景》（*Kinderszenen*）反映了浪漫主义眼中儿童的天真与奇妙。

雾海上的旅人（Wanderer above the Sea of Fog），卡斯帕·大卫·弗里德里希（Caspar David Friedrich），1817年

▷**罗伯特·舒曼，1839年**

1832年至1839年间，舒曼几乎只写钢琴作品。然而，1840年他写了近140首歌曲，包括著名的《诗人之恋》（*Dichterliebe*）。

◁**艾尔妮斯汀·冯·弗立肯**
舒曼曾计划与冯·弗立肯结婚，并在《狂欢节》中为她进行音乐画像。在得知她没有钱后，舒曼与她断绝了关系。

方法
音乐密文

音乐密文将一个主题中的音符对应的字母组成单词，通常是一个人的名字。有各种方法可以让A-G以外的字母也加进去——在德语中“H”可以表示自然B，而降E可以是“Es”或“S”。

这种方法最早由巴洛克作曲家使用，并由舒曼继续发扬。比如，在他的《狂欢节》(*Carnaval*)中，一个反复出现的主题（A，降E，C，B）可以拼出单词“Asch”——这是他的未婚妻艾尔妮斯汀·冯·弗立肯的家乡小镇的名字。舒曼自己的名字则可以用E，C，B，A这几个音符代表——拼写为“Scha”。

的地位，并在1834年创办了富有影响力的《新音乐杂志》(*New Journal for Music*)。在他的写作中，他自己分饰互相冲突的人格，分别代表自己性格中的两面：自信而有男子气概的弗罗列斯坦（Florestan）和梦幻而沉思的尤斯比乌斯（Eusebius）。

舒曼的音乐评论非常出色。他是德国第一个认可肖邦是音乐天才的德国乐评家，也在舒伯特晚期作品的发现中扮演着重要角色（参见第103页）。

情感纠结

在舒曼的私生活中，曾在很长一段时间内爱慕一位比他年长的女性。1834年，他与这位艾尔妮斯汀·冯·弗立肯（Ernestine von Fricken）订婚，而此时他以为艾尔妮斯汀是一位富有贵族的女儿。在他后来发现对方是一名私生女且身无分文后，他解除了婚约。从此，他与克拉拉·维克陷入了爱情，而他对克拉拉的爱很可能是1836年创作的激情饱满的钢琴独奏曲《C大调幻想曲》(*Fantasie in C*)的源头。

1837年，舒曼向克拉拉求婚，但是克拉拉的父亲不同意这场婚事，并从此禁止舒曼进入家门。考虑到当时年仅18岁的克拉拉正在奔向大好的职业前途，而舒曼无论是精神状况还是经济处境都很不稳定，这是一个完全经得起推敲的决定。接下去的很长一段时间内，两人只能秘密约会和交换情书，而他们为了违抗克拉拉父亲的否决，最终走上了法庭。法官最终站在了两位年轻人这边。两人在1840年结婚，次年生下了他们的8个孩子中的第一个。

歌曲创作年

对作曲家舒曼而言，1840年是“歌曲创作年”。这年他写了大约140首歌，其中包括《诗人之恋》(*Dichterliebe*)——这部作品足以延续和继承舒曼的偶像舒伯特所创作的那些歌曲集。克拉拉鼓励丈夫展开管弦乐作品的创作，舒曼于是创作了《第一交响曲》，1841年由门德尔松指挥首演，以及著名的完成于1845年的钢琴协奏曲。舒曼认为完成于1843年的《天堂与仙子》[*Paradise and the Peri*，基于爱尔兰诗人托马斯·莫尔（Thomas Moore）的《拉拉露哈》(*Lalla-Rookh*)的世俗清唱剧]是他的最佳作品。这段时间他也写下了大量的室内乐，包括1842年的热情洋溢的钢琴五重奏。但是他的风格不符合同时代的审美趣味，因此没有获得大众的青睐。

门德尔松帮舒曼在莱比锡音乐学院谋得了一份教职，以此补给舒曼写评论文章的收入。然而，克拉拉无疑才是家中的主要经济收入来源，因为她的钢琴演出总能吸引大量的观众。当这对夫妇在1844年前往俄罗斯的多个城市巡演时，克拉拉（而不是舒曼）才是真正的明星。

精神折磨

1844年，舒曼放弃了《新音乐杂志》的编辑工作，同家人从莱比锡移居至德累斯顿。在德累斯顿，舒曼开始出现幻听，随之而来的还有焦虑、恐惧症和抑郁症。不过这些并没有阻止他继续大量创作音乐，其中包括1848年创作的《曼弗雷德》(*Manfred*)序曲，这首作品后来成为这位作曲家管弦乐作品中被演出最多的一首。他对他的歌剧《格诺费娃》(*Genoveva*)寄予厚望，但1850年作品首演时反响平平。

那年，舒曼成为了莱茵河畔的杜塞尔多夫的音乐总监。新的地方给他带来了巨大的创作力——《莱茵》(*Rhenish*)交响曲和他的大提琴协奏曲都在初到此地的几个月内完成。然而，

“为了对你的爱，我有什么不能做？我的克拉拉！”

罗伯特·舒曼，给克拉拉·维克的信，1838年

关键作品

1831年
基于让·保罗的小说《妄自尊大时期》启发创作了早期钢琴套曲《蝴蝶》。

1838年
在13首短钢琴曲组成的套曲《童年情景》中，舒曼对童年的天真进行了动人的描绘。

1840年
《诗人之恋》，舒曼最优秀的歌曲集，是对海因里希·海涅的诗集的配乐。

1845年
钢琴协奏曲在德累斯顿首演，克拉拉·舒曼担任独奏。

1851年
被称做《莱茵》的第三交响曲在杜塞尔多夫首演。

Neue Leipziger
Zeitschrift für Musik.
Herausgegeben
durch einen Verein von Künstlern und Kunstfreunden.
Erster Jahrgang. № 1. Den 3. April 1834.

△《新音乐杂志》，1834年
舒曼在1834年创办了《新音乐杂志》，这使他成为了一名受人尊敬的音乐专栏作家。上图是杂志的第一辑。

舒曼的精神状况很快开始以令人不安的速度恶化。他难以摆脱耳中嘈杂的音符和说话声，时常看见天使与恶魔。他作为音乐总监的职责包括指挥乐团和合唱团，但到了1853年，他在指挥台上古怪的演出招来了诸多批评，导致他不得不辞职。

悲剧的终结

那年的9月，名不见经传的年仅20岁的作曲家约翰内斯·勃拉姆斯（Johannes Brahms，见第156页）出现在舒曼家门口。勃拉姆斯很快被舒曼的家庭接纳为朋友——舒曼用文字盛赞勃拉姆斯是未来的音乐天才——也见证了舒曼生命的悲剧性终结。1854年2月27日，不堪忍受幻觉折磨的舒曼逃出家门投身莱茵河。被救起后，在他自己的要求下，舒曼被送往波恩附近的恩得尼希（Endenich）精神病院，在那里他的精神和身体状况进一步恶化。

关于舒曼的病情有许多说法，其中包括他为了治疗梅毒长期服用汞，从而引发了慢性症状。然而，更可以肯定的是，舒曼的家庭有明显的精神不稳定病史，以及这位作曲家表现出不少精神分裂症和躁郁症的症状。罗伯特·舒曼最终死于1856年7月29日。在勃拉姆斯的大力支持和克拉拉的演奏下，舒曼的音乐如今被认为是德国浪漫主义时期的顶尖作品之一。

▽舒曼的工作室
1852年，舒曼迁往杜塞尔多夫，下图是他家里的工作室。这次搬家一开始激发了他的创作力，但是1853年他开始出现精神异常，而第二年他跳进莱茵河试图自杀。

▷**弗兰茨·李斯特，1838年**
亨利·莱曼（Henri Lehmann）此幅画描绘的是27岁的李斯特。2年后，李斯特访问英格兰。《伯明翰杂志》中记载“他是一个很英俊的年轻人……精致的额头，漂亮的鼻子和棱角分明的嘴，不只是一点点像拿破仑……他无疑极具天赋和独特之处”。与拿破仑的相似也受到了巴黎年轻（已婚）女性们的注意。据说，她们对李斯特的外表和音乐天赋同样追捧。

弗兰茨·李斯特（Franz Liszt）

1811—1886年，匈牙利

李斯特是历史上最伟大的钢琴家兼作曲家，将浪漫主义时期的音乐推向了巅峰。他在职业的巅峰激流勇退，接受了天主教会的一个小职位。

△李斯特的出生地
李斯特出生于奥匈帝国内的莱丁村的这栋屋子。他的父亲有匈牙利血统。

弗兰茨·李斯特1811年出生于奥地利东部的一个叫做莱丁（Raiding）的村子。他的父亲亚当·李斯特（Adam Liszt）是埃施特哈齐家族在当地的一个宅邸的管理人；当海顿还是埃施特哈齐家族私人管弦乐团的总监时，亚当在乐团中演奏大提琴。他唯一的孩子在受洗时所起的名字是弗朗西斯库斯（Franciscus）——这是他曾加入的修道院的名字——但后来被称作弗兰茨（Franz）。还是一个孩子的时候，他就展现出了魔法般的钢琴天赋：他可以在钢琴上极为流畅地即兴演奏。

神童和技巧大师

亚当·李斯特带着他的儿子前往维也纳求学。著名的钢琴老师卡尔·车尔尼带弗兰茨经历了一系列专门为激发他的天分而设计的艰难的技巧训练。在作曲上，李斯特师从安东尼奥·萨列里。

在维也纳，车尔尼带着李斯特去给贝多芬演奏，而贝多芬与所有人一样惊讶于男孩惊人的天分。接着，李斯特一家又出发前往巴黎——当时的另一个音乐之都，而李斯特在那里也凭借钢琴迷倒了音乐会的听众们。《唐·桑切》（*Don Sanche*）——他新创作的完整歌剧——在那里首演，而当时李斯特只有13岁。

1827年，父子俩在布洛涅（Boulogne）巡演时，亚当·李斯特死于伤寒，留下少年的李斯特独自操心自己的职业。他暂时放下了一位演出明星的身份，开始做一名钢琴教师。他与一名年轻的学生卡罗琳娜·德·圣-柯黎克（Caroline de Saint-Cricq）谈起了恋爱，而这场关系后来因为她嫁给了别人而戛然而止。寻求慰藉的李斯特诉诸宗教。

拥抱生活

1830年，在巴黎爆发的反对查理十世（Charles X）统治的起义将李斯特从自己的孤独中撬动了出来。他是共和制的支持者，并在起义遭到镇压后依然保持着对反抗者的同情。他也成为了精英沙龙场合的宠儿，而巴黎的大部分文化生活都在这种场合下进行。凭借自己修长的身型、长发和迷人的外表，李斯特很快吸引了年轻贵妇们（她们的丈夫年长许多）的喜爱。他与肖邦的友谊也在这段时期开始，不过有资料显示两人之间的关系后来由于职业上的竞争而恶化。

接着，在1833年，李斯特经人介绍认识了玛丽·达古尔伯爵夫人（Countess Marie d'Agoult）。伯爵夫人比李斯特大8岁，是一位很受尊敬的美丽女子和一名有抱负的作家。两人对艺术的共同热爱很快加深为了情感上的纽带。1835年，这对情侣私奔至瑞士的日内瓦，在那里生下了他们的3

△玛丽·达古尔伯爵夫人
李斯特在1833年被这位著名的玛丽伯爵夫人非凡的魅力迷倒。2年后，他与玛丽私奔至瑞士。

背景

浪漫主义与革命

欧洲浪漫主义的一个核心理念是将不同的艺术形式融入同一件作品中——就像李斯特那样，将来自文学[比如《塔索：悲伤与胜利》（*Tasso: Lamento e Trionfo*）和《哈姆雷特》（*Hamelet*）]等艺术形式的想法和人物融入了他的交响诗。李斯特对那个时代的政治运动也积极响应。当1849年匈牙利国家主义者的起义被哈布斯堡统治者残暴镇压后，李斯特创作了激烈的钢琴作品《葬礼》（*Funérailles*），以纪念那些在国家主义运动中的殉难者们。

在维拉古什（Világos）战败的匈牙利反抗军，1849年8月

△为弗朗茨·约瑟夫弹奏
在这幅匿名画作中，晚年的李斯特正在一场慈善活动中演奏钢琴。皇帝弗朗茨·约瑟夫和其他皇家成员坐在他的面前。

个孩子中的第一个孩子。在玛丽的鼓励下，李斯特开始广泛地阅读，并开始创作他最早的一些重要作品，其中包括钢琴曲集《旅行者札记》（*Album d'un Voyageur*），这部作品受到当地阿尔卑斯山脉景致的启发，后来被改编为他的《巡礼之年》（*Années de Pèlerinage*）里的第一“年”。

次年的意大利之行也产出颇丰［恢宏的《但丁奏鸣曲》（*Dante Sonata*）的早期版本就创作于这段时期］。匈牙利的多瑙河谷发洪水的消息中断了这次行程。李斯特突然泛起了强烈的匈牙利血统的认同感，并在维也纳举办了筹款演奏会，而这成了他作为一名旅行演奏大师的开端。

名声与精湛技艺

在之后的12年里，李斯特将自己的埃拉尔钢琴绑在一架公共马车的车顶上游遍了欧洲——从爱尔兰到伊斯坦布尔，演出了大量的音乐会，极大提升了所谓钢琴技巧大师的门槛，并为自己建立了近乎个人崇拜的地位。

玛丽对作曲家长期不在身边感到不悦，而这也导致两人最终分开；李斯特毫无停歇的演出安排也使他几乎没有时间可以用来作曲。1847年，在基辅举行完一场音乐会后，李斯特与乌克兰公主卡洛琳·赛恩-维特根斯坦（Carolyne Sayn-Wittgenstein）相遇，这位公主已经结婚，有一名年幼的女儿。再一次，两人间产生了深深的爱慕，而这一次是因为共同的天主教信

◁《但丁交响曲》，1859年
李斯特的《但丁交响曲》1859年版乐谱的封面插图。这部交响曲有两个乐章。第一乐章描绘地狱（Hell），第二乐章描绘炼狱。

关键作品

1837—1851年	1852—1853年	1854—1857年	1861年	1866—1872年	1877—1882年
李斯特的《超级技巧练习曲》是世界上较难的钢琴作品之一。	《B小调奏鸣曲》将传统的奏鸣曲的多乐章整合成了一个乐章。	基于歌德的戏剧的《浮士德交响曲》为3名主人公进行了音乐画像，并且有一个合唱终曲。	描绘浮士德中的恶魔“靡菲斯特”的《靡菲斯特第一号华尔兹》（*Mephisto Waltz No. 1*）是一部炫技杰作。	宏大的三部合唱与管弦乐清唱剧《基督》（*Christus*）是李斯特在罗马时期振聋发聩的发言。	钢琴套曲《巡礼之年》的最后一卷，音乐情绪时而绚烂，时而黑暗。

“他有着无穷的个人魅力。
当他弹奏时，我无法克制自己，他随时有能力让我哭泣。”

埃米·费伊（Amy Fay），李斯特在魏玛大师班的学生，1873年

◁卡洛琳公主
贵族兼作家卡洛琳·赛恩·维特根斯坦1857年与李斯特在基辅相遇。她试图解除自己的婚姻与李斯特结婚，但没有成功。

仰。李斯特放弃了巡演生涯，与卡洛琳和她的女儿玛丽一起搬到了魏玛。魏玛大公卡尔·亚历山大（Grand Duke Carl Alexander）为他专门设立了一个宫廷乐长的职位。

这对情侣在那里住了12年。在那里，李斯特指挥当地的乐团，教钢琴，并且终于有大把的时间用来作曲。他对早年在瑞士和意大利所作的钢琴音乐进行了绝妙的改编，从而形成了一批伟大的作品，包括《巡礼之年》的前两卷、在《超级技巧练习曲》（*Etudes d'exécution transcendante*），以及一套有宗教思想的钢琴组曲《诗意与宗教的和谐》（*Harmonies poétiques et religieuses*）。新作品包括《B小调奏鸣曲》（*Sonata in B Minor*）和数量不断增加的一组《匈牙利狂想曲》。因为有乐团可以差遣，李斯特完成了一套12首交响诗，以及《浮士德交响曲》（*Faust Symphony*）、《但丁交响曲》（*Dante Symphony*）和为匈牙利城市埃斯泰尔戈姆（Esztergom）的新教堂所写的合唱弥撒曲。

虽然1855年李斯特首演了自己的《第一钢琴协奏曲》，这个时期的他已经几乎不再在公众面前演出；即便演出也不收取费用，通常只是为了支持自己选择的一些慈善事业。

神父李斯特的晚年

1860年，认为最终应该与李斯特成婚的卡洛琳前往罗马，试图寻求教皇批准废除自己之前与贵族丈夫的天主教婚姻。而魏玛发生的一些密谋暗中阻挠了李斯特的工作，于是他辞职前往罗马与卡洛琳会合。接着，一系列的灾难接踵而至——卡洛琳的请求屡遭驳回后，她精神崩溃了，进而逐渐变得古怪，几乎不再出门，终其余生在家撰写一共24卷的宗教册子。李斯特的儿子丹尼尔（Daniel）于1859年死于结核病，而此时他的女儿布兰丁（Blandine）也死于产后并发症。他仅有的另一名女儿——已经结婚的科西玛（Cosima）——开始与瓦格纳发生关系。虽然李斯特与瓦格纳有着长期的友谊，他起先对此极为反对，直到后来他意识到科西玛的离婚和再婚已经在所难免。他在罗马当地一个修道院里住了一些年，在教堂仪式中演奏，并继续作曲。1865年，他成为了天主教神父。

从1869年开始，李斯特在罗马和魏玛之间游走（他在魏玛教钢琴大师班），还帮助在布达佩斯建立了音乐学院（如今被称为李斯特学院）。在他的晚年，他更偏好使用自己的匈牙利名称费伦茨（Ferencz）。孤独和年老体衰时常给他的音乐覆上一层黑暗色彩，其中一些发展出了非和声的音乐语言，凝视着未来贝拉·巴托克（Béla Bartók）和阿诺尔德·勋伯格（Arnold Schoenberg）的20世纪现代主义。1886年，李斯特在拜罗伊特参加瓦格纳音乐节（在瓦格纳死后由科西玛运营）时去世，为世界留下了大量以激进主义著称的音乐遗产，其中有许多即使在今天都不为人所知，或很少被演出。

方法
超验主义（Transcendentalism）

李斯特从过去和同时期歌剧（比如莫扎特的《唐·乔望尼》）中借取主题，用于创作投射歌剧并改编成钢琴曲，其中许多有着奔放的活力。在12首《超级技巧练习曲》中，重点发生了变化——极高的技巧难度是被演奏者吸收进而超越的一个方面，而这样演奏者的想象力才可以在一个更高的艺术层面自由地探索。这些练习曲的浪漫主义思想和创新广度都极高，可谓李斯特最伟大的成就。

▽李斯特与瓦格纳一家
图中，李斯特（坐着，灰色头发）与理查德·瓦格纳（站立）和科西玛·瓦格纳（李斯特的女儿，瓦格纳的夫人）一起，在巴伐利亚北部拜罗伊特的瓦格纳家中，约1880年。

名录

弗朗兹·克罗默尔（Franz Krommer）

1759—1831年，捷克

克罗默尔（捷克名 František Kramář）生前有时与贝多芬齐名，他写的木管乐器作品和无数的弦乐四重奏尤为引人注目。他出生于摩拉维亚（Moravia，当时是奥地利帝国的领土，今位于捷克境内）的卡梅尼采（Kamenice），并跟随他的叔叔——一名唱诗班指挥——学习小提琴和管风琴。他在乐器演奏和作曲上展现出的天赋帮助他获得了许多来自伯爵宫廷和大教堂的音乐职位。他的作品在18世纪90年代开始问世，主要受到海顿和莫扎特的影响。在19世纪早期，他为了满足对木管乐器作品的需求，创作了一批杰出的单簧管协奏曲和木管乐队帕蒂塔。从1811年起，他开始与奥地利皇家宫廷合作，并在1818年获得了名声显赫的宫廷作曲家的职位。克罗默尔作曲量很大，一共写过77部弦乐四重奏（其中一些极富创意）以及至少9部交响曲。

关键作品： F大调第一交响曲，作品号12，1797年；降E大调单簧管协奏曲，作品号36，1803年；F大调木管乐器八重奏帕蒂塔，作品号57，1807年；3首弦乐四重奏，作品号103，1821年

△约翰·尼波默克·胡梅尔

伯恩哈德·克鲁赛尔（Bernhard Crusell）

1775—1838年，芬兰/瑞典

克鲁赛尔出生于芬兰尼斯塔特（Nystad）的新考蓬基（Uusikaupunki，当时是瑞典王国的领土），是一名单簧管演奏家和作曲家。他的父母是贫穷的书籍装订工，对音乐没有兴趣，但是克鲁塞尔小时候学会了单簧管演奏，并加入了位于赫尔辛基附近的芬兰堡（Sveaborg）堡垒的瑞典军乐队。1792年，他被招募加入了斯德哥尔摩皇家宫廷乐团。在接下去的40年中，他都在这个乐团中演奏单簧管，同时也在国际上获得了单簧管独奏家的名声。在跟随德国作曲家福格勒神父（Abbé Vogler）学习作曲后，他开始创作自己的作品——一开始主要为单簧管。他的作品包括三部单簧管协奏曲，还有一些为木管乐器而作的室内乐。他还写过声乐，其中包括为杰出的瑞典浪漫主义诗人埃萨亚斯·泰格纳尔（Esaias Tegnér）的作品配乐。他的歌剧《女奴》（*Lilla Slavinnam*）在1824年首演，并在他生前一共演出了34场。

关键作品： 降B大调交响协奏曲，作品号3，1804年；F小调单簧管协奏曲，作品号5，1815年；C大调双簧管与弦乐嬉游曲，作品号9，1823年；《福瑞特约夫的传说》（*Frithiofs Saga*，歌曲集），1826年

◁约翰·尼波默克·胡梅尔（Johann Nepomuk Hummel）

1778—1837年，奥地利

胡梅尔是欧洲音乐从古典时期过渡到浪漫主义时期过程中的关键角色之一。他出生于布拉迪斯拉发（Bratislava）的普莱斯堡（Pressburg，当时是奥地利帝国的领土）。他是一名著名音乐家的儿子、钢琴神童，10岁时便展开了自己的第一次国际巡演。胡梅尔曾师从莫扎特和海顿，在18世纪90年代的维也纳作为一名钢琴技巧大师，他甚至可以与贝多芬分庭抗礼。1804年至1811年间，他接替海顿担任埃施特哈齐亲王的音乐总监。1813年，胡梅尔与歌唱家伊丽莎白·洛克尔（Elisabeth Röckel）结婚。在他生命的最后18年里，他在魏玛宫廷担任音乐总监。他的创作范围很广，包括歌剧、弥撒、室内乐，但他最著名的音乐是他的钢琴作品，这些作品对肖邦和舒曼产生了重要的影响。胡梅尔还是一位出色的指挥家、钢琴老师和音乐版权运动人士。

关键作品： E大调小号协奏曲，1803年；降E大调钢琴幻想曲，作品号18，1805年；A小调第二号钢琴协奏曲，作品号85，1816年；升F大调钢琴奏鸣曲，作品号81，1819年

约翰·菲尔德（John Field）

1782—1837年，爱尔兰

菲尔德是一名钢琴家和钢琴作品作曲家，他的父亲和祖父都是职业钢琴家，他在家中接受音乐教育。1793年，他们举家从伦敦迁往都柏林。在那里，他师从钢琴家兼作曲家穆齐奥·克莱门蒂，同时帮助克莱门蒂销售钢琴。1802—1803年，他跟随克莱门蒂迁往欧洲大陆，并在圣彼得堡定居。菲尔德的余生都在俄罗斯度过，并深受俄罗斯民歌的影响。作为一名钢琴家，他以动人心弦的风格和歌唱性著称。他的作品包括7部钢琴协奏曲和16首"夜曲"——他发明了这个体裁。他富有表现力的旋律和半音音阶对许多浪漫主义作曲家产生了影响，其中以肖邦尤为明显。菲尔德的私生活邋遢而放荡。他重度酗酒，还有一个私生子。他与钢琴家阿德莱德·贝雪龙（Adelaide Percheron）的婚姻没有持续很久。1837年，他在与癌症抗争多年后在莫斯科去世。

关键作品： 3部钢琴奏鸣曲，1801年；降A

大调第二钢琴协奏曲，1811年；夜曲1—3号，1812年；夜曲4—5号，1817年

卡尔·马利亚·冯·韦伯（Carl Maria von Weber）

1786—1826年，德国

卡尔·马利亚·冯·韦伯被誉为德国浪漫主义歌剧的奠基人。他出生于一个有着戏剧和音乐传统的家庭——他的一个堂姐嫁给了莫扎特。他从小身体羸弱，但很早就表现出了音乐天分，12岁便出版了自己的第一部作品，而14岁时他的第一部歌剧就上演了。他是一名出色的钢琴家；他的钢琴作品要求演奏者有出色的技巧。他时常陷入财务困难，1810年因为贪污入狱后被逐出了符腾堡州。作为一名指挥家，他从1817年起在布拉格的布列斯劳（Breslau）以及德累斯顿的歌剧院中演出德语歌剧，并提出了完美主义的新标准。他在德累斯顿创作的魔法歌剧《魔弹射手》（*Der Freischütz*）取得了国际上的成功，并成为了他后来最为人所熟知的作品。此后，他还创作了《欧丽安特》（*Euryanthe*），这部歌剧被认为是瓦格纳歌剧的铺垫。韦伯前往伦敦指挥自己的歌唱剧《奥伯龙》（*Oberon*）时，在那里死于结核病，年仅39岁。

关键作品：《邀舞》（*Invitation to the Dance*，钢琴独奏），1819年；《魔弹射手》（歌剧），1821年；《欧丽安特》，1823年；《奥伯龙》，1826年

贾科莫·梅耶贝尔（Giacomo Meyerbeer）

1791—1864年，德国

梅耶贝尔是浪漫主义大歌剧最成功的作曲家。他出生于柏林的一个富裕、有教养的犹太家庭，出生时的名字是雅各布·利布曼·贝尔（Jakob Liebmann Beer）。他很早就精熟于钢琴演奏，但是到了20岁时他开始了歌剧创作。早期在德国的一些舞台作品以失败告终，而1816年起他开始在意大利生活。他的意大利歌剧在1835年随着《十字军在埃及》（*Il crociato in Egitto*）的成功达到顶峰。接着

△米哈伊尔·格林卡，伊利亚·列宾（Ilya Repin）绘制于格林卡去世后30年

他搬到了巴黎，并创作了法语大歌剧《恶魔罗勃》（*Robert le Diable*）和《胡格诺教徒》（*Les Huguenots*），而这些恢宏巨制使他成为了一名国际巨星。1842年他回到柏林，并为普鲁士大帝担任了6年的音乐总监。梅耶贝尔毫不掩饰自己的富裕，并且保留了自己的犹太教信仰，因此遭到了一些心存嫉妒的反犹太批评家的攻击。然而，1849年他又在巴黎上演了《先知》（*Le Prophète*）并大获成功。梅耶贝尔去世时，他的最后一部大歌剧《非洲女》（*L'Africaine*）正在排练中。

关键作品：《十字军在埃及》，1824年；《恶魔罗勃》，1831年；《胡格诺教徒》，1836年；《先知》（1849年）

弗朗兹·贝瓦尔德（Franz Berwald）

1796—1868年

贝瓦尔德出生于斯德哥尔摩的一个音乐家家庭，如今被认为是瑞典顶尖的浪漫主义作曲家之一。跟随父亲的脚步，他14岁时成为了乐团里的小提琴手。他为人所知的最早的作品创作于1816年，但没能取得成功。1830年代，他在柏林做一名整形外科医师，以此养活自己；从1849年起，他又在瑞典的桑德（Sandö）运营一家玻璃厂。工作之外，他创作了大量颇具野心的音乐作品，包括交响曲、音诗、歌剧和室内乐作品。他的7部交响曲中，只有第一交响曲在他生前得到了演出。1862年，他的歌剧《索利亚的埃斯特斯莱拉》（*Estrella de Soria*）在斯德哥尔摩首演且反响热烈，他也终于等来了迟来的成功。他成为了斯德哥尔摩音乐学院的作曲教授，但2年后便死于肺炎。他去世后许多年才获得了如今的地位，而他的许多作品直到20世纪才得到首演。

关键作品：升C小调小提琴协奏曲，1820年；《索利亚的埃斯特斯莱拉》，1841年；第三交响曲《离奇》（*Singulière*），1845年；D小调钢琴协奏曲，1855年

△米哈伊尔·格林卡（Mikhail Glinka）

1804—1857年，俄罗斯

格林卡是俄罗斯音乐国家主义（musical nationalism）的奠基人。他出生于斯摩棱斯克省（Smolensk）的一个富裕家庭，小时候随约翰·菲尔德学钢琴，但一开始他的音乐造诣似乎只不过是一个半吊子，写一些歌曲的同时在圣彼得堡当一名公务员。1830年，他前往西欧生活，被贝利尼和多尼采蒂的歌剧震慑并开始在柏林学习作曲。1834年，他回到俄罗斯，开始写一部爱国主义的歌剧《为沙皇献身》（*A Life for the Tsar*）。这部歌剧将当时的歌剧传统与俄罗斯民间音乐巧妙融合，并取得了巨大成功。他的第二部歌剧《鲁斯兰与柳德米拉》（*Ruslan and Lyudmila*，1842年）展现了更强的原创性，但是在圣彼得堡首演时遭到冷遇。格林卡再次前往西欧，而这次他对西班牙民间音乐产生了兴趣。他于1857年死于柏林。此后所有的俄罗斯作曲家，包括强力集团［俄罗斯五人组（Mighty Handful or The Five）］的成员都承认受到了他的影响。

关键作品：《为沙皇献身》，1836年；《鲁斯兰与柳德米拉》，1842年；《卡玛林斯卡亚幻想曲》（*Kamarinskya*，交响诗），1848年；《马德里之夜》（*Summer Night in Madrid*，序曲），1848年

19世纪晚期

第四章

理查德·瓦格纳

1813—1883年，德国

瓦格纳是一名歌剧作曲家和剧本作家，在19世纪文化圈是一位极具争议的人物和一股激进力量。他关于“整体艺术”（total work of art）的理念在《指环》（*Ring Cycle*）系列四部歌剧中得到充分体现。

瓦格纳1813年出生于莱比锡，是9个孩子中最小的那个。他还是婴儿时父亲就去世了，而他的母亲开始与画家路德维西·盖尔（Ludwig Geyer，可能是瓦格纳的生父）同居。瓦格纳起先对戏剧很感兴趣，并在15岁左右时听到了贝多芬的第九交响曲后深受启发，开展了自己的音乐生涯。在莱比锡学习作曲期间，他创作了一部青涩的交响曲，以及一些各类键盘作品，但很快他的心思专注在了歌剧创作上。一开始，他便自行准备剧本，并将自己视作一位戏剧家兼作曲家。

动荡时期

1836年，瓦格纳娶了米娜·普拉纳（Minna Planer）为妻，而在此之前，他已经完成了两部并不成功的歌剧——《仙女》（*Die Feen*）和《禁恋》（*Das Liebesverbot*）。有一段时间，米娜为了另一个男人离开了瓦格纳。虽然后来两人和好，但这段婚姻依然很艰难。瓦格纳成为了波罗的海沿岸的里加（Riga）歌剧院的总监，但收入不足以支撑生活。1839年，他和米娜逃跑以躲避债主——在波涛汹涌的海上航行激发他创作了关于幽灵船的歌剧《漂泊的荷兰人》（*The Flying Dutchman*）。接下去在巴黎的2年内，瓦格纳同样贫穷且入不敷出，那里的债主也威胁把他扔进监狱。《黎恩济》（*Rienzi*）是瓦格纳的职业突破，这是一部传统的大歌剧，风格上接近著名作曲家温琴佐·贝利尼和贾科莫·梅耶贝尔。这部歌剧一开始遭到了巴黎的拒绝，但在梅耶贝尔的力挺下，作品在瓦格纳的家乡萨克森州的德累斯顿歌剧院演出。这部作品和《漂泊的荷兰人》分别在1842年和1843年获得成功，并帮助瓦格纳被任命为萨克森皇家宫廷的音乐总监。瓦格纳在这里完成了《唐豪瑟》（*Tannhäuser*，1845年在德累斯顿首演）和《罗恩格林》（*Lohengrin*，完成于1848年）。这些成熟的作品取材自日耳曼神话传说，彰显了瓦格纳作为一名歌剧作曲家的创新力。

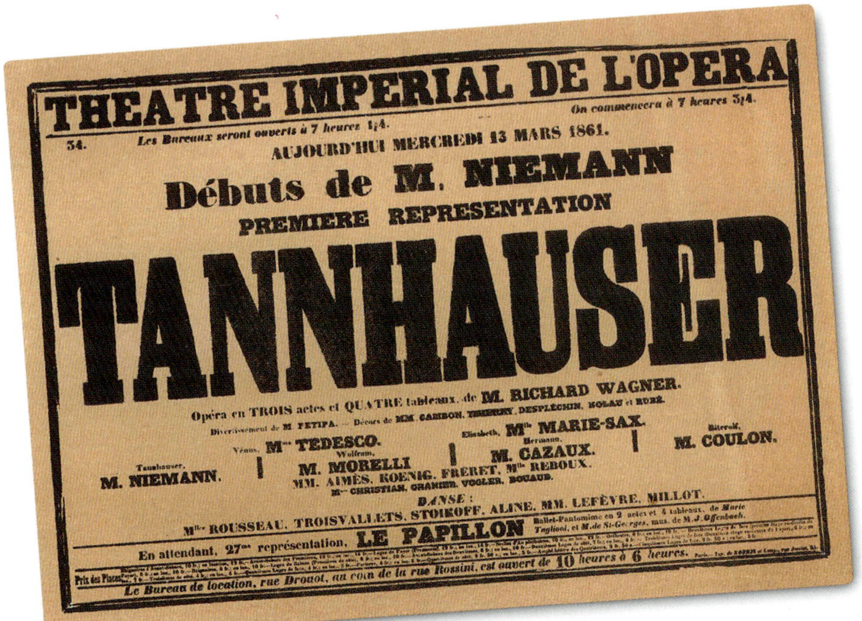

◁《唐豪瑟》海报
这张海报正在宣传瓦格纳的《唐豪瑟》1861年在巴黎歌剧院的首演。这部歌剧触碰了肉体和精神两种爱之间的冲突。

“最古老、真实和优美的乐器……是人的嗓音。”

理查德·瓦格纳，《歌剧与戏剧》（*Opera and Drama*），1851年

方法

主导动机（leitmotif）

让·德·雷斯克（Jean de Reszke）在《指环》系列中饰演齐格弗里德

理查德·瓦格纳寻求创作具有整体性的歌剧，而不是拆分为咏叹调、合唱和宣叙调。从19世纪40年代早期创作的《漂泊的荷兰人》开始，他一直运用“主导动机”——反复出现的、与戏剧中的某个角色或其他元素相关的音乐主题。

这个技法在瓦格纳于19世纪50年代创作《指环》系列时已经发展成熟。主导动机——比如代表英雄齐格弗里德（Siegfried）的圆号声——不断重现和变化，编织出一张连续的音乐之网，支撑着整部作品的戏剧剧情。

▷《理查德·瓦格纳》，1868年
虽然一生肆意挥霍、玩弄女性，陷入争议甚至遭到放逐，瓦格纳对西方音乐产生了深远的影响。这幅由弗兰茨·冯·伦巴赫（Franz von Lenbach）创作的肖像画显示了作曲家50多岁时的样子。

人物

路德维西二世（Ludwig II）

出生于1845年的“疯子”国王路德维西在1864年继承了巴伐利亚的王位，年仅18岁。1871年后，巴伐利亚被德意志帝国吞并，但是国王依然保留了自己的头衔和有限的权利，以及巨额的收入。路德维西性格古怪，并且是一名同性恋，而他的敌人称他是个疯子。他在诸如新天鹅堡（Neuschwanstein Castle）等壮美的宫殿以及瓦格纳的歌剧项目等上的奢侈挥霍给他带来了坏名声。1886年，他的政治敌人酝酿了一场阴谋，并用一名摄政王取代了路德维西。在被一组医生鉴定为精神失常后，他被废黜并投湖自尽。

巴伐利亚国王路德维西二世［或路易二世（Louis II）］，威廉·陶布纳（Wilhelm Taubner）绘，1864年

关键作品

1842年 五幕歌剧《黎恩济》（Rienzi）在德累斯顿演出，帮助他取得了第一次成功。

1845年 取材于德国传说的《唐豪瑟》中对比了圣洁的爱与污秽的爱。

1865年 瓦格纳的歌剧《特里斯坦与伊索尔德》关于一场注定自取灭亡的爱情，完成于1859年，屡经推迟后在慕尼黑首演。

1868年 《纽伦堡的名歌手》是瓦格纳唯一一部成熟的喜歌剧，广受德国观众喜爱。

1876年 《指环》系列在拜罗伊特音乐节首次完整上演。

1882年 瓦格纳神秘主义的最后一部歌剧《帕西法尔》在拜罗伊特首演。

革命与逃离

政治动荡使《罗恩格林》无法在德累斯顿首演。1848年，包括萨克森在内的德国的各个王国都面临着起义和建立统一德意志民族国家的诉求。瓦格纳站在了革命者一边，主张建立德国国家剧院并推崇共和制。1849年5月，经历了巷战后，德累斯顿的革命军被镇压。瓦格纳对革命军的同情使他不得不逃往瑞士以免遭逮捕，并在整个德国境内被作为一名政治逃犯禁止入境。

“整体艺术”

瓦格纳写下了一系列辩论性质的文章——《艺术与革命》（*Art and Revolution*）、《未来艺术作品》（*The Art of the Future*）、《歌剧与戏剧》——表达了对革命后的艺术发展路线的看法。随着资本主义被推翻，一种结合了音乐、诗歌、戏剧和舞蹈的“整体艺术”将成为德国人民的焦点。瓦格纳谴责犹太人对德意志音乐造成的影响，并认为这些“外来的”犹太人将没有容身之地。在追求这些理想的同时，瓦格纳向崇拜自己的女性们借了许多钱来支撑自己的生活。1853年，瓦格纳完成了《尼伯龙根的指环》（*Der Ring des Nibelungen*，基于北欧传说的四部歌剧）的剧本，并在1856年完成了其中前两部歌剧《莱茵的黄金》（*Das Rheingold*）和《女武神》（*Die Walküre*）的音乐。这些作品与他的理论相一致，即将音乐视作诗词的附庸。但到了19世纪50年代中期，他发现了阿图尔·叔本华（Arthur Schopenhauer）深受佛教影响的哲学，其中将音乐置于所有艺术之首。他还遇见了奥托与玛蒂尔德·魏森东克（Otto and Mathilde Wesendonck）。奥托是一名丝绸商人，也成为了一名崇拜瓦格纳的赞助者。他的妻子是一位诗人，成了瓦格纳的灵感源泉，可能还是他的情人。瓦格纳在《魏森冬克之歌》（*Wesendonck-Lieder*）中为她的诗——而非自己的——配乐，从而表达了非凡的致意。最重要的是，她是《特里斯坦与伊索尔德》（*Tristan und Isolde*，他关于爱与死亡的歌剧）的灵感之源。这部歌剧完成于1858—1859年他在威尼斯和琉森时期。在这部歌剧中，热情洋溢的音乐主导了戏剧，其中充满渴望而最终未能确立调性达到和解的和声，时常被视作音乐现代主义的开端。

▷ **女武神**
右图是瓦格纳《指环》系列里的第二部歌剧《女武神》1899年的一场制作中第三幕里的场景，图中共有8名女性武士（或“女武神”，来自北欧传说中的“挑选战死者的女神”）。

△**拜罗伊特音乐节，1892年**

拜罗伊特音乐节和这座剧院起先由路德维西二世资助，自从1876年以来每年都举办，专门演出瓦格纳的舞台作品。这幅19世纪晚期的画作名叫《抵达的宾客们》（*The Arrival of the Guests*）。

绝望和救赎

到了19世纪60年代，瓦格纳与魏森冬克一家的关系破裂，而禁止他回到德国领土的禁令被解除了。1861年在巴黎上演的改编版《唐豪瑟》以惨败告终，使他的经济状况继续窘迫不堪，而他奢侈的品位远超他的收入水平。1864年，年仅18岁的巴伐利亚统治者路德维西二世成了瓦格纳的救星，他像对明星一样崇拜瓦格纳，帮助瓦格纳偿还了所有的债务，还支付给他不菲的年金。与此同时，瓦格纳遇到了科西玛·冯·彪罗，后者是李斯特的女儿，也是汉斯·冯·彪罗（Hans von Bülow）的妻子，而汉斯首演过瓦格纳的多部歌剧。科西玛成了瓦格纳的情妇，为他生了3个孩子，并最终在1870年和汉斯离婚后成为了瓦格纳的妻子（瓦格纳的第一任妻子在1866年去世了）。在他们的儿子齐格弗里德（Siegfried）出生后，作曲家为科西玛在婚后的第一个生日创作了《齐格弗里德牧歌》（*Siegfried Idyll*）。

随着普鲁士统治下的德意志帝国的建立，随之而来的德国国家主义在1866年至1871年间给瓦格纳带来了可乘之势。他的喜歌剧《纽伦堡的名歌手》（*Die Meistersinger von Nürnberg*）在1868年的首演反响热烈，被誉为代表着德国人民复兴的真正精神。他重拾了在19世纪50年代搁置的《指环》系列的作曲，在1871年完成了其中第三部歌剧《齐格弗里德》，并在1874年完成了最后一部《诸神的黄昏》（*Götterdämmerung*）。1874年，在路德维西二世的支持下，他在巴伐利亚北部的拜罗伊特修建了一座剧院，用来上演自己的这套杰作。1876年《指环》系列的第一次演出是一次重大的文化事件，观众中有各路名流。自从那以后，这个系列歌剧一直广受欢迎，其象征主义的解读范围也非常广泛——从马克思的反资本主义到弗洛伊德的心理剧（psychodrama）。

晚年

瓦格纳的余生都在旺弗里德（Wahnfried）度过——这是他在拜罗伊特剧院旁边为自己修建的庄园。他的最后一个艺术项目是《帕西法尔》（*Parsifal*），圣杯传说的歌剧演绎，完成于1882年。他认为这是一部神圣的作品，只允许在拜罗伊特演出以免堕落成某种“娱乐”。他毫不掩饰地对某种神秘主义的基督精神的推崇使他失去了一些早期支持者，其中包括哲学家弗里德里希·尼采（Friedrich Nietzsche）。其他评论家认为这部歌剧是瓦格纳的种族理论和反犹主义的表达。

瓦格纳习性终生未变。他不断陷入债务，对妻子也从未忠诚。1883年，他在威尼斯与妻子争吵后心脏病突发去世，而他的遗体被运回拜罗伊特落葬。科西玛·瓦格纳成为了确保每年拜罗伊特音乐节中瓦格纳歌剧演绎纯粹性的守卫者，而她的这一角色一直延续到了20世纪。

△**理查德和科西玛·瓦格纳**

科西玛（约1875年）是李斯特的私生女，与汉斯·冯·彪罗离婚后嫁给了瓦格纳，而后者对她并不忠诚。

> **“幸福的爱情是最可怕的东西，因为那会让你惧怕一切。”**
>
> 科西玛·瓦格纳

朱塞佩·威尔第

1813—1901年，意大利

威尔第写下了一批将高度的戏剧性和情绪性与令人难忘的旋律相融合的流行风格的歌剧。他被那些为国家独立而奋斗的同时代意大利人们奉为文化英雄。

△**玛格丽塔·巴列齐（Margherita Barezzi）**
这幅由奥古斯托·穆西尼（Augusto Mussini）所作的肖像画描绘的是威尔第的第一任妻子玛格丽塔。夫妻二人第一次相遇时，威尔第寄宿于玛格丽塔的父亲安东尼奥家，后者是一位酒商和音乐爱好者，后成为威尔第的赞助人。玛格丽塔年仅26岁便去世了。

朱塞佩·威尔第是一位旅店老板的儿子，1813年出生于意大利北部布塞托（Busseto）附近的勒朗科勒（Le Roncole）。他从村里的教堂管风琴师那学到了一些音乐基础。10岁时被送往布塞托的学校，而他的音乐天分引起了当地一位富商兼业余音乐家安东尼奥·巴列齐（Antonio Barezzi）的注意，而后者成为了威尔第的赞助人。

巴列齐家

威尔第18岁时，通过在米兰的斯卡拉歌剧院观看演出来学习音乐戏剧。在米兰生活了2年后，威尔第回到了布塞托就任该城的音乐总监，并娶了巴列齐的女儿玛格丽塔为妻。夫妻生下了两个孩子，但都在婴儿期夭折。

正是在这段个人生活的悲剧时期，威尔第走上了作曲家的职业道路。利用在米兰期间获得的人脉，威尔第于1839年成功地在斯卡拉歌剧院上演了自己的第一部歌剧《奥贝尔托》（*Oberto*），取得了很好的反响。他也因此被委约创作另外3部歌剧。其中第一部《一日国王》（*Un giomo di regno*）是一次彻底的失败，只演出了一场便被撤下。威尔第发誓再也不写歌剧，但在斯卡拉管理层的压力下，他为一部由泰米斯托克莱·索莱拉（Temistocle Solera）所写的基于《圣经》的剧本——关于巴比伦国王征服并放逐犹太人的故事——创作歌剧。这部首演于1842年的《纳布科》（*Nabucco*）取得了轰动性的成功，连演了57场。在米兰观众的眼中，《纳布科》的高潮是为被征服和奴役的希伯来人所写的如泣如诉的合唱《飞吧，思想》（*Va, Pensiero*），它被痛恨哈布斯堡王朝对意大利北部统治的意大利人们用作国歌。威尔第的下一部歌剧《伦巴第人》（*I Lombardi*）于1843年在米兰上演，也同样非常成功，并且也蕴含国家主义的弦外之音。与上一部作品一样，《伦巴第人》没有遭到奥地利当局禁演。

尽管威尔第同情意大利的国家主义者们，他并未参与任何政治运动。在基于维克多·雨果的《埃尔纳尼》（*Ernani*）获得成功后，他与日俱增的国际声望使他在国外逗留了一段很长

背景

意大利统一运动

1815年，意大利半岛处于政治割裂状态，奥地利、教皇和各个王室统治着不同的地区。1848—1849年间发生的民间起义试图成立一个意大利共和国，但未获成功。在一系列的战争——包括1860—1881年间朱塞佩·加里波第（Giuseppe Garibaldi）率领支持者入侵西西里和意大利南部——之后，意大利在1870年在维托里奥·埃马努埃莱二世（King Victor Emmanuel II）的麾下获得统一。作为意大利作曲家的领军人物，威尔第在意大利统一运动中一直是国家主义者们情感聚焦的对象。

1867年3月7日，朱塞佩·加里波第在维琴察受到热烈欢迎

▷**朱塞佩·威尔第，1886年**
威尔第聘请广受追捧的意大利肖像画家乔瓦尼·波尔蒂尼（Giovanni Boldini）为自己创作了这幅生动的肖像。作曲家还把这位画家带进了歌剧圈子，为后者带去了大量委约订单。

“从古至今的作曲家中，我是最没有学问的那个。”

朱塞佩·威尔第

“在剧院中，观众们除了无聊什么都可以忍受。”

朱塞佩·威尔第，信件，1869年

人物

朱塞佩娜·斯特雷波尼

1815年出生的歌唱家朱塞佩娜·斯特雷波尼是一位教堂管风琴师的女儿。在米兰音乐学院完成学业后，她在1834年首次作为女高音登台演出，并很快成为了一名国际明星，在罗西尼、贝利尼和多尼采蒂的歌剧中领衔。她在威尔第的大部分早期歌剧中担任女主角，包括《纳布科》，直到过于频繁的演出拖垮了她的嗓音。从演唱生涯中退休后，她于1847年在巴黎成为了威尔第的情人。两人在1859年结婚，始终一起过着幸福的生活，直到她在1897年去世。

斯特雷波尼手持《纳布科》的乐谱，匿名画家

的时间。当意大利在1848年爆发革命时，他正在巴黎与女高音朱塞佩娜·斯特雷波尼（Giuseppina Strepponi）热恋。

然而，当时在罗马处境艰难的意大利共和党请求威尔第写一部歌剧，威尔第便写下了《莱尼亚诺战役》（*La Battaglia di Legnano*），并在1849年前往罗马参与了作品在1849年1月的演出。威尔第借此表示了对意大利人反抗外国压迫的明确支持，并受到了狂热的追捧，不过罗马共和党在之后不久垮台，给革命热情又泼了冷水。

艺术遇见生活

公众对威尔第的音乐戏剧有着无止境的需求，而为此全身心投入的作曲家因此无暇顾及政治运动。他对作曲采用了纯粹商业的态度，试图将他的收入最大化。他承认自己的作品接地气但缺乏思想深度，仅仅为了满足喜爱情节和强烈而非细致情绪的观众提供娱乐。1850年时，他已经完成了15部歌剧，抱怨自己“不得不像一个摇船的奴隶一样干活”。

19世纪50年代早期，威尔第写下了3部将久经时间考验的作品：《弄臣》（*Rigoletto*）、《茶花女》（*La Traviata*）和《游唱诗人》（*Il Trovatore*）。这些都是基于美声唱法的作品，沿袭了罗西尼、贝利尼、多尼采蒂等前辈的传统，但是具有更强的戏剧力量以及对社会和政治的煽动力。《弄臣》因为描绘了一名放荡而邪恶的统治者，暗示对皇室权威的质疑而遭到了审查上的麻烦。根据小仲马（Alexandre Dumas）的小说《茶花女》（*La Dame aux Camélias*）创作的《茶花女》震惊了世人，因为其中表达了对一名与恋人“活在罪中”的妓女的同情。

《茶花女》的主题与作曲家本身有着直接的关联——他此时正与斯特雷波尼婚外同居。1851年，威尔第回到了位于乡下的家乡，他在离布塞托不远处的圣阿加塔（Sant'Agata）造了一座庄园，当地人认为威尔第与斯特雷波尼的同居是罪恶的。毫无信仰牵绊的威尔第对这些人的狭隘表现出了彻底的鄙夷。当地市政府修建了一所以他的名字命名的剧院，试图靠威尔第的名气获利，而作曲家连剧院的门都不愿踏入。不过，他最终在1859年和斯特雷波尼结婚。

随着意大利国家统一的进程不断推进，威尔第也愈发被意大利统一运动（Risorgimento）奉为英雄。1859年，国家主义者们将“意大利之王维托里奥·埃马努埃莱万岁”（Viva Vittorio Emanuele Re d'Italia）简略表达为“威尔第万岁”（Viva Verdi）。

△《茶花女》乐谱，1853年

在这部威尔第创作的关于爱情和失落的歌剧中，薇奥蕾塔（Violetta）在父亲的逼迫下与恋人阿尔弗雷多（Alfredo）断绝了关系。这部作品在1854年威尔第对它进行了修改后才获得成功。

名与利

1861年意大利王国宣布成立后，威尔第被说服参加议会选举，不过他几乎从不出席。他过上了乡村地主的生活，创作歌剧的节奏也趋于缓和。诸如《化妆舞会》（*Un Ballo in Maschera*）和《命运之力》（*La Forza del Destino*）等作品显示出对大型壮观场景的转向趋势，而这一趋势在《阿依达》（*Aida*）中达到顶点。这部作品由埃及统治者赫迪夫·伊斯梅尔（Khedive Ismail）委约，后

▷威尔第歌剧院，布塞托

这座以威尔第的名字命名的歌剧院在1868年8月15日开幕，当天演出了《化妆舞会》和《弄臣》。但威尔第却拒绝出席。

者为庆祝苏伊士运河在1869年的开通，在开罗修建了赫迪夫歌剧院。《阿依达》于1871年在赫迪夫歌剧院首演，作品对别具风情的古埃及场景进行了无比奢华的呈现，并锁定了作品经久不衰的流行。

此后的16年，威尔第都没有再创作歌剧。1874年，他为诗人亚历山达罗·孟佐尼（Alessandro Manzoni）写下了《安魂弥撒》，这部作品被指挥家汉斯·冯·彪罗描述为“披着宗教外衣的歌剧”。在此期间，威尔第也对旧作品进行翻新，还琢磨过一部歌剧版的莎士比亚《李尔王》（*King Lear*），不过最终没有完成。

莎士比亚歌剧

最后，一部基于诗人阿里格·博伊托（Arrigo Boito）的《奥赛罗》（*Othello*）的歌剧剧本打破了威尔第的退休状态。《奥赛罗》之后，威尔第又于1893年写下了《法斯塔夫》（*Falstaff*）——另一部受到莎士比亚启发的歌剧。这些作品显示出威尔第的创造力和创新力并未衰退。这两部歌剧不同于他直白悦耳的早期歌剧，被许多评论家们认为是威尔第的最佳作品。1897年，妻子去世后，威尔第往返于圣阿加塔和他在米兰酒店的豪华套房之间，1901年，他在米兰死于中风。他一开始被埋葬在米兰的纪念墓园（Cimitero Monumentale），但是一个月后被移往退休之家（Casa di Riposo，威尔第出资为年迈音乐家们建立的养老院），长眠于朱塞佩娜身边。两次葬礼都吸引了庞大的人群，人们都来向这位已然成为意大利国家象征的音乐家致敬。

△**《阿依达》，2011年**
威尔第的《阿依达》是一则以古埃及为背景的关于冲突、爱情和背叛的故事：被奴役的埃塞俄比亚王子阿依达、战士拉达梅斯（Radamès）和埃及公主安奈瑞斯（Amneris）间发生了三角恋情。如今，这部作品是所有歌剧中最著名、演出最多的一部。图中是由查理·鲁博（Charles Roubaud）导演，2011年在法国奥朗日（Orange）上演的制作。

关键作品

1842年
威尔第的第三部歌剧《纳布科》在斯卡拉歌剧院上演，收获大众喜爱。

1851年
威尔第中期歌剧中的第一部——《弄臣》在威尼斯凤凰歌剧院（La Fenice）首演。

1853年
威尔第最受欢迎的歌剧中的两部——《游唱诗人》和《茶花女》——都在这一年问世。

1871年
《阿依达》在开罗首演。

1874年
威尔第唯一一部非歌剧大型作品《安魂曲》在米兰大教堂上演。

1893年
威尔第的最后一部歌剧，喜歌剧《法斯塔夫》，在米兰的斯卡拉歌剧院上演。

1839

克拉拉·舒曼

1819—1896年，德国

克拉拉·舒曼是19世纪顶尖的钢琴家，也是一位很有天赋的作曲家。虽然她的音乐创作令人赞叹，但当时由男性主导的社会对女性角色的认识限制了她的才华。

克拉拉·维克（Clara Wieck）于1819年出生于莱比锡。她的母亲是一名歌唱家，父亲是一名音乐老师。1824年，当克拉拉只有5岁时，她的父母离异，此后她由父亲抚养长大。父亲发现了克拉拉与生俱来的音乐天赋，并因此让她接受严格的训练。

克拉拉成为了音乐神童，11岁时就展开了第一次音乐会巡演。她还学会了作曲，1831年便出版了自己的第一批小型钢琴作品。16岁时，她与莱比锡布商管弦乐团合作演出了自己的钢琴协奏曲。1837—1838年的冬天，她在维也纳的钢琴独奏音乐会取得了巨大而关键的成功。她在演奏中表现出的对音乐的敏感受到赞誉，这点与当时时髦的炫技演奏家们形成反差。她是较早在演奏中以脱离乐谱为惯例的钢琴家之一。

◁**克拉拉·舒曼**
虽然克拉拉同时作为钢琴家和作曲家都极具天赋，克拉拉将她的创造力和志向放在一边，以此确保了家庭和丈夫的福祉。

顺从和控制

克拉拉在1828年就认识了她未来的丈夫，比她大9岁的罗伯特·舒曼，当时她还是一个孩子。两人在1835年相恋后，克拉拉专制的父亲想方设法阻挠两人的结合。1840年，法院判定两人的结婚不需要经过父亲的批准，这对情侣终于成婚，而这是一场充满爱的婚姻。她继续自己的音乐会演出，并且是家里的主要收入来源。虽然在13年中生了8个孩子，她还是设法挤出时间作曲，其中包括1846年的重要作品钢琴三重奏。然而，丈夫的音乐创作成了家中最优先的事项，而日常家庭事务的担子落在了她身上。1849年，在德累斯顿爆发了猛烈的起义运动，克拉拉的家庭也被卷入其中，当时怀着孕的克拉拉冒着枪林弹雨从家里救出了女佣照看下的3个孩子。

克拉拉在由男性主导的音乐世界中十分孤立，这是她的创作努力中遭遇的最大挫折。“女性一定不能渴望作曲，”她写道，“没有一位设法做到。我能指望自己成为第一个吗？”她最后的重要作品是创作于1853年的《三首小提琴与钢琴浪漫曲》。接着，她的丈夫精神失常了，克拉拉在年轻的作曲家约翰内斯·勃拉姆斯的支持下才挺过那段悲痛的时期。

晚期演出

罗伯特在1856年去世后，克拉拉投身于巡演中，演出时常与小提琴家约瑟夫·约阿希姆（Joseph Joachim）合作进行。但是她不再作曲。据说克拉拉至少进行了1300场演出，直到19世纪70年代中期，恶化的健康使她的演出变得困难。她的4个孩子在她死前就去世了，其中一个儿子路德维西（Ludwig）和父亲一样死于精神病院中。她死前在轮椅中度过，耳朵也聋了。最后，她死于1896年，并在波恩被埋葬于丈夫身边。

◁**手写乐谱**
这是克拉拉·舒曼亲手写于1853年的乐谱，标题是《罗伯特·舒曼主题钢琴变奏曲》（*Variations for Pianoforte on a Theme by Robert Schumann*）

背景
欧洲革命

舒曼一家经历了一段剧烈的政治动荡期。1789年的法国大革命带来的混乱，与欧洲和美国的工业革命（1760年-约1840年）一起，在欧洲造成了民众对政治与经济的大范围不满，并激发了一系列针对皇室统治的反抗起义。

革命始于西西里，并席卷了法国、德国、意大利和奥地利帝国。只有1848年的法国起义成功推翻了王室的统治。1849年5月，克拉拉·舒曼和她的家人经历的德累斯顿起义是1848—1849年间一系列同类事件中接近末尾的一起。

德累斯顿老市场（Altmarkt）的群众起义，1849年5月

▷塞扎尔·弗兰克
弗兰克的作曲中结合了传统的方法以及他的即兴天分和对采用新想法的积极态度。在这幅让娜·龙吉耶（Jeanne Rongier）绘制的肖像画中，63岁的作曲家坐在他的管风琴边，当时的他正处于职业巅峰。5年后他便去世了。关于他的死因存在许多猜测，但最被广泛接受的说法是死于呼吸道感染。

塞扎尔·弗兰克（César Franck）

1822—1890年，比利时

弗兰克年轻时是技巧高超的演奏家，但他强大的作曲天赋直到晚年才得到释放。他最终成为了一名很有影响力的管风琴师、作曲家和教师。

◁**室内乐演奏**

这幅由朱尔斯-亚历山大·格鲁恩（Jules-Alexandre Grün）创作的绘画（1885—1890年）中，弗兰克靠在钢琴上（最右），倾听着他未来的妻子朱丽叶·图坦（Juliette Toutain）和另外两位音乐家的演奏。

1822年出生于列日（Liège）的塞扎尔·弗兰克，大部分职业生涯在法国度过，尽管他的家庭具有德国血统。他的父亲是一名不得志的银行职员，经历过几次失业，并将所有的抱负寄托在了孩子们身上。因此，当弗兰克和弟弟从小展现出音乐潜力时，他们很快被送往列日音乐学院就读。1835年，弗兰克已经取得了不凡的进步，并可以在布鲁塞尔和亚琛进行公开演出。与此同时，整个家庭迁往了巴黎，以便推动孩子们的音乐事业。

寻求认可

这样强求成功的做法被认为是不明智的。生性安静的弗兰克因此失去了一部分童年，而随之而来的压力可能影响了他发展自己的天赋。1837年，他进入巴黎音乐学院就读，并在那里拿了一些奖，但是与分量最重的罗马大奖无缘。

此外，弗兰克的早期作品没有受到什么认可。他最早的作品，一套钢琴、小提琴和大提琴的三重奏（作品号1）在肖邦和李斯特的支持下出版，但是他的第一部大型作品——基于路得（Ruth）的《圣经》主题清唱剧——在1846年上演后反响平平。

他与费利西泰·萨约·德穆索（Félicité Saillot Desmousseaux）的恋情加剧了家庭内部的紧张。他的父亲反对两人的结合，但是1848年巴黎动乱期间两人成婚，宾客们不得不翻越路障才得以抵达教堂——这似乎是他们婚姻道路中将会遇到急风骤雨的预兆。不过，终于逃脱了父亲的专横控制的弗兰克开始走上一条新的道路——将管风琴，而非钢琴，作为自己的主要乐器，原因是弗兰克觊觎教堂管风琴师的稳定工作。

◁**欧仁·伊萨伊（Eugène Ysaÿe，1858—1931年）**

弗兰克技法娴熟的小提琴奏鸣曲是为比利时小提琴家、指挥家和作曲家欧仁·伊萨伊准备的结婚礼物。

公众兴致与喝彩

弗兰克先是成为了巴黎圣克罗蒂德圣殿（Basilica of St Clotilde）的唱诗班领唱（1853年），后来又成为了管风琴师（1858年）。这个时间来得正巧——他得以为教堂的新卡瓦叶-科尔（Cavaillé-Coll）管风琴“开封”。弗兰克很快成为了这架无与伦比的乐器的演奏大师。教堂礼拜后，人们总是拥挤着留下来聆听弗兰克即兴演奏。管风琴公司对弗兰克的演奏技巧大加赞赏，并聘请他做艺术顾问。这意味着弗兰克可以在其他卡瓦叶-科尔管风琴上进行演奏。

弗兰克还是一名卓有声望的老师。1871年，他成为了巴黎音乐学院的管风琴教授。他在那里还非正式地给一群被称作“弗兰克帮”（bande à Franck）的学生教授作曲。他的工作使他很少有时间作曲，而直到退休以后，他才取得了他的父亲曾经期盼的名人地位。《大管风琴曲六首》（*Six Pièces*）被认为是他的最佳管风琴作品，而《交响变奏曲》（*Variations Symphoniques*，1885年）和小提琴奏鸣曲（1886年）都通常被视作他的重要杰作。

人物

阿里斯蒂德·卡瓦叶-科尔（Aristide·Cavaillé-Coll）

弗兰克对管风琴音乐复兴的贡献很大程度上归功于当时最了不起的管风琴制琴师阿里斯蒂德·卡瓦叶-科尔（1811—1899年）。弗兰克在巴黎的圣叙尔比斯教堂（Saint-Sulpice Church）可以随时使用科尔牌的管风琴。卡瓦叶-科尔率先采用了一系列机械上的创新。他的专长是制作“交响管风琴”——可以模仿其他乐器声音（比如巴松、双簧管和英国管）。他最早提出了分离风箱的设计，并对强弱音箱和踏板系统进行了改进，而这些都是为了帮助演奏者达到一个新的效果——从弱到强的完全顺滑的渐强。

卡瓦叶-科尔管风琴，圣叙尔比斯教堂，巴黎

“据说，发现一个新的和声足以让弗兰克开心一整天。”

诺曼·德穆斯（Norman Demuth），英国作曲家和音乐学家，1951年

贝德里赫·斯美塔那（Bedřich Smetana）

1824—1884年，捷克

斯美塔那写下了多部迷人的歌剧，以及永恒的民族骄傲的象征《我的祖国》（*Má vlast*）系列交响诗，以此吹响了捷克独立的号角。

贝德里赫·斯美塔那1824年3月2日出生于波西米亚的利托米什尔（Litomyšl）。他的父亲是一名酿酒专家，支撑着殷实的家境并在业余时间演奏小提琴。小斯美塔那对音乐很有天分，不但学习小提琴，钢琴演奏也出类拔萃，6岁时就举办了第一场音乐会。

斯美塔那上过多所学校，其中一所在波西米亚首都布拉格。1843年，他随盲人钢琴家兼作曲家约瑟夫·博施（Josef Proksch）继续自己的学业，还在莱奥波德·图恩伯爵（Count Leopold Thun）家做伯爵的5个孩子的钢琴老师，以此为生。

1848年6月，布拉格爆发了短暂的革命，城里的居民起义反抗波西米亚的哈布斯堡统治者们，但未获成功。这场革命唤醒了斯美塔那的波西米亚国家意识。他写下了几部具有爱国热情的作品作为对革命的回应，其中包括《自由之歌》（*Song of Freedom*）。1849年，他与从学生时代就相识的钢琴家卡特日娜·科拉若娃（Kateřina Kolářová）结婚。虽然他作为钢琴家和作曲家的职业都相当成功，斯美塔那认为自己在布拉格遭到严重低估，并在1856年离开那里前往瑞典的哥德堡（Gothenburg）。

回归布拉格

1862年，捷克民族复兴运动促使丧妻再婚的斯美塔那回到祖国。他成了布拉格新建的临时剧院的指挥，并开始建设捷克歌剧的曲目库。他从小说德语长大，但此时他已经学会了捷克语，并在他的成熟歌剧中非常传神地进行了配乐。在接下去的20年内，他基于民族传说和喜剧故事一共创作了8部宏大的歌剧，其中包括《被出卖的新嫁娘》（*Bartered Bride*，1866年），《达利波》（*Dalibor*，1867年）和《吻》（*The Kiss*，1876年）。

1824 1884.
Na památku šedesátých narozenin mistrových
a v jeho prospěch vydáno
Družstvem ctitelů BEDŘICHA SMETANY.
DALIBOR
Zpěvohra o třech jednáních.
Slova napsal JOSEF WENZIG. Hudbu složil
B. SMETANA.
Klavírní úprava skladatelova.
Veškerá práva vyhrazena skladateli.

◁《达利波》
图中是斯美塔那的歌剧《达利波》的封面。作品在1868年首演于布拉格的新城剧院。

然而，许多保守的评论家反对斯美塔那深受瓦格纳影响的风格，并试图将他从职位上赶下。他与驱赶他的力量进行了斗争，但是在1874年染上了梅毒，因而不得不辞职。那年的秋天，他彻底失去了听力。

在接下去的几年内，斯美塔那将捷克国家主义精神融入了6首交响诗的创作中。这套《我的祖国》首演于1882年，成为了捷克国家复兴的象征。斯美塔那的D小调第二弦乐四重奏（1882—1883年）也许反映了作曲家深受困扰的精神状态；他的身体和精神健康的衰退给他带来了无边的痛苦，并引发了幻觉和妄想症。最后，他因精神失常被布拉格的精神疗养院收治，并于1884年5月12日在那里去世。

◁利托米什尔城堡
这座16世纪文艺复兴时期有拱廊的城堡是斯美塔那的出生地。1831年前，作曲家一家住在城堡一楼的酿酒厂的公寓里——他的父亲是华德斯坦伯爵的酿酒师。

背景

19世纪国家主义

斯美塔那支持的捷克民族复兴运动通过语言和艺术来树立捷克民族认同感。运动支持者们反对日耳曼化——在哈布斯堡家族和弗朗茨·约瑟夫一世（Franz Josef I，奥地利皇帝，也是东欧诸多公国和公爵领地的领主）的影响下愈发严重。说德语的约瑟夫一世还是波西米亚的国王，这里自中世纪以来就是捷克文化的中心，但在1620年哈布斯堡家族在白山战役（Battle of White Mountain）中取得胜利后沦为了附庸国。弗朗茨·约瑟夫有各式各样的头衔和角色——耶路撒冷国王、西伯利亚省（Voivodship of Serbia）大省长和其他超过40个城市或国家的统治者，而这也解释了为什么在当时的欧洲到处都蔓延着寻求民族认同感的运动。

奥地利皇帝弗朗茨·约瑟夫一世身着制服

▷贝德里赫·斯美塔那
这幅斯美塔那的肖像画由佩尔·瑟德尔马尔克（Per Sodermark）创作。斯美塔那和匈牙利作曲家弗兰茨·李斯特一起学习过，后者的作品给他带来了灵感和力量。他多次前往德国魏玛拜访李斯特。

▷**安东·布鲁克纳，1885年**
这幅由德国画家赫尔曼·考尔巴赫（Hermann von Kaulbach）创作的雄伟而不露情感的肖像画，描绘的是61岁的布鲁克纳的侧面。他的职业生涯在此时已经收获了巨大成功——这是他的第七交响曲辉煌首演的次年。1886年，弗朗茨·约瑟夫一世赐予他弗朗茨·约瑟夫勋章（Order of Franz Joseph）。

安东·布鲁克纳（Anton Bruckner）

1824—1896年，奥地利

布鲁克纳生前主要因为教堂创作音乐和管风琴演奏而出名，且对宗教极为虔诚。他写下的9部鸿篇巨制的交响曲如今被认为是19世纪音乐的成就之巅。

“他们让我换一种方式写……我有能力，但我绝不可以。神……给了我这个天赋，我必须回应他。”

安东·布鲁克纳

安东·布鲁克纳出生于上奥地利州（Upper Austrian）位于林茨（Linz）附近的安斯菲尔登（Ansfelden）小镇。他的父亲是镇上小学的校长和一名兼职音乐家和管风琴师；他的母亲是镇里的教堂合唱团成员。他是11个孩子里最大的那个，这些孩子里有几个在婴儿期就夭折了。

在奥地利乡村的早年

布鲁克纳的父亲是一个心地善良的人，对儿子的音乐天赋给予鼓励：年仅10岁的小布鲁克纳会在教堂代理其父亲的管风琴师职位。布鲁克纳偏执的性格特征很早就有所展露：他可以一次在管风琴上练习长达12小时。他早年的一次决定性事件是他的父母第一次带他前往附近圣弗洛里安（St Florian）的奥古斯丁教义（Augustinian）修道院，其中有一所巨大且装饰精美的巴洛克教堂、令人惊叹的管风琴以及广阔的回廊和生活区。布鲁克纳从小就是一个虔诚的罗马天主教徒。对他而言，圣弗洛里安代表着精神和音乐的天堂。

他出色的高音使他成为那里的合唱团成员。除了管风琴，他还学习小提琴。从那离开后，他决定像他父亲一样成为一名教师，并在林茨接受了1年的培训。他的第一个职位是在小村庄温德哈格（Windhaag）担任助理校长，额外的杂务包括在他的那位令人讨厌的上司的农场的田里撒粪。圣弗洛里安修道院的院长为他在克龙施托夫（Kronstorf）村找到了一个更愉快的职位（他在那里写了一些早期的合唱作品），然后在1845年让布鲁克纳在圣弗洛里安担任助理教师。接下来的10年里，布鲁克纳一直待在那里，升任首席管风琴师，并练就了他作为乐器即兴演奏者的惊人技艺。

从林茨到维也纳

1855年，林茨老教堂的管风琴师去世。一贯缺乏自信且自我贬低的布鲁克纳在众人的极力劝说下才参加了应聘这个职位的试奏。在管风琴调音师请他上座试奏前，他全身心沉浸在祈祷中。布鲁克纳卓绝的即兴演奏震惊了在座所有人，毫无悬念地获得了这个职位。这个时候，他已经是一名富有经验的教堂音乐作曲家，写过赞美诗配乐、圣歌、经文歌以及一部主要在圣弗洛里安完成的《安魂弥撒》。这些作品虽然也非常出色，但基本遵循了当地教堂音乐的保守传统，几乎还看不出布鲁克纳将要展现出的属于

◁**圣弗洛里安教堂管风琴**

布鲁克纳刚过20岁时，已是上奥地利州圣弗洛里安小城宏伟的巴洛克教堂的首席管风琴师。他演奏的这架管风琴自1930年以来被称为“布鲁克纳管风琴”。作曲家的遗体埋葬于管风琴下方的墓中。

人物

随锡希特学习

虽然布鲁克纳刚成年时就是一个熟练的作曲家，但他确信自己还有许多音乐技巧要学。1855年，他开始跟随维也纳的音乐老师西蒙·锡希特（Simon Sechter，1788—1867年）通过通信课学习对位法。课程在1861年结束后，锡希特给了他的学生一份写满溢美之词的证明信；锡希特还是布鲁克纳申请维也纳音乐学院教职时的评委——布鲁克纳轻松优雅地通过了申请。评委团中的另一位成员，指挥家约瑟夫·赫贝克（Joseph Herbeck）评价道：“应该由他来考我们才对。我要是拥有他的知识的十分之一就很满足了”。

西蒙·锡希特的平板印刷像，52岁，约1840年

方法

旋律与和声

文艺复兴时期作曲家帕莱斯特里纳的音乐中交织旋律线的纯粹性深受布鲁克纳的喜爱。在他为林茨新教堂的还愿礼拜堂（Votive Chapel，这座教堂直到1924年才建成）的落成而受委托创作的《E小调弥撒》中，仿佛可以听到帕莱斯特里纳纯精神性的复调。然而，布鲁克纳也受到了瓦格纳激进的和声的影响——富有张力和色彩，具有实验性，含糊、无常且复杂——将传统手法推向极限。布鲁克纳设法将两种元素整合为了一种完全属于自己的风格。

▽**布鲁克纳的屋子，美景宫（Belvedere）**
布鲁克纳去世前1年，奥地利皇帝弗朗茨·约瑟夫请年迈的布鲁克纳下榻在维也纳历史悠久的美景宫中的看护人厢房中，这样他就不用爬楼梯了。

他自己的惊人而精湛的技艺。

林茨的音乐生活比圣弗洛里安丰富很多，布鲁克纳也开始接触到贝多芬等古典时期大师的音乐会作品。布鲁克纳深深地被贝多芬的音乐感染和震慑，并因此报名参加了维也纳的西蒙·锡希特主授的远程通信课程。他对各类技巧的练习极为执着不懈，以至于锡希特警告他如果不放松一些的话可能会造成精神问题。课程结束2年后，布鲁克纳第一次听到了瓦格纳的音乐：一场《唐豪瑟》的演出触发了布鲁克纳对瓦格纳犹如敬神一般的崇拜，也激发了他用自己的风格来回应瓦格纳高阶的和声语言的努力。之后他便在1864年为合唱与乐团创作了《D小调弥撒》——被认为是布鲁克纳的第一部“正式”作品——以及之后E小调与F小调的两部同类作品。

在林茨的职业生涯并没有改变布鲁克纳古怪的性格特征。他从来都是以一种奥地利乡下人的风格与周遭的世界打交道，并保留着自己源自乡村的口音和方言。他渴望结婚，接连向好几位十多岁的少女求婚——因为只有当他的未婚妻是一名处女（正如他自己是一名处男）时，这场婚姻才不会冒犯他的神。他经常会得到善意的回复：“但是布鲁克纳先生，您年纪太大了”。他虽然可以接受这样的回绝，但这并不令他高兴，有一次，他求婚未果，加之劳累过度，导致了1867年的一次长达4个月的精神崩溃。

△**《第九交响曲》草稿**
布鲁克纳生命的最后1年很大程度上投入在了《第九交响曲》的创作中。他去世时，这部作品仍然没有完成。

精湛与误会

1867年锡希特去世后，布鲁克纳被邀请去接替前者的教授职位。在漫长的犹疑后，他接受了这个职位，并成为了一名不错的老师。他标志性的、毫不做作的古怪得到了学生们的理解和（一旦习惯后）喜爱。布鲁克纳还以管风琴师的身份更为广泛地露面：他令人叹为观止的即兴演奏，比如1869年在巴黎圣母院和2年后伦敦皇家阿尔伯特音乐厅（Royal Albert Hall）的演出，很快成为了传奇。

逐渐地，布鲁克纳成为了古典音乐史上伟大的交响乐作曲家之一。他的作品为交响曲这一体裁带来了全新的深度和新颖的创意，宽广而恢宏，且别具胆魄。他的《第一交响曲》于1866年在林茨完成（1869年他又写下了一部，但被自己否决，且诡异地标为遗作，作品号0）。和此后的大部分作品一样，这部《第一交响曲》后来被反复修改——部分出自自我否定的习惯，也由于布鲁克纳时常听取其他音乐家的建议，这些建议虽然是善意的，但经常是彻底误导性的。人们认为他是一名瓦格纳主义交响曲作曲家，而忽略了布鲁克纳在作品中时常采用

关键作品

1851年
在他曾经参加唱诗班的圣弗洛里安担任首席管风琴师，这是他的第一份重要的音乐任命。

1863年
在林茨的一场《唐豪瑟》的演出是布鲁克纳第一次邂逅瓦格纳的音乐，对布鲁克纳的保守风格产生了深远的影响。

1865年
前往慕尼黑参加瓦格纳的《特里斯坦与伊索尔德》首演，并第一次遇见了瓦格纳。

1872年
一场《F小调弥撒》的演出是布鲁克纳在维也纳的首次成功，受到了许多人的赞许，其中包括勃拉姆斯和李斯特。

1884年
阿图尔·尼基什（Arthur Nikisch）在莱比锡指挥了布鲁克纳《第七交响曲》首演，取得辉煌的成功。

1886年
汉斯·里希特（Hans Richter）指挥维也纳爱乐乐团演出的《第七交响曲》再次取得巨大的成功，不过也有一些批评家给出了刻薄的评价。

1894年
完成了《第九交响曲》的第三乐章《慢板》。

的迷人的奥地利乡村舞蹈元素。布鲁克纳交响曲中浩瀚无边的乐队高潮宛如洪荒之力，这源自管风琴层层叠叠的浑厚音响，而并非瓦格纳的高明的和声，这一点在当时也遭到误解。如今，对布鲁克纳交响曲的基于“瓦格纳影响”所作的后期修改都可以说是站不住脚的。

影响和声望

1980年，音乐学家德瑞克·库克（Deryck Cooke）在谈及布鲁克纳的作品的独创性和颠覆传统的本质时写道，“布鲁克纳的手法在人们眼中太过陌生，史无前例，以至于被视作是能力有限的证据……［但如今］可以确定的是……布鲁克纳创造了一种全新而伟岸的交响乐机体，音乐中有着深层次的与众不同，某种基本的、形而上的东西。”

虽然布鲁克纳的音乐有时遭到贬低和嘲笑，他生前还是享受到了一些绝妙的成功时刻。他的第四和第七交响曲风格上最具有歌唱性，广受赞誉并在今天世界各地频繁地演出。相比之下，更严肃的第五交响曲以及充满美妙时刻的第六交响曲的演出机会则要少许多。第八交响曲和未完成的第九交响曲结构恢宏，和声上有着准现代主义的实验性，至今依然被认为是非常艰深的作品。然而，虽然布鲁克纳交响曲的风格和规模无法取悦每一位音乐会听众，但是他所取得的丰碑式的不朽成就如今已无人质疑。

△布鲁克纳坐在钢琴边，约1894年

伟大的作曲家端坐在他在维也纳的工作室的大钢琴边，左侧柜子上摆放着耶稣十字架受难像。照片中70岁的他已老态龙钟，之后不久便去世了。

“光明彻底战胜了黑暗。”

胡戈·沃尔夫（Hugo Wolf），谈论布鲁克纳《第八交响曲》的演出，1892年

小约翰·施特劳斯（Johann Strauss II）

1825—1899年，奥地利

施特劳斯受到瓦格纳的称赞，也得到柏辽兹和勃拉姆斯的喜爱。他吸引着一众狂热的支持者，在国际上赢得了维也纳“华尔兹之王”的美誉。

△《蓝色多瑙河》封面
施特劳斯的这首著名的华尔兹在1867年作为一首合唱曲首演于维也纳，但是同年晚些时候在巴黎的管弦乐版本的首演才使它一举成名。

约翰·施特劳斯1825年出生于维也纳附近的乌尔里希（Ulrich）。在那之前不久，他的父亲（同样叫约翰，著名的舞曲音乐家）刚办起了自己的乐团。小施特劳斯童年时的许多时光都在壮观的斯佩尔舞厅（Sperl ballroom）度过——这里因维也纳会议而著名。另一些时候，他聆听父亲的乐队在家排练。

施特劳斯的父亲希望他的长子往银行业发展；然而，孩子的母亲却悄悄地安排施特劳斯跟随她丈夫的乐团首席学习小提琴。他还学习作曲，而他的作曲老师后来成为了圣斯德望主教座堂的合唱指挥。

开启职业

1834年，施特劳斯放弃了在维也纳理工学院的学业，并申请进行公开音乐演出。1844年10月，他在多迈耶赌场（Dommayer's Casino）的舞厅演出了若干部自己的作品，其中包括《善意求婚者圆舞曲》（*Gunstwerber*）和《心满意足波尔卡》（*Herzenslust*），并由此开启了职业生涯。在他的父亲于1849年去世后，他将父亲的乐团与自己的乐团合并。作为一名出色的华尔兹、波尔卡、进行曲和方阵舞作曲家，他吸引着一群狂热的支持者。他与维也纳的男声合唱协会保持着长期的合作关系，从中产出了《蓝色多瑙河》（*The Blue Danube*，1867年）和《醇酒美女歌声圆舞曲》（*Wine, Women, and Song!*，1867年）等华尔兹的传世之作。

享誉国际

施特劳斯和他的乐团在国际上大受追捧。1872年的一次对美国的访问帮助施特劳斯锁定了国际声誉，也帮他获得了惊人的财富。

除了创作舞曲，施特劳斯还写了16部轻歌剧，其中最出色的包括《吉卜赛男爵》（*The Gypsy Baron*）和《蝙蝠》（*Die Fledermaus*）。商业上非常机敏的施特劳斯时常用自己的舞曲来庆祝一些重要事件，比如发布会或国际展会。。他的许多上乘之作都是在1856至1865年间，为在巴甫洛夫斯克（Pavlovsk）的沃克斯豪尔展区（Vauxhall Pavilion）的夏季展会季演出而作的，其中包括《闲聊波尔卡》（*Tritsch-Tratsch-Polka*）、《埃及进行曲》（*Egyptian March*）以及与他的弟弟约瑟夫（Josef）一起创作的《拨弦波尔卡》（*Pizzicato-Polka*）。

施特劳斯与女演员安琪丽卡·迪特里希（Angelika Dittrich）离婚后，他在1887年娶了第三任妻子，而后者再次点燃了作曲家的创作之火。在1899年施特劳斯去世之前的10年内，他又写下了《威尼斯之夜》（*A Night in Venice*）和《皇帝圆舞曲》（*Emperor Waltz*）等经久不衰的作品。

◁**施特劳斯在晚会上，1894年**
在弗朗兹·冯·拜罗斯（Franz von Bayros）的这幅作品中，施特劳斯坐在钢琴边，他的第三任妻子阿黛尔（Adele，左）、勃拉姆斯（右）和一些其他社会名流簇拥在周围。完成这幅绘画2年后，拜罗斯娶了施特劳斯的继女爱丽丝为妻。

背景

维也纳会议

拿破仑战争（1805—1813年）造成的经济重创，以及滑铁卢战役（1815年）后为了统一欧洲而施行的压抑政策使19世纪阴云密布。1814年11月至1815年6月，维也纳（哈布斯堡王朝盘踞之处）召集了一次欧洲各大强权参加的会议。离开谈判桌后，各路代表团在一系列的聚会和舞会上显露自己的财富。关于那些跳舞的贵族和珠光宝气的宫廷女性的报道在这座帝国之都正在壮大的中产阶级中引发了一波舞蹈热潮。

维也纳会议期间奢华的舞会，约1815年

▷ **亚历山大·鲍罗丁**
鲍罗丁在他的鸿篇巨制《伊戈尔王子》（对中世纪俄国进行苍劲有力的刻画的歌剧）上倾注了近18年。然而，音乐创作只是他的爱好：他的职业是化学家，据说他是最早将高胆固醇与心脏疾病联系起来的科学家。

亚历山大·鲍罗丁（Alexander Borodin）

1833—1887年，俄罗斯

鲍罗丁的职业是一名化学家，也作为俄罗斯五人组（致力于确立俄罗斯独有的音乐流派的几位作曲家）的一员声名鹊起。他最著名的作品是他的《第二号弦乐四重奏》（*String Quartet No. 2*）和歌剧《伊戈尔王子》（*Prince Igor*）

亚历山大·鲍罗丁是亚美尼亚亲王卢卡·盖地亚诺夫（Luka Gedianov）的私生子，出生于1833年，并被登记为了父亲的一名农奴的孩子。盖地亚诺夫守护着孩子和他的母亲阿夫多季娅·安东诺娃（Avdotya Antonova）；在鲍罗丁童年时期，亲王与母子俩在圣彼得堡居住。1839年，他安排阿夫多季娅与一名医生成婚，并在自己临终前为孩子摆脱了农奴身份。

鲍罗丁的家庭教育中包括长笛课，但随着米哈伊尔·希格列夫（Mikhail Shchiglev）开始在他家寄宿，鲍罗丁对音乐的兴趣开始膨胀。

背景

俄罗斯农奴制

在17世纪之前，俄罗斯农民已经遭遇了数个世纪的剥削；根据农奴制度，土地上的佃农归地主管控。违规的情况频频发生，但农奴们不能脱离土地被买卖，他们一生都与自己的拥有者绑定，以此换取一小片土地的租用。这个制度尽管带来了社会稳定，却也导致了经济发展停滞和令人发指的社会不公。1861年，在沙皇亚历山大二世（Tsar Alexander II）签署的法令下，所有的俄罗斯农奴终于被解放，俄罗斯经济也由此腾飞。

俄罗斯农奴制度的废除，阿尔丰斯·穆夏（Alfons Mucha），1914年

科学与音乐

1849年，鲍罗丁出版了3首沙龙乐曲。次年，他进入了圣彼得堡赫赫有名的医学院，开始钻研自己热爱的化学。虽然他的化学教授极力反对，但他在攻读博士学位期间依然没有停止作曲和演奏。1858年，他凭借论文《化学与毒理学视角上砷酸与磷酸的类比》获得了博士学位。

1859年，鲍罗丁移居海德堡深造化学。他在那里遇见了他未来的妻子叶卡捷琳娜·普罗托波波娃（Ekaterina Protopopova），后者是一名钢琴家，当时正在德国治疗结核病。她带鲍罗丁认识了肖邦、舒曼等作曲家。1862年他们回到了圣彼得堡，鲍罗丁接替他的老师尼古拉·基宁（Nikolay Zinin）成为了医学院教授。他与几位音乐家成立了俄罗斯五人组。

很快，鲍罗丁开始写他的《第一交响曲》，并在之后3年的学校假期和暑假中完成了这部作品。1869年，他从评论家弗拉基米尔·斯塔索夫（Vladimir Stasov）那里获得了一份基于创作于12世纪的《伊戈尔远征记》（*Song of the Host of Igor*）的剧本，并重返歌剧这一体裁（他曾经放弃过一部歌剧的创作）。他的余生中一直在写《伊戈尔王子》，但也抽出时间写下了《B小调第二交响曲》《A小调第三交响曲》的草稿以及诸如交响音画《在中亚细亚草原上》（*In the Steppes of Central Asia*）、歌剧芭蕾《穆拉达》（*Mlada*）的最后一幕等作品。

新的簇拥

因为科学家的工作极为耗时，鲍罗丁的音乐作品总体体量是不大的。除了歌剧，他写过3部交响曲、两部弦乐四重奏，也写过室内乐和一些歌曲。

《伊戈尔王子》尚未完成，鲍罗丁就在1887年突发心脏病去世。作品被格拉祖诺夫和里姆斯基-柯萨科夫补完，并进入了国际舞台。20世纪50年代，罗伯特·赖特（Robert Wright）和乔治·福雷斯特（George Forrest）在他们的百老汇音乐剧《富贵荣华》（*Kismet*）中引用了鲍罗丁一些极为出色旋律，而作曲家也因此获得了一批新的受众。

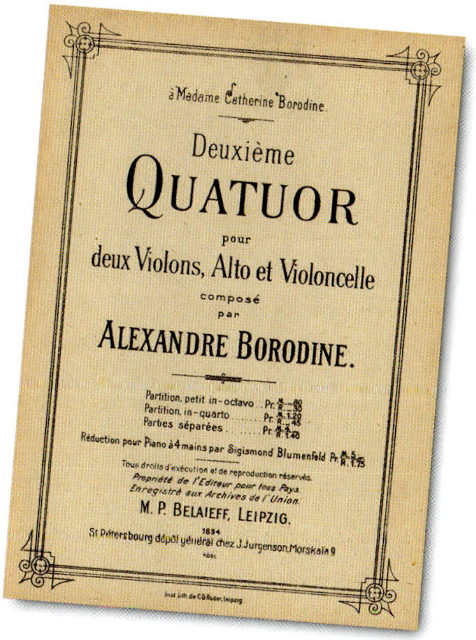

△封面，弦乐四重奏

鲍罗丁的D大调第二弦乐四重奏题献给他的妻子，该作品通常被认为传递着恬静、胜利和幸福的感觉。这部作品出版于1894年。

◁集市，舞台设计

这是俄罗斯艺术家康斯坦丁·亚历山德罗维奇·韦希洛夫（Konstantin Alexandrovich Veshchilov）为鲍罗丁的代表作《伊戈尔王子》制作的舞台布景，大气的设计描绘的是典型的集市场景。

约翰内斯·勃拉姆斯

1833—1897年，德国

勃拉姆斯是19世纪音乐巨匠之一。作为一名完美主义者，他在除了歌剧以外的所有音乐体裁中都出类拔萃。他生命中的大部分时间都投入在作曲中。

勃拉姆斯的自我批判极为苛刻，以至于他销毁的作品比出版的更多。他毁弃了几乎所有年轻时期创作的音乐，甚至到了中年（他已经名利双收），他仍会烧掉他不满意的创作。

他的这种不妥协带来的一个结果便是其作品无一例外的高水准。他的4部交响曲和4部协奏曲是交响音乐会的重要曲目；他的20多部为各种乐曲组合创作的室内乐几乎无一例外被视作高水准的杰作；他的钢琴独奏作品，从苍劲有力的奏鸣曲到精美的小型作品广受人们的喜爱；他的《德意志安魂曲》（*German Requiem*）是颇受欢迎的合唱作品之一；作为歌曲作曲家，他在旋律上的天赋可能仅次于舒伯特。但是他从未写过歌剧。

天才少年

约翰内斯·勃拉姆斯出生于德国北部的全国最大港口城市——汉堡。他的父亲是一名接零活的音乐家，会演奏多种弦乐器和木管乐器；他的母亲是一名裁缝。人们一直认为勃拉姆斯的家庭挣扎于赤贫之中，但事实上并没有这么夸张。虽然经济条件时常很拮据，但这个家庭很幸福且受人尊重，勃拉姆斯对他的父母、姐姐和弟弟都有很深的感情。他在一所好学校接受教育，而他在钢琴上卓越的天分也得到了高明而又细心的老师们的培养。

勃拉姆斯10岁时第一次公开演出。没过几年，他已经通过在餐厅和剧院演奏钢琴、给当地的孩子们上课以及为铜管乐队改编曲子等方式挣钱补贴家用。有记载称他还在码头邻区里一些龌龊堪比妓院的小酒馆里演奏，而这些经历对他造成了终身的创伤，使他无法与女性维持良好的关系。不过，这一点如今被许多学者斥为谣言。

◁德意志安魂曲
这部勃拉姆斯最长的作品是他最为酸楚的作品，部分源自他对亡母的哀悼。

◁勃拉姆斯的出生地
勃拉姆斯出生于汉堡市内贫穷的冈格威尔特尔（Gängeviertel）区的这栋房子里。它在二战中被盟军的炸弹摧毁。

李斯特与舒曼

1850年，勃拉姆斯通过合作演出奏鸣曲结识了年轻的匈牙利小提琴家爱德华·拉门伊（Eduard Reményi）。两人在1853年在德国的各个城市举办了一次巡回演出。这次经历虽然在生意上不算成功，但还是对勃拉姆斯造成了深远的影响。在巡演的路上，他结识了另一位小提琴家，约瑟夫·约阿希姆。后者成为了勃拉姆斯亲密的朋友之一，并邀请两名当时杰出的音乐家——魏玛的弗兰茨·李斯特和杜塞尔多夫的罗伯特·舒曼——为勃拉

背景

普法战争

勃拉姆斯很爱国，并且非常敬仰德国政治家奥托·冯·俾斯麦（Otto von Bismarck）——德国统一背后的主要推手。作为扩张主义政策的一部分，俾斯麦策划了对丹麦（1864年）、奥地利（1866年）和法国（1870—1871年）的战争，其中最后的这场普法战争彻底羞辱了法国，并确立了德国的强国地位。为了庆祝胜利，勃拉姆斯写了一部合唱作品《胜利之歌》（*Triumphlied*）。

普法战争中的普鲁士轻骑兵，1871年

▷约翰内斯·勃拉姆斯，约1890年
勃拉姆斯年轻时如天使般英俊，但晚年时他已发福，蓄满了胡须，像圣诞老人一样的形象在绘画和摄影中出现。

△拉门伊与勃拉姆斯
1850年，勃拉姆斯与天赋异禀的小提琴家爱德华·拉门伊结识。这位来自匈牙利的难民带勃拉姆斯领略了民间音乐和罗马音乐，这些经历启发了勃拉姆斯后来的一些作品，包括《匈牙利舞曲》。

姆斯写引荐信。

勃拉姆斯没有和李斯特碰撞出火花（李斯特是辉煌的键盘炫技大师，而勃拉姆斯的性格很内敛），但是他与舒曼（以及舒曼的妻子克拉拉）精神上高度契合：与勃拉姆斯相遇的当晚，舒曼在日记中记下：“勃拉姆斯到访。天才。”

勃拉姆斯对自己作品的演奏也使克拉拉激动不已。在她看来，“一切都满溢着想象力和热烈的情绪”。年仅20岁的他已经写出了铿锵有力的作品，不过其中的浪漫主义之火依然被古典的条条框框压抑着。随着时间的推移，勃拉姆斯的音乐越来越精巧细致，但浪漫主义的热情与古典的庄重之间的平衡一直是不变的主题。

舒曼在他主编的音乐杂志里为勃拉姆斯写了一篇充满溢美之词的文章，将其誉为德国音乐新的救星，还安排出版了勃拉姆斯的一些作品。然而很快，来自这位具有影响力的拥护者的支持悲剧性地戛然而止。舒曼的精神问题长期以来不断反复；在1854年2月，舒曼自杀未遂后被关进了精神病院，并在那里度过了余生。此时，舒曼一家一共有6个孩子，克拉拉还怀着第7个。

勃拉姆斯为这个不幸的家庭给予了重要的支持。他很可能爱着克拉拉；1856年舒曼去世后，包括克拉拉在内的许多人都以为勃拉姆斯会求婚。但是，勃拉姆斯讨厌被束缚；他对克拉拉的感情演变成了持续终生的真挚友谊。在他后来的生命中，他还与另外几位女性产生过不算严肃的罗曼史（他尤其容易对漂亮的女歌唱家产生好感），但每当面临结婚的可能性时，他都会退缩。他一生都没有结婚。

移居维也纳

在接下去的10年里，勃拉姆斯四处奔波。1857—1860年间，他作为一名钢琴家四处巡演，还在代特莫尔德（Detmold）亲王的宫廷里兼职指挥合唱。不过，他总是设法留出大量的时间作曲。1862年，他首次前往维也纳；次年，他被任命为维也纳歌唱学院（Singakademie，著名的合唱团体）的总监后开始在维也纳定居。后来，他还成为了该城另一个卓有声望的音乐组织——爱乐之友协会（Gesellschaft der Musikfreunde）——的总监。

成功

1865年，勃拉姆斯的母亲去世了。作曲家用《德意志安魂曲》表达了自己的哀悼——他较早就开始了这部作品的创作，用于向舒曼致敬。这部作品首演于1868年，奠定了勃拉姆斯在当时在世的作曲家中最前列的地位。他的一些曲风更轻快的作品，尤其是双钢琴《匈牙利舞曲》（*Hungarian Dances*），也获得了成功。当时，钢琴是中产家庭的必备，而此类作品在家庭演出中大受欢迎。从赚钱的角度来看，《匈牙利舞曲》堪比如今的畅销专辑。

没有了财务上的担心，也不像许多作曲家们那样有家庭的桎梏，勃拉

人物

约瑟夫·约阿希姆

勃拉姆斯的许多音乐家朋友们中，约瑟夫·约阿希姆（1831—1907年）是重要的一位。他是当时顶尖的小提琴家，也是一名出色的作曲家。勃拉姆斯的若干部作品都是参考约阿希姆的作品创作的，其中包括他的小提琴协奏曲。1883年，在约阿希姆的离婚诉讼中，勃拉姆斯为他的妻子提供了支持，从而使两人的关系破裂。不过，勃拉姆斯后来为约阿希姆和他在弦乐四重奏团体中的同事罗伯特·豪斯曼（Robert Hausmann）写了一部二重协奏曲，这一姿态成功使二人和解。

约瑟夫·约阿希姆

▽椭圆钢琴
这架独特的椭圆形钢琴属于勃拉姆斯。它现在被保存在代特莫尔德城堡中，作曲家曾在1857—1860年在那里过冬。

“他（勃拉姆斯）仿佛是神亲自派来的。”

克拉拉·舒曼，谈及勃拉姆斯演奏他的作品

姆斯的创作得以完全从个人志趣出发，并且在创作节奏上从容不迫。虽然取得了成功，勃拉姆斯一直租住在一间三居室的公寓里。他的举止之唐突（有时甚至粗鲁），口吻之尖酸非常出名，但他对自己的家庭极为慷慨（包括在他父亲再婚后对待他的继母），对朋友们和年轻音乐家们也慷慨解囊。虽然也有人贬损他，认为他的作品过于保守，不及瓦格纳，但他总体而言受人敬重，并被一些人与巴赫和贝多芬并称为“3B”。

1896年，克拉拉在76岁时去世，而勃拉姆斯舟车劳顿40小时前往波恩参加她的葬礼。回到维也纳后，他显然病得厉害，并在次年死于肝癌，受到全世界音乐爱好者们的悼念。在他的家乡汉堡，港口的船只降下半旗致哀。勃拉姆斯被埋葬在维也纳，毗邻他所崇拜的两位英雄：贝多芬和舒伯特。

△在维也纳的家中

这幅水彩画所描绘的是勃拉姆斯在维也纳的公寓，墙上挂着贝多芬的胸像。勃拉姆斯的生活舒适而又低调，他在这里享受美食、美酒、雪茄和朋友的陪伴。

关键作品

1853年
与罗伯特和克拉拉·舒曼相识。夫妇二人断定他是一名天才，并努力推动他的职业。

1859年
在汉诺威首演《第一钢琴协奏曲》，勃拉姆斯亲自担任独奏。

1868年
在不来梅大教堂首演《德意志安魂曲》，该作品奠定了他一流作曲家的地位。

1876年
在卡尔斯鲁厄（Karlsruhe）首演《第一交响曲》。勃拉姆斯在作品上倾注了14年。

1887年
在科隆首演《二重协奏曲》。这是勃拉姆斯最后一部室内乐作品。

1891年
与单簧管演奏家理查德·慕尔菲德（Richard Mühlfeld）相识，并受后者启发为该乐器创作了4部作品。

▷ **卡米尔·圣桑**
圣桑卓绝的管风琴演奏技巧受到世人赞叹。弗兰茨·李斯特在巴黎的马德莱娜教堂听完了他的演出后，宣称圣桑是世界上最伟大的管风琴师。他为管风琴写过大量的独奏作品；他的《第三交响曲》和最后一部交响曲中都使用了管风琴，产生了激动人心的效果。

卡米尔·圣桑

1835—1921年，法国

在漫长的职业道路中，圣桑从一名神奇男孩逐渐发展成一位了不起的老者。他的作曲几乎涵盖了当时所有的音乐体裁。他还是同时代杰出的键盘演奏家和管风琴师之一。

△《参孙与大利拉》
这部圣桑最著名的歌剧于1877年首演于魏玛，其中有不少五彩缤纷的场景，包括一出女祭司的舞蹈。上图是法国画家皮埃尔·卡列尔-贝劳斯（Pierre Carrier-Belleuse）描绘的这一幕。

“我写音乐就像苹果树上长苹果。”

卡米尔·圣桑

卡米尔·圣桑出生在一个巴黎的中产家庭。他有一位会弹钢琴的姨母，在3岁时就开始跟她学习钢琴，并展现出了惊人的早熟。5岁开始，他开始在私人独奏会上演奏；10岁时，他第一次公开登台演出，并且在返场时表示愿意背谱演奏贝多芬的32首钢琴奏鸣曲中的任意一部——鉴于贝多芬的许多钢琴奏鸣曲之艰深，这个年纪的孩子有这般潜能令人咋舌。他的天分不局限于音乐：他的拉丁语和数学都很出色，还对从考古到天文等各种学科都产生了不浅的兴趣。

音乐之旅和悲剧

1848年至1853年，圣桑在巴黎音乐学院学习，接着成为了圣梅里教堂（church of St Merry）的管风琴师。他的《第一交响曲》在1855年成功首演，而且此时已经受到了如柏辽兹和罗西尼等高水准音乐家们的盛赞。1858年，他离开圣梅里，并开始担任马德莱娜教堂的管风琴师这一高阶职位。

他在马德莱娜工作了将近20年。后来，他展开了独立的职业，开始以钢琴家和指挥家的身份四处演出，不仅在欧洲，还去了北美、南美和远东地区。

虽然他很可能是同性恋，圣桑在1875年结婚。他19岁的新娘只有他的一半年纪，而这场婚姻是一场彻底的灾难。夫妻共生了两个孩子，但都在1878年夭折，其中一个是从窗口跌落而死。1881年，圣桑离家出走，再也没有见过他的妻子。

多产的作曲家

圣桑的作品卷帙浩繁，包括交响曲、协奏曲、歌剧［其中最著名的是《参孙与大利拉》（*Samson and Delilah*）］、宗教与世俗合唱曲、音诗［包括著名的《骷髅之舞》（*Danse Macabre*），其中使用了木琴来表达骨头的晃动作响］、室内乐、歌曲、钢琴和管风琴独奏曲，甚至还写过电影音乐。令人啼笑皆非的是，如今他最著名的作品是诙谐讽刺的《动物狂欢节》（*Carnival of the Animals*，1886年），这部作品是写着玩儿的，在作曲家生前并没有出版。

圣桑的音乐精致优雅，富有魅力——这些是法国的独特品质——但到了晚年，他在自己祖国的名声开始下降。不过，最后他还是在马德莱娜教堂受到了国葬的礼遇。

不喜欢圣桑的评论家们认为他的音乐太肤浅——过于重视风格而非内涵——但他的佳作得以经受时间的考验，如今在音乐会曲目中是受人喜爱的重要组成部分。

△《骷髅之舞》，1874年
圣桑的这首音诗的开头，一个音符重复了12遍以表达午夜。代表死亡的小提琴召唤死者从坟墓中苏醒，开始舞蹈。

背景

马德莱娜教堂

马德莱娜教堂［为抹大拉的马利亚（Mary Magdalene）建造］。拿破仑希望用这座教堂来纪念法军的荣耀，并采用了宏大罗马宫殿的造型。然而，它后来变成了一座堂区教堂，并于1842年被圣化。教堂里壮观的管风琴由19世纪最著名的管风琴建造者阿里斯蒂德·卡瓦叶-科尔设计。圣桑从1858年至1877年一直担任这里的管风琴师——一个显赫的职位。这一职位的后继者中还包括他的学生加布里埃尔·福莱（Gabriel Fauré），后者在1896年至1905年期间任职。

马德莱娜教堂，约1910年，手工上色照片

乔治·比才（Georges Bizet）

1838—1875年，法国

比才的一生堪比悲剧歌剧的剧本。虽然很早就显露出天赋，他一直苦于无法扬名。在他生命的最后创作的《卡门》是全世界颇受欢迎的歌剧之一，但他直到去世都以为这是一部失败的作品。

出生于巴黎的乔治·比才是一名歌唱老师的儿子。他的父母和叔叔都是成功的音乐家，而比才跟随他们接受最初的音乐教育。1848年，9岁的他获准入学巴黎音乐学院，并在学业上表现卓越，在钢琴、管风琴和作曲上频频获奖。

◁《采珠女》
这是比才的第一部重要歌剧《采珠女》的德文版封面。作品讲述了古代一个渔村中三角恋的故事。

早期的突破和兴趣

更重要的是，比才受到了比他大20岁的夏尔·古诺（Charles Gounod）的赏识。他成为了比才的终身好友和导师。比才在古诺一部作品的启发下创作了他的第一部重要作品《C大调交响曲》（1855年），这部作品如今被认为是他最佳的一部管弦乐作品。不过它没有在比才生前演出，直到1935年才获得首演。

1857年，他赢得了罗马奖金，在资助下前往意大利学习。在那里，他开始行为失检，放纵不羁。这段时期他最主要的作品是喜歌剧《唐·波柯皮欧》（*Don Procopio*）。这令他的老师们很不满意——他们认为罗马奖金的获得者应能创作出更严肃的作品。

比才是一名才华横溢的演奏者，但他拒绝成为演奏家。他的主要兴趣在戏剧上。他的第一部有质量的歌剧是首演于1863年的《采珠女》（*The Pearl Fishers*）。它受到了公众的喜爱，柏辽兹也表示赞赏，但批评家们对作品严厉抨击。这部歌剧一共演出了18场。

动荡时期

此时，比才的个人生活正经历动荡。1862年，他和家里的女管家生下了一个私生子，不过这件事被掩藏了起来（孩子的母亲临死前才说出了这个秘密）。之后，比才与热纳维耶芙·阿莱维（Geneviève Halévy）成婚。两人的婚姻时而遭遇不顺，很大程度上因为热纳维耶芙的精神不稳定的母亲。

与此同时，比才的职业一度停滞。他揽了不少没有创造性的杂活——改编钢琴乐谱、为小孩设计了一套钢琴课、给其他作曲家提供帮助。他自己的作品却经常无法慢工出细活，甚至因为没时间而被迫放弃。《卡门》（*Carmen*，1875年）本应改变这一切。这部作品基于普罗斯佩·梅里美（Prosper Mérimée）精彩的短篇小说，其中有热血的角色、西班牙和吉卜赛的律动以及热情奔放的塞莱斯汀·加利-玛莉（Célestine Galli-Marié）领衔主唱。然而，比才的歌剧震惊了巴黎观众——粗放的热情、卡门当着观众的面被争风吃醋的唐·荷塞（Don José）杀害，还有吸烟的女人们。因为作品中有台词而非叙唱部，它上演于喜歌剧院（Opéra-Comique）——这里演出的通常是更轻浮的作品。然而，这部比才的杰作如今已经成为世界上颇受欢迎的歌剧之一，其中残暴的剧情和激情的角色进而影响了真实主义（verismo）运动。

△饰演卡门的加利-玛莉
亨利·吕西安·杜塞（Henri Lucien Doucet）在这里描绘了塞莱斯汀·加利-玛莉在比才激情的歌剧中与作品同名的女主角。歌剧在1875年上演时，观众们对其中的热情和暴力感到愤慨。

▷乔治·比才
这幅画中的比才蓄着胡须，戴着眼镜。他年仅37岁就骤然去世，似乎是因为心脏病。他生前几乎没有尝过成功的滋味——他的作品一直到20世纪以后才引发了大量的兴趣。

人物

普罗斯佩·梅里美

梅里美（1803—1870年）是一名真正的博学家：他是政府官员、作家、历史学家和翻译家。在担任历史文献的首席检查官员期间，作为主要力量推动了法国国家中世纪博物馆的建立和卡尔卡松（Carcassonne）城堡的修复。梅里美数据库是法国历史遗迹的官方数据库。作为一名作家，他是中短篇小说的先驱人物，并因此被人铭记。他的《卡门》出版于1845年，作品源自1830年他到访西班牙时从蒙蒂茹（Montijo）女伯爵处听到的故事。

普罗斯佩·梅里美的肖像，西蒙·罗沙特（Simon Rochart），1852年

“美好的艺术，但……悲惨的职业。”

乔治·比才，谈及音乐，1867年

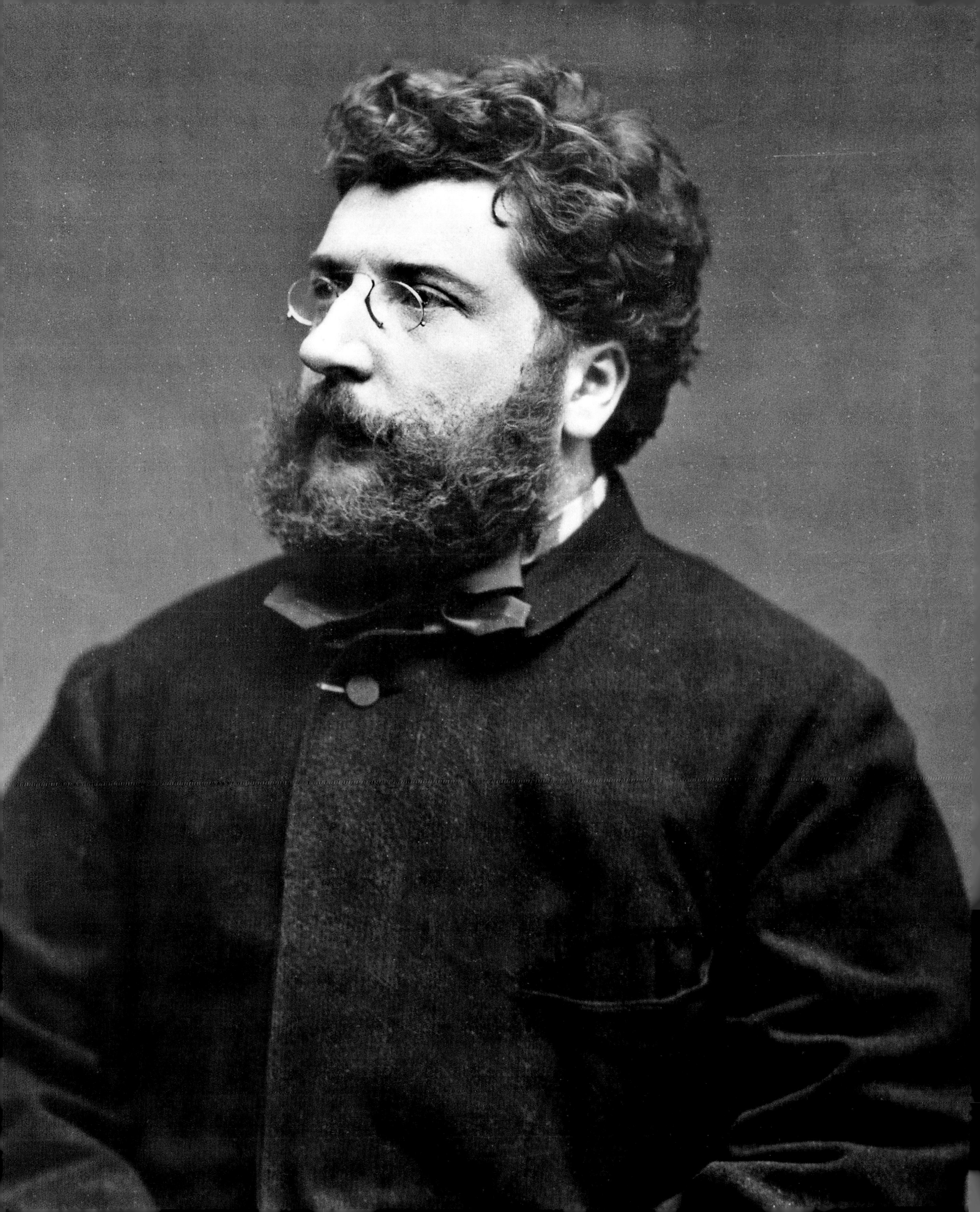

莫杰斯特·穆索尔斯基

1839—1881年，俄罗斯

穆索尔斯基是俄国具有创造力和颠覆传统的作曲家之一。家庭的不幸以及自己混乱的生活方式使他没能走上正轨，他的作品直到死后才被充分了解。

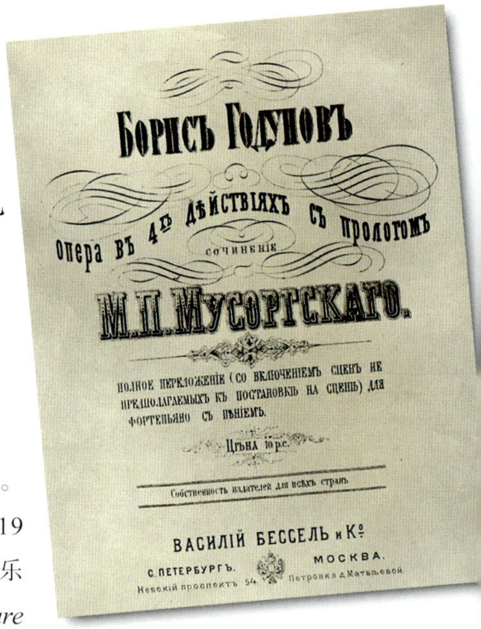

△《鲍里斯·戈东诺夫》，封面

穆索尔斯基的第一部歌剧诞生于1869年，但遭到了帝国剧院的退稿。经过改编的版本于1874年上演于圣彼得堡。今天，许多人认为它是一部杰作。

穆索尔斯基的父亲是一个富有的地主，家庭的贵族血脉可以追溯到9世纪。然而，对穆索尔斯基而言不幸的是，家庭的财富主要依赖农奴所带来的免费劳力；1861年，亚历山大二世废除了农奴制后，他的家庭立刻失去了经济来源。

这个时候，穆索尔斯基已经开始了自己半吊子的音乐生涯。人们对他的童年知之甚少。他出生于圣彼得堡以南400千米外的普斯科夫（Pskov）地区的乡间宅邸中，而且在跟随母亲学习钢琴后展现出了很强的音乐天分。然而，在一所军校进修后，他加入了普列奥布拉任斯基禁卫军（Preobrazhensky regiment）。

穆索尔斯基加入了如今被称作“强力集团”或“俄罗斯五人组”的一群前卫音乐家后，重燃了对音乐的兴趣。这个团体由米利·巴拉基列夫（Mily Balakirev）领导，成员还包括亚历山大·鲍罗丁、策扎尔·居伊（César Cui）和尼古拉·里姆斯基-科萨科夫（Nikolai Rimsky-Korsakov）。穆索尔斯基设法说服巴拉基列夫教他作曲，所授内容虽然浅显，但点燃了这位年轻人的热情。他放弃了军旅生涯，开始创作一系列作品。

屋漏偏逢连夜雨

他的音乐生涯进展缓慢，不尽如人意。1858年，穆索尔斯基经历了一场精神崩溃（他的家人称之为“神经质”）。他逐渐恢复过来，但财务的窘境越来越对他造成严重的影响，他也因此成为了一名低级别的公务员。1865年他的母亲去世，这也使他颇受打击并开始重度饮酒以致于他晚年酗酒成性。

穆索尔斯基的主要作品创作于19世纪60年代晚期。他最重要的管弦乐作品《荒山之夜》（*Night on the Bare Mountain*）创作于1867年，2年后他的唯一一部完工的歌剧，《鲍里斯·戈东诺夫》（*Boris Godunov*）也问世了。两部作品都没能取得他预料的反响。比如，帝国剧院的委员会对这部歌剧颠覆性的结构表示困惑：作品中没有女主角，没有芭蕾元素，也没有传统的咏叹调；有一系列独立的舞台场景，却没有连续的剧情。

穆索尔斯基在1874年推出了经过大幅改动的《鲍里斯·戈东诺夫》，但反响依然不温不火——不仅是评论家，连音乐家们也没有表示赞许。穆索尔斯基只接受过有限的音乐教育，而这给他的作品带来了一种粗糙的、未经打磨的气质，使当时的听众难以接受。遭受这一系列的挫折后，作曲家开始长期酗酒，晚年在军队医院度过。

穆索尔斯基的大部分音乐作品一开始都经过善意的同行们“打磨”后才为人所知，其中包括里姆斯基-科萨科夫。直到20世纪，去除了这些粉饰之后，作品中原始、粗粝的才华才获得听者们的赞赏。

人物

米利·巴拉基列夫

巴拉基列夫只比穆索尔斯基大2岁，但是对后者产生了至关重要的影响。他是“强力集团”的领袖，这是新一代俄罗斯音乐的推动力量。巴拉基列夫同意给穆索尔斯基授课，而且这种关系至少顺利持续了一段时间。在巴拉基列夫的最佳时期，他可谓一名厉害的作曲家——最著名的作品是基于高加索舞蹈的钢琴炫技作品《伊斯拉美》（*Islamey*）——但是他的境遇与他的学生一样艰难。他生性孤僻，容易陷入争吵，因此疏远了不少朋友。他也经历过精神崩溃，这使他失去了铁路职员的工作。

◁**强力集团**

这幅复刻画展现的是前卫作曲家团体“强力集团”（或俄罗斯五人组）。他们重燃了穆索尔斯基对音乐的兴趣。

▷**莫杰斯特·穆索尔斯基，1881年**

伊利亚·列宾（Ilya Repin）的这幅绘画作品中，作曲家面色发红，身着晨衣。作曲家在这幅肖像画创作的前一晚，有人偷偷给他送去一瓶白兰地，导致他在当晚便去世了。

1881

彼得·伊里奇·柴可夫斯基

1840—1893，俄罗斯

柴可夫斯基被誉为俄罗斯最受欢迎的作曲家，在他的音乐中融合着源自东西方的影响。动荡的个人生活给他的作品带去强烈的情感张力。

◁**鲁宾斯坦兄弟**
俄罗斯钢琴家兼作曲家兄弟安东·鲁宾斯坦（左）与尼古拉·鲁宾斯坦对早期的柴可夫斯基的职业生涯产生了重要影响。

1840年，柴可夫斯基出生于沃特金斯克（Votkinsk）。他的父亲是一名富裕的矿业工程师。他从小是一个敏感、容易被左右的孩子；当他被送去学校学习时，他从马车上一跃而起，试图跑回母亲身边。他的母亲在1854年死于霍乱，这给他造成了沉重的打击。

在圣彼得堡法律学院上学期间，年轻的彼得是合唱团成员（根据他的回忆，“我的声音宛如华丽的女高音”），他演奏钢琴并且开始试图作曲。他还交了一些好朋友。他和他的弟弟莫杰斯特（Modest）都是同性恋。

新的天地

毕业后，柴可夫斯基在司法部做了4年的职员；但是，他跟随俄罗斯音乐协会的尼古拉·扎连巴（Nikolai Zaremba）学习音乐，并确信音乐才是真正属于他的方向。1862年，柴可夫斯基在新成立的圣彼得堡音乐学院入学。他的老师们中包括后来对他产生重大影响的院长安东·鲁宾斯坦（Anton Rubinstein）。柴可夫斯基早期显露出其潜力的作品中包括基于亚历山大·奥斯特洛夫斯基（Alexander Ostrovsky）的戏剧序曲《暴风雨》（*The Storm*），以及为弗里德里希·席勒的《欢乐颂》所写的合唱曲。

1866年，柴可夫斯基受到安东·鲁宾斯坦的弟弟尼古拉·鲁宾斯坦（Nikolai Rubinstein）的邀请前往莫斯科音乐学院担任教职，因此搬到了莫斯科。尼古拉很赞赏柴可夫斯基的作品，并介绍他进入莫斯科的音乐和文化圈子。1868年，居古拉指挥了柴可夫斯基第一交响曲《冬之梦》（*Winter Dreams*）的首演；此时，柴可夫斯基正在埋头苦写他的第一部歌剧《总督》（*The Voyevoda*）。

1869年，作曲家米利·巴拉基列夫建议柴可夫斯基根据莎士比亚的《罗密欧与朱丽叶》写一部交响作品。这部作品首演于1870年，但是后来经过两轮修改，直到1880年才到达最终的版本（首演于1886年）。在这部作品中，柴可夫斯基实现了西方结构与俄罗斯风格的结合：劳伦斯神父［Friar Laurence，

◁**彼得·伊里奇·柴可夫斯基，1894年**
这幅描绘作曲家去世前不久的肖像画中可以看出作曲家多愁、忧伤的性格特征。画作完成于作曲家去世1年后。

“灵感通常不愿眷顾懒人。”

彼得·伊里奇·柴可夫斯基

背景

俄罗斯首位职业作曲家

柴可夫斯基是俄罗斯作曲家中第一位“全职”的。同时期的另外5位作曲家，被称作“强力集团”或“俄罗斯五人组”都是自学成才，至多只称得上兼职作曲家，甚至只是超凡的业余选手（比如，鲍罗丁是一名化学家，而里姆斯基-科萨科夫是一名海军军官）。相比他们，柴可夫斯基更无牵无挂——很大程度上因为娜杰日达·冯·梅克（Nadezhda von Meck）对他长达14年的财务支持。

▷**学位证书，1865年**
柴可夫斯基获得的圣彼得堡音乐学院的学位证书。他1862年入学，师从安东·鲁宾斯坦。

关键作品

1866年
第一交响曲《冬之梦》（作品号13）是一部精美的作品，充满忧伤和渴望。

1876年
完成了他的第一部芭蕾舞曲《天鹅湖》。作品极富戏剧性，几乎具有瓦格纳风格。

1878年
《叶甫盖尼·奥涅金》（作品号24）基于普希金的诗歌而写。作品对柴可夫斯基个人有着重要意义。

1880年
完成了听起来激动人心的《1812序曲》（*1812 Overture*，作品号49）。

1892年
《胡桃夹子》（作品号71）是柴可夫斯基最后一部芭蕾。歌唱的旋律编织着魔幻的故事。

1893年
《第六交响曲》（作品号74）是柴可夫斯基最后一部交响曲。整部作品被悲剧笼罩，极具独创性。

△**安娜·巴甫洛娃（Anna Pavlova），1911年**
这幅由约翰·拉维（John Lavery）创作的细节画中，一位优雅的俄罗斯女芭蕾舞演员正在演出《天鹅湖》。这是柴可夫斯基最受人喜爱的作品。

文艺复兴时期维罗纳（Verona）的神父］的主题毫无疑问来自俄罗斯东正教会的音乐语言。

与此同时，柴可夫斯基的个人生活被悲剧笼罩。多年来，他与不少年轻男子发生过恋情，有时是他的学生，后来还有他的外甥。创作《罗密欧与朱丽叶》时，他正与一名音乐学院的学生爱德华·扎克（Eduard Sack）交往，而对方在1873年自杀。柴可夫斯基写道："我好像从来没有像爱他一样爱过任何人……关于他的回忆对我有着神圣的意义。"

1876年进一步影响了柴可夫斯基。造访巴黎期间，他观看了乔治·比才的新歌剧《卡门》，其中的命运动机对他产生了哲学上和音乐上的重要影响。然后，他又前往德国的拜罗伊特，在首届瓦格纳音乐节上担任乐评。他最喜欢的瓦格纳歌剧是《罗恩格林》，这部作品对他的《天鹅湖》（*Swan Lake*）产生了极大的影响。1877年这部芭蕾剧上演时，有一位评论家认为柴可夫斯基的作品"太瓦格纳化"。《天鹅湖》很大程度上基于他多年前为他的妹妹亚历山德拉·达维多娃（Alexandra Davydova）的孩子们所编的小型芭蕾舞写成的——他在他的妹妹家可以享受到他自己缺失的家庭氛围。

婚姻灾难

《天鹅湖》首演后，柴可夫斯基的个人生活遭遇新的危机。他决定结婚，部分因为希望保护他的家庭不受流言蜚语的困扰，也因为——正如他告诉莫杰斯特——"同性恋取向和教学间的矛盾无法调和"。他又爱上了另一名学生，小提琴家伊欧西夫·寇特克（Iosif Kotek），并且后来为他创作了小提琴协奏曲（寇特克害怕暴露二人的关系，因此没有首演这部作品）。但是在1877年，柴可夫斯基出乎意料地收到了来自一名曾经的学生，安东妮雅·米露可娃（Antonina Milyukova）的信件，信件中表达了对他的爱慕。他的歌剧《叶甫盖尼·奥涅金》（*Eugene Onegin*）被认为受到这一事件的启发。歌剧的原作是普希金的诗歌，其中塔季扬娜（Tatyana）通过情书来靠近奥涅金。柴可夫斯基顺理成章地与安东妮雅结婚了。

然而这场婚姻如同灾难。绝望中的作曲家甚至跳入了莫斯科河，希望通过染上肺炎以病死的姿态自杀。最终，他连感冒都没得上，然而却经历了一场严重的精神崩溃。很快，夫妻二人便分开了，但两人从未真的离婚。

1876年，他又鬼使神差地开始了另一段缘分，不过这次回报颇丰。铁路大亨遗孀娜杰日达·冯·梅克开始向柴可夫斯基委约作品，后来更开始为他提供年金，使柴可夫斯基得以全身心投入作曲。两人都认为双方永远不应该见面；他们有两次意外相遇，但都没有对话，擦身而过。14年间，两人的友情通过1200多封信件展开。柴可夫斯基秘密地将他的《第四交响曲》（强有力的命运主题响彻其中）题献给她。

方法
综合影响

柴可夫斯基似乎毫不费力地将来自欧洲的影响（莫扎特的结构、肖邦的情感和瓦格纳的力量）力量与俄罗斯独特的元素结合了起来：比如，他的旋律既受到俄罗斯语言和民歌影响，也受到东正教会合唱团的无伴奏合唱中丰富的合声的影响。因此，他的音乐似乎总是介于东方与西方之间。这一点再结合极富想象力的、色彩丰富的配器，形成了一种受到普遍喜爱的音乐语言。

教堂唱诗班，弗拉基米尔·叶戈罗维奇·马科夫斯基（Vladimir Egorovich Makovsky），1870年

如今广受欢迎的《小提琴协奏曲》《第一钢琴协奏曲》《叶甫盖尼·奥涅金》和芭蕾舞曲等在当时没有立刻得到认可，却是《1812序曲》使柴可夫斯基的名字家喻户晓。1880年，尼古拉·鲁宾斯坦建议他写这部作品纪念俄罗斯对拿破仑的胜利，尽管作曲家自己一直很厌恶这部作品。

享誉国际

19世纪80年代早期，已然声望卓著的柴可夫斯基四处访问并大量作曲。1885年，他在莫斯科郊外的克林（Klin）附近的乡村买了一栋房子。他表示自己在这里"欢愉、满足、平静"。这段时期的作品包括歌剧《拖鞋》（*Cherevichki*）、《女妖》（*The Enchantress*）和根据拜伦的诗创作的《曼弗雷德》（*Manfred*）交响曲。

《拖鞋》的首演是作曲家首次尝试指挥。事实证明，指挥是他职业的一大高明的突破。他在莫斯科指挥了一场演奏自己的作品的音乐会，大获成功，并接着展开了一场欧洲巡回演出，沿路与勃拉姆斯、格里格（Grieg）和德沃夏克（Dvořák）会面。1891年，他在纽约指挥了新落成的卡耐基音乐厅的首场音乐会。

在俄罗斯，他又完成了《第五交响曲》和芭蕾《睡美人》（*Sleeping Beauty*）——后者的创作过程中他与著名舞蹈家莫里斯·珀蒂帕（Marius Petipa）紧密合作，作品于1890年在圣彼得堡的马林斯基芭蕾舞院首演。不过，柴可夫斯基对自己的另一部歌剧《黑桃皇后》（*The Queen of Spades*）遭受的冷遇感到失望——他认为这是他的最佳作品之一。

在他的晚年，柴可夫斯基成为了国宝，在国外也被誉为世界上在世的音乐家中伟大的一位。在19世纪90年代早期，他脑中依然充满着想法和计划，并紧锣密鼓地创作新歌剧《约兰塔》（*Iolanta*）、芭蕾《胡桃夹子》（*The Nutcracker*）和第六交响曲《悲怆》（*Pathétique*）——他将这部交响曲题献给他的外甥弗拉基米尔·达维多夫[Vladimir Davydov，昵称鲍勃（Bob）]，后者比他小30岁。

在这部交响曲1893年首演后几天的一个晚上，柴可夫斯基在圣彼得堡他最爱的餐厅里染上霍乱，最终因此去世。有猜测认为他为了自杀故意饮下了生水，但至今没有定论。

△睡美人

这张1890年的照片中是柴可夫斯基最伟大的芭蕾《睡美人》第一场演出中的演员们。

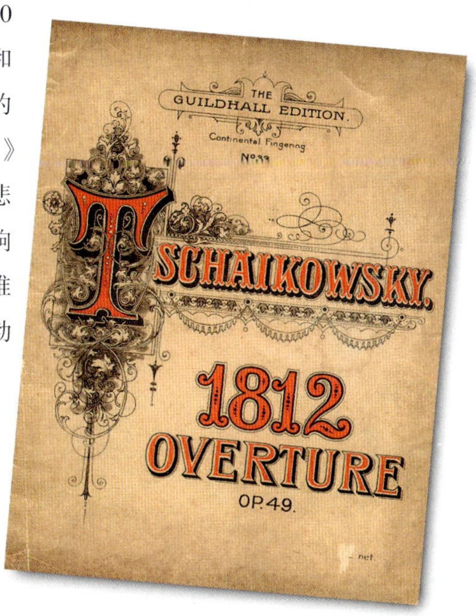

△《1812序曲》，卷首插图

这首并不反映柴可夫斯基作曲风格的、华而不实的序曲——纪念俄罗斯对拿破仑的胜利——将柴可夫斯基置于聚光灯下。

"懊悔过去的，期许未来的，且永远不满足于当前的。我的生命就被用来做这些。"

彼得·伊里奇·柴可夫斯基，给弟弟阿纳托利（Anatoly）的信，1878年

安东宁·德沃夏克（Antonín Dvořák）

1841—1904，捷克

经历了多年的挣扎后，德沃夏克终于逐渐成为了一名令人仰视的杰出作曲家。从舞曲到歌剧，来自不同体裁的灵感帮他将一种独特的波西米亚音乐风格打造成型。他后来还创造了一种美国风格。

安东宁·德沃夏克的音乐在古典的结构与民间的舞曲间取得了一种独一无二的平衡，其中既有宏大的规模，又不乏窃窃私语；既有欢笑，也有泪水。德沃夏克受到的影响来源广泛，并形成了独特的音乐语言；有时候，在抒情旋律的表象之下隐藏着真正的黑暗。

天赋和才艺

德沃夏克出生于布拉格附近的小镇内拉霍奇夫斯（Nelahozeves）。18岁时，他已经是一名优秀的音乐家。他的主要乐器是中提琴——有趣的是，许多顶尖的作曲家，包括莫扎特和舒伯特，都偏爱使用这个乐器。不过他还是一名厉害的小提琴手、钢琴家和管风琴师。作为一个真正意义上的全能音乐家，作曲似乎是一个自然的发展方向。

▷**切尔马科娃姐妹**
约瑟芬娜·切尔马科娃（站着）和妹妹安娜（后来成为德沃夏克的妻子）在钢琴旁边。

在布拉格学习管风琴演奏的他逃脱了继承家庭生意的压力；他的父亲虽然是一名不错的乡村音乐家和齐特琴演奏家（因此将儿子带进了音乐世界），但职业却是一名屠夫。

德沃夏克在临时国民剧院做了11年的小提琴手。当时，剧院的指挥是捷克国宝级作曲家贝德里赫·斯美塔那。德沃夏克应该在1863年瓦格纳指挥的一场音乐会中演奏过。他后来回忆自己“沿着街道尾随瓦格纳，为了能时不时窥视一下这个了不起的家伙的脸庞”。多才多艺的德沃夏克通过教钢琴来补贴自己的生活，并爱上了自己的一名学生约瑟芬娜·切尔马科娃（Josefina Cermáková）。可惜的是，对方没有回应他的爱慕。也许在这段时期，他的阳光的音乐之下开始出现悲伤的暗涌。然而，1873年他与约瑟芬娜的妹妹安娜（Anna）成婚，两人后来有了一个大家庭。

不过，德沃夏克此时的经济状况颇为堪忧。1875年，他寄了15部作品申请为穷困音乐家设立的奥地利国家奖学金（Austrian State Stipendium），得到的描述是：“布拉格的安东·德沃拉克（Anton Dworak），33岁，音乐老师，完全没有收入。”他三次得奖，评委会中有约翰·赫贝克（Johann Herbeck）、评论家爱德华·汉斯力克（Eduard Hanslick）和作曲家约翰内斯·勃拉姆斯；勃拉姆斯“显然被（德沃夏克的）娴熟技巧和才华征服了”。

◁**临时国民剧院**
临时国民剧院建于1862年，德沃夏克曾在这个剧院做过11年的演奏员。在1881年国家大剧院开幕前，这是一座过渡性的剧院。

背景

音乐民族主义

德沃夏克受到了19世纪下半叶席卷欧洲的文化民族主义的强烈影响。这场运动或许是由肖邦（他将波兰民间舞曲的音乐语言带给了巴黎的沙龙听众们）和李斯特（他将吉卜赛音乐塑造成了高辨识度的匈牙利民族风格）兴起的。这个趋势传播到了俄罗斯（通过“强力集团”或“俄罗斯五人组”的音乐家）、挪威（通过格里格）和捷克斯洛伐克（1918年10月28日至1992年12月31日存在的共和国）——先有斯美塔那，后有德沃夏克。德沃夏克深深喜爱并融入了自己的交响诗与歌剧的那些传说以及他童年时所听到的民间音乐，还与波西米亚的自然美景有着不可忽视的关联。

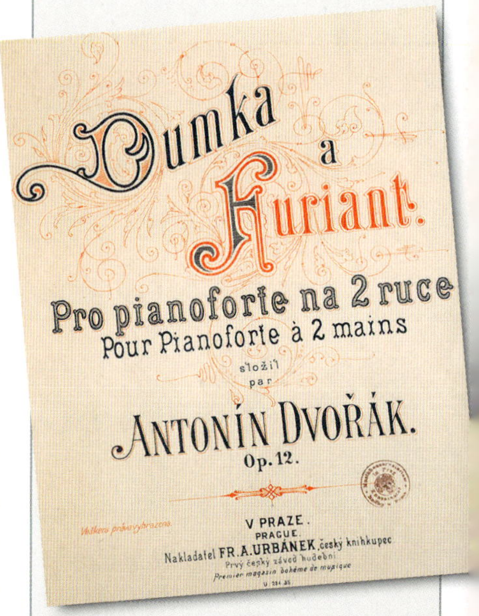

德沃夏克的《斯拉夫舞曲》（*Slavonic Dances*）中的《杜姆卡和富利安特》（*Dumka and Furiant*，作品号12），封面页

▷**安东宁·德沃夏克**
德沃夏克在职业生涯中打造了一种极易辨识的音乐风格。他的音乐使他广受赞誉。德沃夏克是布拉格查理大学（Charles University）和英国剑桥大学的荣誉博士。

△《水仙女》

这是德沃夏克最著名的歌剧《水仙女》在2006年的一场制作，演出于布拉格国家歌剧院。这部作品与汉斯·克里斯汀·安徒生（Hans Christian Andersen）的《小美人鱼》（*The Little Mermaid*）有相似之处，并且包含了狂想诗一般的音乐。

得到了鼓舞后，德沃夏克离开了乐团，在作曲上加倍努力。1875年，他完成了3部室内乐、一套歌曲集、他的第五交响曲和《弦乐小夜曲》（*Serenade for Strings*）。勃拉姆斯与他成为了朋友，并将他介绍给了出版商弗里茨·西姆罗克（Fritz Simrock）。后者向德沃夏克委约了第一卷《斯拉夫舞曲》。

名望和阻碍

很快，德沃夏克第一次尝到了出名的甜头。然而，即便此时，他的努力还是时而遭到冷遇。比如，1879年，他为勃拉姆斯的好友、欧洲最负盛名的小提琴家约瑟夫·约阿希姆写了一首小提琴协奏曲。出了名的难以取悦的约阿希姆拒绝演出这部作品。

在浪漫主义音乐版图中，“保守”的勃拉姆斯和“激进”的瓦格纳处在光谱的两端。德沃夏克同时受到二人的影响。他的歌剧，包括《水仙女》（*Rusalka*），充满了瓦格纳主义的影响。即使是他早期的室内乐作品和交响曲（尤其是第四）中，都可以听到他最喜爱的瓦格纳歌剧《唐豪瑟》（1845年）中瓦格纳主义的风格和回响。然而，德沃夏克在19世纪80年代创作的作品与勃拉姆斯不乏相似之处。比如，他的第六交响曲的首尾乐章中都令人联想到勃拉姆斯的第二交响曲，尤其是情绪、调性、速度、配器、主题和动机等。

亮相英国

与此同时，德沃夏克的婚姻幸福，子女满堂：他们的9个孩子中有6个活了下来。根据德沃夏克的朋友柴可夫斯基的描述，安娜是一名“单纯、惹人喜爱的女子，也是一名出色的主妇”。然而，德沃夏克深受对妻子姐姐迷恋的困扰。他的大提琴协奏曲（1894—1895）中的慢乐章是对去世的约瑟芬娜的致意，其中引用了他所写的并受到对方喜爱的一首歌曲。“假如我知道为大提琴可以写出这样的协奏曲，我早就自己也试试了”，勃拉姆斯在聆听这部作品后表示。

这首协奏曲，与他的第七交响曲（1885年）和《安魂曲》（1890年）一起在英国首演。德沃夏克在那里极受欢迎，颇具影响力。诸如爱德华·埃尔

“如果我可以发明火车头，
我愿意放弃自己所有的交响曲。”

安东宁·德沃夏克

方法

创造波西米亚风格

捷克民间音乐的氛围、律动和情感热度，而不是民歌本身，渗透在德沃夏克的作曲中。他通常不会直接引用歌曲，但节奏欢快的舞曲形式和波西米亚民间音乐中摄人心魄的旋律都是作曲家音乐语言的一部分。他的《斯拉夫舞曲》和《杜姆卡》（*Dumky*）三重奏（1891年）是极佳的例子：后者的所有乐章都参考了在传统民间舞蹈“杜姆卡”中交替的快慢乐章。

捷克民间舞蹈，版画，19世纪

加（Edward Elgar）、塞缪尔·柯勒律治-泰勒（Samuel Coleridge-Taylor）等作曲家都深受德沃夏克的影响。

1891年，已经完成8部交响曲、被授予荣誉博士并且是布拉格音乐学院作曲教授的德沃夏克获得了前往纽约国家音乐学院担任院长的机会。在这里，他实际上的雇主、慈善家吉纳特·瑟伯（Jeannette Thurber）心里还有另外一个想法。德沃夏卡此前创造了一种独特的波西米亚音乐风格，一种堪比格里格之于挪威、李斯特之于匈牙利的民族音乐身份。这种音乐风格受欢迎又有影响力，而且是国民自豪感的源泉。瑟伯希望德沃夏克也为美国做同样的事。

新旧世界

抵达美国不久后，瑟伯将一份朗费罗（Longfellow）的史诗《海华沙之歌》（*The Song of Hiawatha*）交给了德沃夏克，并认为后者可以基于这部史诗创作出一部伟大的美国歌剧。德沃夏克对各类美国音乐进行了钻研。很快，他宣布自己找到了理想的声音——美国黑人的灵歌。

遗憾的是，他的剧本需要得到音乐学院委员会的批准，而他提交的方案没有能够赢得他们的赞许，其中的原因无从得知。德沃夏克将这部歌剧中的素材抽出，并运用于一个新的项目：他的第九交响曲《自新世界》（*From the New World*）。

1895年，思乡的德沃夏克回到布拉格成为了该市音乐学院的院长。在他生命的最后几年中，他专注创作歌剧和交响诗，其中包括《金纺车》（*The Golden Spinning-Wheel*）和《午时女巫》（*The Noonday Witch*）。1897年，他的女儿奥蒂利（Otilie）（也是一名出色的音乐家）嫁给了德沃夏克的得意门生、作曲家约瑟夫·苏克（Josef Suk）；这个家庭和睦融洽，直至德沃夏克在1904年去世。不幸的是，奥蒂利在次年也离世了，年仅27岁。苏克的《阿兹拉伊尔》（*Asrael*）交响曲是对德沃夏克父女的致意。

德沃夏克对后世产生了巨大的影响。捷克音乐在他之后的接班人包括苏克和莱奥什·雅那切克（Leoš Janáček）。20世纪的一系列美国作曲家也会因他而感到骄傲，其中包括艾伦·科普兰（Aaron Copland）、塞缪尔·巴伯（Samuel Barber）、查尔斯·艾夫斯（Charles Ives）和伦纳德·伯恩斯坦（Leonard Bernstein），他们将一种真正意义的民族风格推向成熟。

关键作品

- 1875年　五乐章的《弦乐小夜曲》。这是一部歌唱性的作品，充满着活力和民间舞蹈的律动。
- 1878—1886年　《斯拉夫舞曲》第一卷和第二卷。这些作品基于波西米亚舞曲形式，色彩丰富。
- 1887年　在宏大的A大调第二号钢琴五重奏中，钢琴和弦乐四重奏一起创造出了交响乐的气度。
- 1893年　第九交响曲《自新世界》的一些主题来自美国传统的灵歌。
- 1895年　德沃夏克的大提琴协奏曲结构宏大，同时具有英雄主义和悲剧性的暗示。
- 1901年　德沃夏克的魔幻歌剧《水仙女》深受瓦格纳歌剧创作技巧的影响。

△**《自新世界》专辑封面**
第九交响曲《自新世界》中，德沃夏克个性分明的戏剧性风格与来自美国黑人灵歌的主题发生了融合。1893年作品首演时，《纽约先驱报》援引对德沃夏克的采访："第二乐章……事实上是为一部更长的作品所打的草稿……将会基于朗费罗的《海华沙之歌》……这部交响曲的谐谑曲受到《海华沙之歌》中印第安人舞蹈的启发。"

◁**德沃夏克的家庭，1892年**
这张照片中，德沃夏克一家刚刚抵达美国不久。安东宁被任命为纽约国家音乐学院的院长。这个学院由美国音乐事业的赞助人吉纳特·瑟伯于1885年兴办。

爱德华·格里格（Edvard Grieg）

1843—1907年，挪威

格里格是挪威最伟大的作曲家。他经受了浪漫主义的洗礼，并使用了民间素材为祖国的音乐强化了民族认同感。他还是一名享誉国际的钢琴演奏家。

◁卑尔根，挪威
这幅描绘卑尔根景致的画作来自格里格自己的素描本。这位伟大的作曲家在这里出生和长大。

爱德华·格里格的家庭有着苏格兰血统。他的曾祖父亚历山大·格里格（Alexander Greig）在18世纪60年代来到了挪威，并将姓的拼写改为“Grieg”。他在西海岸的卑尔根（Bergen）定居，并拥有了一个生机蓬勃的家庭。格里格的父亲约翰曾担任英国领事，而他的母亲则是省长的女儿。父母二人都擅长音乐，并在格里格很小的时候就鼓励他发展音乐技能：6岁时，他开始随母亲学习钢琴；少年时期，他开始跟父亲学习作曲。

◁爱德华·格里格，1891
格里格最初受到门德尔松和舒曼作品的影响，但他后来受到了挪威民间曲调的启发——这对他的音乐造成了巨大的冲击。

1858年，挪威著名的音乐家之一，小提琴家奥勒·布尔（Ole Bull）拜访了格里格一家。在听完爱德华的演奏后，布尔建议男孩的父母将孩子送往声望卓著的莱比锡音乐学院学习。后来，格里格表示自己很讨厌那里，但无论如何，他从作曲家伊格纳兹·莫谢莱斯（Ignaz Moscheles）的教学中获益良多；他还在听了舒曼的遗孀克拉拉的演奏后开始喜爱舒曼的作品。此时，格里格的目标是成为一位知名的钢琴演奏家，但是他对自己的音乐教育感到不满意。因此，在1863年前往哥本哈根寻求深造。在那里，他听取了斯堪的纳维亚浪漫主义学派的领导人尼尔斯·加德（Niels Gade）的建议。加德既给予格里格鼓励，也严厉批评他作曲量过少。

好消息是，他遇见了自己的表妹——歌唱家妮娜·哈格鲁普（Nina Hagerup）。两人订婚，并在1867年结婚。

关键的一步

格里格前往哥本哈根的决定非常关键。这座城市同时是丹麦和挪威的文化中心。1814年之前，挪威是丹麦王国的一部分；之后，挪威与瑞典达成了政治统一，而这一直持续到1905年——不过丹麦一直保持着很强的影响力。比如，19世纪的大部分时间，丹麦语一直是挪威的官方书写语言，甚至挪威首

背景

民间音乐

格里格对民间音乐的兴趣与当时正在引领他的祖国走向独立的民族主义运动密不可分。最初的刺激来自他与他的作曲家朋友理查德·诺拉克（Rikard Nordraak）的友谊；这个信念在1869年邂逅卢兹维·林德曼（Ludvig Lindeman）的民歌旋律后得到强化。热血沸腾的格里格开始自己对这些旋律进行改编，并将它们出版为《25首挪威民间歌曲和舞曲》，作品号17。在此后的职业生涯中，他不断从这类素材中汲取灵感，最终创作出了热情洋溢的《斯拉特舞曲》（*Slåtter*）——钢琴版的农村小提琴曲调。在这部作品中，格里格模仿了传统哈丹格尔（Hardanger）小提琴的双音技巧。

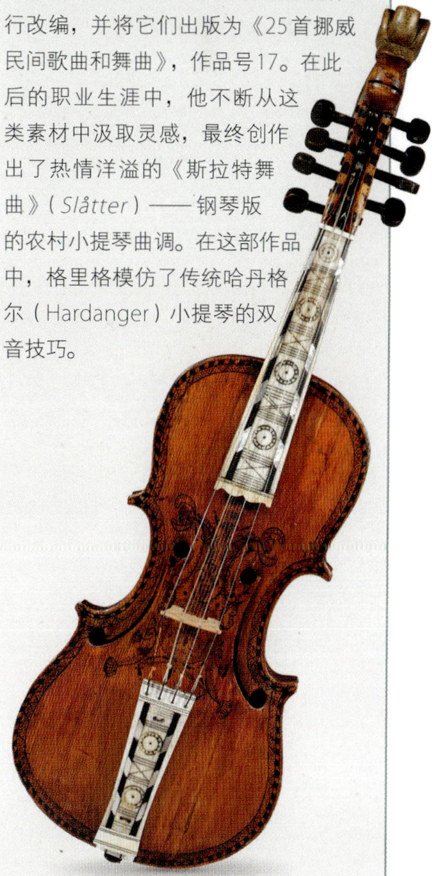

哈丹格尔小提琴：木材、乌木、珍珠母、骨材；1786年

“（仿佛）在吃一个白雪夹心的粉色软糖。”

克劳德·德彪西（Claude Debussy），谈及听格里格的音乐

人物
亨里克·易卜生

易卜生（1828—1906年）是挪威最伟大的剧作家，因其突破性的散文体话剧而出名，其中包括《海达·高布乐》（*Hedda Gabler*）、《玩偶之家》（*A Doll's House*）和《建筑大师》（*The Master Builder*）。在他的职业早期，受到祖国在维京时代强盛的影响，他也写诗剧，并因此吸引了同时代歌剧作曲家们的注意。然而，真正将易卜生与音乐界紧密连接起来的是他的《培尔·金特》。他相信这部作品可以受到配乐的帮助，并邀请格里格为此进行创作。10年后，作品首次登台演出。

《培尔·金特》中侏儒怪插图，亚瑟·拉克姆（Arthur Rackham），1936年

▷**爱德华·格里格和妮娜·格里格**
这张相片中，格里格夫妻俩坐在一架格里格的钢琴前。两人在1867年结婚。妮娜是一位女高音歌唱家，后来成为了她丈夫作品的主要诠释者之一。

都克里斯蒂安尼亚（Christiania，后改名为奥斯陆）取用的都是丹麦国王的名字。然而，浪漫主义民族运动的兴起使得许多挪威人开始寻求自己国家独特的文化认同。这个趋势影响了几乎所有的重要艺术领域——音乐、文学、绘画。

在音乐领域，人们试图重新发现和改进在乡村一直保持着生命力的民间歌曲和舞蹈。格里格的好友理查德·诺拉克对挪威民间音乐的热情以及爱国主义情绪影响了格里格，使后者对这场运动也产生了兴趣："突然，仿佛雾霭散去，我看清了我想要的东西。"诺拉克23岁时死于结核病。格里格为对方写了一首葬礼进行曲——但是诺拉克的影响并没有消散。

钢琴杰作

1866年，格里格回到了挪威并在首都定居。他在这里掌管一支业余乐团——克里斯蒂安尼亚爱乐（Christiania Philharmonic）。他最早的一批重要作品都是来自这段时期。1867年，他出版了第一卷《抒情小品》（*Lyric Pieces*）——由8首钢琴独奏小品组成。格里格经常被称为"小型作品专家"；他擅长短小、旋律性强的作品。不出意料地，《抒情小品》成了（并且一直以来都是）他最重要也是最挣钱的作品。他最终共出版了10卷，共66首《抒情小品》。这些作品中的大部分都创作于19世纪80和90年代；最后一卷出现在1901年。

格里格也写过更大型的作品。1868年，他完成了第一部具备篇幅的作品——A小调钢琴协奏曲。这部作品与舒曼写于1845年的钢琴协奏曲异曲同工，格里格曾在舒曼去世2年后聆听过克拉拉·舒曼的演绎。除了舒曼的影响，格里格的协奏曲中还暗藏着民间音乐的元素。第三乐章中可以听到侯灵舞（halling，来自挪威乡村热情奔放的民间舞蹈）的回响。作品中还能听到有着挪威传统的哈丹格尔小提琴（Hardanger Fiddle）。格里格此前曾向精熟于这件乐器的奥勒·布尔学习它的演奏方法。哈丹格尔小提琴有8根弦——2倍于传统小提琴，而这使演奏家可以更容易演奏出双音。

联手文学

19世纪70年代，格里格开始与挪威作家们合作。他与比约恩斯彻纳·比昂松（Bjørnstjerne Bjørnson）曾试图合作一部歌剧，但这个计划最终流产了。他与亨里克·易卜生（Henrik Ibsen）的合作则产生了成果。他为易卜生的戏剧《培尔·金特》（*Peer Gynt*）创作了配乐。1876年这部喜剧成功演出，其中就使用了格里格所写的90分钟的音乐。随后，格里格从中抽取了8个乐章组成了一个管弦乐组曲（作品号46和55），成为了自己的音乐会曲目。这些清新愉悦的乐章中有《晨曲》（*Morning Mood*）和《山大王的宫殿》（*In the Hall of the Mountain King*，两者都来自第一套曲）等，很快受到了大众的欢迎，至今仍深受喜爱。

格里格在自己的歌曲中使用了一种非常不同的文学参考。他一生创作了大约170首歌曲，其中绝大部分

关键作品

1867年
出版了第一卷《抒情小品》。他最终一共出版了10卷这样的钢琴独奏小品集。

1868年
完成了他的长篇作品中最著名的A小调钢琴协奏曲。这被许多人认为是他的最佳作品。

1875年
为易卜生的《培尔·金特》创作配乐。作品于次年在舞台上演出。

1884年
受委托为作家兼哲学家卢兹维·霍尔贝尔（Ludvig Holberg）的百年诞辰作曲。这带来了一部非凡的五乐章舞曲套曲。

1895年
开始写他唯一的声乐套曲《山神姑娘》，作品号67，作品基于阿尔内·甘伯格的系列诗歌。

都受到妻子妮娜的启发，并由她来演绎。然而，其中最受称道的作品来自格里格唯一的声乐套曲《山神姑娘》（*Haugtussa*，作品号67）。这套歌曲基于象征主义作家阿尔内·甘伯格（Arne Garborg）的系列史诗；格里格非常喜爱甘伯格的作品。为了找到将这个神话爱情故事的精髓准确地表达出来的办法，作曲家苦思冥想了3年，最终将它荟萃成了一套由女声和钢琴演绎的一套共8首歌曲。作品由著名的挪威女中音歌唱家伊娃·南森（Eva Nansen）首演。

> **“我很确信，我的音乐里有鳕鱼味。”**
>
> 爱德华·格里格

1885年，他和妮娜搬进了他们在卑尔根峡湾（Bergen fjord）的海岸上为自己建造的房子里。这年的春天和夏天，格里格在水边的“作曲家小屋”中工作，时常去山中散步；到了秋天，他与妮娜环绕欧洲展开了一场漫长的巡回演出。旅途中不乏一些极佳的社交片段和在公众面前的大获成功，但也使作曲家精疲力尽，最终给他虚弱的身体状况造成了打击。

▷**《抒情小品》**
图中是格里格《抒情小品》第一卷，作品号12。这是10卷钢琴小品中的第一卷。其中一些作品取材于民间音乐。

爱德华去世时正要前往英国巡演。他至少活到了亲眼见证挪威在1905年取得独立。他的骨灰被埋在托罗尔哈根的家——如今的爱德华·格里格博物馆，面向悬崖，俯瞰峡湾附近。

▽**音乐房，托罗尔哈根（Troldhaugen）**
这是格里格最后的家（如今是一座博物馆）的音乐房和休息室。里面有他的制作于1892年的施坦威大钢琴，以及数不清的家庭照片。

尼古拉·里姆斯基-科萨科夫

1844—1908年，俄罗斯

里姆斯基-科萨科夫受到19世纪60年代俄罗斯民族主义情绪的驱使，是一名具有广泛影响力的教师和作曲家，并标志着沙皇时代晚期的文化标准。

如哲学家以赛亚·伯林（Isaiah Berlin）对19世纪中期俄罗斯知识分子的描述，尼古拉·里姆斯基-科萨科夫属于那一代的“尘俗教士”。他们在竞争中塑造了俄罗斯民族个性。里姆斯基-科萨科夫1844年3月18日出生于季赫温（Tikhvin）镇上的一个贵族家庭。音乐是他童年的重要组成部分；他可以在钢琴上弹出不经意间听到的音乐。然而，哥哥鼓励他加入俄罗斯皇家海军。1856年，年轻的尼古拉进入圣彼得堡的海军军校，而这使他接触到了首都充满活力的音乐生活，以及令人着迷的歌剧制作。

他私下学习音乐理论和作曲，而这使他在1861年认识了作曲家米利·巴拉基列夫，后者是俄罗斯民族主义音乐的坚定支持者，同时是一群具备相同信念的作曲家的领袖。巴拉基列夫成了里姆斯基-科萨科夫的音乐导师，并立刻指示他的学生创作一部交响曲。然而，1862年，海军军校学员里姆斯基-科萨科夫乘坐“钻石”（Almaz）号快船出海，开展了为期3年的服役。1865年的夏天，里姆斯基-科萨科夫回到了圣彼得堡并完成了他的E小调第一交响曲，作品号1。这部作品经过巴拉基列夫的润色后于1865年12月31日在该市的自由音乐学院由他指挥首演。

◁**尼古拉·里姆斯基-科萨科夫**
著名的肖像画家瓦伦丁·谢罗夫（Valentin Serov）在这里描绘了这位将俄罗斯民间故事融入音乐的配器大师。

俄罗斯风情的音乐

科萨科夫在陆地上没有很多军队义务，这留给他大量的时间用于作曲。他的《塞尔维亚主题幻想曲》（*Fantasia on Serbian Themes*，首演于1867年莫斯科斯拉夫会议）反映了作曲家对俄罗斯内外斯拉夫人的支持。作为回应，评论家弗拉基米尔·斯塔索夫（Vladimir Stasov）将里姆斯基-科萨科夫和另外几名民族主义作曲家——巴拉基列夫、亚历山大·鲍罗丁、莫杰斯特·穆索尔斯基和策扎尔·居伊——称作“强力集团”，以此表示欣赏。他们在俄罗斯以外经常被称作“俄罗斯五人组”。

完成了他的第一部歌剧《普斯科夫的姑娘》（*The Maid of Pskov*）后，科萨科夫成为了圣彼得堡音乐学院的作曲教授，并一直担任这个职位直到他在1908年6月21日去世。他的作曲学生包括利亚多夫（Lyadov）、格拉祖诺夫（见第268页）、亚历山大·切列普宁（Alexander Tcherepnin）和米亚斯科夫斯基（Myaskovsky）。与此同时，他还私下给斯特拉文斯基上课。

斯塔索夫关于俄罗斯本土艺术与民间传统的写作使科萨科夫开始探索俄罗斯的历史传说故事。《萨特阔》（*Sadko*，1897年，是一部管弦乐作品也是一部歌剧）以及《萨坦王的故事》（*The Tale of Tsar Saltan*，1900年）都源自斯塔索夫的想法。他的管弦乐组曲《天方夜谭》（*Scheherazade*，1888年）、歌剧《姆拉达》（*Mlada*，1890年）以及《金鸡》（*The Golden Cockerel*）中的旋律与和声得益于作曲家在配器上的天分，以及他在传统的边界内重塑自己风格的能力。

◁**大海上**
里姆斯基-科萨科夫（前排，右）在“钻石”号帆船上3年的航行确证了他对大海的热爱。这在他的许多歌剧和交响乐作品中都有体现。

人物

萨瓦·马蒙托夫
（Savva Mamontov）

虽然按照西方的标准，革命前的俄罗斯非常落后，但在接近19世纪的时候巨变正在发生。随着铁路的建设，经济也得到发展，同时各大城市的文化生活也不断兴起。铁路大亨萨瓦·马蒙托夫（1841—1918年）从中发了不少财，并将赚来的钱中的很大一部分用来创办了自己在莫斯科的歌剧公司。马蒙托夫的资金为很多科萨科夫的很多歌剧提供了财务支持，从1897年的《萨特阔》开始，并进一步（甚至在2年后马蒙托夫被陷害以贪污罪入狱后）支持了如《沙皇的新娘》（*The Tsar's Bride*，1899年）和《不朽的卡师切耶》（*Kashchey the Immortal*，1902年）等作品。

萨瓦·马蒙托夫的肖像，1879年

▷加布里埃尔·福莱
美国画家约翰·辛格·萨金特（John Singer Sargent）在1889年创作了这幅肖像画。他是加布里埃尔·福莱的热情支持者，并帮助福莱在伦敦推广他的音乐。

加布里埃尔·福莱（Gabriel Fauré）

1845—1924年，法国

福莱温和的举止中隐藏着充满激情的性格——这一点在他别具一格的钢琴曲中可见一斑。福莱曾担任过多年的教堂管风琴师。他的佳作《安魂曲》使世人铭记。

“对我而言……音乐存在的意义是将我们高高托起，尽可能远离日常的琐碎。”

加布里埃尔·福莱，给儿子菲利普的信，1908年

◁《奉献经》(*Offertory*)

《安魂曲》的第二乐章《奉献经》的草稿，加布里埃尔·福莱亲笔。

加布里埃尔·福莱出生于法国南部比利牛斯（Pyrenees）山脚下。他从小展现出惊人的音乐天分：9岁时，他被送往巴黎的尼德梅耶学校（Ecole Niedermeyer）。在那里，他一开始主要学习教堂音乐。然而，在1861年，他的新任钢琴教师卡米尔·圣桑将更为现代的音乐风格介绍给了加布里埃尔——这将对他的音乐风格形成强有力的冲击。

毕业后，福莱担任教堂管风琴师，同时也收学生。他的第一份正式工作供职于雷恩（Rennes）的圣救主圣殿（St Sauveur）。在那里，他与当地的神父关系持续紧张：终于有一次，福莱整晚在外参加舞会后，身着晚礼服出现在教堂的礼拜天仪式上。他因此事被赶出了教堂。

公众认可和版税

在志愿参加了普法战争，并在巴黎围城之战中参与战斗后，福莱重新回到音乐生活中，最终成为了巴黎著名的马德莱娜教堂的合唱指挥兼首席管风琴师。福莱将这个颇具名望的职位视作“挣钱”，因为他几乎不再有时间可以用来作曲。没钱和没时间是他永恒的问题。他的音乐几乎没有给他带来版税；他只是将自己的歌曲以每首50法郎的价格让人买断。

在1871年，福莱成为了国民音乐协会（Société Nationale de Musique）的一名创始成员。这个协会由圣桑发起，旨在推广法国当代作曲家。福莱的音乐在波利纳公主（Princesse de Polignac）和圣马索夫人（Madame de Saint-Marceaux）等有着相当高修养的沙龙中受到赞誉。然而，直到后来，他才获得了更大的名声。

极高的独创性

福莱的作品从来都谈不上“前卫”，但他的许多评论家们都认为他的音乐对听众来说颇具挑战性——即便他最受欢迎的作品《安魂曲》都被认为不够深沉，并被一些人称作“死亡催眠曲”。

福莱的风格在肖邦与舒曼的浪漫主义与德彪西等现代的印象主义作曲家们之间架起了一座清晰的桥梁。他擅长声乐套曲、钢琴曲和室内乐；他的不少作品都温和而内省。然而，在职业晚期，当他耳聋后，他的音乐中开始使用一些稍有不和谐的和弦与冲突的和声来唤起一种灼热的情绪。最终，福莱被任命为巴黎音乐学院的院长；在法国总统的带领下，民众们都向他致敬——他极具独创性的音乐终于得到了认可。

▷**圣桑的漫画**

福莱在这幅有趣的卡通画中描绘了他的朋友和导师。圣桑曾经鼓励年轻的福莱创作自己的音乐作品。

人物

艾玛·巴达克（Emma Bardac）

巴达克是一名天赋异禀的歌唱家。在19世纪90年代，她是福莱的情妇，但是后来她成了德彪西的第二任妻子。艾玛与福莱的私情启发了后者创作了他最动人的两首钢琴作品。

福莱的声乐套曲《美好的歌》（*La Bonne Chanson*）——其中有为保尔·魏尔伦（Paul Verlaine）的诗作的配曲——主要创作于1892—1893年间。他写歌时，艾玛会唱给他听。更引人入胜的是《洋娃娃组曲》（*Dolly Suite*）。他为他的女儿雷吉娜（Régina，昵称“Dolly”）创作了这套歌曲。其中的一个乐章，《摇篮曲》（*Berceuse*），成了BBC的儿童节目《和妈妈一起听》（*Listen with Mother*）的主题曲，并因此在英国颇为出名。

艾玛·巴达克，加布里埃尔·福莱的情妇，1903年

贾科莫·普契尼（Giacomo Puccini）

1858—1924年，意大利

普契尼创作了歌剧历史上最经久不衰的一些作品。他喜欢炫耀，性格惹人非议；他的生活在某种程度上呼应着一些他所创作的歌剧情节。

贾科莫·普契尼1858年出生于托斯卡纳（Tuscan）有历史意义的卢卡（Lucca）镇，在9个孩子中排行老大。家族中有四代都是音乐家，而他的父亲在卢卡大教堂的管风琴师兼合唱团领唱的职位被认为注定会传给下一代。贾科莫年仅5岁时，父亲便去世了，但教堂保证贾科莫成年后可以继承这个职位。有了这个未来的期许后，他开始接受管风琴演奏和唱诗班演唱的训练。但是在欣赏了一场威尔第的歌剧的演出后，年轻的普契尼产生了更高的志向。1880年，在家庭的支持下，他离开卢卡并进入了米兰音乐学院开始学习作曲。

背景

真实主义（Verismo）

真实主义是19世纪90年代的一种主导着意大利歌剧的风格。普契尼的《托斯卡》深受其影响；他的《蝴蝶夫人》和《西部女郎》也是，但程度更浅一些。这种体裁由皮埃特罗·马斯卡尼（Pietro Mascagni）的《乡村骑士》（*Cavalleria rusticana*）和鲁杰罗·莱翁卡瓦洛（Ruggero Leoncavallo）的《丑角》（*Pagliacci*）奠定——这两部短小的歌剧经常连场演出。真实主义作曲家经常将戏剧以原始、凶残甚至丑恶的方式呈现。他们要求歌唱家采取情绪化、激情昂扬的风格，为表现力而牺牲美感。

皮埃特罗·马斯卡尼的《乡村骑士》中的场景

成功、失败、丑闻

普契尼是一个自负且以自我为中心的年轻人。他的不受管束和懒惰成性令他的老师们感到无望。不过，他具有无可否认的天分。1883年在他的毕业典礼上，普契尼的器乐作品《交响随想曲》（*Capriccio Sinfonico*）得到了演奏，并获得了米兰音乐界重要人物的关注。同年，他的独幕歌剧《群妖围舞》（*Le Villi*）没有能够在比赛中获奖，但是他在米兰的朋友们资助他将作品改编成了一部二幕歌剧，并在次年获得了不错的反响。著名的音乐出版商人朱利奥·里科迪（Giulio Ricordi）签约了普契尼。虽然他的第二部歌剧《埃德加》（*Edgar*）惨遭滑铁卢，普契尼的职业生涯还是由此展开了。

与此同时，普契尼的私生活中丑闻不断。他的母亲在1884年去世时，悲痛的普契尼回到了卢卡。他在那里与已婚的埃尔维拉·吉米尼亚尼［Elvira Gemignani，原姓为邦图里（Bonturi）］相恋。这段韵事一直被保密，直到埃尔维拉在1886年怀上了普契尼的孩子。两人被认为大伤风化，在镇里和家庭中都背上了骂名，不得不私奔至米兰。他们在那里生下了儿子安东尼奥。来自里科迪的报酬使普契尼得以支撑起这个不正当家庭的开支，但也只够勉强过活——普契尼后来创作《波希米亚人》（*La Bohème*，其中有几个角色是贫穷、挣扎的艺术家）时也从这段流浪经历中汲取了灵感。

1891年，普契尼在托斯卡纳的马萨丘丘利湖（Lake Massaciuccoli）边发现了一个乡村度假的去处，托雷德

◁**贾科莫·普契尼**

普契尼从小被母亲和姐姐们娇纵，性情傲慢且以自我为中心。后来，他的财富和成功给他带来了丑闻和争议。

△**埃尔维拉·邦图里**

普契尼与埃尔维拉的奸情导致了混乱，但是她的婚姻也并不幸福：她的丈夫喜欢玩弄女性，1903年遭情妇的丈夫杀害。

“我极为擅长猎取野禽、漂亮的女人和了不起的剧本作家。”

贾科莫·普契尼

关键作品

1893年

《玛依·莱斯科》在都灵首演；普契尼的第三部歌剧是他的第一次重要成功。

1896年

托斯卡尼尼指挥了普契尼颇受欢迎的歌剧之一《波西米亚人》的首演。

1900年

普契尼的剧情残暴的《托斯卡》在罗马首演。作品的地点设定也是在罗马。

1904年

注定将会成为普契尼颇受欢迎的作品之一的《蝴蝶夫人》首演惨败。

1910年

托斯卡尼尼在纽约的大都会歌剧院首演了普契尼的大西部歌剧《西部女郎》。

1924年

普契尼的最后一部歌剧《图兰朵》在他去世时尚未完成。托斯卡尼尼在1926年指挥了作品的首演。

人物

阿图罗·托斯卡尼尼

这位指挥家与普契尼的歌剧联系最紧密。托斯卡尼尼1867年出生于意大利的帕尔马。他一开始是一名大提琴手；年仅19岁时，他在里约热内卢指挥了威尔第的《阿依达》。他作为指挥家因为其出众的张力而著名，在1898年被任命为米兰斯卡拉歌剧院的音乐总监。1908年，他开始担任纽约大都会歌剧院的音乐总监。1915年，他回到意大利，在第一次世界大战中支持自己的祖国。他最终在美国定居，成为了广受欢迎的名人，并从1937年开始指挥NBC（国家广播公司）交响乐团。托斯卡尼尼死于1957年。

晚年的阿图罗·托斯卡尼尼（1867—1957年）

尔格拉戈（Torre del Lago）。在这里的宁静中，他写下了第三部歌剧《玛依·莱斯科》（*Manon Lescaut*）。普契尼将这个根据神甫普雷沃斯特（Abbé Prévost）的小说改编的故事交给了5名剧本作家，以寻求戏剧、文本和音乐的完美结合。这个努力得到了回报——1893年，这部歌剧在都灵由阿图罗·托斯卡尼尼（Arturo Toscanini）指挥首演；自那以后，这个关于一个命运悲惨的“致命女郎”（femme fatale）的故事一举成名，而普契尼也一跃成为全意大利最有希望继承威尔第衣钵的作曲家。

创造歌剧历史

普契尼的工作中充满了关于素材使用权的争执和与剧本作家们的龃龉，因此创作过程相当迟缓。在接下去的10年中，普契尼产出了3部奠定了他在歌剧历史上地位的作品：《波西米亚人》、《托斯卡》（*Tosca*）和《蝴蝶夫人》（*Madama Butterfly*）。其中，《波西米亚人》最快取得了大范围的成功。《托斯卡》于1900年在罗马首演时，来自上层社会的观众们正被无政府主义者的炸弹威胁绷紧了神经；他们批评作品中有太多凶残的关于折磨和谋杀的场景，不过作品也很快取得了国际成功。然而，场景被普契尼设定在日本的《蝴蝶夫人》在1904年首演时遭遇了很差的反响：有评论人士认为作品“惨淡收场”；另一些人则认为演出欠缺充分的排练。普契尼坚信这些负面评价是由他的竞争对手炮制的。然而，在大量的修改之后，普契尼充满情感热度和戏剧性张力的音乐结合了凄婉的故事——一名年轻的日本新娘被美国大兵丈夫抛弃后自杀——最终博得了满堂彩。

危机与悲剧

伴随成功而来的是财富和名声。他开始放纵于高速跑车（在那时是有钱人的新鲜玩具）和漂亮的情妇。经常独自被留在托雷德尔格拉戈的埃尔维拉对普契尼的不忠极为愤怒，其中尤其是普契尼与都灵的一位美丽的姑娘［人们只知道她叫“柯林纳”（Corinna）］的热恋。

1903年，还在写《蝴蝶夫人》的普契尼在一场车祸中身受重伤。差不多同时，埃尔维拉的丈夫去世了，这使普契尼肩负起了将两人的关系合法化的义务——不过这时，他心里可能更希望分手。

两人的婚姻没有抑制埃尔维拉的妒火。1908年，她认为托雷德尔格拉戈的年轻女佣多莉亚·曼弗雷迪（Doria Manfredi）与普契尼有染，且对此深信不疑。她对多莉亚无情的骚扰和毁誉使对方选择了自尽。多莉亚死后被检查发现依然是一名处女。受害家庭将埃尔维拉诉诸法律，最后被金钱平息。这个事件在媒体上成了巨大的丑闻，损害了普契尼的名誉。

▷ 普契尼在托斯卡纳的家

作曲家在卢卡的家（如今成了博物馆）自从1815年起就属于这个家庭，而他在这里度过了童年。图中可以看见家庭照片和一架他的钢琴。

△**普契尼与妻子埃尔维拉**

作曲家（中）和他的妻子（左）坐在车上。1903年在卢卡，普契尼的司机将这辆车甩出了马路；普契尼被发现时被困在车下，腿部骨折且差点被挥发的汽油窒息而死。

1910年，作曲家完成了《西部女郎》（*La Fanciulla del West*）。该作品由纽约的大都会歌剧院委托创作，而普契尼的好友托斯卡尼尼是那里的首席指挥。虽然一些人认为一部场景设定为美国西部的意大利歌剧是一个很不协调的想法，但这部作品是普契尼生前最后一次艺术和市场上的巨大成功。

在美国，普契尼成了巨星；在意大利，有人认为他的音乐变得“日耳曼化”。当意大利在1915年卷入了第一次世界大战，与德国和奥地利对抗时，普契尼正在写一部喜歌剧《燕子》（*La Rondine*），并且在公众面前与一名德国情妇一起露面。他没有为意大利的战事出力；与之产生鲜明对比的是在敌军炮火射程内为军队演奏音乐的托斯卡尼尼。作曲家与指挥家之间的友情暂时凋零了。很长时间以来，普契尼都在努力创作一套三部独幕歌剧。最后的成果《三联剧》（*Il Trittico*）于1918年在大都会歌剧院首演。这几部短歌剧中，只有《贾尼·斯基基》（*Gianni Schicchi*）显示出作曲家的最高水准。

最后的日子

身患糖尿病、生活在物是人非的战后意大利的普契尼全身心地投入了他最后一部作品《图兰朵》（*Turandot*）的狂热创作中。1924年，被确诊患有喉癌的他前往比利时接受镭疗。动身前，他请求托斯卡尼尼确保《图兰朵》会在他身后得到演出。他接受的治疗痛苦得令人发指，却并不奏效，终结了普契尼的生命。没有写完的《图兰朵》被意大利作曲家弗朗科·阿尔法诺（Franco Alfano）根据普契尼的草稿补完。不过，1926年指挥作品的首演时，托斯卡尼尼在作曲家的停笔之处动人地垂下了指挥棒。今天，普契尼的遗体被埋葬在他位于托雷德尔格拉戈的庄园里临时建起的教堂中。

“不要让我的《图兰朵》死去！”

贾科莫·普契尼

▷**《图兰朵》的海报**

普契尼认为他的《图兰朵》将会确立他在后世人眼中的地位。他去世时，作品尚未完成。

古斯塔夫·马勒

1860—1911年，奥地利

马勒的大型交响曲和声乐套曲中表达着神经质般的情绪，以及对德国浪漫主义传统的升华的精神性洞察。他生前最为出名的是其指挥家的身份。

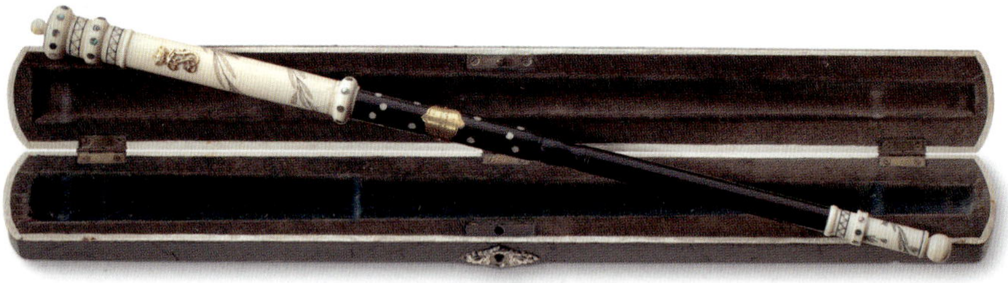

◁**指挥棒**
这支象牙、乌木和玳瑁制成的指挥棒是弗朗茨·斐迪南大公（Archduke Franz Ferdinand）在1901年赠予马勒的。题词牌上写着“致敬爱的指挥家古斯塔夫·马勒”。

古斯塔夫·马勒1860年出生于摩拉维亚（Moravian）与波西米亚交界处附近的伊格劳镇[Iglau，如今的伊赫拉瓦（Jihlava）]。他早年有过许多残酷的经历。他的父亲是一个说德语的犹太生意人，经营着一家酒厂。他经常殴打妻子。死亡伴随着这个家庭——古斯塔夫13个兄弟姐妹中只有5个活过了儿童时期。不过，他的父亲有能力挣钱，并滋养着家庭对社会与文化的追求。古斯塔夫很早就展现出了钢琴天赋——他在阁楼里发现了这架乐器。他的父母花钱给他找老师。他通过听军乐队的演奏、街上的手摇风琴以及仆人们唱的民歌扩大了自己所受的音乐启蒙——这些都会在他的成熟作品中有迹可循。

▽**城市剧院，汉堡**
1891年至1897年间，马勒在汉堡城市剧院担任指挥。这6年间他指挥了大约750场演出。

精神旅途

被认为是神童的马勒在15岁时就被送往维也纳音乐学院学习。在那里的3年，加上之后在维也纳大学的3年间，他吸收了来自理查德·瓦格纳的音乐和弗里德里希·尼采的哲学的影响，浸淫在当时最前沿的德国文化中。逐渐地，他开始将音乐视作一种艰苦卓绝的精神历程，用于在这个充满苦难的世界中寻找意义。因为对自己的作品极具批判性，他摧毁了大部分年轻时期的作品，只有一部16岁时创作的钢琴四重奏中的一个乐章得以幸存。在他学生时代的末尾，他写下了一部相当耗时费力的康塔塔《悲叹之歌》(*Das Klagende Lied*)，但没能在1881年的作曲比赛中得奖；这部作品直到1901年才获得首演。

寻求生计的马勒开始了自己的指挥生涯。一系列的任命将他从最小的地方歌剧院，一路经过卡塞尔（Kassel）、布拉格和莱比锡，最终在1888年成为了极负盛名的布达佩斯皇家歌剧院的指挥，并且从1891年至1897年还担任汉堡城市剧院的指挥。他是一名狂热的完美主义者，而且不擅长体恤他人的感受，因此他时常遭到他所指挥的乐手的厌恶，并长期与歌剧院管理层发生矛盾。但是他指挥的音乐会所取得的水准，尤其是对瓦格纳和莫扎特作品的演绎，赢得了评论家和公众压倒性的认可。

“我的时代终将到来。”

古斯塔夫·马勒，1902年指挥完一场施特劳斯的歌剧后

背景

《少年魔法号角》
(*Des Knaben Wunderhorn*)

《少年魔法号角》最初在19世纪早期出版，是由浪漫主义诗人阿希姆·冯·阿尔尼姆（Achim von Arnim）和克莱门斯·布伦塔诺（Clemens Brentano）整理的一套德国传统民歌集。1887年至1901年间，马勒根据《少年魔法号角》写了24首歌曲，并将其中的12首歌组成了同名的声乐套曲。他还在他的第二、第三和第四交响曲中运用了其中的一些歌曲。马勒非常喜爱这些民歌，认为它们“自然与生命力胜过艺术“。

《少年魔法号角》中名为“在森林中”的插图，1848年

“古斯塔夫过着自己的生活，所以我也被迫过他的生活。”

阿尔玛·马勒（Alma Mahler）

人物

阿尔玛·辛德勒

阿尔玛·辛德勒是一名奥地利风景画家的女儿。1902年，她嫁给了马勒，当时她是一名很有前途的作曲家。婚姻和对孩子的抚养遏制了她的创作力。马勒死后，她嫁给了建筑设计师瓦尔特·格罗皮乌斯；之后又嫁给了作家弗朗茨·韦尔弗（Franz Werfel）。她的其他情人还包括作曲家亚历山大·冯·策姆林斯基（Alexander von Zemlinsky）和画家奥斯卡·柯克西卡（Oskar Kokoschka）。她一共生了4个孩子，其中3个都夭折了。1938年，纳粹占领了维也纳，她与韦尔弗一起逃亡至法国，最终到了美国，成了洛杉矶地区著名的欧洲逃亡者之一。

阿尔玛·马勒与女儿玛丽亚和安娜，1906年

失落与重续

指挥之余，马勒开始作曲。他的性格中结合着钢铁般的意志和神经质般的敏感，毫不克制失落、渴望等情绪，而这样的性格也融入了他的音乐。在1883年至1885年间，根据自己与卡塞尔歌剧院的一位女高音约翰娜·里希特（Johanna Richter）之间不幸福的恋情，马勒创作的声乐套曲《流浪者之歌》（*Lieder eines fahrenden Gesellen*）。他原本五乐章结构的第一交响曲（首演于1889年）部分受到他与莱比锡的一位已婚妇女玛丽昂·冯·韦伯（Marion von Weber）间不顺利的交往的启发。

死亡仿佛无时不在——1889年他的母亲、父亲和一个姐姐相继去世；他的弟弟奥托（Otto）在1895年饮弹自尽。马勒的第二和第三交响曲主要在1893年至1896年的几个夏天，在施泰因巴赫（Steinbach）度假时完成；它们都是叙事性的作品，表达着尼采的对死后永生的思想。

1897年，37岁的马勒开始担任极负盛名的维也纳宫廷歌剧院（Vienna Hofoper）的音乐总监一职。这个职位无法给予犹太教的信奉者，因此作为条件之一，马勒皈依了天主教。他将自己的意志灌输给了歌唱家、乐团甚至公众，彻底改变了歌剧院的舞台布置、音乐品质以及演出气氛。虽然马勒总体上获得了积极的反响，演奏家们对他偏执的脾气颇有怨言，而维也纳的反犹主义者们也从种族立场上展开了对他的攻击。

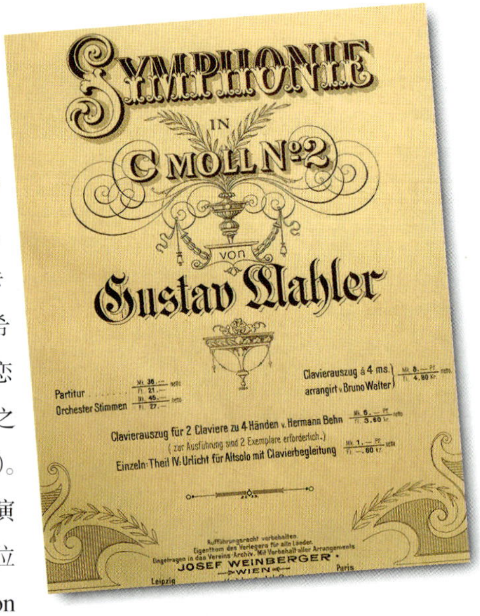

△**第二交响曲的封面**

马勒的C小调第二交响曲，被称做“复活”交响曲，首演于1895年。这是作曲家很受欢迎的作品之一。

这段时期，马勒大部分假期在奥地利南部的韦尔特湖（Wörthersee）度过，其间不断产出新的佳作——1900年的第四交响曲、1902年的第五交响曲、1904年的《亡儿之歌》（*Kindertotenlieder*）以及从1904年至1906年间的第六、第七和第八交响曲。马勒的音乐将交响乐的传统推向了极致，演奏极富挑战。作品中对流行旋律具有讽刺意味的运用会引起听者情绪上的抵触，音调使用上极具冒险精神，形式上很有创意。不寻常的乐器和歌曲、合唱等元素经常被运用。但是他的作品没有彻底超越听众的审美趣味，有时还会获得狂热的赞誉。然而，他很羡慕理查德·施特劳斯，后者当时被誉为德国新音乐的英雄。

婚姻和悲剧

1902年，马勒娶了22岁的阿尔玛·辛德勒（Alma Schindler，1879—1964年）。阿尔玛介绍马勒认识了维也纳分离派（Viennese Secession）艺术家们，以及以阿诺尔德·勋伯格为核心的一群维也纳现代主义作曲家。

马勒并不适应与一名思想开放的女性的婚姻关系。他坚持要求阿尔玛放弃她的创作活动，全身心做一名妻子和母亲。他对自己工作的全身心投入使得阿尔玛旺盛的性需求无法得到满足。夫妻二人共生了2个女儿，玛丽亚和安娜。1907年玛丽亚的去世对两人造成了沉重的打击。同年，马勒被诊断出患有心脏疾病，生命受到威胁。受够了维也纳反犹主义者们骚扰的马

▷**作曲家小屋，施泰因巴赫**

马勒经常来施泰因巴赫的阿特湖（Lake Attersee）边的这个小屋中作曲。1893年至1896年的夏季假期间，他在这里陆续写完了第二和第三交响曲。

勒选择前往纽约的大都会歌剧院——那里的职位报酬也很丰厚。

晚年

马勒在美国没有取得成功。他无法满足美国民众对表演家才能的喜好。在大都会歌剧院被阿图罗·托斯卡尼尼挤下后，他成了纽约爱乐乐团的指挥，但也没有取得成功。假期中，他在奥地利继续怄气，创作了歌曲集《大地之歌》（*Das Lied von der Erde*，这经常被认为是他的最佳作品）并开始写第十交响曲。1910年，在慕尼黑首演的第八交响曲取得了辉煌的成功。然而，阿尔玛开始与瓦尔特·格罗皮乌斯（Walter Gropius）有染，马勒的婚姻开始分崩离析。痛苦中，马勒咨询了精神分析师西格蒙德·弗洛伊德（Sigmund Freud），但没有取得明显的疗效。他试图挽回阿尔玛，甚至安排演出她创作的一些歌曲。1911年春天，当他在纽约已然病入膏肓时，阿尔玛最后一次陪伴他回到维也纳，马勒在那里去世。在格林津公墓（Grinzing Cemetery），他被埋葬在他的女儿玛丽亚身边。

马勒死后，他的音乐被忽视了很长一段时间——被纳粹认为"堕落"，其他人也很大程度上忘记了它们。然而，20世纪60年代，马勒的作品经历了一场惊人的复兴。在那些年里颠覆传统的文化交融运动中，他的音乐取得了众星捧月般的地位。自那以后，他的作品经常在音乐会中演出。

△ **"千人交响曲"**
埃里希·布特纳（Erich Büttner）在这里描绘了马勒的第八交响曲，绰号"千人交响曲"——因为作品需要数量庞大的演唱家和演奏家。

关键作品

1880年
完成了他的第一部重要作品《悲叹之歌》。这部康塔塔直到1901年才得到演出。

1885年
马勒的《流浪者之歌》根据自己的关于无果的爱情的诗谱曲。

1895年
指挥了自己的第二交响曲的首演。

1904年
马勒为人声和乐团所作的声乐套曲《亡儿之歌》，根据弗里德里希·吕克特（Friedrich Rückert）的诗作谱曲。

1909年
他的最后一套歌曲《大地之歌》基于中国唐诗创作；作品没有在他生前演出。

1910年
马勒的第八交响曲"千人交响曲"在慕尼黑首演，反响热烈。

▷**克劳德·德彪西，1903年**
德彪西很早就展露出了才华。他从范围极广的文学与绘画作品中汲取灵感。这幅由法国画家雅克-埃米尔·布兰奇（Jacques-Emile Blanche）创作的肖像画中，这位先锋作曲家刚过40岁。

克劳德·德彪西（Claude Debussy）

1862—1918，法国

德彪西是现代音乐重要的先驱人物之一。他将作曲家从传统形式的束缚中释放了出来。他身体持续抱恙，私生活也跌宕起伏。

◁巴黎世界博览会，1889年
德彪西于1889年游览世博会时，被令人激动的音乐形式和乐器激发了想象力。这些陌生的声音对他来说意味着新的可能。

克劳德·德彪西出生于巴黎郊区，是5个孩子中的老大。他的近亲中并没有人从事与音乐相关的职业。他的父亲从事过各种职业（店主、销售、士兵），还因为参加巴黎公社（Commune，一次起义运动）被短暂地关押过。德彪西最早的音乐教育来自他的姑姑，这位姑姑将他送到一名自称是肖邦学生的女士那里学习钢琴。

德彪西进步神速：年仅10岁的他就被巴黎音乐学院录取。很快，人们就看出他将不会成为一名钢琴巨星，但他的演奏水准足以让他在1884年赢得罗马大奖，这让他得以前往意大利进修。动身前，他在暑期为柴可夫斯基的富裕的赞助人娜杰日达·冯·梅克工作了一段时间。梅克夫人带他四处旅行，并将俄罗斯音乐介绍给了德彪西，尤其是鲍罗丁和里姆斯基-科萨科夫。

叛逆成性

德彪西认为音乐学院的许多教授过于传统，并对遵循传统手法作曲表示抗拒。他说："我认为我永远无法将音乐放进定形的模具中。"他在意大利的学业也同样令人失望。他厌恶美第奇别墅和他的同学们，罗马也令他感到无聊。2年后，他回到了巴黎。

新的声音与影响

19世纪80年代晚期，德彪西财务状况困顿，但这段时期也充满着新发现：他吸收了各种塑造了他风格的影响。在一位有钱朋友的帮助下，他参加了1888年和1889年的拜罗伊特音乐节，并在一段时期着了瓦格纳的魔。围绕着1889年巴黎世博会（新建的埃菲尔铁塔是博览会的中心地标）的兴奋之潮也冲击着德彪西。

德彪西对他所听到的爪哇人用打击乐器演奏的甘美兰（gamelan）尤其着迷。不同的旋律、节奏以及非西方乐器的种类之繁多搅动着他的想象力。人们可以在他的《版画集》（*Estampes*）的第一首《宝塔》（*Pagodes*）中听见这种冲击。德彪西的余生中都对新奇的、外来的影响持开放态度，其中甚至包括早期的爵士乐。比如，在他的《儿童园地》（*Children's Corner*，1908年）中，他在《木偶的步态舞》（*Golliwog's Cakewalk*）中对雷格泰姆音乐（ragtime）的使用为人所熟知。作

△娜杰日达·冯·梅克
19世纪80年代早期，德彪西为富有的俄罗斯女生意人、艺术爱好者娜杰日达·冯·梅克演奏钢琴。她因为赞助柴可夫斯基而出名。

方法
钢琴卷轴录音

德彪西是较早录制自己演奏的作曲家之一。1913年，他在一台韦尔特·米农（Welte-Mignon）演录钢琴上录制了14首作品。这台钢琴上，一个电动抽气泵代替了脚踏的风箱。这是当时此类设备中最先进的款式，不仅可以捕捉到音符，还可以记录下钢琴家的演奏风格上的细微之处，包括组织乐句、节奏、踏板运用和速度变化。德彪西的演奏被编码在6卷钢琴卷轴（一长卷打上洞的纸，可以在用于"播放"的钢琴上使用）上。

弹钢琴的德彪西被家人围绕着，1893年

**"这个属于飞机的世纪应该有自己的音乐。
时代没有先例，我也必须重新创作。"**
克劳德·德彪西

△《夜曲，蓝与银，巴特西》，1872—1878年
詹姆斯·麦克尼尔·惠斯勒因为自己创作的伦敦泰晤士河的场景氛围而出名——比如这幅他的《夜曲》系列中的巴特西（Battersea）景色。曾与惠斯勒会面的德彪西也创作了一系列被命名为《夜曲》的音乐作品，这些作品从画家的绘画中汲取了大量的灵感。

品中有一段切分琶音幽默地影射着瓦格纳的《特里斯坦与伊索尔德》（1859年），还有一系列令人惊叹的模仿班卓琴的效果。

艺术世界

德彪西的风格还深受音乐领域之外的影响。早在1887年，他的音乐就被描述为“印象主义”——这个标签后来一直伴随着他。这一说法来自他在音乐学院的一名考官，原本是出于贬义。但是这一标签后来被用于表达作曲家模糊的和声以及对创作描绘自然对象的音画的喜爱——就像印象主义画家们那样——比如云彩、雾霭或一阵风。德彪西对评论家称其为“印象主义者”一律予以驳斥。毕竟，印象主义运动那时已经日薄西山（最后一场印象主义展览在1886年举行）。

德彪西最为欣赏的画家是美国的詹姆斯·麦克尼尔·惠斯勒（James McNeill Whistler）。惠斯勒擅长描绘伦敦泰晤士河上的雾景。受到惠斯勒的《夜曲》（*Nocturne*）系列画作的启发，德彪西也创作了同名的音乐系列，完成于1899年。他将这部作品视作“用同一种色彩进行不同组合的一场实验——就像在绘画中研究灰色”。

象征主义运动

相比印象主义，德彪西与象征主义运动中的文学与绘画的联系要紧密得多。象征主义摒弃形式结构，比如主题和情节等；象征主义艺术关乎细微的暗示，以及它们所引发的气氛、情绪和想法。德彪西与两位象征主义作家——诗人斯特凡·马拉梅（Stéphane Mallarmé）和戏剧家莫里斯·梅特林克（Maurice Maeterlinck）间存在重要的

关键作品

1894年
完成了第一部交响乐杰作《牧神的午后前奏曲》，其独创性令人惊叹。

1902年
德彪西的唯一一部歌剧《佩利亚斯与梅丽桑德》首演，帮助德彪西树立了自己的名声。

1903年
从《版画集》（*Estampes*）中可以窥见德彪西对外国素材的兴趣。这个标题影射当时人们对日本版画的趋之若鹜。

1905年
德彪西最受欢迎的管弦乐作品《大海》（*La Mer*）在巴黎演出。作品中共有3首交响素描。

1913年
由谢尔盖·达基列夫（Sergei Diaghilev）为他的俄罗斯芭蕾舞团（Ballets Russes）委托创作的《游戏》（*Jeux*）上演。编舞者是华斯拉夫·尼金斯基（Vaslav Nijinsky）。

“音乐是声音的代数学，就像光学是光线的几何学。”

克劳德·德彪西

联系。他与马拉梅相识于1890年，并经常参加这位作家的周二沙龙，座上宾中有威廉·巴特勒·叶芝（W.B. Yeats）、莱纳·玛利亚·里尔克（Rainer Maria Rilke）和保尔·魏尔伦（Paul Verlaine）。

文学影响

德彪西受到马拉梅诗歌的启发，于1894年写下了《牧神的午后前奏曲》（*Prélude à L'après- midi d'un Faune*）。在这部充斥着性欲的交响诗中，牧神在一个炎热的夏日做着令他欲火焚身的春梦。作品没有得到很强的反响，但是影响却很深远。皮埃尔·布列兹（Pierre Boulez）认为这部作品是现代音乐的基石。

就职业发展而言，与梅特林克的关系对德彪西更为关键。1893年，德彪西观赏了梅特林克的戏剧《佩利亚斯与梅丽桑德》（*Pelléas et Mélisande*）后，坚信这个素材非常适合写歌剧。他几乎花了10年才将这个想法变成现实，最后演出的制作差点因为与一位重要演员的争吵而翻车。梅特林克希望由他的情妇乔吉特·勒布朗（Georgette Leblanc）来饰演梅丽桑德这个角色；然而，德彪西更偏好使用苏格兰女高音玛丽·格丁（Mary Garden）。在此之前，他已经在自己的《被遗忘的歌》（*Ariettes Oubliées*）中为玛丽创作了两首歌曲。最后，德彪西的愿望得以实现，但这导致了两人之间长期的摩擦。诉讼，甚至决斗都被考虑过，但最后两人还是和解了。

这部歌剧首演的成功彻底确立了德彪西的名声，而观察人士们开始了对德彪西大量的音乐作品库的探索。在《佩利亚斯与梅丽桑德》中，德彪西为梅特林克具有神秘色彩的作品提供了如梦似幻的配乐。此时，他已经从自己的风格中彻底清洗了瓦格纳主义的影响。在这部歌剧中可以听见莫杰斯特·穆索尔斯基的《鲍里斯·戈东诺夫》（1869年）的回响——德彪西在19世纪90年代中期发现了穆索尔斯基的音乐。

动荡的关系

与成功的职业相比，德彪西的个人生活破碎不堪。主要的问题在于他的第一任妻子莉莉（Lily）。两人在1899年结婚，但是德彪西爱上了艾玛·巴达克，婚姻面临着危机（参见第181页）。在结婚5周年纪念日前几天，心烦意乱的莉莉试图自杀。尽管后来她活了下来，但这一事件给作曲家的名声留下了无法抹去的污点。他的许多朋友与他断绝了关系，媒体的反应也是一边倒的斥责声。

晚年的德彪西疾病缠身。1909年，他患上癌症，他是世界上较早接受结肠造口手术的患者之一。第一次世界大战临近结束时，他死于巴黎，附近的街上还能听到德国人的炮弹声。

◁**饰演梅丽桑德的玛丽·格丁**
苏格兰歌剧女高音歌唱家玛丽·格丁在这里饰演德彪西的歌剧《佩利亚斯与梅丽桑德》中的梅丽桑德。对玛丽·格丁的选角引发了德彪西与梅特林克的一场重大冲突——这部歌剧基于后者所写的戏剧。

人物

华斯拉夫·尼金斯基

尼金斯基是当时最伟大的编舞家和舞蹈家。他出生在基辅的一个波兰家庭。9岁起，他在帝国芭蕾舞学院上学，并在1909年加入了谢尔盖·达基列夫的俄罗斯芭蕾舞团。这个著名的芭蕾舞公司席卷了巴黎，其大胆的舞剧制作震撼了巴黎市民们。尼金斯基对德彪西的《牧神的午后前奏曲》的演绎惹人争议——他身着模仿动物皮肤的紧身衣（传说中的牧神是半人半山羊的），在视觉上增强了音乐中的性暗示。

里昂·巴克斯（Leon Bakst）为《牧神的午后前奏曲》中的华斯拉夫·尼金斯基所作的设计，1912年

名录

夏尔·古诺（Charles Gounod）

1818—1893年，法国

古诺主要被铭记为歌剧《浮士德》的作曲家。他出生于巴黎，父亲是一名画家，母亲是一名钢琴老师。从巴黎音乐学院毕业后，他在罗马生活了3年，在那里研究帕莱斯特里纳等教堂音乐作曲家。回到巴黎后，他曾考虑从事教会工作，但是后来选择写歌剧。1851年，他写了《萨福》（*Sapho*），但是反响平平。次年，他与钢琴家安娜·齐默曼（Anna Zimmerman）结婚。首演于1859年的《浮士德》的成功使他一跃成为了法国著名的作曲家。他一共写了12部歌剧，但其他作品都没能收获同样的成功。19世纪70年代早期，他生活在英国，并在那里创立了一个业余合唱团（后来的皇家合唱协会）。他在晚年主要创作宗教清唱剧，包括《赎罪》（*La Rédemption*，1882年）和《死与生》（*Mors et Vita*，1885年）。他根据巴赫的前奏曲改编配乐而作的《圣母颂》（*Ave Maria*）受到了人们经久不衰的喜爱。

关键作品：《浮士德》（歌剧），1859年；《米雷叶》（*Mireille*，歌剧），1864年；《罗密欧与朱丽叶》（歌剧），1867年；《赎罪》（清唱剧），1882年

▷阿瑟·萨利文（Arthur Sullivan）

1842—1900年，英国

萨利文最著名的作品是他与戏剧家威廉·施文克·吉尔伯特（William Schwenck Gilbert）合作的轻歌剧。萨利文是一名军乐团指挥的儿子，从小就被当作音乐家培养。14岁的他进入皇家音乐学院学习，后来又去了莱比锡音乐学院。1862年，在伦敦的水晶宫上演了他为《暴风雨》（*The Tempst*）写的配乐，使他一夜成名。他又接着创作了各种各样的作品，从芭蕾音乐到康塔塔，到歌曲和赞美诗。他的音乐喜剧天分在1866年的《考克斯和鲍克斯》（*Cox and Box*）中可见一斑。由经纪人理查德·多伊利·卡特（Richard D'Oyly Carte）促成的与吉尔伯特的合作从1875年的《陪审团的判决》（*Trial by Jury*）开始。此后，两人又合作了一系列喜剧名作，都在1881年为此目的建造的萨沃伊剧院（Savoy Theatre）上演。1890年，一场生意上的政治破坏了萨利文和吉尔伯特的关系，此后两人的合作不再那么成功。萨利文其他的重要成功作品还包括清唱剧《黄金传奇》（*The Golden Legend*）和歌剧《艾凡赫》（*Ivanhoe*）。他在一场盛大的葬礼后被埋葬在圣保罗大教堂。

关键作品：《暴风雨》（配乐），1861年；《皮纳福号军舰》（*HMS Pinafore*，轻歌剧），1878年；《日本天皇》（*The Mikado*，轻歌剧），1885年；《黄金传奇》（清唱剧），1886年

儒勒·马斯内（Jules Massenet）

1842—1912年，法国

马斯内是法国“美好年代”（Belle Epoque）最成功的歌剧作曲家。他在11岁时被巴黎音乐学院录取。1863年，他赢得罗马大奖并得到资助前往意大利。他在那里与尼诺·德·格雷西（Ninon de Gressy）相遇；两人在1866年结婚。他在巴黎不知疲倦地工作，教钢琴课之余创作了一连串的歌剧作品。他的第一部舞台作品是1867年制作的《大伯母》（*La Grand'Tante*）。然而，直到19世纪70年代中期，他才取得了令人瞩目的成功。1878年，他在巴黎音乐学院得到教职，在那里从事了20年的教学。他的歌剧《玛侬》（*Manon*）是他职业生涯中最成功的作品，不过许多评论家认为《维特》（*Werther*）的水准更高。他的婚姻因为美国女高音西比尔·桑德森（Sibyl Sanderson）以及后来法国女中音露西·阿贝尔（Lucy Arbell）的介入而麻烦不断。直到他在1912年去世，马斯内一直娴熟而持续地创作着优美悦耳的歌剧。

关键作品：《拉合尔国王》（*Le Roi de Lahore*，歌剧），1877；《玛侬》（歌剧），1884年；《维特》（歌剧），1892年；《堂吉柯德》（*Don Quichotte*，歌剧），1910年

△阿瑟·萨利文

休伯特·帕里（Hubert Parry）

1848—1918年，英国

帕里是19世纪晚期英国音乐复兴运动中的关键人物。他出生于一个地主家庭。虽然从小显露出音乐天赋，帕里的音乐发展之路相当传统，在伊顿（Eton）上学后进入了牛津大学，最后在伦敦找了一份工作。他在业余时间学习作曲；1880年，他凭借一部钢琴协奏曲和影响广泛的康塔塔《被解放的普罗米修斯场景》（*Scenes from Prometheus Unbound*）一跃成为了著名作曲家。他接着又创作了一些大型的合唱作品，给19世纪80和90年代的英国音乐节增色不少。1883年，帕里在皇家音乐学院成立时作为职员加入；1894年成为院长。1990年，他被任命为牛津大学音乐学院院长。1908年，他健康状况恶化，辞去了在牛津的职务，这释放了他的创作力，帮助他在晚年产出了一系列杰作，包括广受赞誉的颂歌《耶路撒冷》（*Jerusalem*）和无伴奏的《离别之歌》（*Songs of Farewell*）。

关键作品：《一对幸福的海妖》（*Blest Pair of*

Sirens，为合唱团和管弦乐团而作的颂诗），1887年；《约伯记》（*Job*，清唱剧），1892年；《耶路撒冷》（歌曲），1916年；《离别之歌》，1916年

特蕾莎·卡蕾妮奥（Teresa Carreño）

1853—1917年，委内瑞拉

出生于委内瑞拉卡拉卡斯（Caracas）的特蕾莎·卡蕾妮奥是一名钢琴家、歌唱家和作曲家。但是她在1862年就随父母离开了祖国，余生中的大部分都在美国和欧洲度过。作为钢琴神童的她不到10岁就在纽约的卡内基音乐厅进行了第一次公开演出。她成为了世界知名的钢琴家，有时被人称作"钢琴女武神"（Valkyrie of the Piano）。19世纪70年代她在欧洲开始了女高音歌唱家的职业，但这无法与她在钢琴上的成就相提并论。作为一名作曲家，她主要为（但不全为）钢琴作曲。她的大部分作品都在1875年以前完成；在那之后，她偶尔作曲。她利用自己作为著名钢琴家的影响力来推广美国作曲家们以及钢琴家爱德华·麦克道威尔（Edward MacDowell，她的学生和朋友）的作品。卡蕾妮奥结婚4次，生有6个孩子。

关键作品：《戈特沙尔克圆舞曲》（*Gottschalk Waltz*，钢琴独奏），作品号1，1863年；叙事曲（钢琴独奏），作品号15，1867年；《错音》（*La Fausse Note*，钢琴独奏），作品号39，1872年；弦乐团小夜曲，1895年

欧内斯特·肖松（Ernest Chausson）

1855—1899年，法国

肖松出生于巴黎一个富裕的中产家庭。他有律师从业资格，对文学和视觉艺术都有涉猎，但最后选择专心从事音乐。1879年，他进入了巴黎音乐学院，师从马斯内，也受到弗兰克影响。1883年，他与让娜·埃斯屈迪耶（Jeanne Escudier）结婚，过上了恬静美好的生活并育有5个孩子。从1886年起，他担任法国国家音乐协会的秘书，并经常为巴黎文化节精英组织沙龙，座上宾中包括作曲家福莱、德彪西和印象派画家莫奈。他的作品中包括大量的歌曲和室内乐，也有歌剧《亚瑟王》（*Le Roi Arthus*）和一些大型的管弦乐作品。到了19世纪90年代，他已经发展出了独特的个人风格。他保持着充沛、成熟的创造力，直到44岁时在一次自行车事故中丧生。

关键作品：《薇薇安》（*Viviane*，交响诗），作品号5，1882年；降B大调交响曲，作品号20，1890年；《音诗》（*Poème*，小提琴与管弦乐团），作品号25，1896年；《永恒之歌》（*Chanson perpétuelle*，女高音与管弦乐团），作品号37，1898年

伊萨克·阿尔贝尼斯（Isaac Albéniz）

1860—1909年，西班牙

作曲家兼钢琴演奏家伊萨克·阿尔贝尼斯出生于西班牙的加泰罗尼亚。阿尔贝尼斯是一名钢琴神童，5岁第一次公开演出，并被父母带往世界各地巡回演出，直到1876年开始在布鲁塞尔音乐学院接受正式的音乐教育。1883年，他在巴塞罗那跟随民族主义作曲家费利佩·佩德雷尔（Felipe Pedrell，1841—1922年）学习，这影响了阿尔贝尼斯，使他在作曲中反映出西班牙民歌的地域区别。这些钢琴作品中的好几部，包括《西班牙组曲》（*Suite Española*）和《西班牙诗篇》（*Cantos de España*），如今更出名的是它们的古典吉他改编版本。阿尔贝尼斯在自己的祖国并不受欢迎；他生命的后半段更多时间是在英国和法国度过的。他还创作管弦乐作品；到了19世纪90年代，他的创作领域扩展到了歌剧和轻歌剧，但是最终回归钢琴独奏创作后才产出了他的最佳作品，4卷《伊比利亚》（*Iberia*）套曲——这是现代西班牙音乐的基石之一。

关键作品：《西班牙组曲》（钢琴独奏），作品号47，1887年；《西班牙诗篇》（钢琴独奏），1892年；《加泰罗尼亚》（*Catalonia*，管弦乐套曲），1899年；《伊比利亚》（*Iberia*，钢琴独奏），1906—1908年

▽皮埃特罗·马斯卡尼（Pietro Mascagni）

1863—1945，意大利

马斯卡尼主要作为独幕歌剧《乡村骑士》（*Cavalleria rusticana*）的作曲家被铭记。他出生于托斯卡纳的里窝那（Livorno），是一名面包师的儿子。他不顾家庭的反对选择了音乐作为职业，在少年时期就开始作曲。1882年，他被米兰音乐学院录取，但是中途辍学，并以指挥的身份加入了一个巡游歌剧公司。1888年，他凭借《乡村骑士》在一个颇有声望的比赛中胜出。这部歌剧在1890年首演，获得了巨大的成功，并确立了一种被称作真实主义（verismo）的朴实、情绪浓烈的意大利歌剧风格。成名后，马斯卡尼又写了14部歌剧，其中大部分都被视作重大的文化事件——尤其是由诗人加布里埃尔·邓南遮（Gabriele D'Annunzio）创作剧本、1913年在斯卡拉歌剧院首演的《帕里西纳》（*Parisina*）——但是没有一部作品比得上第一部的成功。马斯卡尼的指挥职业也很辉煌。他的最后一部歌剧是《尼禄》（*Nerone*）。

关键作品：《乡村骑士》（*Cavalleria Rusticana*，歌剧），1890年；《友人弗立兹》（*L'amico Fritz*，歌剧），1891年；《伊丽斯》（*Iris*，歌剧），1898年；《伊萨贝奥》（*Isabeau*，歌剧），1911年

△皮埃特罗·马斯卡尼，安乔罗·托马斯（Angiolo Tommasi），1899年

20世纪早期

第五章

▷莱奥什·雅纳切克
在雅纳切克的老师们以及后来他的学生们看来，他是难以相处的人——叛逆、固执、不作让步。但是他的音乐天才毋庸置疑，并最终成为了20世纪早期具有创新性的作曲家之一。歌剧院、音乐厅、民间音乐、俄罗斯文学和捷克语的发音韵律都为他的音乐作品提供了灵感。

莱奥什·雅纳切克（Leoš Janáček）

1854—1928年，捷克

雅纳切克打造的音乐语言深受祖国捷克的讲话方式影响，也源自他个人的深重悲剧。在长期的努力后，他的音乐获得了认可，至今仍受人喜爱。

◁**莱奥什和兹登卡·雅纳切克**
图中是雅纳切克与他的妻子兼曾经的学生兹登卡·舒尔佐娃。两人1881年结婚。同年，他在布尔诺创办了管风琴学校。

与比他年长的同胞兼好友安东宁·德沃夏克一样，莱奥什·雅纳切克也是一名音乐全才。他1854年出生于波西米亚的胡克瓦尔迪（Hukvaldy），并成了布尔诺（Brno）的圣托马斯修道院的唱诗班男童。随后，雅纳切克先在布拉格的管风琴学校学习，后来前往莱比锡学习钢琴、管风琴和作曲。他的老师们对他的音乐天赋赞叹不已，但也有一些老师觉得他是一个麻烦的人物。一开始，他靠教钢琴和指挥业余合唱团勉强维生，同时在私下里作曲。1881年，雅纳切克在布尔诺开办了一所管风琴学校；他的一名学生，兹登卡·舒尔佐娃（Zdenka Schulzová）成了他的妻子。在之后的几年里，他对民间音乐的兴趣与日俱增。他开始搜集和研究当地的传统歌曲和舞蹈；到了19世纪90年代早期，他已经是摩拉维亚和西里西亚（Silesia）地区民间风俗运动的领导者，并时常将民间音乐元素融入自己的作曲中。同样地，从大约1879年开始，雅纳切克开始记录说话中的语调。1909年，他购买了一台爱迪生牌留声机，用来录制民歌——这与巴托克在匈牙利所为并无二致（参见第244—245页）。

雅纳切克在歌剧院和音乐厅里受到了斯美塔那、德沃夏克和柴可夫斯基的影响，但是他很厌恶瓦格纳。他以非常个性化的方式——参考语音规律——来创作自己的歌剧。他经常基于俄罗斯文学进行创作；他的第一部弦乐四重奏源自托尔斯泰（Tolstoy）的《克鲁采奏鸣曲》（*The Kreutzer Sonata*），而他的两部歌剧《卡佳·卡巴诺娃》（*Katya Kabanová*）和《死屋手记》（*House of the Dead*）则分别基于奥斯特洛夫斯基（Ostrovsky）和陀思妥耶夫斯基（Dostoyevsky）的作品。

◁**《死屋手记》**
雅纳切克雄大的最后一部歌剧《死屋手记》的手稿。作品在第二次世界大战结束10年后出版。

悲剧和湍流

1903年是一个转折点：他的女儿奥尔加（Olga）悲剧性地离世了。雅纳切克的钢琴作品成了他悲痛情绪的出口——包括套曲《在杂草丛生的小径上》（*On an Overgrown Path*）和《在雾中》（*In the Mists*）。1905年，对一名年轻的政治抗议人士的谋杀使雅纳切克又写下了一部情感浓烈而挣扎的钢琴奏鸣曲。

此时，雅纳切克的婚姻关系也颇为紧张：他与歌剧演员加布里埃拉·霍瓦托瓦（Gabriela Horvátová）的婚外情导致他的妻子试图自杀。夫妻二人没有离婚，但是关系疏远了。然而，作曲家又沉迷于与另一名更加年轻的女子［1917年相识的卡米拉·斯托斯洛娃（Kamila Stösslová）］的友情。尽管很大程度上是柏拉图式的，但却对他的音乐造成了最大的影响。两人的书信为作曲家的工作带来了极大的启发。他的许多最优质的歌剧和室内乐作品都来自这段时期，尤其是《卡佳·卡巴诺娃》和弦乐四重奏《情书》（*Intimate Letters*）。也是直到这个时候，他的作品才开始取得他梦寐以求的充分认可。

在一次与斯托斯洛娃母子前往乡下的远足中，雅纳切克染上了风寒，并发展为肺炎。这场病导致他在1928年8月28日去世。

△**《摩拉维亚民间舞蹈》（*Folk Dances in Moravia*）**
雅纳切克的《摩拉维亚民间舞蹈》乐谱封面。作曲家受到摩拉维亚传统的启发，创造了一种非常前卫的音乐形式。

方法
语音规律

在雅纳切克的时代，中欧地区许多民族主义作曲家都对民俗抱有兴趣，但是他对语音规律的运用独树一帜。他会对捷克语口语的音高和韵律进行记号标注，以观察“语调”如何随语境以及说话人的思想状态改变。这使他得以从瓦格纳的阴影下挣脱出来，并以一种全然不同的方式创作自己的音乐。以这个技法作为基础的作品包括歌剧《狡猾的小狐狸》（*The Cunning Little Vixen*），也包括合唱杰作《格里高利弥撒》（*Glagolitic Mass*），甚至器乐作品，如《小交响曲》（*Sinfonietta*）。

“彻底寂静中，心平气和的我始终能听见音乐。”
莱奥什·雅纳切克

▷爱德华·埃尔加，约1900年
照片中，这位英国作曲家正值不惑之年，在钢琴边为拍照摆姿势。他在这张相片拍摄之前1年凭借《谜语变奏曲》轰动全国，从而进入了公众视野。这部作品也在全世界收获赞誉，让埃尔加成为家喻户晓的作曲家。

爱德华·埃尔加（Edward Elgar）

1857—1934年，英国

埃尔加是20世纪早期最重要的英国作曲家。他的创作范围很广，有的戏剧化、通俗、铿锵有力，另一些则温柔抒情。至今，他的音乐依然广受喜爱。

爱德华·埃尔加1857年出生于西米德兰兹郡（West Midlands）伍斯特（Worcester）外的布罗德希思（Broadheath）小镇。他的家庭是较低层的中产阶级，父亲在伍斯特开一家音乐店铺，并在当地教堂演奏管风琴，还会给钢琴调音；母亲是一名虔诚的天主教徒，并按教规抚养孩子们。

埃尔加的音乐教育来自父亲的钢琴和小提琴课。青少年时期，他梦想着去德国学习音乐，但是家里无法承担送他去莱比锡的支出。因此，他只得成为一名打零工的音乐家：教钢琴，在地方乐团拉小提琴，甚至在当地的精神病疗养所组织音乐演奏。

背景

三大合唱团音乐节

1715年创办的三大合唱团音乐节如今依然盛演不衰，在赫里福德、格洛斯特（Gloucester）和伍斯特大教堂逐年轮流举行。它为大规模音乐活动的举办提供了极佳的机会——这在英国非一线城市是很少见的。从1878年到1893年，每当音乐节在伍斯特大教堂举办，年轻的埃尔加都会在乐团中演奏小提琴。他的许多早期作品都为接连举办的音乐节而创作，包括《弗鲁瓦萨尔序曲》（*Froissart Overture*，1890年）、《黑骑士》（1893年）以及《生命之光》（*The Light of Life*，1896年）等康塔塔。

伍斯特大教堂西北角，1836年

早年生活和影响

埃尔加很早就开始作曲。虽然他通常被认为是典型的英国作曲家，但其实他对英国的民间音乐并没有兴趣，甚至对祖国的音乐传统持有贬低的态度。相反，他的效仿对象是德国的音乐巨人们，比如勃拉姆斯、舒曼和瓦格纳。他在前往伦敦的短途游中，以及后来在巴伐利亚度假时，在音乐会上接触到了这些伟人的作品。埃尔加的两部早期管弦乐作品分别在1883年和1884年公开演出，但没有引发任何波澜。他的个人生活也遭遇不顺：他的未婚妻、伍斯特的海伦·韦弗（Helen Weaver）移民新西兰，导致两人的关系中断。

使埃尔加脱离了狭隘困境的人是卡罗林·爱丽丝·罗伯兹（Caroline Alice Roberts）。这位比作曲家大9岁的姑娘是一名陆军少将的女儿。1886年，埃尔加被请去给爱丽丝上钢琴课。两人出人意料地陷入了爱情，并在1889年结婚。罗伯兹一家对此深恶痛绝，因为他们认为埃尔加无论年龄、社会地位还是天主教信仰都与这个家庭不般配。这场婚姻对埃尔加的职业有着深远的影响。爱丽丝天资聪颖：她会写诗，还出版过小说。他为埃尔加提供了精神上的安全感，树立了他的信心。她还教会了埃尔加如何与上层社会的人打交道，并且还挣钱弥补了他微薄的收入。他第一部成功的作品《爱的致意》（*Salut d'amour*）在两人订婚时创作，首演于两人成婚的1889年。1890年，两人唯一的孩子出生。

在伦敦短暂地逗留后，夫妻二人回到伍斯特郡，并在莫尔丘陵（Malvern Hills）定居。19世纪90年代，埃尔加成了一名有名气的合唱作曲家，作品中包括1893年在伍斯特首演的《黑骑士》（*The Black Knight*）

△**卡罗林·爱丽丝·罗伯兹**

成就斐然的卡罗林·爱丽丝·罗伯兹，被人称作爱丽丝，在伦敦的布朗普顿圣堂（Brompton Oratory）与爱德华·埃尔加结为连理。当时她40岁，埃尔加30多岁。这场婚姻遭到家庭的强烈反对。

◁**埃尔加的出生地**

埃尔加出生于布罗德希思这栋悦目又简朴的小屋中，位于这个英国乡下的中心地带。这里现在是埃尔加出生纪念博物馆。

△**莫尔丘陵**

结婚后，夫妻二人在伦敦短暂地生活后，回到了伍斯特郡乡下莫尔丘陵附近生活。两人都在这里出生和长大。在埃尔加的一生中，乡村生活始终是舒适、愉悦和灵感的重要来源。

以及1898年在利兹音乐节上首演的《卡拉克塔克斯》（*Caractacus*）。然而，在大众的视野里，他还全然不为人所知，直到1899年演出的《谜语变奏曲》（*Enigma Variations*）将他的名字传遍了全国。这部作品被题献给了“我在作品中刻画的朋友们”，这一系列别出心裁的描绘人物形象的作品中蕴藏着极为迥异的情绪，悲伤和幽默、哀愁和狂喜交替出现。标题中的所谓“谜语”从未得到解释，但这个噱头无疑帮助作品取得了广泛的成功。

骂声和掌声

埃尔加最出色的合唱作品，《杰隆修斯之梦》（*The Dream of Gerontius*）随之问世了，但是没有能够轻易被听众接受。作品为若望·亨利·纽曼主教（Cardinal John Henry Newman，19世纪天主教复兴运动的关键人物）的一首长诗配乐，招致了来自新教教会的抨击。1990年，作品在伯明翰音乐节的首演成了一场排练得很糟糕的闹剧，使作曲家极为苦恼。然而，次年问世的激动人心的《威仪堂堂进行曲》（*Pomp and Circumstance*）迎来了爱国群众们狂热的欢呼。其中的第一首很快成了非正式的国歌，其中著名的一段三重奏旋律后来被配上歌词，成为了《希望与光荣的土地》（*Land of Hope and Glory*）。1902年，《杰隆修斯之梦》在德国的演出收获了赞誉，而此时的英国意识到17世纪以后第一位享誉国际的本土作曲家终于诞生了。

埃尔加所到之处受到了盛情款待也让他荣誉加身，终于在1904年被加爵。他在赫里福德（Hereford）买了一栋大房子，与富裕阶层结交，摆出了一副好吹牛、喜爱名犬和高尔夫的英国乡绅做派，而隐藏起了自己神经质的、敏感而忧愁的天性。被英国上流社会接受的他，内心始终因为自己的天主教信仰和贫贱的出身而缺乏归属感。这些心理压力甚至引发了一些疾病。他对音乐的超凡价值深信不疑，且唾弃对这个价值缺乏认同的英国上流社会。他在伯明翰大学担任音乐学教授（1905年专门为他设立的职位）时，在讲座中大力抨击英国的庸俗文化，使他的那些爱国的崇拜者们大为震惊。

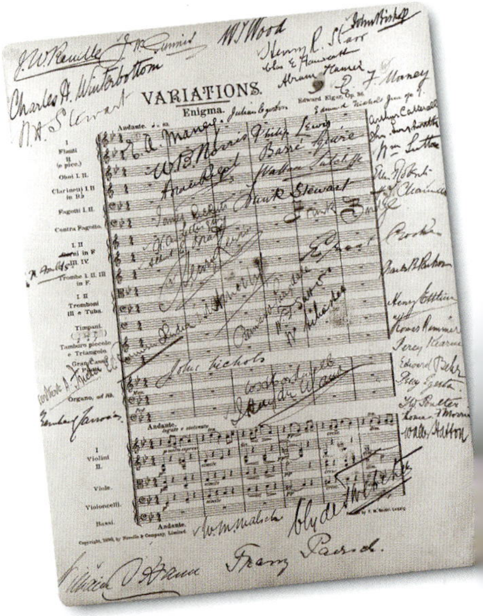

△**《谜语变奏曲》**

这是埃尔加的《谜语变奏曲》（作品号36）乐谱的第一页，上面满是1901年在利兹音乐节上演出这部作品的伦敦交响乐团成员的签名。

“音乐存在于空气中……世界上到处是音乐，任你取用。”

爱德华·埃尔加

关键作品

1890年
为三大合唱团音乐节（Three Choris Festival）创作的《弗鲁瓦萨尔序曲》是埃尔加最早的收到好评的管弦乐作品。

1899年
基于一个原始主题的《谜语变奏曲》在伦敦的圣詹姆斯大厅的演出取得了关键性的成功。

1900年
埃尔加基于若望·亨利·纽曼主教的诗作配乐的合唱作品《杰隆修斯之梦》在伯明翰城市音乐厅上演。

1908年
第一交响曲在曼彻斯特由哈雷管弦乐团（Hallé Orchestra）首演，获得了巨大且关键的成功。

1910年
技巧难度大、具有很强抒情性的埃尔加小提琴协奏曲由弗里茨·克莱斯勒首演。

1919年
埃尔加最后一部重要作品，大提琴协奏曲，在第一次世界大战后完成。

他的音乐灵感从未间断。埃尔加完成了一套计划好的三部清唱剧中的前两部，《基督使徒》（*Apostles*，1903年）和《王国》（*The Kingdom*，1906年）；他放弃了第3部的创作。1908年，他强有力的第一交响曲取得了丝毫不输《威仪堂堂进行曲》的成功，第一年就上演了近百场。这部交响曲在海外也大受欢迎，尤其在美国和德国。

1910年由奥地利小提琴大师弗里茨·克莱斯勒（Fritz Kreisler）首演的小提琴协奏曲也取得了经久不衰的成功。这是所有小提琴曲目中较有难度的作品之一，其中强烈的抒情性可能源自埃尔加对爱丽丝·斯图尔特·华特利［Alice Stuart Wortley，她是英国艺术家约翰·艾佛雷特·米莱（John Everett Millais）的女儿，她的丈夫是一名议员］的爱慕。假如这段恋情真的存在，也并没有证据表明这影响了埃尔加的婚姻。

1912年，埃尔加移居至伦敦，过着在剧院和宴会间穿梭的生活。在这段时期，埃尔加的音乐开始内心化。这让期待听到通俗易懂的音乐的公众感到失望。1911年，他的第二交响曲在伦敦首演，现场观众呆若木鸡。埃尔加说："他们就坐在那儿，像毛绒猪那样。"

第一次世界大战的爆发让埃尔加陷入恐惧。他还对自己的《希望与光荣的土地》遭到沙文主义者的利用深感痛恨。1917年，他隐退至了萨塞克斯一栋地处偏僻的房子里。在那里，他完成了他的大提琴协奏曲，这部杰作有着挽歌般的忧郁和扣人心弦的乡愁。这是他最后一部完成的作品。爱丽丝在1920年去世；埃尔加的灵感源泉也随之枯竭。

晚年

埃尔加的音乐与一战前的爱德华七世的时代联系紧密，因而遭到20世纪20年代引领趋势的现代主义音乐家们的嘲讽。1924年，埃尔加被封为英王御前音乐教师，但这只是加重了他"古板的老一代角色"这一有失准确的名声。作曲家一直积极参与音乐活动——主要为了财富而指挥自己的作品。1932年，BBC的一纸委托让他兴致勃勃地重新开始作曲。他开始写他的第三交响曲，但最终没能完成。埃尔加1934年死于癌症，被埋葬在伍斯特郡的小莫尔文（Little Malvern），在他的爱妻爱丽丝身边长眠。

▷《安乐乡序曲》（***Cockaigne Overture***）
埃尔加为完整管弦乐团而作的《安乐乡序曲》（1900—1901年）中，对伦敦和它的居民进行了生机勃勃、充满幽默的描绘。右图是乐谱的封面。

背景

乐团录音

埃尔加是音乐录音的先驱人物。在20世纪早期，著名歌手的录音受到推广，但是很少有交响乐团录音的尝试。直到1914年，留声机公司签约埃尔加指挥演奏他最流行的作品。1931年，随着技术的发展推动音质的提升，埃尔加被邀请至EMI公司在阿贝街（Abbey Road）的新录音室进行首次录音，指挥伦敦交响乐团演奏《法尔斯塔夫》（*Falstaf*）组曲。他最著名的录音是1932年与小提琴家耶胡迪·梅纽因（Yehudi Menuhin）合作演出的自己的小提琴协奏曲，当时梅纽因只有16岁。

埃尔加出生纪念博物馆的留声机，布罗德希思

埃塞尔·史密斯

1858—1944年，英国

史密斯极其独立，蔑视传统，成为较早享誉国际的女作曲家之一。她由于孜孜不倦地支持妇女争取投票权利的运动而背上骂名。

埃塞尔·史密斯1858年出生于肯特郡的锡德卡普（Sidcup）。当时，这是伦敦周边地区中较保守的区域之一。她在中产阶级家庭长大，接受的教育理念认为女性属于家庭。不过，她的父亲是一名陆军少将，这使得这个家庭有机会周期性地前往印度，从而拓宽了埃塞尔的视野。

早年的勇敢决定

在英国的家里，她接受音乐课，并违抗父亲的意志决定从事音乐职业。19岁时，她出发前往莱比锡音乐学院学习，并在那里接触到了顶尖的作曲家们，如德沃夏克、格里格和柴可夫斯基。然而，她对课业感到失望，并在上了1年课后转至私下跟随海因里希·冯·赫尔佐根伯格（Heinrich von Herzogenberg）学习，而后者介绍她认识了勃拉姆斯和克拉拉·舒曼。

在赫尔佐根伯格门下的学习给史密斯打下了扎实的音乐理论基础，这使得她得以开始从事作曲。然而，作为一名女性，她很难使自己的作品得到演出，直到1893年，她的D大调弥撒在伦敦的阿尔伯特音乐厅上演并得到了观众的热烈反响，她才取得了应得的职业突破。

接着，史密斯开始将注意力移向歌剧，并开始创作《森林》（*Der Wald*）。这部作品于1902年在柏林首演，并于次年在纽约大都会歌剧院演出。然后，她写出了可能是自己最为知名的作品——三幕歌剧《救援队》（*The Wreckers*）。这部歌剧得到了托马斯·比彻姆（Thomas Beecham）的欣赏，后者一直很欣赏史密斯的音乐。

◁**埃塞尔·史密斯，约1925年**
虽然史密斯出身保守顽固的中产阶级家庭，但她成了一名著名的妇女投票权运动人士，还为妇女社会政治联盟创作了一首激昂的颂歌。

◁**《妇女进行曲》**
史密斯的激励歌曲的歌谱，封面使用了运动的主题色：紫、绿、白。图中有妇女社会政治联盟的妇女和女孩成员们。

1910年，史密斯遇见并深深爱上了社会运动家艾米琳·潘克斯特（Emmeline Pankhurst，妇女社会政治联盟创始人），并搁置了自己的音乐职业。她将所有的精力都倾注在了争取妇女投票权利的运动中，并写下了一首情绪激昂的进行曲用于伦敦的运动集会中。

入狱和赞美

1912年，史密斯在特拉法加广场（Trafalgar Square）对示威者们发表了演讲，然后被逮捕并入狱，罪名是打碎了知名大臣家的玻璃。她在押于霍洛韦监狱（Holloway Prison）时，前去探访她的比彻姆看见她将身子探出监狱窗外，用手中的牙刷指挥《妇女进行曲》（*The March of the Woman*）。

第一次世界大战期间，她在法国受训成为了一名放射技师。回到英国后，作品的演出帮助她获得了一定的成功。1923年，她被授予大英帝国女爵士勋章。她晚年很少写音乐，但出版了几本有趣的回忆录。1944年，她在长期患病后死于肺炎，享年86岁。

背景

妇女社会政治联盟（The Women's Social and Political Union）

在19世纪，为妇女争取投票权的运动开始升温，多个运动组织开始游说议会推动变革。1903年，因为对运动效果不满意，一个更具斗争性的组织在曼彻斯特成立，领袖是艾米琳·潘克斯特（1858—1928年）。妇女社会政治联盟（WSPU）主张直接的行动和温和的抵抗，而运动人士为了达到目的做好了违反法律的准备。许多妇女被囚禁，并在绝食抗议时被强行喂食。1910至1912年间，史密斯放弃了音乐创作并专心投身于WSPU的运动中，不过她在1911年为运动创作了颂歌。

艾米琳·潘克斯特

“孤绝于世的迷人很少与文明带来的便利结合在一起。”

埃塞尔·史密斯，《生活的特点》（*Streaks of Life*），1921年

弗雷德里克·戴留斯

1862—1934年，英国

虽然戴留斯在德国学习音乐，而且大部分时间都在国外度过，但他的音乐风格极具个人风格且英国味十足。这使他跻身20世纪最伟大的英国作曲家行列。

△戴留斯与妻子，1929年

照片中，坐在轮椅上的戴留斯与妻子耶尔卡·罗森抵达伦敦的女王音乐厅，参加托马斯·比彻姆指挥的对他作品的排练。

弗雷德里克·戴留斯（原名为Fritz Delius，他许多年后才开始使用“弗雷德里克”这个名字）是朱利叶斯（Julius）和埃莉斯（Elise）14个孩子之一，这家人从德国移居至英国。他出生于布拉德福德（Bradford）——朱利叶斯是这里一名成功的羊毛商人——并很早就显露出音乐天赋。然而，人们都认为戴留斯将会继承父亲的衣钵。

1880年完成学业后，戴留斯在法国、瑞典和德国的办公室帮忙操持家族生意。他沉浸在这些国家的文化生活中，同时接受着音乐教育。他的父亲依然不支持戴留斯从事音乐工作，并将他送往佛罗里达经营一家橙子种植园。戴留斯没有气馁，他在美国继续学习音乐，并在几年后迁至了弗吉尼亚的丹维尔（Danville），在那里通过教音乐、法语和德语为生，同时受到美国流行音乐的启发开始作曲。

重大突破

1886年，他不顾父亲的反对前往莱比锡音乐学院求学。这给了他必不可少的音乐理论基础；然而，是爱德华·格里格给予了他鼓励，影响了他的早期风格，从而激励了他。格里格说服戴留斯一家支持戴留斯的音乐职业发展；1888年，戴留斯搬到了巴黎，并在叔父的资助下开始成为一名全职作曲家。

戴留斯与这座城市的画家与作家们打成一片。他很有可能在这里染上了将会困扰他余生的梅毒。不过，也是在这里，他遇见了德国画家耶尔卡·罗森（Jelka Rosen）。她在巴黎郊外的卢万河畔格雷（Grez-sur-Loing）购买了一栋房子，两人在1903年结婚后就生活在那里。

虽然戴留斯祖籍德国，而且在莱比锡上过学，他独特的兼收并蓄的作曲风格里却几乎看不到德国浪漫主义的痕迹，反而与英国民歌的怀旧风情关系密切。然而，他的音乐出人意料地受到了德国指挥家们和观众们的喜爱，在其他地方却鲜有人问津。不过，1907年，指挥家托马斯·比彻姆在伦敦的一场音乐会上听到了一些戴留斯的作品，并由此对戴留斯推崇有加。在比彻姆的激励之下，戴留斯写下了一批他最优秀的作品，包括《布里格集市》（*Brigg Fair*）、《生之弥撒》（*the Mass of Life*）、《在夏日的花园里》（*In a Summer Garden*）、《春日初闻杜鹃啼》（*On Hearing the First Cuckoo in Spring*）和《乡村罗密欧与朱丽叶》（*A Village Romeo and Juliet*）。

在第一次世界大战期间，他和耶尔卡行至挪威和英国；随着戴留斯的梅毒症状开始显露，他们还去过法国的疗养温泉。20世纪20年代，他的名气越来越响，但工作上却愈发乏力。到了1928年，他双目失明，并被困在了轮椅上。然而，在埃里克·芬比（Eric Fenby）的帮助下，他得以完成并完善了自己未完成的工作，甚至还启动了一些新的项目，直到他在1934年去世。

▷弗雷德里克·戴留斯

这幅埃内斯特·普罗克特（Ernest Procter）的绘画中显示的是作曲家参加1929年11月在伦敦西部女王音乐厅中戴留斯音乐节的排练活动。这幅绘画是为一幅更大的描绘轮椅中的作曲家的作品进行的习作。

人物

埃里克·芬比

戴留斯的助手埃里克·芬比（1906—1997年）是一名管风琴师和合唱团指挥，也在地方电影院中给无声电影进行钢琴伴奏。1928年，他听到戴留斯的音乐，并在得知作曲家的残疾后表示愿意担任戴留斯的助手来提供帮助。在戴留斯去世后，他与音乐出版商博浩出版社（Boosey & Hawkes）合作，并在第二次世界大战后于皇家陆军文教队（Royal Army Education Corps）任职。1962年，他被任命为戴留斯诞辰百年音乐节的艺术总监，并在2年后成为了皇家音乐学院的和声学教授。

埃里克·芬比在曾属于戴留斯的留声机旁，伦敦，1980年

ERNEST PROCTER 29

理查德·施特劳斯（Richard Strauss）

1864—1949年，德国

施特劳斯写过许多歌曲和交响诗，而他最受赞誉的是他的歌剧创作。虽然在《莎乐美》（*Salome*）和《埃莱克特拉》（*Elektra*）中对现代主义有所试探，但他终其一生都是一名（相当）晚期的浪漫主义作曲家。

◁**《特里斯坦与伊索尔德》乐谱**
施特劳斯将瓦格纳的歌剧《特里斯坦与伊索尔德》的最后几小结描述为“音乐史上最美好的B小调和弦”。

理查德·施特劳斯1864年6月11日出生于慕尼黑，是慕尼黑宫廷乐团首席圆号弗朗茨·约瑟夫·施特劳斯（Franz Joseph Strauss）与第二任妻子约瑟菲娜·普索尔·施特劳斯（Josephine Pschorr Strauss）的长子。男孩很早就表现出了神童的迹象，但是音乐上极其保守的父亲只允许孩子接触最经典的德奥音乐——瓦格纳不在可接受的范围。6岁写出第一部歌曲后，在父亲与爱炫耀的姑姑约翰娜（Johanna，很有天赋的女中音歌唱家）的鼓励下，施特劳斯开始基于舒伯特和舒曼的模式继续歌曲创作。

关键的一刻发生在十几岁的施特劳斯发现了瓦格纳的《特里斯坦与伊索尔德》。他违抗父亲的意志，在“被催眠般”的状态下如饥似渴地消化了乐谱，并终其一生成为了瓦格纳主义者——不过此时这还没有在他的音乐中反映出来。20岁之前，他已经可以熟练地创作管弦乐作品，很大程度上基于莫扎特、贝多芬和门德尔松，其中包括两部交响曲和一部激情四射的圆号协奏曲。21岁时，施特劳斯出版了第一套真正具有独创性的歌曲，其中包括高昂的《奉献》（*Zueignung*）。

名声渐长

从《麦克白》（*Macbeth*，1886—1888年）开始，施特劳斯创作了一系列交响诗，帮助他锁定了国际声望。1889年，情节露骨的《唐璜》——实际上是一部没有人声的迷你瓦格纳歌剧——成功上演后，施特劳斯大呼“我来了！”。有说法认为作曲家在这部作品中对唐璜有人格投射，并通过主人公的猎艳来实现自己的幻想。类似的做法也可以从他在《英雄生涯》（*Ein Heldenleben*）中理想化的自画像里看到。

从19世纪80年代中期开始，施特劳斯在慕尼黑、魏玛和柏林担任过一系列的指挥工作。1894年，他与一名

背景

如履薄冰

施特劳斯近乎天真地不问政治；他厌恶纳粹政权，但也偶尔遵从指令办事。比如，1933年的拜罗伊特音乐节托斯卡尼尼因为反对纳粹对犹太人的迫害而退出演出活动后，施特劳斯执棒指挥了瓦格纳的《帕西法尔》。不过，施特劳斯努力保护自己的儿媳爱丽丝和她的孩子们不受纳粹的侵害，并冒着危险对犹太文豪斯蒂芬·茨威格（Stefan Zweig）——《沉默的女子》（*Die schweigsame Frau*）的剧本作家——施以援手。

《马太福音》中希律王坐在宝座上观看莎乐美舞蹈的插图

◁**理查德·施特劳斯**
在施特劳斯漫长的指挥与作曲生涯中，他游遍欧洲与美国，指挥过许多世界上顶尖的管弦乐队。

“我用刺耳的声音来激怒听众。”

理查德·施特劳斯告诉马勒

方法
音诗

《查拉图斯特拉如是说》(*Also Sprach Zarathustra*)，作品号30，封面

施特劳斯的音诗是对李斯特交响诗的天然继承，但在生动形象的角色和对大型乐团的娴熟运用上远超后者。然而，虽然作品中充满浪漫主义晚期的华丽色彩，但也不乏施特劳斯从小经历的古典主义传统。《英雄生涯》和《唐璜》都采用了奏鸣曲式，而《蒂尔的恶作剧》(*Till Eulenspiegel*)采用了回旋曲式。最富野心的是受尼采启发而作的《查拉图斯特拉如是说》——因运用在1968年的电影《2001太空漫游》(*2001: A Space Odyssey*)中而为人们熟知。作品中B和C两个调性的冲突象征着自然和人类之间无法调和的矛盾。

将军的女儿[曾经跟随他学习声乐的波琳·德·阿娜(Pauline de Ahna)，曾表示施特劳斯"根本不是唐璜"]结婚。波琳的性格出了名的粗鲁；在自传性歌剧《间奏曲》(*Intermezzo*)中可以看到对此非常形象的刻画。然而，她也是一名极具天赋的歌唱家：施特劳斯为她创作了四首精美的歌曲作为结婚礼物，其中包括为钢琴和人声而作的情深意切的《明天》(*Morgen*)，以及像歌剧一般张扬的《赛西莉》(*Cäcilie*)。

波琳成了施特劳斯第一部歌剧《贡特拉姆》(*Guntram*，1894年首演失败)的主角，并激发了施特劳斯对女高音角色的长久热爱。他曾在提到波琳时说："她演唱我的歌曲时的表现力和诗意，我从没在别处听到过。"即便后来她的声音开始变得脆弱，而且舞台风格变得愈发不堪(包括在她丈夫演奏钢琴后奏曲时做出恬不知耻的滑稽举止以博取掌声)，波琳一直是施特劳斯最理想的女高音诠释者。

歌剧成功

1894年至1906年间，施特劳斯共创作了大约70首歌曲，其中许多都与波琳合作演出。但是到了20世纪，他的创作生命是被歌剧主宰的。在有讽刺意味的《火荒》(*Feuersnot*，1901年)之后，施特劳斯在根据王尔德(Wilde)的喜剧创作的极度压缩的《莎乐美》(1905年)，以及《埃莱克特拉》(1909年)中采用了现代主义手法。两部歌剧都将不协和音使用到了一个全新的程度，将情绪和性暗示推向极致。施特劳斯用《莎乐美》创造的收入在巴伐利亚州的加米施(Garmisch)建了一栋豪宅。《埃莱克特拉》刻画了一种病态的狂热，其中含有施特劳斯所写

△**《玫瑰骑士》**
在这幅罗伯特·斯特林(Robert Sterl)创作于1912年的绘画中，恩斯特·冯·舒赫(Ernst von Schuch)正在指挥《玫瑰骑士》。舒赫指挥过许多施特劳斯歌剧的首演。

过的最"前卫"的音乐。这部歌剧是他首次与维也纳作家胡戈·冯·霍夫曼史塔(Hugo von Hofmannsthal)的合作；此人后来也为另一部截然不同的作品——盛演不衰的《玫瑰骑士》(*Der Rosenkavalier*，1911年)——提供了剧本。从现代主义的混乱中抽身的施特劳斯为此写了一部悲喜交加的风俗喜剧，其中既有瓦格纳式的技法(包括微妙的主题变形)，也有莫扎特的轻盈优雅。《费加罗的婚礼》的后继之作，如果有的话，非他莫属。

施特劳斯的音乐人格中可以被称作"瓦格纳式"和"莫扎特式"的方面，在他晚期的歌剧中也交织在一起。《阿里阿德涅在拿索斯岛》(*Ariadne auf Naxos*)是一部具有高度自我意识的作品。与《玫瑰骑士》一样，这部歌剧中有3个重要的女高音角色：热情洋溢的理想主义作曲家(显然以少年时期的莫扎特为原型)，被死神笼罩的阿里阿德涅，以及反复无常的花腔女高音泽比尼塔(Zerbinetta)。《没有影子的女人》(*Die Frau ohne Schatten*，1913年)是一部象征主义的童话故事，聚焦在诸如人类的生育力和婚姻关系等主题，这是施特劳斯和霍夫曼史塔对《魔笛》的致敬。这部作品的配器是作曲家所有作品中最辉煌和奢华的——这显然有弦外之音——而女皇和染匠巴拉克所唱的也是作曲家抒情性最热烈的旋律。

在施特劳斯晚期的歌剧中，灵感的迸发变得断断续续。其中最著名的两

"我的妻子、我的孩子、我的音乐、自然和太阳，这些带给我幸福。"

理查德·施特劳斯

关键作品

1889年
《唐璜》在魏玛首演：施特劳斯被视作瓦格纳之后最伟大的作曲家。

1905年
《莎乐美》中使用了一种时常不和谐的音乐语言，将性暗示和情绪推向极致。

1911年
《玫瑰骑士》致敬了莫扎特。施特劳斯在作品中尽情地模仿和混合。

1933年
施特劳斯与霍夫曼史塔的最后一次合作——《阿拉贝拉》——是一部冷幽默的风俗喜剧。

1945年
施特劳斯为23把独奏弦乐器而作的《变形》是对盟军轰炸德累斯顿的回应。

1948年
施特劳斯用秋意十足的《最后四首歌》告别了音乐家生涯。这部作品仿佛已经逝去的浪漫主义的昔日重现。

部歌剧——《阿拉贝拉》(*Arabella*，1933年)，一部喜剧兼童话，故事地点设定在19世纪60年代虚浮的维也纳，以及另一部儒雅的“谈话作品”《随想曲》(*Capriccio*，1942年)。《随想曲》本质上是一部关于歌剧的歌剧，是野蛮战争期间施特劳斯洛可可-浪漫主义式的逃避现实的造极之作。

最后的创作巅峰

在20世纪20和30年代作品相对贫乏的这20年后，施特劳斯经历了一段创作力骤升的时期。在这期间，继《随想曲》后，他还写下了第二圆号协奏曲、两部木管小奏鸣曲和一部迷人的双簧管协奏曲。这些作品都通过他自己的和声特点折射出莫扎特的精神。他的挽歌体的《变形》(*Metamorphosen*)引用了贝多芬的《英雄》交响曲中的葬礼进行曲，是施特劳斯对物质与文化双双遭到战争摧残的德国的哀悼。他的天鹅之歌《最后四首歌》(*Vier letzte Lieder*，1948年)是对他一生热爱女高音之声的完美总结，也同时是一个意味深远的告别，恬静地走向睡眠和无意识，绝不多愁善感。在这里，整个德国浪漫主义传统在痛苦中荣耀地逝去。

施特劳斯利用自己的影响力保护他的犹太儿媳和孙子们不受纳粹迫害。1948年，他通过反纳粹审查时已经身体状况不佳。次年回到德国，于1949年9月8日在加米施去世。

盛名与虚怀

虽然施特劳斯名气很大，但他从未褪去巴伐利亚人脚踏实地的风格。在他最开心的时候，会与好友们玩一局斯卡特（skat）牌。然而，他若无其事的外表只是一种伪装。施特劳斯对职业一丝不苟。他曾自嘲地说：“我也许不是一个一流作曲家，但我一定是一个一流的二流作曲家。”作为《埃莱克特拉》《玫瑰骑士》《变形》和《最后四首歌》等杰作的创作者，他的这句自我评价似乎谦虚过头了。

▽**音乐节排练**
施特劳斯在1926年萨尔茨堡音乐节《阿里阿德涅在拿索斯岛》的排练中弹奏钢琴。这部歌剧由维也纳国立歌剧院演出，洛特·莱曼（Lotte Lehmann）饰演阿里阿德涅。

▷卡尔·尼尔森，约1892年
尼尔森13岁时终止了自己断断续续的教育，并短暂地在杂货店当过学徒。次年，他加入了军乐队，而这成了他漫长且成功的音乐生涯的开端。照片中，这名作曲家兼指挥家还是一个青年，刚刚结婚并完成了欧洲之旅。

卡尔·尼尔森（Carl Nielsen）

1865—1931年，丹麦

尼尔森是伟大的丹麦作曲家，地位堪称国家英雄。他的作品品类丰富，但他主要作为20世纪最具实力和独创性的交响曲作曲家而扬名世界。

“音乐才是生命。其他艺术只能呈现或诠释生命。”

卡尔·尼尔森

◁**军乐队乐手**

照片中的尼尔森14岁，手持乐器。此时他参加了军乐队，担任欧登塞军团的号手。欧登塞是他的家乡菲英岛的首府。

卡尔·尼尔森出生于菲英岛（Funen）上的索特隆（Sortelung）小镇，在一个穷人家的12个孩子中排行第7。他的父亲是一名粉刷匠，靠在婚礼等场合中演奏小提琴和短号来补贴家用。6岁前，卡尔就开始学习演奏父亲的乐器，并在两三年后开始了自己最早期的作曲。1879年，他参加了欧登塞（Odense）的军乐队，演奏圆号和长号。

1884至1886年间，尼尔森在哥本哈根音乐学院学习，并在1889年成为了丹麦皇家交响乐团的小提琴演奏员。他获得了奖学金，使他得以在1890—1891年间花费数月游历欧洲。在巴黎，他遇见了丹麦雕塑家安妮·玛丽·布罗泽森（Anne Marie Brodersen），两人在佛罗伦萨结婚。这段婚姻并不顺利：尼尔森对妻子长期因工作出行不在身边感到烦恼，但两人一共生了3个孩子，也从未分开。

1894年，丹麦皇家管弦乐团首演了尼尔森振奋人心的第一交响曲。丹麦乐评家查尔斯·谢吕尔夫（Charles Kjerulf）认为这部作品仿佛是“天才的风暴”的预示，将它描述为“奇迹般的天真和无所察觉，就像看着一个孩子在玩炸药”。

持续的成功

尼尔森声名鹊起；1901年，他获得了国家津贴，这使他有更多时间作曲。他辞去乐团中的小提琴演奏员的职位（从此以后，他不时地会指挥这个乐团，并且在1908至1914年间是乐团的正式指挥）。1906年，他情绪高昂的歌剧《假面舞会》（*Maskarade*）为他赢得了持久的成功，作品在丹麦一直很受欢迎。他还写过舞台配乐、室内乐、合唱作品和大量的歌曲。

留名后世

然而，尼尔森的名气主要来自他的管弦乐作品——6部交响曲和3部协奏曲（小提琴、单簧管和长笛）。他的交响作品从浪漫主义晚期的音响世界中崭露头角，听起来很像勃拉姆斯。但后来他的作品愈发现代主义，包含着激烈的冲突、古怪的幽默和饱满的旋律——都有着粗粝、朴实的力量。

尼尔森61岁时，他犯了心脏病，但仍继续作曲。1931年，他被任命为哥本哈根音乐学院的院长，但是9个月后，他便去世了。1939年，在哥本哈根立起了他与妻子的塑像。尼尔森生前的知名度主要局限于丹麦和邻国瑞典，但在20世纪50年代以后，他的名声传遍了世界。

△**《分段歌曲》（*Strophic Songs*）乐谱封面**

尼尔森的歌曲在丹麦至今都很受欢迎。他大约写了250首歌曲，其中的佳作被整理成两卷《分段歌曲》（1905—1907年）。图中是德语版的封面。分段歌曲中，每一句歌词都用同一段旋律演唱。

背景

菲英岛

菲英岛是丹麦诸多岛屿中的第三大岛，尼尔森在这里出生和长大。这里肥沃的农田和美好的自然风光很出名，也使这里获得了“丹麦的后花园”的美誉。尼尔森的自传《菲英岛上的童年》（*My Childhood on Funen*）在丹麦文学中有着很高的地位。这座岛的首府是欧登塞，在那里有一座为尼尔森和他的雕塑家妻子而建的博物馆。

伊埃斯科（Egeskov）的风车，菲英岛，丹麦

让·西贝柳斯（Jean Sibelius）

1865—1957年，芬兰

西贝柳斯是北欧历史上最具实力的作曲家，他发现了管弦乐作品形式创新的方法，尤其在交响曲上。

约翰·西贝柳斯（本名为Johan Sibelius，他后半生才开始使用自己名字的法语形式）1865年12月出生于芬兰小镇海门林纳（Hämeenlinna），这里在1918年之前都属于沙皇俄国的版图。这里的受教育群体（包括约翰的父母）大部分都说瑞典语，其余更多的芬兰人都说芬兰语，而他们逐渐对俄国政治势力的干预表现出民族层面上的焦躁和不安。

早期的挣扎与成功

西贝柳斯的父亲是一名医生，在他2岁时就死于一场伤寒流行病。身怀六甲的年轻寡妇玛丽亚·西贝柳斯（Maria Sibelius）继承了沉重的债务。玛丽亚带着孩子们和母亲同住。她们的经济状况无法让3个孩子接受精英化的瑞典语教育，只能将孩子送到当地的一个说芬兰语的学校。1885年，20岁的西贝柳斯从高中毕业后前往赫尔辛基，在音乐学院学习小提琴。在赫尔辛基的这段时间里，他表现出了与父亲一样不负责任的生活态度，并在之后的40年里一直债台高筑、酗酒成性。

他曾梦想成为一名伟大的小提琴演奏家，但他与钢琴大师费卢西奥·布索尼（Ferruccio Busoni）（也是他在音乐学院的老师）的友情使他的这一念头淡去。他意识到自己无法达到布索尼的演奏水准，于是先后在柏林和维也纳各学习了一年作曲，并表现出了潜力。但他从没料到自己的第一部重要作品《库勒沃》（*Kullervo*）会取得如此惊人的成功。他在1892年指挥了这部作品的首演，作品讲述了芬兰民间传说《卡莱瓦拉》（*Kalevala*）中主人公的故事，是一部为两名独奏家、男声合唱团和管弦乐团而作的长达90分钟，共5个乐章的“交响诗”。

西贝柳斯在1888年遇见了艾诺·亚内菲特（Aino Järnefelt），她是一名17岁的贵族闺秀。她的家庭是说芬兰语的民族主义者，这对这个家庭所在的阶层而言并不典型。二人在《库勒沃》的首演后很快成婚，第二年，他们的第一个女儿出生。两人一共生了6个女儿，其中一个在婴儿期夭折。

新的方向

此时，西贝柳斯努力解决两个问题：如何谋生（在音乐学院兼职教学提供了部分收入）以及接下去写什么作品。他在作曲上的第一个动作是受指挥家罗伯特·卡亚努斯（Robert Kajanus）委托创作的《传奇》（*En Saga*，1892年）。他还写下了他的诸多无伴奏合唱作品中的第一部——《恋人》（*Rakastava*），一出动人的小型杰作。1893年，他为维堡（Viipuri）镇的一场庆典创作了《卡累利阿组曲》（*Karelia*），作品歌颂了这片芬兰北部地区（如今属于俄罗斯）的文化。

作曲家的下一部重头作品是基于《卡莱瓦拉》中的探险者，勇士莱明凯宁（Lemminkäinen）的英雄业绩创作的交响套曲。这套作品在1896年首演的反响不温不火，但是其中的一个乐章《图奥内拉的天鹅》（*The Swan*

◁《卡莱瓦拉》中的场景

这幅19世纪的水彩画描绘了芬兰传说《卡莱瓦拉》中的角色，西贝柳斯基于这个角色创作了他的交响诗《库勒沃》。音乐中对交响的高水准运用以及对芬兰风景极为逼真的传达立刻收获了赞誉。

人物

罗伯特·卡亚努斯

比许多其他作曲家们幸运的是，西贝柳斯不必等待很久就可以听到自己新创作的交响作品。1882年，罗伯特·卡亚努斯（1856—1933年）创办了赫尔辛基管弦乐协会——芬兰的第一个职业管弦乐团（如今的赫尔辛基爱乐乐团）。卡亚努斯是西贝柳斯长期的好友（和酒友），经常指挥西贝柳斯的音乐，或者请西贝柳斯亲自来指挥。20世纪30年代早期，他出版了第一张西贝柳斯的交响乐商业录音，至今依然被认为是无法超越的经典。

罗伯特·卡亚努斯

▷让·西贝柳斯

这幅肖像画由西贝柳斯的朋友阿克塞利·加伦-卡勒拉（Akseli Gallen-Kallela，见第216页）创作，其中作曲家头发凌乱，陷入沉思。

▽《凯泰莱湖》(*Lake Keitele*)，1905年
这幅静谧的风景画由西贝柳斯的合作伙伴阿克塞利·加伦-卡勒拉创作，后者被作曲家称作“芬兰最伟大的画家”。这幅绘画沉思的气质与西贝柳斯的一些具有冥想特点的音乐作品非常吻合。

of Tuonela)很快获得了自己的生命力，这首音乐中有一段绵长的英国号独奏，在柔和、分散的弦乐铺垫下徐徐展开。

他的第一交响曲受到了柴可夫斯基的强烈影响。作品在1899年首演，他更具独创性的第二交响曲也随之问世。在第二交响曲鬼斧神工般的第一乐章中，碎片化的主题被编织成一段居于中心的发展部，随后又被拆解。

与此同时，芬兰民族主义的浪潮正在涌起。1899年，俄罗斯政府颁布“二月宣言”(February Manifesto)，废除了芬兰的言论自由和集会自由。人们在赫尔辛基组织了一场浩大的活动，抗议对出版自由的镇压，而西贝柳斯为

▷**第二交响曲乐谱**
西贝柳斯的第二交响曲原稿的残存，如今被位于芬兰西南部的图尔库(Turku)博物馆收藏。

这个场合创作了一部六乐章的交响乐曲系列；其中最后一首，《芬兰的觉醒》(*Finland Awakes*)，经修改后被重新命名为《芬兰颂》(*Finlandia*)，并帮他锁定了全球声誉。

技艺精湛

西贝柳斯还开始为赫尔辛基的戏剧院谱写舞台配乐。他妻子的哥哥阿尔维德·耶尔内费尔特(Arvid Järnefelt)所写的《死神》(*Kuolema*)是一部象征主义戏剧，风格上接近《佩利亚斯与梅丽桑德》(*Pelléas et Mélisande*，是德彪西歌剧的灵感来源，也启发了勋伯格的交响诗。西贝柳斯为此共写了6首曲目，其中的一部被改编成了《忧伤圆舞曲》(*Valse triste*)并卖给了一家音乐公司。这家公司转手将这部作品又卖给了西贝柳斯的德国出版商，该出版商将作品发布为几个改编版本：《忧伤圆舞曲》很快在遍布整个欧洲的酒店和沙龙中被播放。西贝柳斯一直对自己错失了这笔版税而耿耿于怀。他之

△**“艾诺的家”，西贝柳斯的房子**
画中的西贝柳斯与家庭成员们一起在他们的房子“艾诺的家”前，这座建筑位于风景优美的湖畔小镇耶尔文佩。

“音乐始于词尽之处。”
让·西贝柳斯，1919年

后的重要作品包括技巧性很强的小提琴协奏曲和第三交响曲——这部交响曲的风格更简练、古典，颇具内敛的诗人气质。

1903年，西贝柳斯借了一笔钱在赫尔辛基北边的图苏拉（Tuusula）湖畔建了一栋家庭住房。他通过芬兰政府给他的年俸（从1897年开始）和他在音乐上的不稳定收入造起了“艾诺的家”（Ainola），全家在1904年搬进新居。

然而，4年后，西贝柳斯被诊断出喉癌。在柏林经历的痛苦治疗最终成功了，但是这段经历的黑暗沉重还是在他1911年的第四交响曲中体现了出来。

战争岁月

接着，他写出了交响诗《海之女神》（*The Oceanides*），意指希腊神话中的海上仙女。这部作品由美国富商卡尔·斯托克尔（Carl Stoeckel）委托创作——卡尔在康涅狄格州的罗福（Norfolk）运营着一个音乐节。西贝柳斯在美国大获好评后刚回国，第一次世界大战就爆发了。他无法出国，而来自德国出版商的版税也被切断——他的许多作品都在德国出版。

不过，作曲家还是为自己50岁的生日音乐会顺利写出了第五交响曲。他随后撤回了这部作品并进行修改，还于次年指挥了第二版，在这个版本中，他将前两个乐章拼接了起来，第一乐章自然地淌入了第二乐章。但他依然不满意，在内战肆虐期间进行了最后一版修改，而他翘首以盼的芬兰共和国的成立也终于实现。

1923年和1924年，又有两部交响曲问世：第六交响曲恬静优雅，四乐章的设计与热情洋溢、单乐章的第七交响曲［原本命名为《交响幻想曲》（*Fantasia sinfonica*）］大相径庭。接着，纽约爱乐乐团发来了委托，促成了《塔皮奥拉》（*Tapiola*）的诞生——名字取自芬兰神话中的森林之神。这是西贝柳斯对自然描绘的音乐作品中最狂野和出色的一部，同时也是一部精雕细琢的交响乐杰作典范。

漫长的沉寂

西贝柳斯的“创作真空期”并不彻底：有时，他会写一些小作品，也对自己早期的音乐进行修改或配器。然而，从1926年的《塔皮奥拉》直到他去世，没有出版过任何重要作品。在1920年代晚期，他忙于创作第八交响曲，但在他去世时没有手稿存世。有人相信西贝柳斯毁掉了手稿，但没有人知道其中的原因。

西贝柳斯去世后，他的音乐愈发被认为是保守陈旧的，如今的演出也不如昔日那么普及。然而，他的音乐被大量录制成唱片，证明了他的音乐依然广受全世界古典音乐听众们的喜爱。

背景
芬兰独立

虽然西贝柳斯是芬兰民族独立的支持者，他对俄罗斯支持的红军极为憎恶；俄罗斯红军于1917年接管了赫尔辛基。红军和白军之间爆发了激烈的内战。西贝柳斯为与白军并肩作战的德国营队创作了合唱作品《猎兵进行曲》（*Jäger March*）。1918年，他们的胜利奠定了现代芬兰共和国的基础。

卡尔·曼纳海姆（Carl Mannerheim），芬兰内战中白军领袖

关键作品

1891—1892年
西贝柳斯为合唱团和管弦乐团而作的《库勒沃》的首演获得了极大的成功，让他一夜之间成为芬兰国内的名人。

1893—1895年
管弦乐组曲《莱明凯宁的传奇（4首）》（*Four Lemminkäinen Legends*）中包括《图奥内拉的天鹅》，引起了国际兴趣。

1899—1900年
最初被命名为《芬兰的觉醒》的《芬兰颂》成为了西贝柳斯最为人所知的管弦乐作品。

1901—1902年
相比于其深受柴可夫斯基影响的《第一交响曲》，西贝柳斯的《第二交响曲》表现出了巨大的进步，确立了他在这一体裁上的大师地位。

1914—1919年
第五交响曲经过两轮修改后到达了最终版本。作品被认为是一项重大成就。

1922—1924
将传统交响曲的4乐章结构压缩至单乐章的第七交响曲被认为是西贝柳斯在音乐结构上精湛技艺的一座新的高峰。

1926年
西贝柳斯的最后一部重要作品《塔皮奥拉》将交响曲与音诗的结构进行了迷人的整合。

埃里克·萨蒂

1866—1925年，法国

萨蒂最为人所熟知的作品是简单到令人发指的钢琴曲《裸体歌舞》(*Gymnopédies*)。他是20世纪早期现代主义的先锋和反传统人物。他的音乐和写作反映出他离奇的生活方式。

埃里克·萨蒂时常被称作“天鹅绒绅士”(Velvet Gentleman)，身着简单的灰色礼服，佩戴夹鼻眼镜，是20世纪之初巴黎咖啡店和卡巴莱夜总会的常客。他经营着自己典型的巴黎绅士的外在形象，几乎不显露出自己极其不传统的思想。

他1866年出生于诺曼底的翁夫勒尔(Honfleur)，出生时的姓名是埃里克·阿尔弗雷德·莱斯利·萨蒂(Eric Alfred Leslie Satie)，是翻译家阿尔弗雷德·萨蒂(Alfred Satie)和他的苏格兰太太简·莱斯利(Jane Leslie)的长子。这家人在1870年搬到了巴黎，但是2年后简就去世了，而萨蒂和他的弟弟康拉德(Conrad)回到翁夫勒尔与祖辈同住，直到1878年才回到巴黎与父亲团聚。

萨蒂接受了传统的中产阶级教育，其中包括音乐课。他的继母是一名钢琴老师，她鼓励萨蒂弹琴和作曲。他的努力并没有取得显著的成功：他于1879年入学巴黎音乐学院，但是很快就因为缺乏天分和足够的投入而被退学。他感到挫败，但没有气馁，并在1885年再次进入音乐学院。然而，他的能力再一次遭到了同样的质疑。次年，他决定退学参军。

巴黎生活

加入了法国步兵后，他发现自己也很不适应戎马生涯。他无法容忍军队里的规矩和条件；为了被允许退伍，他设法故意让自己患上了严重的支气管炎。退伍后，他与父亲同住，直到1887年他迁往巴黎蒙马特区。在这里，他开始勤恳地作曲，并出版了他的《裸体歌舞》中的第一首。这几首《裸体歌舞》中有着无止境的质朴、纯粹和忧郁，将成为他最重要的传世之作，虽然他后来先锋派的作品可能更重要。在蒙马特，萨蒂开始频繁光顾酒吧、咖啡店和卡巴莱夜总会。巴黎的画家、作家和音乐家们在那里聚集，其中包括当时正逐渐被人们认知为印象派风格的创新音乐家克劳德·德彪西。两人一见如故，成为了朋友和良性的竞争对手，这种关系一直持续到德彪西在1918年去世。

◁**蒙马特高地**

蒙马特区的至高点是圣心堂(basilica of the Sacre-Cœur)。蒙马特高地是美好年代(Belle Epoque)的艺术活动的中心地区，很大程度上是因为这里房租低廉。

▷**玫瑰十字像**

萨蒂与玫瑰十字会结盟。这是一个由“来自上古的深奥真理”中得到的一套教义，也吸收了来自其他信仰体系的元素。

这段时期，萨蒂与神秘主义的玫瑰十字会(Rosicrucian Order)产生了联系，参加了圣殿和天主教的玫瑰十字会(Ordre de la Rose-Croix Catholique du Temple et du Graal)，并被正式任命为教堂作曲家和乐长。他是这个修道会的忠实成员，但是后来与该组织的领袖约瑟芬·佩拉当(Joséphin Péladan)产生了矛盾。玫瑰十字会的宗教和仪式持续影响着萨帝，并启发他用自己的一套令人费解的作曲方法创作了一些半神秘主义的作品。他穿着神父的长袍四处行走，宣称自己是耶稣领导的艺术大主教教会(Eglise Métropolitaine d'Art de Jésus Conducteur)的创办者、领袖和唯一成员，并为此写了一首《大弥撒曲》(*Grande Messe*)，后来被称作《穷人弥撒曲》(*Grande Messe*)。很难判断这是萨帝真诚的举动还是一场恶作剧。

19世纪90年代初，萨蒂逐渐变得

方法

现代主义和中世纪主义

萨蒂的音乐风格中的许多特点都是对19世纪过度的浪漫主义的回应。他提出了一种素雅的轻盈和简约，并故意避免使用情绪化表达的技巧(比如和弦进行和主题发展)来实现这一点。相反，他回到了中世纪音乐的冰冷严肃，不过同时使用了极为现代的和声。他的许多音乐都有一种静谧、超脱的气质，以及属于他的标志性的冷幽默。其简约的织体和重复对许多后世作曲家产生了重要影响，其中包括极简主义作曲家们，比如菲利普·格拉斯(Philip Glass，参见第302—303页)。

▷**埃里克·萨蒂，1891年**

这幅描绘在工作室中的年轻萨蒂的肖像画由加泰罗尼亚画家圣地亚哥·鲁西诺尔(Santiago Rusiñol i Prats)创作。画家和萨蒂一样在蒙马特树立了自己的名声。

△苏珊·瓦拉东，约1916年
这是一幅瓦拉东的自画像。萨蒂在黑猫夜总会（Chat Noir cabaret）与她相识的当晚就向她求婚。在他们短暂的恋情中，瓦拉东为萨蒂绘制肖像；萨蒂则给了她一条用香肠做的项链。

▽红磨坊（Moulin Rouge）的舞蹈，1889—1890年
图卢兹-罗特列克（Toulouse-Lautrec）的这幅画捕捉到了蒙马特堕落的卡巴莱场景中的气氛。

怪诞起来。他称自己为“语音计量学家”（phonometrician）或“体操家”（gymnopedist）而非作曲家。他还发起了一系列的骗局，并对晦涩的地方历史、稀有的海洋动物和完全不实用的机械产生了兴趣。

风格转变

因为缺钱，萨蒂在1890年搬到了一个更小的公寓中。在那里，他与画家苏珊·瓦拉东（Suzanne Valadon）发生了一段激情似火的恋情——这也许是他一生唯一的罗曼史。苏珊在6个月后的离去是他生活方式改变之后的音乐发生巨大变化的一个因素。

1895年，萨蒂收获了一小笔遗产，从此开始了一个新的阶段。他用一部分钱购买了7件一模一样的灰色灯芯天鹅绒外套，扔掉了神职长袍，并不再对宗教那么痴迷。这笔钱还使他得以出版一些幽默的文学作品，并有更多的时间作曲。

然而，最终钱还是用完了，萨蒂不得不搬离巴黎。他在阿尔克伊（Arcueil）的郊外搬进了一栋屋子，余生都住在这里。他独自居住，不接受任何访客（流浪狗除外），在外界眼中表现出一副受人尊敬的绅士派头。每天步行进城，作为一名钢琴家挣钱过着朴素的生活。然而，外表之下隐藏的是超凡的思考和诡异的幽默感。

重回学业

有一些年，萨蒂的音乐产出以改编流行歌曲和写卡巴莱风格作品为主。后来，他对这些作品不屑一顾，认为它们过于轻浮。他依然希望成为职业作曲家，1905年，他进入了巴黎圣乐学校（Schola Cantorum de Paris），这所学校在教学中强调素歌的重要性。萨蒂在这里研究樊尚·丹第（Vincent d’Indy）和阿尔伯特·鲁塞尔（Albert Roussel）。对认识萨蒂的人们来说，这非常令人惊讶，因为圣乐学校里充满深厚的19世纪文化，而且他的老师们都是圣桑的门徒——萨蒂很厌恶圣桑。然而，他在那里勤恳学习了5年，靠在卡巴莱夜总会的收入交学费。

这段时期使他有机会成为一名成熟的作曲家，同时沉淀自己的思考：他逐渐抛弃了自己最出名的轻盈、有画面感的钢琴作品，反对他眼中属于19世纪晚期的过分的自我沉溺和多愁善感，而形成了一种可以被称作现代主义的哲学。他开始重视作品的清晰和简约，有时对古典主义思想表现出讽刺、讥嘲和取笑性质的模仿。

令人费解的作品

从圣乐学校毕业后，萨蒂带着重拾的信心开始作曲。他出版了一套命名怪异的钢琴曲集——《梨形曲三段》（*Trois morceaux en forme de*

“我在很小的时候来到了一个很老的年代。”

埃里克·萨蒂

◁**萨蒂和德彪西，1910年**

这张照片中，萨蒂（右）和德彪西在后者位于巴黎布洛涅林荫大道（Avenue du Bois de Boulogne）的家中。

poire）。他在上学前就完成了这些作品，这建立在他早期钢琴作品广受欢迎的基础之上，但他也着手写一些其他更幽默、不那么富有表情风格的作品。他继承了自己在的19世纪90年代产生的习惯，在作品中给演奏者写下令人费解的、诙谐的指示（比如“想对了”“琢磨一下自己”和“欲言又止地弹奏”）；而且，奇怪的标题不断出现，包括《软趴趴的前奏曲（给一条狗）》[*Préludes flasques (pour un chien)*，1912年] 和《干瘪的胎儿》（*Embryons desséchés*，1913年）。他的目的可能是取笑德彪西，因为后者的印象主义风格的音乐作品时常被描述性的标题和细致入微的表情记号包装着。

影响与合作

随着萨蒂作为一名作曲家逐渐出名，人们对他的态度开始分化，较为年长的德彪西的信徒们，包括莫里斯·拉威尔（Maurice Ravel），喜欢萨蒂早期的作品，而年轻一代则深爱他后来写下的更为现代主义的作品。他的身边聚集起了一群年轻的追随者们——包括乔治·奥里克（Georges Auric）、路易·迪雷（Louis Durey）和阿图尔·奥乃格（Arthur Honegger），而萨蒂希望将他们称作“新青年”（Les Nouveaux Jeunes）。虽然这个群体中有着各种各样的作曲风格，他们都排斥浪漫主义和德彪西的印象主义。1917年，萨蒂的芭蕾剧《游行》（*Parade*）获得成功后，与“新青年”们分道扬镳，后者聚集在让·谷克多（Jean Cocteau）周围，成为了后来的“六人团”（Les Six）。萨蒂则继续发展自己独特的风格——很大程度上受到当时艺术运动的影响。1919年，他完成了《苏格拉底》（*Socrate*），这被许多人认为是他的重要杰作。这是一部神秘的、为室内管弦乐团和4名女高音而作的现代主义作品，女高音演唱的是柏拉图对话的节选。这部作品的深刻、真诚和亲密感令评论人士们感到非常困惑（他们已经习惯了萨蒂古怪的作品）。

萨蒂1925年死于肝硬化。在生命的最后27年里，他独自生活在一片混乱中——没有打开的信件、没有整理的手稿，还收藏了一批雨伞，这些都未曾让外部世界看到。

人物

创作伙伴

在夜总会演奏钢琴期间，萨蒂结识了许多画家、作家和音乐家，并且从1910年之后出乎其自己意料地成为了巴黎先锋派艺术家们的核心人物。作家让·谷克多（Jean Cocteau）也在他的朋友圈子里，两人合作过一些项目。最著名的是芭蕾剧《游行》，其中融入了现代艺术趋势的元素，比如超现实主义、达达主义和未来主义。舞台布景和戏服由巴勃罗·毕加索（Pablo Picasso）设计，而芭蕾则由谢尔盖·迪亚吉列夫（Sergei Diaghilev）的俄罗斯芭蕾舞团来执行。在晚年，萨蒂较少与音乐家们交往，而更多与先锋派的视觉艺术家们交往，包括曼·雷（Man Ray）、康斯坦丁·布朗库西（Constantin Brâncuşi）和马塞尔·杜尚（Marcel Duchamp）。

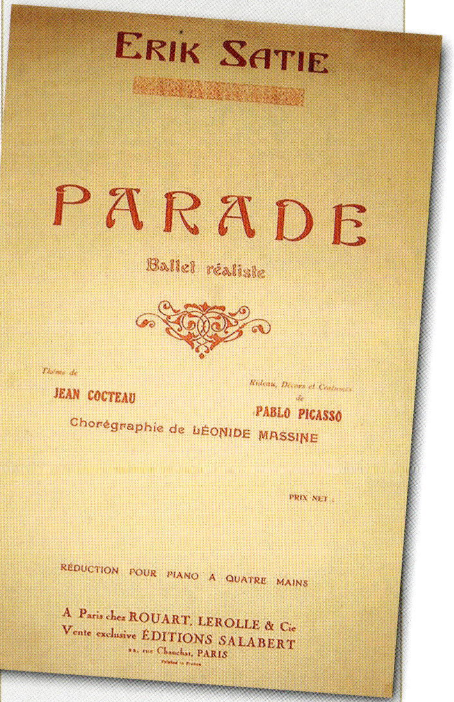

萨蒂《游行》第一版的乐谱，1917年

关键作品

1888年 《裸体歌舞》的第一首出版，作品奠定了萨蒂的名声。

1893年 创作了《烦恼》（*Vexations*），一首需要连续演奏840遍的钢琴短作品。

1911年 出版了《四手联弹曲》（*Trois morceaux en forme de poire*），创作于世纪之交。

1913年 写下了《梅杜莎的诡计》（*Le Piège de Méduse*）的文字和配乐。这是一部对情节剧的超现实主义讽刺。

1914年 创作幽默的钢琴曲集《运动与嬉游曲》（*Sports et divertissements*）。作品直到1923年才出版。

1917年 芭蕾舞剧《游行》，与谷克多合作完成，场景和戏装由毕加索提供。作品由谢尔盖·迪亚吉列夫的俄罗斯芭蕾舞团（Ballets Russes）首演。

1918年 为女声独唱家和小型乐团而作的《苏格拉底》（一部“交响戏剧”）在一个私人场合首演，用的是人声和钢琴的版本。

▷**拉尔夫·沃恩·威廉斯**
沃恩·威廉斯的经典作品包括《云雀高飞》《黄蜂》（*The Wasps*）、《托马斯·塔利斯主题幻想曲》和《田园交响曲》，经常会引发听者对一种独特的、深层的英国风味的感知。他的音乐在他去世后逐渐失去了人们的喜爱，但是近几十年来迎来了显著的复兴。

拉尔夫·沃恩·威廉斯（R. Vaughan Williams）

1872—1958年，英国

沃恩·威廉斯将古典传统与两项英国文化资源（都铎与伊丽莎白时期的伟大作曲家们，以及英语民间歌曲）相融合，创造了一种英国民族音乐。

“在贝多芬与最低微的民俗歌者之间没有种类的区别，只有程度的区别。”

拉尔夫·沃恩·威廉斯,《国家音乐等文章》(*National Music and Other Essays*)，1934年

拉尔夫·沃恩·威廉斯是一名乡村牧师的儿子，父亲去世后，在母亲和一些姨母的抚养下在萨里（Surrey）长大。他家境殷实、思想前卫，与查尔斯·达尔文有血缘关系。他被鼓励学习音乐并进行广泛的阅读；他会演奏钢琴和小提琴，并很早就开始尝试作曲。后来，他进入了剑桥大学和皇家音乐学院，最终在伦敦定居，成为了一名教堂管风琴师和合唱指挥，同时也是《英国赞美诗》(*English Hymnal*）的音乐编辑。

安静的革命

沃恩·威廉斯出生时，英国的音乐生活被另一个民族——德国——的文化价值观主导着，尤其是来自瓦格纳和勃拉姆斯的影响。沃恩·威廉斯和古斯塔夫·霍尔斯特（Gustav Holst，见第230页）在学生时代相识并成为了终生好友，这两位年轻作曲家都喜爱瓦格纳。在他们看来，英国音乐需要一个新的开始。

沃恩·威廉斯的教堂音乐家职业很快引领他开始对一份更久远的文化遗产展开了探索——托马斯·塔利斯和威廉·伯德的无伴奏合唱作品中丰富的创意和艺术的纯粹性似乎暗示着一个新的方向。

另一个截然不同的兴趣领域促进了一次关键进展。沃恩·威廉斯、霍尔斯特和另一名作曲家乔治·巴特沃思（George Butterworth）一起前往英国的乡村采集他们曾经听过的当地民歌。这么做是因为民歌正在消亡：19世纪英国的工业革命使乡村人口数量骤减，而随之消失的是无伴奏歌唱的传统。其主要原因是住在乡村或在那里工作的大部分人生活拮据，无力购买乐器，因此他们只能唱歌。沃恩·威廉斯对民间音乐的自由和自然产生了格外的兴趣。他面临的挑战在于如何将这些特点，结合英国都铎和伊丽莎白时期的教堂音乐，形成登得大雅之堂的古典音乐会曲目。这场探索持续了许多年，其间威廉斯还在巴黎跟随拉威尔进行过短暂的学习。虽然威廉斯比拉威尔年长，但他认为从拉威尔的娴熟技巧中习得一些——用他的话说——“法国味”是对被德国主导的音乐文化的一种有效平衡。

△**沃恩·威廉斯与霍尔斯特**

作曲家威廉·吉利斯·惠特克（William Gillies Whittaker）1921年拍的这张照片中，古斯塔夫·霍尔斯特和沃恩·威廉斯这两位一生的朋友正在莫尔丘陵上行走。

突破

1910年，威廉斯终于取得了突破。已经接近不惑之年的他首次指挥演出了两部迥异的非凡之作。第一部是在三大合唱团音乐节于格洛斯特座堂（Gloucester Cathedral）首演的《托马斯·塔利斯主题幻想曲》(*Fantasia on a Theme by Thomas Tallis*)。这是一部20分钟的单乐章作品，为一个仅有弦乐声部的乐团而作（一个作为独奏家的弦乐四重奏、一个大型的乐团，以及一个放在远处的小型演奏团）。作品中碎片化、多样化的曲调自由地向各个方向延展，最终重组成了一个全新的音响世界，其外在的平静传递着内在的力量。

方法
古典音乐中的民歌

民歌中包括了无伴奏的、反复吟唱的乐句，这点与古典音乐传统中的发展过程存在本质的不同。年轻的沃恩·威廉斯经受了充分的古典乐传统的训练。早期的英国合唱音乐也不无相同之处，其精致的旋律织体与主宰了19世纪“交响”风格的管弦乐写作截然不同。沃恩·威廉斯将这些不同的资源整合在一起，从而使这种受到民歌影响的风格变成了自己技艺精湛的大规模交响曲系列的基石。

◁**利斯山宅院（Leith Hill Place）**

从2岁开始直到离家前往剑桥大学，拉尔夫·沃恩·威廉斯一直住在萨里的这栋令人赞叹的18世纪宅邸中。1945年，他将这栋房子赠予英国国民信托（National Trust）。

背景

战时服役

第一次世界大战爆发时，已经42岁的沃恩·威廉斯本可以不被应召赶赴前线，但他坚持前往，并被安排担任法国北部左皇家军队医疗部队的救护车司机。在希腊服完另一段兵役后，他被提拔为中尉并再次前往法国加入了皇家炮兵——这可能是他年迈时不断加剧的耳聋的原因。战斗结束后的几个月里，他在士兵们被遣返回家前急切地组织并指挥由士兵们组成的合唱团体。

在一战中身为救护车司机的拉尔夫·沃恩·威廉斯

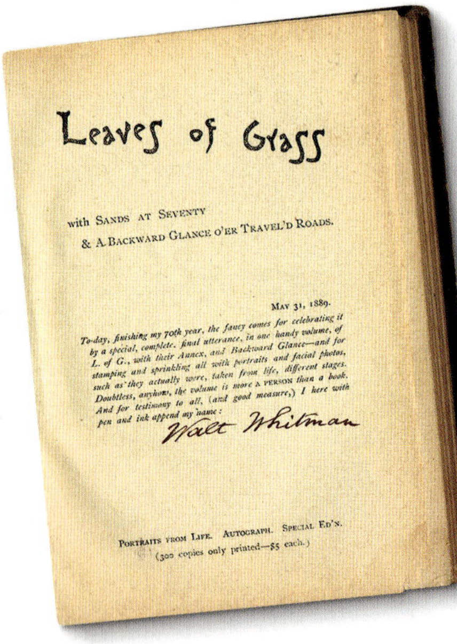
Leaves of Grass

with Sands at Seventy

& A Backward Glance o'er Travel'd Roads.

May 31, 1889.

To-day, finishing my 70th year, the fancy comes for celebrating it by a special, complete, final utterance, in one handy volume, of L. of G., with their Annex, and Backward Glance—and for stamping and sprinkling all with portraits and facial photos, such as they actually were, taken from life, different stages. Doubtless, anyhow, the volume is more a person *than a book. And for testimony to all, (and good measure,) I here with pen and ink append my name:*

Walt Whitman

Portraits from Life. Autograph. Special Ed'n.
(300 copies only printed—$5 each.)

◁《**草叶集**》(***Leaves of Grass***)，**1889年版**
沃恩·威廉斯基于沃尔特·惠特曼的《草叶集》配乐完成的《海洋交响曲》首次出版于1855年，不过后来经历了几轮修改。

诗歌的启发

第二部杰作，《海洋交响曲》(*A Sea Symphony*)，在《托马斯·塔利斯主题幻想曲》首演几周后在利兹音乐节上首演。这是一部根据美国诗人沃尔特·惠特曼（Walt Whitman）的作品进行配乐的大型四乐章合唱作品。惠特曼的幻想世界情绪高昂但又具有精神上的不可知性，对沃恩·威廉斯一代人造成了剧烈的思想解放。作曲家对合唱和乐团力量的娴熟运用在他的一生中一共产出了9部交响曲，这是他大量音乐作品的核心。

《云雀高飞》(*The Lark Ascending*)是沃恩·威廉斯音乐世界的精髓。作品基于乔治·梅瑞狄斯（George Meredith）的诗作，描绘了飞鸟的鸣声似乎会升至云霄，直到无法被人听见。作品在1914年为小提琴和钢琴创作。作曲家接着开始了在一战中的服役，并在战后重新配器，并于1920年首演。这场演出是一次不动声色的音乐革命。技艺非凡的独奏小提琴部分，不同于19世纪华丽的传统，令人回想起巴赫的协奏曲中的纯粹。严格来说，两部作品的主题都不是民歌，但是听起来却又很像民歌；没有英国民歌作为范例，两部作品都不可能被创作出来。

在第一次世界大战中的服役让沃恩·威廉斯的创作中断了几年。战后，他的第一部重要作品是《田园交响曲》(*A Pastoral Symphony*)，其中第二乐章中的小号独奏模仿了军号的效果，仿佛在猛烈的炮火休停的间隙从大地的远方传来。末乐章的首尾都有一名女高音无言的吟唱，仿佛来自一个从战火中幸存的和平世界。不过，在沃恩·威廉斯的音乐历程中也有出人意料的片段。1935年，第一批听到他的第四交响曲的听众们，被其中凶猛的不和谐音和狂暴的风格震惊——这后来被认为预示着第二次世界大战的爆发，不过作曲家自己一贯反对这种解读。然而，他私下里对指挥首演的阿德里安·鲍尔特（Adrian Boult）表示，这部作品的内在怒火与作曲家的妻子阿德琳（Adeline）的境况有关——她因为关节炎落下残疾，终身无法恢复。

黄昏恋和新生活

这部音乐宣泄之后，沃恩·威廉斯写下了与之彻底相反的另一部作品：《致音乐的小夜曲》(*Serenade to Music*)。这部作品为1938年他长期的支持者亨利·伍德爵士（Sir Henry Wood）的一次周年庆典音乐会而作，伍德爵士要求他为音乐会创作一部需要16名歌唱家的作品。沃恩·威廉斯从莎士比亚的《威尼斯商人》(*The Merchant of Venice*)里选用了文字。这部音乐有着荧光闪闪的静谧感，立

关键作品

1910年
《托马斯·塔利斯主题幻想曲》和《海洋交响曲》的首演使威廉斯成为同时代英国作曲家中的领军人物。

1920年
完成于一战之后的为小提琴和小型乐团而作的《云雀高飞》首演。

1922年
《田园交响曲》是对正在逝去的乡村世界以及在战争中死去的人们的挽歌。

1925年
合唱作品《圣城》(*Sancta Civitas*)中描绘了讲述《圣经》故事的《启示录》(*Book of Revelation*)中的天启之兆。

1938年
为亨利·伍德爵士的周年庆典音乐会而作的《致音乐的小夜曲》为莎士比亚的《威尼斯商人》里的文字配乐。

1951年
根据约翰·班扬（John Bunyan）的关于基督徒的灵魂通向上帝的旅程的故事创作的《天路历程》在科文特花园首演。

1958年
一定程度上受到托马斯·哈代（Thomas Hardy）的小说《德伯家的苔丝》(*Tess of the d'Urbervilles*)的启发，沃恩·威廉斯的第九交响曲是一部旧时代的伟大作品。

“距离拉尔夫去世已经35年了，每一年都和第一年一样漫长。”

厄休拉·沃恩·威廉斯在20世纪90年代谈及她的丈夫

刻促成了他与厄休拉·伍德（Ursula Wood）的相遇。厄休拉是一名军官的年轻妻子，喜爱诗歌，两人坠入了热恋。厄休拉的丈夫在二战中去世，阿德琳则死于1951年。在此之前，两人几乎没有让任何人知晓这段感情的存在，除了阿德琳。

这对出人意料的组合终于在1953年修成正果，结为了夫妻，而这很大程度上带来了沃恩·威廉斯晚年惊人的创作力。1948年的第六交响曲展现了一个湍急汹涌，但时而又寂静飘渺的音响世界，听起来与传统的“英国风格”南辕北辙。首演于科文特花园皇家歌剧院的《天路历程》（*The Pilgrim's Progress*），副标题是“由序言和四幕组成的道德剧”，是断断续续持续了近半个世纪的努力的最终成果。1958年的夏天，强有力的第九交响曲首演。就在阿德里安·鲍尔特将要指挥这部新作的前一晚，作曲家去世了。威廉斯留下的音乐遗产至今仍有时被讥嘲为属于“英国牛屎（English cowpat）”——或田园风格——的作曲流派，但在世界风潮的变换中保持着持续的生命力。今天，沃恩·威廉斯不仅限于田园主义的广泛成就得到了史无前例的认可。

▽ 拉尔夫·沃恩·威廉斯与厄休拉·伍德，1951年

拉尔夫·沃恩·威廉斯（中）和他未来的妻子厄休拉（比他年轻近40岁）。在这张照片中，他们正在曼彻斯特的哈雷交响乐团的彩排室与指挥家兼大提琴家约翰·巴比罗利（John Barbirolli）排练《大海交响曲》。

谢尔盖·拉赫玛尼诺夫（Sergei Rachmaninoff）

1873—1943年，俄罗斯

拉赫玛尼诺夫是浪漫主义最后的重要代表人物之一，因其壮美的交响曲和协奏曲而出名。他还是一名超一流的钢琴家，为钢琴写过一些令人难忘的作品。

◁**音乐学院，莫斯科**

1885年，在圣彼得堡音乐学院未能通过考试的拉赫玛尼诺夫转学至莫斯科音乐学院，并在这里取得了良好的发展。

拉赫玛尼诺夫的职业被人这样总结：革命使他离开了俄罗斯，但俄罗斯从未离开他。他去世前是一名居住在加利福尼亚的美国公民，但他的音乐一直忠于他年轻时吸收的母国传统。他受到家乡民歌和俄罗斯东正教教会礼拜音乐的影响；而他对奔涌、高昂的旋律——时常包含渴望和忧郁——的感情则是继承了在他的职业起点给予他鼓励和启发的柴可夫斯基。

◁**谢尔盖·拉赫玛尼诺夫，1925年**

这幅肖像画由康斯坦丁·安德列维奇·沙莫夫（Konstantin Andreyevich Somov）于1925年绘制。这一年，拉赫玛尼诺夫创办了TAIR公司，专门出版自己和一些其他俄罗斯作曲家的作品。

成就和挫败

拉赫玛尼诺夫出生于诺夫哥罗德（Novgorod）的一个贵族地主家庭。他的父亲因为赌博输掉了继承的遗产。1882年，卖掉了大量的资产还债后，一家人搬到了圣彼得堡的一间简朴的公寓里。谢尔盖在此时表现出了音乐天赋。1883年，10岁的谢尔盖一反参军的家庭传统，进入了圣彼得堡音乐学院学习。虽然拉赫玛尼诺夫天赋异禀，但是他懒惰且情绪化，而且家庭动荡也影响了他的学业：他的父母离婚，而他的一个妹妹因为白喉去世了。1885年，他没有通过考试，转学到了莫斯科音乐学院。在那里，他最重要的老师是著名的钢琴严师尼古拉·兹韦列夫（Nikolai Zverev），在他严格但极具启发性的指导下，拉赫玛尼诺夫进步神速。1892年，19岁的他从音乐学院毕业，并荣获了极少被颁发的、标志着一名学生最高荣誉的大金质奖章。

同一年，拉赫玛尼诺夫首演了自己最著名的钢琴独奏作品，戏剧化而扣人心弦的升C小调前奏曲。据说，这部作品受欢迎的程度导致了作曲家甚至对它的创作表示后悔——他每次演出都被要求返场演奏这首曲子，这使他感到厌倦。1893年，他的第一部歌剧《阿列克》（*Aleko*）在莫斯科大剧院（Bolshoi Theatre）成功上演，并受到了柴可夫斯基的称赞。当时只有20岁的

人物

妮娜·柯雪兹（Nina Koshetz）

妮娜·柯雪兹是众多与拉赫玛尼诺夫有过合作的知名音乐家之一。据说两人发生过恋情，而1916年，他的确将一套6首爱情歌曲题献给了她。柯雪兹后来的职业主要在欧洲和美国发展，还在一些好莱坞电影里演过几个小角色。她有许多录音存世，在里面可以听到她饱满、极富表现力的嗓音，但可惜的是这些录音中都不是拉赫玛尼诺夫为她伴奏。

妮娜·柯雪兹，1916年

“拉赫玛尼诺夫是钢铁和金子做的。他的手臂是钢铁，内心是黄金。”

波兰裔美国钢琴家约瑟夫·奥夫曼（Josef Hofmann），1945年

▷十月革命，1917年
在这幅绘画中，士兵们在1917年的革命中冲上了莫斯科街头。就在这年的12月，拉赫玛尼诺夫携家人逃离俄罗斯前往瑞典，并再也没有回到过家乡。

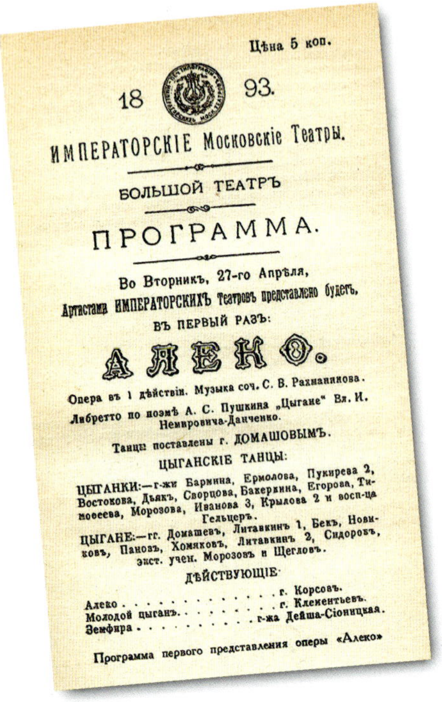
Цѣна 5 коп.
18 93.
ИМПЕРАТОРСКІЕ Московскіе Театры.
БОЛЬШОЙ ТЕАТРЪ
ПРОГРАММА.
Во Вторникъ, 27-го Апрѣля,
Артистами ИМПЕРАТОРСКИХЪ Театровъ представлено будетъ,
ВЪ ПЕРВЫЙ РАЗЪ:
АЛЕКО.
Опера въ 1 дѣйствіи. Музыка соч. С. В. Рахманинова.
Либретто по поэмѣ А. С. Пушкина „Цыгане" Вл. И. Немировича-Данченко.
Танцы поставлены г. ДОМАШОВЫМЪ.
ЦЫГАНСКІЕ ТАНЦЫ:
ЦЫГАНКИ:—г-жи Бармина, Ермолова, Пукирева 2, Востокова, Дьякъ, Сворцова, Бакеркина, Егорова, Тимофеева, Морозова, Иванова 3, Крылова 2 и восп-ца Гельцеръ.
ЦЫГАНЕ:—гг. Домашевъ, Литавкинъ 1, Бекъ, Новиковъ, Пановъ, Хомяковъ, Литавкинъ 2, Сидоровъ, экст. учен. Морозовъ и Щегловъ.
ДѢЙСТВУЮЩІЕ
Алеко . . . . г. Корсовъ.
Молодой цыганъ. . . . . г. Клементьевъ.
Земфира . . . . г-жа Дейша-Сіоницкая.
Программа первого представления оперы «Алеко»

△《阿列克》节目单，1893年
1893年5月9日，拉赫玛尼诺夫的第一部歌剧《阿列克》首演的节目单。弗拉基米尔·涅米罗维奇-丹琴科（Vladimir Nemirovich-Danchenko）根据亚历山大·普希金的诗《吉卜赛人》（*The Gypsies*）改编创作了剧本。

拉赫玛尼诺夫似乎即将踏上辉煌的职业生涯。然而，1897年，他的第一交响曲的首演失败了，让拉赫玛尼诺夫备受打击。据一些消息，当时的指挥家［作曲家亚历山大·格拉祖诺夫（Alexander Glazunov）］处于醉酒状态；显然，作品没有经过适当的排练，而评论家们进行了凶猛的攻击。

好日子

拉赫玛尼诺夫受到了重创，在接下去的3年里几乎没有写任何作品。他作为一名钢琴家一直很有市场，作为指挥家也受人称赞。在喜爱音乐的尼古拉·达尔博士（Dr Nikolai Dahl）的催眠疗法的帮助下，他摆脱了沮丧，恢复了信心，并开始着手创作第二钢琴协奏曲（题献给达尔博士）。作品于1901年成功首演。在这部协奏曲中，凄美的旋律和一阵阵汹涌的情绪引向了情绪激昂的终乐章，它成为了作曲家最广受欢迎、经久不衰的作品。与重回作曲的胜利一同到来的是幸福的爱情——1902年，他与表妹娜塔丽·莎蒂娜（Natalia Satina）结婚。

作为结婚礼物，娜塔丽的父母（贵族，同时也是拉赫玛尼诺夫的姨妈和姨夫）送给他一栋位于伊万诺夫卡（Ivanovka，距离莫斯科480千米）的庄园的房子。自从1890年，他经常来这里拜访。这是一处理想的夏日居所，给了他一个安静的隐居之处用于作曲。他在这里写下了一些重要作品，包括第二交响曲（首演于1908年）和第三钢琴协奏曲（首演于1909年）。这段时期，他持续旅行，在俄罗斯内外的许多地方演出。

1914年第一次世界大战爆发后，拉赫玛尼诺夫为受伤士兵和许多其他慈善事业进行演出。很合时宜的是，他在战争时期最杰出的作品是一部合唱巨作《彻夜祈祷》（*All-Night Vigil*，

关键作品

- 1892年　在莫斯科首演了升C小调前奏曲，他最为著名的钢琴独奏作品。
- 1897年　第一交响曲在圣彼得堡的首演遭遇滑铁卢。
- 1901年　在莫斯科成功首演第二钢琴协奏曲。
- 1909年　拉赫玛尼诺夫首次访问美国时，在纽约首演了第三钢琴协奏曲。
- 1915年　他最伟大的宗教作品《彻夜祈祷》在莫斯科首演。
- 1940年　完成了他最后一部作品《交响舞曲》（*Symphonic Dances*），次年首演于费城。

“我无法摒弃老的作曲方法，也学不会新的。”

谢尔盖·拉赫玛尼诺夫，1939年

1915年）。作品也经常被简单地称作《晚祷》（*Vespers*）。这段时期的俄罗斯开始滑向混乱的深渊，拉赫玛尼诺夫在1917年来到伊万诺夫卡时，发现宅邸已经遭到了劫掠和破坏。次年，十月革命爆发，拉赫玛尼诺夫接受了一份前往斯德哥尔摩演奏的邀请，从而带着妻子和两个孩子逃离了俄罗斯。从此以后，他再也没有回过自己的祖国。

放逐，旅行和遗产

拉赫玛尼诺夫从斯德哥尔摩搬到了哥本哈根。接着，在1918年的11月，移居至纽约。除了行李箱里能带的东西，他和家人从俄罗斯离开时没有携带任何东西。他意识到自己做一名音乐会钢琴家来养家是最容易的，尤其是在回报丰厚的美国市场上。基于这点考虑，作曲成为了他的副业：虽然他又生活了¼个世纪，这段时期他只写出了6部新的作品。除了音乐会和独奏会（通常一年70～80场），他在录音室里也有很好的发展，留下了不少珍贵的录音，包括亲自演奏的4部钢琴协奏曲。

在他的有生之年，拉赫玛尼诺夫被认为是有史以来伟大的钢琴家之一——这个名声持续至今。在台上，他优雅的舞台表现和音乐家风范迷倒了观众们。他身高惊人，头发理得像一名囚犯一样，加之像石头一样冰冷的举止，因此被斯特拉文斯基描述为“六尺半高的臭脸”。虽然外表冷峻，演奏却激情和充满诗意，私下里也不乏温情和幽默。他还非常慷慨：通过演奏和录音取得了财富的他经常寄钱到俄罗斯，给需要帮助的人们。

整整20年间，拉赫玛尼诺夫一半时间在美国，另一半时间在欧洲；但是1939年战争一触即发之时，他开始在美国永久定居。巡回演出的演奏家生涯使人疲惫；由于健康状况开始恶化，他在1942年搬到了气候温暖的加利福尼亚。1943年2月，在田纳西州的诺克斯维尔（Knoxville）的一场演出后，他病倒了并不得不取消剩余的演出。一个月后，他在比弗利山庄的家中死于癌症，而在几周前他才刚刚成为一名美国公民，距离他的70岁生日只有几天时间。

虽然拉赫玛尼诺夫很受公众的欢迎，同时期的评论家们却经常蔑视他音乐中毫不收敛的感情主义，贬低其过于煽情。1954年版的《格罗夫音乐与音乐家辞典》（*Grove's Dictionary of Music and Musicians*）中预测他的名声将不会持久——事实证明，这个预言错得离谱，因为他在音乐名人堂中的地位已经无可争议。

△**古典唱片**
由拉赫玛尼诺夫演奏钢琴的许多录音都被奉为经典。1928年，他与弗里茨·克莱斯勒合作录制了贝多芬的《G大调奏鸣曲》。

背景
塞纳尔别墅（Villa Senar）

1930年，拉赫玛尼诺夫在瑞士琉森湖畔的赫滕斯坦（Hertenstein）附近买下了一片地，并在上面造了一栋很气派的房子，由当地建筑师阿尔弗雷德·默里（Alfred Möri）和卡尔-弗里德里希·克雷布斯（Karl-Friedrich Krebs）担任设计。他将这栋房子称作塞纳尔别墅［Villa Senar，取自他与妻子的名字（Sergei 和 Natalia）的前2个字母，以及姓的第一个字母］。

直到1939年长期在美国定居，他每年的夏天都来这里度过。这栋别墅和旁边壮阔的湖景都给拉赫玛尼诺夫的作曲提供了宁静。他在这里写下了最重要的作品中的两部：《帕格尼尼主题狂想曲》（*Rhapsody on a Theme of Paganini*，1934年）和第三交响曲（1935—1936年）。

▷**在伊万诺夫卡作曲**
照片中，作曲家坐在他的夏日消暑去处——位于俄罗斯伊万诺夫卡地区的自家宅院里。他正在写自己的第三钢琴协奏曲，作品将于1909年首演。

▷**古斯塔夫·霍尔斯特，1927年**
这幅由约翰·伯纳德·蒙斯（John Bernard Munns）创作的肖像画展示的是霍尔斯特刚过50岁时的样子：可以看到眼袋，形容疲惫，有点沮丧。20世纪20年代，作曲家由于过劳工作和名声渐长承受了巨大的压力——在医生的要求下，他回到艾塞克斯郊外隐居，并大幅减少了创作和教学等活动。

古斯塔夫·霍尔斯特

1874—1934年，英国

霍尔斯特最著名的作品是交响组曲《行星》（*The Planets*），他也写过其他高品质的音乐。他打造的独具特色的音响世界在一些方面很传统，另一些则具有突破性。

古斯塔夫·霍尔斯特出生于切尔滕纳姆（Cheltenham），他的家庭有着英国、斯堪的纳维亚和德国血统。神经炎导致他的右臂“犹如充了太多电的水母”；12岁时，他开始学习吹长号，希望这种活动可以改善他的哮喘病。

在伦敦的皇家音乐学院学习期间，霍尔斯特认识了拉尔夫·沃恩·威廉斯，两人成为了终生的朋友。职业早期，他通过在剧院乐团中演奏长号来维生；后来，他加入了卡尔·罗莎歌剧公司（Carl Rosa Opera Company）和苏格兰交响乐团，并在教堂担任管风琴师。在指挥哈默史密斯社会主义合唱团（Hammersmith Socialist Choir）期间，他和女高音伊索贝尔·哈丽森（Isobel Harrison）结婚；他们的女儿伊莫金（Imogen）后来也成为了一名了不起的音乐家。

多元的影响

霍尔斯特极度推崇瓦格纳绝妙的和声风格，但也深受英国民歌的吸引。一部副标题为《科茨沃尔德》（*The Cotswolds*）的交响曲，以及之后的《萨默塞特狂想曲》（*A Somerset Rhapsody*）同时受到来自两个方面的影响。霍尔斯特还对印度神秘主义很感兴趣，并受启发根据印度圣典《吠陀经典》（*Rig Veda*）创作了一套合唱赞美诗，以及基于梵语史诗《摩诃婆罗多》（*Mahabharata*）创作了一部室内歌剧《娑维德利》（*Savitri*）。对天文学的兴趣使他开始计划根据太阳系中的7颗行星创作一套交响作品。1914年，他开始创作《行星》组曲。

△《金星》乐章

这是他最著名的作品《行星》组曲中第二乐章《金星——和平之神》（*Venus, the Bringer of Peace*）手稿的第一页。

《行星》组曲和国际声望

1917年，霍尔斯特完成了《行星》组曲。作品于1918年在一小部分听众面前首演，指挥家是阿德里安·鲍尔特。之后不久，霍尔斯特前往希腊工作数月。1919年，这套作品的第二次不完整的演出（只演奏了7个乐章中的5个）后，人们开始认识到这部作品是管弦乐演出的杰出想象。霍尔斯特则对作品的成功感到不安，他认为这遮蔽了人们对他其他作品的注意力，比如1917年的《耶稣赞美诗》（*Hymn of Jesus*）。

工作过度导致霍尔斯特不得不暂停教学，休息1年。1924年，霍尔斯特完成了他的《合唱交响曲》（*Choral Symphony*）。作品基于约翰·济慈（John Keats）的诗而作，不过他认为《埃格敦荒野》（*Egdon Heath*）——一部反映托马斯·哈迪1878年的小说《还乡》（*The Return of the Native*，1878年）中的荒凉景致的管弦乐作品——是他的最佳作品。十二指肠溃疡致使霍尔斯特不得不接受手术，但他孱弱的心脏未能坚持住。不过，《行星》组曲确保了他的名字将拥有持久的生命力。

方法

和声鬼才

在那个时代，霍尔斯特的音乐语言时常惊人地前卫，听众们感到很陌生。他是英国作曲家中第一个仔细钻研双调技法（在音乐中同时有两个调性）的作曲家。在《行星》组曲的《水星——翼信之神》（*Mercury, the Winged Messenger*）中，旋律线在两个调性之间徘徊，仿佛不属于其中任何一个，而只是不受引力地漂浮前进。在《海王星——神秘之神》（*Neptune, the Mystic*）中，属于不同调性的和弦对（每个和弦本身都相当传统）交叠奏出，用最简单的音乐元素制造了一种怪诞、异域的静止感。

▽萨克斯特德

霍尔斯特在艾塞克斯北部风景秀丽的萨克斯特德（Thaxted）村有一栋乡村住宅。1916年，他在村里壮观的圣约翰中世纪教堂里举办了一场音乐节。照片中，可以看到教堂优雅的尖顶。

阿诺尔德·勋伯格

1874—1951年，奥地利

勋伯格是20世纪最具挑战精神，且在音乐上最富争议的作曲家。他在作曲技法上做出了许多创新性的尝试，创作了一批极具特色和情感力量的作品。

△弦乐四重奏（作品号7）封面
图片中是勋伯格的弦乐四重奏（作品号7）的封面。作品完成于1905年，是作曲家第一部长作品和重要作品。

阿诺尔德·勋伯格1874年出生于维也纳的犹太人聚居地利奥波德城（Leopoldstadt）。他8岁时开始学习小提琴，并开始写一些小曲用于给自己与朋友们一起演奏。阿诺尔德通过读书和模仿其他人的音乐学会了作曲。1890年，他的父亲去世后，他在一家银行工作了5年以养家糊口。他还在另一名年轻音乐家，亚历山大·策姆林斯基组织的业余乐团中演奏大提琴。勋伯格一生中唯一的作曲课就是策姆林斯基传授的，两人成为了一生的朋友。

德意志文化传统

勋伯格沿袭着伟大的德国音乐传统，从勃拉姆斯和瓦格纳到莫扎特和巴赫。1898年，为了进一步对德国文化的认同，他抛弃了犹太教信仰，皈依了路德教派。他对作曲家的职责抱有一种浪漫主义的认识：作曲家是背负着启示世人的精神职责的先知——而这个态度彻底排除了作为一种娱乐的音乐的可能性。

◁阿诺尔德·勋伯格，约1905年
这位奥地利-犹太作曲家曾将自己描述为"被迫激进的保守派"。这幅肖像画由理查德·盖斯特尔（Richard Gerstl）创作。

他的第一部公开演出的作品是1897年在维也纳首演的一部弦乐四重奏。首演反响不错，但是这部作品在此后遭到了人们的曲解和骂声。现在看来，他的这部《升华之夜》（*Verklärte Nacht*）——原本是一部弦乐六重奏——是一部相对易懂的、颇有魅力的浪漫主义晚期代表作品。但是在1899年，即使是更为思想开放的维也纳乐迷们都对作品中的半音体系（chromaticism）感到非常困惑。20世纪初，雄心勃勃的勋伯格将心血倾注在了一部瓦格纳式的康塔塔——《古雷之歌》（*Gurre-Lieder*）以及一部大型管弦乐音诗——《佩里亚斯与梅丽桑德》（*Pelleas und Melisande*）之上。他的这番努力得到了奥地利著名作曲家理查德·施特劳斯和古斯塔夫·马勒私下的鼓励，然而《佩里亚斯与梅丽桑德》在1905年首演的同时也

背景

德国表现主义（Expressionism）

勋伯格的无调性音乐成为了20世纪早期在德国与奥地利发展起来的更为广泛的表现主义运动的一部分。表现主义画家们，如埃米尔·诺尔德（Emil Nolde）、弗兰茨·马尔克（Franz Marc）和埃贡·席勒（Egon Schiele）等在作品中通过扭曲的线条和惊悚的用色来描绘经受折磨的内心、噩梦以及狂乱的梦境。这场运动与当时也在维也纳的心理分析学家西格蒙德·佛洛伊德对梦境、性与潜意识的探索有一些关联。勋伯格在表现主义上表现得最为明显的作品是《月光小丑》和《期待》。

《与中国灯笼的自画像》（*Self-portrait with Chinese Lantern*），埃贡·席勒，1912年

"是艺术就不适合所有人，适合所有人的就不是艺术。"

阿诺尔德·勋伯格，《风格与创意》（*Style and Idea*），1946年

▽**理查德·盖斯特尔自画像，1907年**
理查德·盖斯特尔与勋伯格的亲密友谊，以及与作曲家的妻子玛蒂尔德的悲剧式的恋情，最终导致了他在1908年自杀。在那前一年，他画下了这幅《自画像：笑》（*Self-Portrait, Laughing*）。勋伯格在一些自己的作品中影射过这段灾难性的三角恋。

受到了评论界和公众的讥嘲。

1901年，勋伯格娶了亚历山大·策姆林斯基的妹妹玛蒂尔德·策姆林斯基（Mathilde Zemlinsky）为妻，他们生了2个孩子。勋伯格在柏林和维也纳两地之间奔波，通过不稳定的音乐工作来供养家庭，其中包括教授作曲。同时，他自己的作曲风格开始变得激进。1906年，他的《室内交响曲》（*Chamber Symphony*）将浪漫主义时期的大型乐团替换为了15名乐手组成的一个朴素乐团。1907—1909年间的一系列作品，包括声乐套曲《空中花园录》（*The Book of the Hanging Gardens*）和《五首管弦乐曲》（*Five Orchestral Pieces*），逐渐抛弃了调性。缺乏调性作为基石的音乐呈现出一派飘渺的音响世界，传递出强烈的陌生感。

这段时期勋伯格生活上的烦恼也是他技巧变得激进的一大诱因。他忍不住钻研绘画——他很有天赋，1911年和前卫的“蓝骑士”一同参展——并与年轻的画家理查德·盖斯特尔成为朋友。然而，1908年，勋伯格的妻子跟盖斯特尔私奔了。几个月后，她又带着孩子回到了勋伯格身边，而遭受打击的盖斯特尔选择了自尽。这些痛苦的经历与勋伯格的无调性风格的形成发生在同一时期，并激发勋伯格创作了极富戏剧张力的《期待》（*Erwartung*）——被他描述为一场“焦躁的梦”。在猛烈的情绪驱动之下，勋伯格在1909年仅用了17天就写完了这部作品，作品讲述的故事中，一个女人寻觅自己的爱人，最终发现了对方的尸体。

戏剧与错乱

遭受评论界与公众的攻击的勋伯格还是得到了一个小团体的支持——其中尤其是年轻作曲家阿尔班·贝尔格（Alban Berg）和安东·韦伯恩（Anton Webern）。两人都上过勋伯格的课，并成为了私交甚笃的同事。他们一起被称作第二维也纳乐派（Second Viennese School）。勋伯格情绪丰富的卡巴莱舞曲《月光小丑》（*Pierrot Lunaire*）——为5名演奏家和人声而作——在1912年首演，被韦伯恩描述为“一场绝对的成功”。1913年，《古雷之歌》姗姗来迟的首演获得了巨大的成功，但是作曲家拒绝接受观众狂风暴雨般的掌声：在他不情愿地上台谢幕时背对着观众。他无疑更喜欢那场后来被称作丑闻音乐会（Skandalkonzert）的演出——节目包括他的《室内交响曲》以及贝尔格、韦伯恩和策姆林斯基的作品，而这场演出引发了一场暴动，观众席里有人斗殴。

维也纳先锋乐派引发的这些刺激

关键作品

1899年
勋伯格的弦乐六重奏套曲《升华之夜》的演出在维也纳被拒绝。

1908年
创新的第二弦乐四重奏中有女高音声部和勋伯格最早的无调性音乐。

1912年
为演奏团和歌唱家及朗诵者而作的诗歌配乐《月光小丑》在柏林首演。

1913年
《古雷之歌》在被创作10年后于维也纳首演，收获了狂热的赞誉。

1923年
6乐章的钢琴组曲（作品号25）是勋伯格第一次运用十二音体系。

1948年
《华沙的幸存者》（*A Survivor from Warsaw*）首演。这部康塔塔悼念了大屠杀受害者。

◁《月光小丑》，1912年
这是阿诺尔德·勋伯格的情节剧《月光小丑》伦敦首演的海报，作品从比利时象征主义作家阿尔贝·吉罗（Albert Giraud）的同名作品中取用素材。

随着1914年第一次世界大战的爆发暂告一个段落。勋伯格对战争的第一反应是对民族主义情绪的惊人表达——他将法国作曲家们贬低为“庸俗艺术贩子”，并希望有机会让他们“崇敬德意志精神”。勋伯格有过几段短暂的服役，这影响了他的创作，但他也并没有为奥地利的战事做出什么贡献。他在战争期间唯一着手创作的作品，清唱剧《雅各的天梯》（*Jacob's Ladder*），最终都没有写完。

战后，他参与了一场远离过度表达情绪的表现主义的运动，转向了更重视秩序的新古典主义。1921年以后，他发明的十二音体系为此前凭借直觉的混乱的无调性写作技法重建了稳固的结构。然而，这带来了更加令公众无法参透的音乐。他的第一部十二音体系作品，钢琴组曲（作品号25）中的乐章被赋予了《加沃特》（*Gavotte*）、《吉格》（*Gigue*）这样的标题（像是巴赫会做的），这符合他典型的保守激进做法。1923年，他的妻子玛蒂尔德去世了，他再婚并与第二任妻子盖特露德·科利施（Gertrud Kolisch）生了3个孩子。1926年，他开始在柏林的普鲁士艺术学院任教，这才结束了他财务上的窘境。

避难与改变

随着希特勒的反犹太纳粹政权于1933年上台，勋伯格的这段平静岁月被终结了。与德国的其他犹太教师一样，勋伯格被辞退。他逃亡国外，最终于1934年在洛杉矶定居。迫害之下，他重拾了自己的犹太信仰。1932年，他放弃了未完成的歌剧《摩西与亚伦》（*Moses und Aron*），但这部作品中深入思考了神与人的关系，预示着他对自己初始信仰的回归。

勋伯格努力适应在美国的生活。他在1941年加入了美国籍，在加利福尼亚的一些大学任教，并在自己位于日落大道（Sunset Boulevard）的家中与好莱坞明星们社交。他还写了一些著名的作品，包括小提琴协奏曲（1936年）和钢琴协奏曲（1942年），但是他的欧洲精英主义与美国的流行文化之间的隔阂实在无法弥补。发生于欧洲的针对犹太人的大屠杀以及自己恶化的健康状况都给他的晚年蒙上了沉重的阴影。1951年，他死于心脏病。

勋伯格对20世纪下半叶的作曲家们的影响是极大的。然而，虽然他一直认为自己的作品总有一天会被音乐会听众们广泛接受，但这一天还没有到来。

方法

十二音体系

在20世纪20年代早期，勋伯格发明了一套全新的作曲方法以代替传统的音节与和弦。作曲家用12个不重复的音（取自半音音阶）组成“音列”（tone row），并用音列作曲。这些音列可以逆行、倒影或逆行倒影，或通过其他方式发生变化。勋伯格认为这套体系是一次革命性的突破，可以类比爱因斯坦的相对论。二战之后的先锋作曲家们将十二音体系树立为“序列主义“的信条，但勋伯格自己也说“用C大调还能写出许多好音乐”。

▷勋伯格，1950年
照片中，作曲家在去世前1年在加州的洛杉矶与妻子盖特露德·科利施和其他家庭成员们在一起。

“人们应该会熟悉我的曲调，用口哨吹出来。”

阿诺尔德·勋伯格，在洛杉矶写的信，1947年

▷查尔斯·艾夫斯
艾夫斯直到晚年才声名鹊起，但他依然是第一位受到国际认可的美国作曲家。他复杂的作品选用了反映美国生活和文化的典型元素——尤其是他出生的新英格兰——并将日常的声响和熟悉的曲调，如来自赞美诗、爱国歌曲、舞曲和进行曲等，传递给听者。

查尔斯·艾夫斯（Charles Ives）

1874—1954，美国

艾夫斯是20世纪最具创新性的作曲家，也是实验音乐的先锋人物。他受到了美国的民主理想、思想自由和音乐多元性的影响。

“‘美好’和‘堕落’这两个词都很容易被使用。当一个人同意或反对你的时候就会随意使用这两个词。”

查尔斯·艾夫斯，1920年

查尔斯·艾夫斯用于谋生的职业是保险销售，但是他在业余时间作曲。他自由主义的政治倾向源自他对“人民”的积极信念，这一倾向体现在被他融入作品中的诸多流行歌曲元素中。

艾夫斯1874年10月20日出生于康涅狄格州的丹伯里（Danbury）。他的父亲出身自当地的一个富裕家庭，曾是南北战争时期联邦军一名年轻的军乐团指挥。查尔斯从小学习钢琴和管风琴，并且受益于丹伯里丰富的音乐生活，从古典音乐会到气氛热烈的赞美诗大合唱，他都有机会参加。14岁时，他作为一名鼓手加入了父亲的铜管乐队，并成为了教堂管风琴师。

◁**乔治·艾夫斯**

照片中是艾夫斯的父亲，约1865年。他是丹伯里管乐队的指挥，会演奏许多乐器。

实验工作

1894年，艾夫斯成为了耶鲁大学的学生。他的老师是毕业于慕尼黑皇家音乐学校的作曲家霍雷肖·帕克（Horatio Parker）。帕克建议艾夫斯为德国浪漫主义诗歌配乐，并掌握高级的对位曲式。除了正统的欧洲式音乐训练，艾夫斯还利用海伯龙剧院乐团（Hyperion Theater Orchestra）进行试验，将圣歌曲调、校园歌曲和舞曲等在不同的调性上用不同的速度同时演奏，创编出创新的音乐。

1898年毕业后，艾夫斯在纽约的保险行业工作了10年，同时兼职担任教堂管风琴师。因为他不依赖作曲挣钱，所以他敢于尝试一些非常大胆的和声和复杂的节奏规律。1908年，他与耶鲁室友的妹妹哈莫尼·特威切尔（Harmony Twichell）结婚。在两人订婚期间，创作了一系列富有远见和创意的作品，包括《未作回答的问题》（*The Unanswered Question*）和《黑暗中的中央公园》（*Central Park in the Dark*）。两人结婚几年后，他们在丹伯里附近造了一栋房子，并在那里度过了许多个夏天。

◁**《大多数》（*Majority*）乐谱**

《大多数》是艾夫斯的《114首歌》（*114 Songs*）中的第一首。在歌曲的开头，艾夫斯注释道：“最好使用合唱团；一个人的声音几乎不可能做到乐谱所要求的。”

前沿技巧

艾夫斯对将古典的形式与美国民间音乐进行新颖的结合非常感兴趣，并在诸如《新英格兰三处》（*Three Places in New England*，1908—1914年），第四交响曲（1916年）和《交响曲：“新英格兰假日”》（*A Symphony: New England Holidays*，1917—1919年）等作品中率先使用了多调性、多节奏和织体分层等技法。1920年，他出版了《康科德奏鸣曲》（*Concord Sonata*），这部作品受到了拉尔夫·沃尔多·爱默生（Ralph Waldo Emerson）、亨利·戴维·梭罗（Henry David Thoreau）等超验主义运动中的重要人物们的影响。

艾夫斯的一生遭受病痛困扰，包括糖尿病和手部震颤症。疾病与过度工作引发了抑郁、创作信心缺乏以及对自己作品的不满。1927年，健康的衰退迫使他停止了创作；3年后，他退出了商业活动。但他依然继续修改自己以前的作品。艾夫斯甚至重拾了自己开始于1915年的《宇宙交响曲》（*Universe Symphony*），将它作为一种智性上的实验，直到1954年中风去世。

△**棒球队长**

这张1894年的照片中，艾夫斯（左）身着霍普金斯语法学校首字母的棒球衫。上学期间，艾夫斯是一名棒球明星，还是霍普金斯队的队长。

方法

复杂的创新

查尔斯·艾夫斯激进的创作基于他对欧洲古典音乐的深刻认识。他扩展了一些创新技巧的可能性，而这些技巧在那之前只是偶尔被用来制造惊奇和新鲜感，其中包括多调性（同时使用2个或以上调性）与多节奏（同时使用2个或以上节奏）；在同一作品中融合多种音乐风格，从雷格泰姆歌曲和野营布道会的赞美诗，到复杂的对位和巴赫、勃拉姆斯的回响；模棱两可的和声；多个主题、织体和音质的层叠；以及模仿城市音响和公共场所的拼贴音乐。

莫里斯·拉威尔

1875—1937年，法国

拉威尔一生致力于创作完美的音乐。与其说他是一名创新者，不如说他是一名一丝不苟的完美主义音乐工匠。他的作品数量相对较少，但还是形成了独特的个人风格。

莫里斯·拉威尔是法国公民，但他的父亲（工程师、发明家）是瑞士人，母亲则是说西班牙语的巴斯克人。他1875年出生于法国巴斯克地区亚里茨（Biarritz）附近的锡布尔（Ciboure），当他还是婴儿时，一家人就搬到了巴黎。

最初，他和弟弟爱德华（Edouard）在家接受父亲的教育。他们的父亲教会了他们基础科学知识，同时也把对艺术与音乐的热爱传递给了他们。爱德华与父亲一样对工程产生了浓厚的兴趣，而拉威尔则继承了母亲对巴斯克与西班牙文化的热忱，这在许多他后来的作品中得到体现。

才华展露

音乐在他们的家庭生活中有着重要的地位——其中既有古典音乐，也有拉威尔母亲吟唱的民间音乐。拉威尔在很小时就展现出了音乐天赋，7岁时开始学习钢琴，并在之后进行了更为正规的音乐理论研究，包括在12岁时尝试作曲。学习期间，他结识了西班牙钢琴家里卡多·维涅斯（Ricardo Viñes），后者成为了他的好朋友，并对拉威尔的音乐推崇有加。1889年对拉威尔来说充满大事。他开始跟随巴黎音乐学院的埃米尔·德孔布（Emile Decombes）学习钢琴，并在后者的鼓励下进行了第一次公开演出。同年晚些时候，拉威尔进入了音乐学院学习钢琴。然而，相比钢琴，他在作曲上更有天赋。在音乐学院期间，他开始勤奋地作曲。引发了这一改变的一大事件是1889年的巴黎世界博览会：他在博览会上邂逅了新奇、陌生的音乐，令他振奋不已。

◁**拉威尔和维涅斯，1905年**
拉威尔（左）和维涅斯两人都出生于1875年。第一次相遇时两人还是学生，两人结下终生的友谊。照片中两位音乐家刚过30岁。

在19世纪90年代，拉威尔专心作曲，但荒废了学业——他在钢琴和理论学习上止步不前，并因此不得不在1895年离开音乐学院。然而，2年后他又重回学院学习作曲课程。他的老师加布里埃尔·福莱发现了他的才华。在

◁**莫里斯·拉威尔**
照片中是坐在钢琴边的拉威尔。他初次接触这个乐器是在儿童时期，后来进入有着崇高地位的巴黎音乐学院深造钢琴。

方法

配器大师

拉威尔在他的管弦乐作品中娴熟地处理了乐器的色彩，且表现出超乎寻常的听觉想象力，因此广受称赞。他富有成果地对管弦乐团中所有的乐器都进行了研究，从而将这些乐器的音色以最佳的方式进行组合，以达到最佳的表现效果，并确保和声与节奏清晰可辨。令人惊讶的是，其中只有一些作品是为管弦乐团而作的；大部分都是钢琴作品经过配器后改编的。而他几乎所有的音乐都是在钢琴边完成作曲的。

▽**巴黎世界博览会海报**
在1889年的世界博览会上，拉威尔受到了新俄罗斯音乐和爪哇甘美兰音乐的影响。

△《达夫尼与克罗埃》舞台布景设计

这幅舞台布景是受谢尔盖·达基列夫委托，为俄罗斯芭蕾舞团上演拉威尔的《达夫尼与克罗埃》而设计的。作品在1912年首演于巴黎。该设计由俄罗斯画家里昂·巴克斯（Leon Bakst）绘制，他为达基列夫设计了华丽的服饰和大胆、色彩丰富的舞台，并因此而出名。达基列夫还委托拉威尔为这部芭蕾剧作曲。

福莱的引导下，拉威尔信心倍增，并创作了自己最早的一批成熟作品。他还遇见了埃里克·萨蒂并受到了他和他的另类作曲方法的影响。拉威尔决意以最令自己满意的方式作曲，而不在评论面前动摇。

激进的影响

然而，拉威尔激进的音乐和政治立场依然不被音乐学院接受。虽然他得到福莱的支持，但还是被逐出了学院。他没有气馁，继续不断作曲，并与一群被称作“流氓太保”（Les Apaches）的受到克劳德·德彪西（因为他的音乐清晰的织体和精致的色彩而被称作“印象派”作曲家。参见第190—193页）影响的年轻音乐家们发生了关联。与德彪西一样，拉威尔在音乐创作上丰富的感官体验导致他自己也被称作“印象派”。不过，德彪西很厌恶这个标签，而拉威尔也对此表示拒绝。

拉威尔依然没有在音乐会听众中树立起名声。从1900至1905年，他每年都参加卓有声望的罗马大奖的评选，但都没有获奖，局面变得很明显：评委会故意不让他获奖，虽然他可能是所有参赛者中最具天赋的。后来被暴露的丑闻显示，音乐学院的院长提奥多·杜布瓦（Théodore Dubois）偏袒他的一名同僚的学生们，而杜布瓦因此被迫辞职。虽然拉威尔没有获奖，对他的大量曝光还是使他获得了应得的注意力。

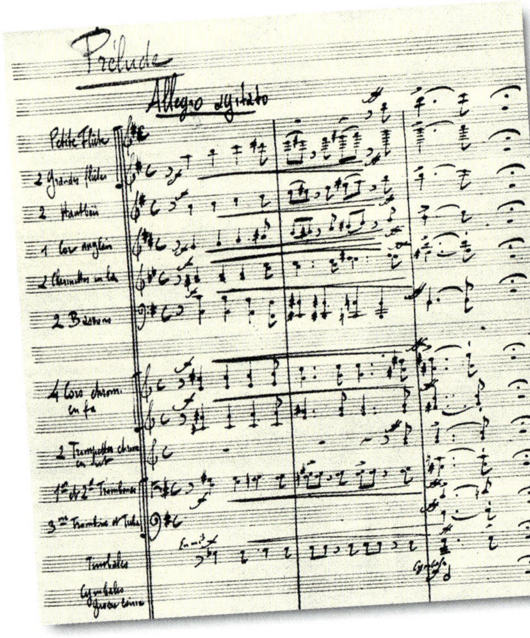

▷《阿尔西翁》（*Alcyone*）

这是拉威尔的《阿尔西翁》（1902年）的乐谱。拉威尔5次参加罗马大奖的评选均告失败，这部作品是其中一次的参赛作品。

“我的作品是一点一点慢慢写成的。我需要一片片将它们取出。”

莫里斯·拉威尔

△拉威尔的钢琴
上图中展示的是拉威尔在最后20年里居住在这间小屋里时使用过的钢琴。

新的通途

突如其来的名声激励拉威尔重新检视自己早期的钢琴作品，并将它们为管弦乐团配器以吸引更多的音乐会听众。这些作品改编展现出了他对配器的惊人天赋，这一点在他的第一部歌剧《西班牙时钟》(*L'Heure espagnole*)和后来的芭蕾舞剧《达夫尼与克罗埃》(*Daphnis et Chloé*)中得到了绝妙的体现。以拉威尔缓慢严谨的工作标准作参考，从1905年至第一次世界大战爆发的这段时期他是极为多产的，并确立了他作为法国乃至世界重要作曲家的地位。然而，到了1913年，他的作曲速度再次下滑：在战争期间和战后的一段时期内，他几乎没有写出任何作品。战争刚爆发时，他申请加入法国空军，但因为他的年龄（已近40岁）和健康状况而遭到拒绝。不过，1915年他被允许入伍做一名司机，为前线运输弹药。

战争环境对他本已脆弱的健康造成了严重影响：他得了痢疾，遭受了冻伤，且深受战争之恐怖的困扰。1917年母亲的去世加剧了他的痛楚。然而，在这段时间他完成了新古典主义的钢琴套曲《库普兰之墓》(*Le Tombeau de Couperin*)，在每一个乐章中致敬一位死于战争中的朋友。这部作品唤起人们对巴洛克作曲家弗朗索瓦·库普兰(François Couperin)的回想。

从战争阴影中走出的拉威尔疲惫而沮丧，以迟缓的速度重新回到工作中。与职业早期迥然相异的是，此时的拉威尔被音乐界奉为德彪西的接班人以及最顶尖的法国作曲家。然而，这已是一个与过去截然不同的时代，充满着来自年轻一代作曲家的新鲜想法，比如“六人团”(参见第263页)。他们认为拉威尔的音乐因循守旧。不过，他一如既往地对批评声充耳不闻。1920年，完成了饱含浪漫主义色彩的《圆舞曲》(*La Valse*)后，他进入了一个新的创作阶段，形成了一种略带现代主义的、受到勋伯格等无调性作曲家们以及尤其是爵士乐律动影响的作曲风格。

晚年

与音乐风格同时发生转变的是他的生活方式。战争使拉威尔苍老了许多。他觉得巴黎的生活有太多羁绊，于是他搬到了巴黎西边的蒙福尔拉莫里(Montfort-l'Amaury)独自居住，并在那里度过了余生。虽然拉威尔似乎曾有过一段或两段长期的感情经历，但他始终没有结婚，且据说他会时不时光顾妓院。拉威尔在蒙福尔拉莫里写下了他的一些最著名的作品，包括《波莱罗舞曲》(*Boléro*)和两部钢琴协奏曲。

拉威尔的晚年深受疾病困扰。1932年，他在一场车祸中头部受伤，引发了脑部的疾病。他开始出现失语症（无法理解或表述语言）的症状。很快，他失去了演奏钢琴和作曲的能力。1937年，他病情恶化且愈发痛苦，并在一名巴黎神经外科医生的建议下接受手术治疗。一开始，手术被认为是成功的，但很快拉威尔陷入了昏迷并去世了，时年62岁。

人物

保罗·维特根斯坦 (Paul Wittgenstein)

拉威尔是受到保罗·维特根斯坦委托作曲的几位作曲家之一。保罗是一名钢琴演奏家，在第一次世界大战中失去了右臂。为此，拉威尔在1929—1930年写下了D大调《左手钢琴协奏曲》(*Piano Concerto for the Left Hand*)，同一时期，他还在同时创作G大调钢琴协奏曲。

一开始，保罗对这首受到爵士乐影响的协奏曲感到不悦，而拉威尔也对保罗最初对作品的诠释感到恼火。但后来保罗慢慢理解和欣赏了拉威尔的意图，并在1932年首演了这部作品。

保罗·维特根斯坦

关键作品

- 1899年　还是巴黎音乐学院的学生时创作了《悼念公主的帕凡舞曲》(*Pavane pour une infante défunte*)。
- 1910年　出版了五乐章的《鹅妈妈组曲》(*Ma Mère l'Oye*)。1911—1912年他将作品配器并扩充为了一部芭蕾剧。
- 1912年　完成了芭蕾剧《达夫尼与克罗埃》。作品由谢尔盖·达基列夫为俄罗斯芭蕾舞团委托创作。
- 1914—1917年　《库普兰之墓》中6个乐章中的每一个都纪念了一位死于战争的朋友。
- 1919—1920年　在巴黎首演的《圆舞曲》在创作之初是芭蕾舞曲，但后来主要被作为音乐会曲目演出。
- 1928年　《波莱罗舞曲》也许是拉威尔最为著名的作品。作品在巴黎作为一部芭蕾舞曲首演。
- 1929—1931年　在美国巡演期间受到爵士乐影响的拉威尔创作了他的两部钢琴协奏曲。

曼努埃尔·德·法雅（Manuel de Falla）

1876—1946年，西班牙

法雅是20世纪早期西班牙音乐复兴的领军人物。他将传统民间音乐的旋律与现代的和声与配器结合起来，创造出了一种生机勃勃、广受喜爱的作品。

△《爱情魔法师》乐谱
法雅这部作品的乐谱封面由俄罗斯先锋画家和设计师纳塔莉亚·冈察洛娃（Natalia Goncharova）绘制。画家捕捉到了弗拉明戈热烈的戏剧性。

曼努埃尔·德·法雅·马特乌（Manuel de Falla Matheu）1876年出生于安达卢西亚（Andalusia）的加的斯（Cádiz），就读于马德里皇家音乐学院。在作曲家兼音乐学家费利佩·佩德雷尔（Felipe Pedrell）的影响下，他开始探索风格多样的西班牙音乐传统，尤其是安达卢西亚的民间歌曲和舞曲——这成为了他第一部重要作品《人生短暂》（*La vida breve*，1904年）的基础。

法雅在1907年搬到了巴黎。在那里，他与克劳德·德彪西和莫里斯·拉威尔等作曲家结识。在法国的7年中，他的创作不算多产（只有一些歌曲和钢琴小品），但是他的音乐能量一直在聚集。1914年第一次世界大战爆发后，他搬回了马德里与父母同住，由此开启了一段作品丰富的时期。

音乐热情

虽然法雅性情稳重，他开始创作的音乐却华丽而热情，比如由著名弗拉明戈舞蹈家帕斯托拉·尹帕里奥（Pastora Imperio）委托创作的《爱情魔法师》（*El amor brujo*）。这部吉卜赛芭蕾舞剧首演于1915年，其中包括极富戏剧张力的《火祭舞》（*Ritual Fire Dance*）——这是法雅的作品中流传最广、最受欢迎的作品。

享誉国际

1916年，被作曲家描述为“由钢琴和乐队模仿交响乐”的饱含情欲的《西班牙庭院之夜》（*Nights in the Gardens of Spain*）上演，作品中融合了来自法国的影响和独特的安达卢西亚节奏与旋律。1919年，色彩丰富的芭蕾舞剧《三角帽》（*The Three-Cornered Hat*）由谢尔盖·达基列夫的声望卓著的俄罗斯芭蕾舞团首演后，法雅终于取得了国际声望。

20世纪20年代，法雅成为了西班牙年轻一代现代主义者们的偶像，其中包括费德里戈·加西亚·洛尔卡（Federico García Lorca）。与法雅一样，洛尔卡也痴迷于安达卢西亚的吉卜赛传统。然而，法雅的音乐开始朝另一个方向发展。他沿袭了同时代的新古典主义趋势，并开始利用更小的乐团来演奏。他的包括1926年的竖琴协奏曲在内的一些作品，令人回想起符合西班牙传统的傲慢以及天主教卡斯蒂利亚（Castile）地区的朴素精神。

法雅的创作力随着年纪的增长而衰退。他为一部清唱剧——《亚特兰蒂斯》（*Atlántida*）——的乐谱付出了许多年的努力，然而最终都没能完成。在西班牙内战（1936—1939年）中，他为大屠杀感到悲痛却无法站在任意一边。他隐退至格拉纳达（Granada）。1939年佛朗哥主义者（Francoists）们胜利后，他离开祖国前往阿根廷，并在那里一直生活直到1946年去世。

▷曼努埃尔·德·法雅，1932年
法雅是一名虔诚的天主教徒，穿着一丝不苟，举止缄默，且对固定习惯有着近乎狂热的偏执——这些特点在伊格纳西奥·苏洛阿加-萨瓦莱塔（Ignacio Zuloaga y Zabaleta）的这幅肖像画中被呈现出来。

背景

弗拉明戈（Flamenco）与深歌（el cante jondo）

弗拉明戈是一种与西班牙南部吉卜赛人（gitano）有联系的一系列热情洋溢的歌唱和舞蹈风格。它既是一种民间音乐，也是一种职业表演。法雅尤其喜爱深歌——通常没有吉他伴奏，表达痛苦与死亡等黑暗主题。1922年，法雅与诗人费德里戈·加西亚·洛尔卡在格拉纳达发起了一次音乐节，以鼓励业余歌手们从事深歌，并激发公众对纯正弗拉明戈的兴趣。当时，弗拉明戈正日渐受到当代流行音乐的威胁。

帕斯托拉·尹帕里奥肖像，胡利奥·罗梅罗·代·托雷斯（Julio Romero de Torres），1922年

▷**贝拉·巴托克，1940年**
巴托克因为他所创作的音乐，也因为他所开创的新学术领域——民族音乐学（从社会和文化的角度研究音乐）——而出名。

贝拉·巴托克

1881—1945年，匈牙利

巴托克的音乐语言独特而具有突破性，根植于匈牙利民间音乐。第二次世界大战期间，他离开布达佩斯前往纽约，并在那里为了生计奔波。

“参加比赛的是马，不是艺术家。”

贝拉·巴托克

◁**拉约什·科苏特**
这位巴托克的音诗《科苏特》的题献对象致力于将匈牙利从哈布斯堡王朝的统治中解放。1849年，他成为了昙花一现的匈牙利共和国的摄政总统。

贝拉·巴托克1881年3月25日出生于特兰西瓦尼亚（Transylvania）的纳吉桑特米克洛斯［Nagyszentmiklós，当时属匈牙利，如今是罗马尼亚的大圣尼古拉（Sînnicolau Mare）］。他的母亲是一名钢琴家，而父亲则是当地一所学校的校长。在贝拉7岁时，他的父亲去世了，痛失亲人的一家搬到了纳吉修罗斯（Nagyszőlős），巴托克在那里进行了第一场公开演出，时年11岁。后来，一家人定居普莱斯堡（如今斯洛伐克的布拉迪斯拉发）。此时的巴托克已经是一名了不起的钢琴家，作为一名有天赋的作曲家也愈发自信。他没有沿袭典型的作曲系学生向维也纳发展的老路子，而是被选中进入位于布达佩斯的匈牙利皇家音乐学院学习。

在布达佩斯的影响

在匈牙利首都，年轻的巴托克遇见了将会对他的未来产生深远影响的一些人物。他遇见了佐尔坦·柯达伊（Zoltán Kodály），这位作曲家兼哲学家将成为他最好的朋友；他的老师亚诺斯·科斯勒（János Koessler）是勃拉姆斯的好友，另一名老师是钢琴演奏家伊斯特凡·托曼（István Thoman）。1903年毕业后，巴托克已经是一名非常受欢迎的钢琴家（在他早期的录音中，我们可以听到他独有的清澈美妙）；1907年，他被任命为音乐学院的钢琴教授，他担任这个职位直到1934年。

实地研究

1889年，哈布斯堡王朝鲁道夫王储的自杀动摇了王朝的根基，整个帝国陷入了危机，而匈牙利分裂主义者们的势头渐长。巴托克所属的那一代人深受政治运动家费伦茨·科苏特（Ferenc Kossuth）和他所领导的独立党的乐观主义的影响，而巴托克的音诗《科苏特》（*Kossuth*，1903年）则是向费伦茨的父亲、改革家和国家英雄拉约什·科苏特（Lajos Kossuth）的致敬。

1904年左右，巴托克和柯达伊买到了一台爱迪生留声机，并带着它出发前往遥远的匈牙利乡村，开始录制和编录两人在那里听到的民歌。从此以后，巴托克开始将民间歌曲改编成音乐会曲目，代表案例包括《六首罗马尼亚民间舞蹈》（*Six Romanian Folk Dances*）、小提琴二重奏以及不少有钢琴伴奏的民间歌曲。民间音乐对他的音乐语音造成了深刻的影响——包括节奏、和声和对四分之一音的使用——这在他所有类型的作

△**爱迪生留声机，约1900年**
录音设备的发明，比如爱迪生留声机，使得巴托克和柯达伊对民间音乐的研究成为可能。从1934年至1940年，巴托克为匈牙利科学院汇编了一版共收录13000首匈牙利民歌的歌曲集。

方法

民歌的价值

巴托克对民间歌曲的痴迷并非源自狭隘的民族主义情绪，而是因为他坚信民歌根本上的重要意义。在他1921年所写的文章《民歌与艺术音乐》（*Folksong and Art Music*）中，他认为民歌在相当长的一段时间以来都是最出色的作曲家们的宝库，并列举了海顿、贝多芬甚至来自更久远的17世纪路德教会赞歌音乐等例子。他提出，与民歌建立联系帮助听众理解新作品，而诸如勋伯格等作曲家们与民歌的割裂会使得作品晦涩难懂。探索民间音乐的研究，“会改善新兴作曲家们的品位，并极大地扩大他们的视野”。

巴托克在特兰西瓦尼亚的旅途中录制民间歌曲

"我无法想象不表达任何东西的音乐。"

贝拉·巴托克

品中都有所体现。无论是弦乐四重奏、管弦乐还是歌剧。他曾热情洋溢地写道："使当代（20世纪）音乐更为现实的另一个全然不同的因素：它半有意识、半无意识地寻求模仿民间艺术这一伟大的现实，而民间艺术包罗万象。"

爱情和更多旅行

1907年，巴托克恋上了年轻的小提琴家斯坦菲·盖雅（Stefi Geyer），而后者激发了他创作第一小提琴协奏曲的灵感。作品中的一些主题表现出盖雅在巴托克心中理想化的形象，不过盖雅拒绝了他。

2年后，他与他的一名钢琴学生，不到20岁的玛尔塔·齐格勒（Márta Ziegler）结婚。两人很快生下了一个儿子，也取名为贝拉。与此同时，他还走出匈牙利进行实地考察。在这些年里，他多次踏上旅途，访问了土耳其和阿尔及利亚。他的第二弦乐四重奏是相关成果的一个案例——作品中融入了他在北非所接触到的柏柏尔（Barber）音乐。

巴托克对匈牙利文学的配乐工作展示出了语言对他的音乐造成的影响。他的歌剧《蓝胡子公爵的城堡》（*Duke Bluebeard's Castle*，1911年）中深深浸淫着象征主义诗歌，基于贝拉·巴拉兹（Béla Balázs）的剧本配器。剧本的故事源自法国童话作家夏尔·佩罗（Charles Perrault）所著的《蓝胡子》（*La Barbe bleu*）。故事中，蓝胡子公爵的妻子在他的城堡中打开了一扇扇门，随之发现了一个个惊人的秘密。这部气势恢宏的作品中，巴托克的旋律线紧密地跟随着台词的抑扬顿挫。

▽**弦乐四重奏，约1915年**
对匈牙利民间歌曲的实地考察影响了巴托克的弦乐四重奏。照片中，巴托克与柯达伊（前排右，阅读中）与瓦尔德鲍尔-凯尔派伊（Waldbauer-Kerpely）弦乐四重奏的成员们一起为摄影师摆好姿势。

◁**斯坦菲·盖雅**
瑞士小提琴家斯坦菲·盖雅（1888—1956年）是贝拉·巴托克的缪斯。年龄和观点的差异（她是一名坚定的天主教徒，而巴托克却不信上帝）使巴托克的情意无法得到满足。

成熟作品

一战中，巴托克无法离开匈牙利。同时，匈牙利艺术委员会决定不接纳《蓝胡子公爵的城堡》，使巴托克失望不已。于是，他投身于民族音乐学研究若干年，直到他遇见另一位令他心动不已的小提琴家耶莉·达拉妮（Jelly d'Arányi）后又开始作曲。然而，他对达拉妮的钟情没有得到回应。1923年，他与玛尔塔离婚；仅2个月后，他又向自己的另一名钢琴学生迪塔·帕斯托莉（Ditta Pasztory，当时仅19岁，而他已经42岁）求婚，并在10天后与对方结婚。次年，他们的儿子彼得（Péter）出生。

巴托克的声望在战争岁月中逐渐提升。凭借他的两部钢琴协奏曲、《世俗康塔塔》（*Cantata Profana*，1930年）、《为弦乐、打击乐和钢片琴而作的音乐》（*Music for Strings, Percussion, and Celesta*）和《为两架钢琴和打击乐而作的奏鸣曲》（*Sonata for Two Pianos and Percussion*），他确立了自己在国际舞台上的地位。他同时还作为一名钢琴家在欧洲、美国和苏联巡演。然而，随着右翼政治在匈牙利抬头，巴托克对法西斯主义的厌恶使得他面临着遭受政治迫害的风险。在德国，他的《神奇的满大人》（*The Miraculous Mandarin*，创作于1918—1919年）因为露骨的内容而被禁演。

1939年，巴托克在瑞士度过了最后一个悠闲的夏天，其间创作着自己的第6部也是最后一部弦乐四重奏，以及由慈善家保罗·萨克（Paul Sacher）委托创作的弦乐团嬉游曲。次年，巴托克离开匈牙利前往美国。

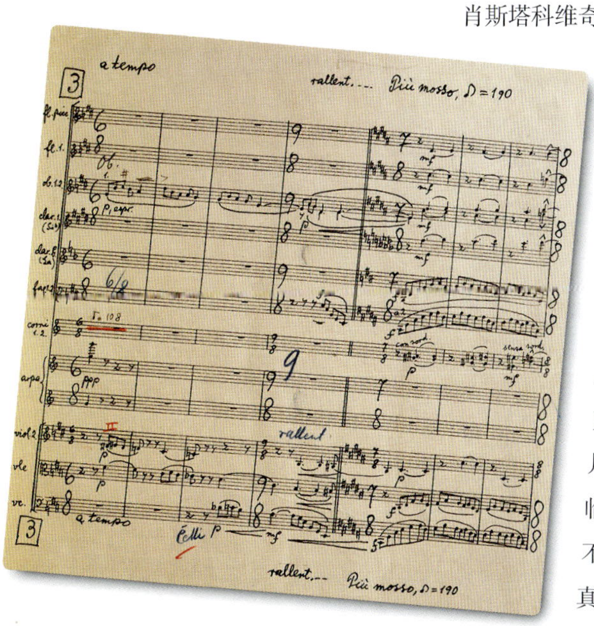

▷**《世俗康塔塔》乐谱**
巴托克的这部为合唱与乐队而作的作品受到了罗马尼亚民间故事（猎人化作了雄鹿）的启发，充满着自然的象征。

巴托克在哥伦比亚大学担任卑微的"助理研究员"一职。他难以获得委托，供养家庭变得相当艰难。抵达美国不到2年，他患上重病，并最终被确诊是白血病。

美国经历

1943年，他迎来了一次重要的突破。波士顿交响乐团总监、出生于俄罗斯的谢尔盖·库塞维兹基（Serge Koussevitzky）出资1000美金委托巴托克创作一部大型的管弦乐团作品。巴托克最终创作了《乐队协奏曲》（*Concerto for Orchestra*）。这是一部管弦乐的辉煌杰作，音乐情绪既有黑暗、凶猛和绝望，也有彻头彻尾的讽刺，嘲弄地仿用了来自莱哈尔（Lehár）的《风流寡妇》（*The Merry Widow*）以及肖斯塔科维奇第七交响曲中的主题。

这部作品受到了赞誉，而更多的委托纷至沓来，其中包括为耶胡迪·梅纽因创作的小提琴奏鸣曲，以及中提琴协奏曲。然而，最后的这部作品并没能完成——病魔带走了巴托克。作曲家死于1945年9月26日，时年64岁。他在临死时告诉医生："我不得不在思如泉涌时离开，这真令我懊悔。"

人物
耶莉·达拉妮

达拉妮（1895—1966年）是匈牙利著名小提琴家约瑟夫·约阿希姆（Joseph Joachim）的侄孙女，也是一名传奇小提琴演奏家。许多音乐家都对她倾慕不已，其中包括爱德华·埃尔加、巴勃罗·卡萨尔斯（Pablo Casals）和莫里斯·拉威尔［拉威尔在1924年将《茨冈狂想曲》（*Tzigane*）题献给了她］。她在1919年与巴托克相遇，并点燃了后者全新的创作力。巴托克为她写下了他仅有的两部极富挑战的小提琴与钢琴奏鸣曲。

小提琴家耶莉·达拉妮

关键作品

1911年
巴托克唯一的一部歌剧《蓝胡子公爵的城堡》是一部为两位歌唱家而作的象征主义杰作。

1915年
写下了《六首罗马尼亚民间舞蹈》（*Six Romanian Folk Dances*），展示出民间歌曲对音乐会曲目的启发。

1918—1919年
完成《神奇的满大人》芭蕾剧乐谱。这部芭蕾剧充斥着暴力和露骨的场景，以至于后来被禁演。

1936年
完成了极具个人特色的《为弦乐、打击乐和钢片琴而作的音乐》。

1909—1939年
共写了6部弦乐四重奏，其中包括了一些对他最具有个人意义的作品。

1943—1945年
《乐队协奏曲》中蕴藏着范围极广的音乐情绪状态。

伊戈尔·斯特拉文斯基

1882—1971年，俄罗斯

斯特拉文斯基被广泛认为是20世纪最顶尖的作曲家。他的激进的节奏运用使音乐产生了巨大的改变。他的工作使得芭蕾音乐的艺术水准达到了只有柴可夫斯基可以媲美的程度。

伊戈尔·斯特拉文斯基1882年6月出生于圣彼得堡郊外的奥拉宁堡（Oranienbaum）的一户音乐家庭中。他后来曾说这座俄罗斯帝都“比世界上任何城市都亲近他的内心”。然而，他始终坚持表示自己的早年很不幸福，且在学校里感到孤独绝望。伊戈尔的父亲是圣彼得堡的马林斯基歌剧院（Mariinsky Opera）的首席低音提琴演奏家；他的母亲是一名钢琴家，且似乎对年轻的伊戈尔和他的3个兄弟的态度极为严厉。他的德国保姆贝尔塔（Bertha）是他最接近真正母亲形象的人；在贝尔塔的抚养下，伊戈尔可以熟练地使用德语。他还像俄罗斯上流社会那样掌握了法语。

伊戈尔很早就很爱听音乐，在钢琴学习上也取得了不错的进步。他被自己在马林斯基剧院里的所见所闻深深吸引，包括伟大的柴可夫斯基的芭蕾作品。然而，他远远谈不上一名神童：他后来承认父亲坚持让他去学习法律不无道理，因为他没有表现出从事音乐职业通常应该表现出的卓越的早期天赋。他不情愿地进行法律学习的同时，私下里跟随里姆斯基-科萨科夫学习作曲，而这段至关重要的经历帮助他发展为同时代顶尖的作曲家之一。

◁**伊戈尔·斯特拉文斯基，1927年**
这幅作曲家的肖像由出生于俄罗斯的时尚摄影师乔治·何根尼-徐恩（George Hoyningen-Huene）为《名利场》（*Vanity Fair*）拍摄。

声名鹊起

1908年左右，巴黎文化圈热衷于谈论由演出经理人谢尔盖·达基列夫上演的激动人心的俄罗斯歌剧。此时，生活在圣彼得堡的达基列夫正在筹备一家芭蕾公司，而他正在物色一名作曲家来为一部新作《火鸟》（*The Firebird*）作曲。他很喜爱他在1909年圣彼得堡的一场音乐会上听到的斯特拉文斯基出色的小型弦乐作品《幻想谐谑曲》（*Scherzo fantastique*）和《烟火》（*Feux d'artifice*），于是决定

◁**塔玛娜·卡萨维娜（Tamara Karsavina），约1910年**
画中人物是这位名震四方的俄罗斯头号芭蕾女舞蹈家，由雅克-埃米尔·布兰奇（Jacques-Emile Blanche）创作。舞蹈家在斯特拉文斯基的同名芭蕾舞剧中身着火鸟的戏装。

背景

芭蕾大师

斯特拉文斯基对芭蕾的贡献不仅仅是抓住了达基列夫给予的机会创作出了《火鸟》（再嫁接舞蹈元素）并取得了奇迹般的成功。斯特拉文斯基的音乐中富有触感和律动的特点与舞蹈本身的技巧和身体特征天然吻合，这在《彼得鲁什卡》与《春之祭》中可见一斑。1947年，他写下了《俄耳甫斯》（*Orpheus*）并交由俄罗斯流亡人士乔治·巴兰钦（George Balanchine）编舞——后者后来成为了纽约城市芭蕾舞团的艺术总监。除了为斯特拉文斯基的音乐会作品编舞，巴兰钦还受委托创作了《竞赛》，该作品于1957年由纽约城市芭蕾舞团首演。

《俄耳甫斯》，由乔治·巴兰钦编舞，纽约

方法

民间音乐的精髓

年轻的斯特拉文斯基被姑妈家的庄园里俄罗斯农民所唱的歌曲深深吸引，他在2岁时就可以准确地模仿这些歌曲。俄罗斯民间音乐的一个显著特点便是其聚焦并不断重复一小组音符，并构建出一个更长的旋律线，通常伴随着强劲的律动。斯特拉文斯基本能地将这些音乐特性融入自己的作品中：在他的配器如浪漫主义晚期般奢华的《火鸟》，以及近50年后创作的（风格截然不同的）朴素的大型作品《安魂圣歌》中都清晰可辨。

▷《春之祭》

这是1913年在巴黎的香榭丽舍剧院（Théâtre des Champs-Elysées）由华斯拉夫·尼金斯基的俄罗斯芭蕾舞团首演的斯特拉文斯基极富争议的芭蕾舞剧的一幕。

给斯特拉文斯基一个机会。他要求斯特拉文斯基在短短5个月内完成一部完整的芭蕾舞曲——斯特拉文斯基做到了。《火鸟》于1910年5月在巴黎大获成功，斯特拉文斯基也立刻闻名世界，一夜之间与德彪西和拉威尔之辈齐名——这两位法国作曲家惊叹于斯特拉文斯基乐谱中精湛的技巧以及对乐团出神入化的把握。

达基列夫立刻给斯特拉文斯基发出了新的委托。1年后，斯特拉文斯基拿出了《彼得鲁什卡》（*Petrushka*）。这是一个发生在游乐场里的故事，主人公是一个有着酸楚的人类情感的玩偶。这部作品既是作曲家的另一次巨大成功，也使伟大的舞蹈家华斯拉夫·尼金斯基成为了明星。2年后，斯特拉文斯基的第三部芭蕾作品《春之祭》（*The Rite of Spring*）中尖利刺耳的不协和和声以及史无前例的凶猛节奏彻底改写了古典音乐作曲家的行为准则。发生于首演当晚的“暴动”（更准确地说，发生在剧院中最昂贵的坐席区里愤怒的巴黎芭蕾艺术赞助人们的骚动）似乎既有斯特拉文斯基的“功劳”，也离不开尼金斯基打破传统的编舞。相似的“暴动”并未在剩余的5晚演出中发生。如果说斯特拉文斯基的音乐一开始吓到了大家，但它后来却愈发受到人们的仰慕。

▷《彼得鲁什卡》，1911年

图中是斯特拉文斯基《彼得鲁什卡》的第二稿。这部芭蕾剧于1911年上演于巴黎；它的主要角色是一个具有人类情感的木偶。

革命与放逐

斯特拉文斯基后来的工作进展同时受到生活上的改变以及自己才华的影响。第一次世界大战的爆发迫使达基列夫关闭了自己的公司。斯特拉文斯基带着妻子凯瑟琳（Catherine）前往瑞士生活，那里的音乐资源匮乏，远不及巴黎；而1917年的十月革命导致他终生无法回到自己的祖国。

面对这两个危机，斯特拉文斯基创作了一系列容易用较低成本完成上演的作品，取得了积极的反响。作曲家表现出了对自己语言和音乐根源上的深刻醒悟，尤其是俄罗斯民间歌曲，更体现在有歌舞元素的芭蕾剧《婚礼》（*Les Noces*）中——作品中包括舞台上的合唱，以及由4架钢琴和打击乐器组成的“乐团”。这部作品在1923年达到最终版本。

此时，斯特拉文斯基在战后的巴黎定居。他从纷杂的现代主义中脱身而出，转向了更为冷静的新古典主义，音乐风格不断推陈出新。芭蕾剧《普尔钦奈拉》（*Pulcinella*，由达基列夫1920年重新兴办的公司上演）根据键盘作品改编。他们以为原作曲家是意大利人佩尔戈莱西（Pergolesi），不过如今人们知道这些也是模仿作品。因为斯特拉文斯基需要供养他已经成为寡妇的母亲、家人和他的姑姑（凯瑟琳的母亲）的家庭。斯特拉文斯基经常以演奏家的身份出席自己作品的演出，包括一部钢琴协奏曲以及为钢琴和乐队而作的《随想曲》。其他掷地有声的作品包括一部改编自索福克勒斯（Sophocles）的古希腊戏剧《俄狄浦斯王》（*King Oedipus*）的仪式化的歌剧《俄狄浦斯王》（*Oedipus Rex*）和为合唱与乐队而作的《诗篇交响曲》（*Symphony of Psalms*）。两部作品的文本都使用了拉丁语，这门语言的不近人情、“死去的语言”的属性很符合斯特拉文斯基作品中反浪漫主义特点。为波士顿交响乐团而作的《诗篇交响曲》彰显了作曲家——在多年的抗拒后——回归了自

“音乐……（建立了）事物的秩序，其中尤其包括人与时间的协同。”

伊戈尔·斯特拉文斯基，1935年

关键作品

1910年 谢尔盖·达基列夫的俄罗斯芭蕾舞团在巴黎的第一个演出季上首演了《火鸟》，取得了极大的成功。

1911年 在《火鸟》的成功之后，芭蕾音乐《彼得鲁什卡》展现了斯特拉文斯基成熟风格中清晰明快的节奏和色彩。

1913年 《春之祭》中刺耳到夸张的和声和地震山摇般的节奏导致作品在巴黎首演时引发了观众的“暴动”。

1920年 《普尔钦奈拉》中结合了动感的能量、悦耳的音调和俏皮的幽默，标志着音乐风格的转变。

1917—1923年 耗费6年完成了的《婚礼》，整部音乐由碎片化的俄罗斯民间歌曲组成。

1930年 为合唱与乐队而作的《诗篇交响曲》在巴黎首演，标志着斯特拉文斯基回归了俄罗斯东正教信仰。

1945年 《三乐章交响曲》中有出彩的钢琴和竖琴的独奏片段，是斯特拉文斯基在美国时期的第一部重要作品。

1966年 他的最后一部重要作品《安魂圣歌》是拉丁语亡者弥撒曲的精简版。

己从小接受的俄罗斯东正教信念。

1939年是他悲剧深重的一年：斯特拉文斯基的母亲、小女儿和妻子凯瑟琳在几个月内相继去世。他在过去的一些年里与比他年轻的画家和戏服设计师维拉·苏德金娜（Vera Sudeikina，与他一样是客居他乡的俄罗斯人）保持着关系。随着第二次世界大战的逼近，两人移居美国并结婚，成为了美国公民，定居好莱坞，与同样来自欧洲的流亡者们交往。取得自己之前所习惯的收入并不容易：好几部电影配乐项目都泡了汤，不过他设法将其中已经写下的音乐重新用于他的音乐会作品中。这类工作中的一次重大成就是1945年的《三乐章交响曲》（*Symphony in Three Movements*），作品中充满着花哨的、美国味的风格，创新的节奏律动而富有推动力。

晚期的风格转变

他花了足足4年用于创作一部长篇歌剧《浪子的历程》（*The Rake's Progress*），作品基于威廉·贺加斯（William Hogarth）的绘画，剧本由来自英国和美国的威斯坦·休·奥登（W. H. Auden）和切斯特·卡尔曼（Chester Kallmann）创作。根据狄兰·托马斯（Dylan Thomas）尚未定稿的文字来创作的另一部歌剧取得了一些早期进展，但是随着这位威尔士诗人的去世，这个项目也戛然而止。此时，斯特拉文斯基的风格发生了一些始料未及的转变：他曾对勋伯格和韦伯恩的音乐持敌对态度，但此时他开始对这些作曲家发展出的“序列”或十二音体系所释放的全新可能性愈发感兴趣。这催生了一系列晚期的简短凝练的作品；他通过这一新的技法来表现自己的音乐技巧。这些作品中包括芭蕾剧《竞赛》（*Agon*）、极度压缩的钢琴协奏曲《乐章》（*Movements*）以及为合唱与乐团而作的《安魂圣歌》（*Requiem Canticles*）——最后这部作品在斯特拉文斯基的俄罗斯东正教葬礼上演奏过，地点是威尼斯。斯特拉文斯基早期芭蕾音乐所取得的巨大成功，有时会使得他的这些晚期作品没能获得更多听众的喜爱。凭借不息的才智与创新力，斯特拉文斯基的音乐所涵盖的领域超过了20世纪任何一名其他作曲家。

▽斯特拉文斯基坐在钢琴边，1934年
图中的作曲家正坐在巴黎圣奥诺雷市郊（rue du Faubourg Saint-Honoré）的家中。他们一家在这张照片被拍摄的同年搬到了这里。他后来曾说这是他居住过的最不幸福的住所——1939年，他在这里居住时，他的母亲、妻子和女儿相继死去。同年，他移居美国。

海托尔·维拉-罗伯斯（Heitor Villa-Lobos）

1887—1959年，巴西

维拉-罗伯斯是第一位享誉国际的巴西作曲家。他将本土的民间音乐与流行音乐及古典元素相结合，发展出了一种具有显著巴西风味的作曲风格。

海托尔·维拉-罗伯斯出生于里约热内卢，很小就在家里举办的社交晚会中接触到了音乐。受到启迪的他开始学习吉他、大提琴和单簧管，然而他没能接受进一步的音乐训练——他的父亲在1899年去世，养家糊口的压力落在了他身上，他不得不在各个剧院和电影院乐团里工作，或与肖罗斯们（里约的街头流动音乐家们）一起演奏。

维拉-罗伯斯出生于1887年，在他成长的岁月里，他的祖国一直在渴望摆脱欧洲的影响。18岁时，他开始周游巴西，调研祖国丰富的音乐传统。

谋生

1912年，在经历了多年的旅行后，他与钢琴家露西莉亚·奎玛雷斯（Lucília Guimarães）结婚并在里约定居，开启作曲家的职业生涯。生活在大都市的他接触到了来自欧洲的新音乐，而且，在他的朋友达律斯·米约（Darius Milhaud）的帮助下，他了解到了德彪西和萨蒂的作品。这促使他与当时主宰着南美音乐艺术的德国浪漫主义音乐决裂，转而打造属于自己的风格。令人遗憾的是，他的努力没有得到巴西听众的认可，他因此前往巴黎，希望靠自己的作曲成名。这成为了他职业的转折点——他在巴黎取得了成功，还认识了来自世界各地的音乐家，其中包括吉他演奏家安德烈斯·塞戈维亚（Andrés Segovia），后者委托维拉-罗伯斯创作了吉他作品《歌调》（*Chôros*），巴西歌调中的各种音乐风格都在其中得以呈现。维拉-罗伯斯在之后的岁月中为塞戈维亚写过不少吉他作品。

回归祖国

1930年的一次回国探访期间，一场革命的爆发阻止了维拉-罗伯斯重返巴黎。那年，热图利奥·瓦加斯（Getúlio Vargas）掌权并宣布了旧共和国的覆灭。维拉-罗伯斯被任命为位于圣保罗的管理音乐暨艺术教育部门（Superintendência de Educação Musical e Artística）的负责人。他还一直组织音乐会并为这位民粹主义政治领袖创作爱国歌曲，直到1945年。

1936年，他抛弃了妻子，开始与阿明达·内维斯·阿尔梅达（Arminda Neves d'Almeida）相处。在他的余生中，阿明达是他的缪斯和伴侣。然而，他的音乐愈发倾向政治宣传和民粹主义；作品面向的是普通大众，他们对现代主义的任何元素都拒之门外。不过，这还是给他带来了梦寐以求的来自家乡的认可，让他迎来了一段创作力旺盛的时期，尤其是瓦加斯被赶下台后。民主被重新建立后，维拉-罗伯斯前往美国和欧洲，获得了国际声誉。

到了20世纪50年代中期，瓦加斯自杀后，对维拉-罗伯斯的爱国民粹音乐的需求逐渐褪去。随着他的健康状况逐渐恶化，他的创作量也开始减少，直到他在1959年去世。

背景

巴西民粹主义

巴西联邦共和国国旗

1822年，巴西脱离葡萄牙获得独立，但是葡萄牙对随之诞生的巴西帝国一直影响很大。整个19世纪，一场民粹运动逐渐兴起，运动强调巴西国家认同感以及真正的政治独立，其中涉及将本土文化和随非洲奴隶而来的文化整合进一个更大的欧洲殖民文化中。1889年第一共和国建立后，包括维拉-罗伯斯在内的一批富有创造力的艺术家们打造了一种不再仅仅受到欧洲传统影响的巴西文化身份，这开始成为现实。

△安德烈斯·塞戈维亚
这位著名的西班牙古典吉他演奏家在20世纪20年代中期与维拉-罗伯斯在巴黎相识；维拉-罗伯斯在之后很多年里为塞戈维亚写了一系列重要作品。

▷海托尔·维拉-罗伯斯
维拉-罗伯斯从自己的街头音乐家的经历，以及旅行中听到的音乐中汲取素材，将种类丰富的巴西流行音乐和本土音乐带入了音乐厅。照片中的他正在演奏桂嘎（cuíca）鼓，一种巴西本土的摩擦鼓。

> **“艺术家们与神共处——但将他们的手交给撒旦。我与天使共眠，但在梦中与恶魔相会。”**
>
> 海托尔·维拉-罗伯斯

谢尔盖·普罗科菲耶夫

1891—1953年，俄罗斯

普罗科菲耶夫是20世纪上半叶全能且富有想象力的作曲家之一。他以传统结构创作了一批杰作，同时在诸如电影音乐等新领域也有所涉足。

△**谢尔盖·普罗科菲耶夫，1900年**
照片中的普罗科菲耶夫9岁，正坐在钢琴边。次年，已经跟随母亲学了6年钢琴的他完成了自己的第一部歌剧。

普罗科菲耶夫的职业生涯可以被清晰地划分为3个阶段。第一阶段持续到1917年俄罗斯十月革命前夕，他在祖国被认为是令人振奋的狂热激进的作曲家之一。第二阶段，他在革命后离开祖国，并在接下来的20年内旅居国外，取得了国际声誉。在第三阶段，他回到祖国度过晚年，他既被封为民族英雄，也受到了来自政府的压力。

普罗科菲耶夫出生于乌克兰的松佐夫卡（Sontsovka）村的一个舒适的中产阶级家庭。他的父亲是一个农庄的经理人，而他的母亲是一名天赋异禀的业余钢琴家。他的两个姐姐在婴儿期夭折，而他从小作为被宠爱的独子被抚养长大。4岁时，他开始跟随母亲学钢琴；不到1年内，他就开始写钢琴曲。10岁时，他写下了自己的第一部歌剧，他的亲戚们和玩伴们一起演出了这部作品。1904年，他通过考试进入了圣彼得堡音乐学院。

◁**谢尔盖·普罗科菲耶夫，20世纪30年代**
这幅肖像被创作时，普罗科菲耶夫正处于职业巅峰。该画作的画家谢尔盖·尤里耶维奇·苏德金（Sergei Yurievich Sudeykin）作为舞台布景和戏装设计师最为出名。

早年

普罗科菲耶夫在音乐学院学习了10年。他的老师中不乏名声显赫之辈，其中最著名的要数里姆斯基-科萨科夫。然而，这些老师们并没有在他身上留下明显的印记，而普罗科菲耶夫认为他们太落伍。他的学生时期最为重要的作品是他的第一和第二钢琴协奏曲，分别在1912年和1913年首演，都由自己担任独奏家。作品中激烈的、如打击乐器般铿锵有力的演奏与当时俄罗斯音乐典型的抒情性格格不入，并引发了强烈的反应——既有支持，也有反对。其中第二钢琴协奏曲的首演中据说听众发出嘘声甚至起身离场。然而，1914年，当普罗科菲耶夫将第一钢琴协奏曲作为自己的毕业作品在音乐学院演奏后，他被颁发了令人艳羡不已的鲁宾斯坦奖（Rubinstein Prize）。

同年，第一次世界大战爆发。由于普罗科菲耶夫的父亲已经去世，他

人物

斯维亚托斯拉夫·里赫特（Sviatoslav Richter）

普罗科菲耶夫与苏联顶尖音乐家们保持着密切联系，尤其是被广泛认可为20世纪伟大的钢琴家之一的斯维亚托斯拉夫·里赫特（1915—1997年）。里赫特首演了诸多普罗科菲耶夫的作品，包括1943年的第七钢琴奏鸣曲。这是普罗科菲耶夫在第二次世界大战期间创作的3部钢琴奏鸣曲之一。在里赫特口中，它折射出“被混乱与不确定性统治的”世界的焦虑。不过，他也认为它表达着“胜利的意志”，并坚称其中有着“无法抑制的生命力量”。

苏联音乐家斯维亚托斯拉夫·里赫特正坐在钢琴边

“……一种全新的钢琴演绎，强而有力，持续不衰。”

作曲家韦尔农·杜克（Vernon Duke）观看普罗科菲耶夫演出后，1916年

△琳娜·卢贝拉，20世纪20年代早期
普罗科菲耶夫生活在美国时遇见了西班牙歌唱家琳娜·卢贝拉。两人在1923年结婚，但是普罗科菲耶夫后来为了一个更年轻的女人抛弃了她。

▽列宁对工人们讲话
虽然普罗科菲耶夫对1917年的大革命表示同情，但很快被随之而来的动乱搅得心神不宁。他前往美国，在那里定居了一段时间。这幅伊萨克·布罗茨基（Isaak Brodsky）创作的绘画描绘了革命领袖列宁在普蒂洛夫工厂（Putilov factory）的场景。

关键作品

1912年
第一钢琴协奏曲——普罗科菲耶夫认为这是他的“第一部多少有些成熟的”作品——在莫斯科首演。

1921年
第三钢琴协奏曲在芝加哥首演，普罗科菲耶夫担任独奏家。

1935年
普罗科菲耶夫开始创作《罗密欧与朱丽叶》——他最了不起的芭蕾舞音乐。他基于这部作品创作了3部管弦乐套曲。

1936年
普罗科菲耶夫“为孩子们写的交响童话”——迷人的《彼得与狼》（*Peter and the Wolf*）——在莫斯科首演。

1941年
开始创作他最具雄心的歌剧作品《战争与和平》（*War and Peace*）。直到他去世以后，这部作品才得以完整演出。

1945年
第五交响曲——通常被认为是他7部交响曲中最了不起的——在莫斯科首演。

成了母亲的唯一支柱，被免除了兵役。因此，他得以继续从事自己的职业，而他凭借自己无所畏惧的性格以及极具个性主张的自信的音乐创作吸引了很多注意力。在这段时期，他的作品包括具有野性色彩的《斯基台人组曲》（*Scythian Suite*，1916年首演，这部作品受到了斯特拉文斯基的《春之祭》的影响，且意图引起类似的众怒）和第一交响曲《古典》（*Classical*，首演于1918年）。这部交响曲精神抖擞，旋律引人入胜，显示了他全然不同的另一面人格。普罗科菲耶夫亲自指挥了这两部作品的首演（一名评论人士说他在指挥台上表现出“狂野的不羁”）。

旅行和流亡

普罗科菲耶夫对大革命持欢迎态度，但是混乱与内战对一名音乐家非常不利。1918年，他出国开展一场巡演，而巡演变成了一次漫长的海外流亡。他途经西伯利亚前往日本，在东京和横滨市进行演出。接着他来到旧金山，并在1918年9月抵达纽约，在那里居住了2年。他爆炸性的钢琴演奏风格吸引了不少人的注意（他被起了“哥萨克人版肖邦”的外号），但他收获的反响褒贬不一，他在美国总体而言不算愉快。然而，他遇见了年轻的西班牙歌唱家琳娜·卢贝拉（Lina Llubera），后者在1923年与他结婚。1920年，普罗科菲耶夫前往巴黎，并在接下去的2年内辗转于美国和欧洲之间。另外两名俄罗斯流亡者——指挥家谢尔盖·库塞维兹基（Sergei Koussevitzky）和芭蕾演出经理人谢尔盖·达基列夫——在巴黎助推了他的事业。他在巴黎取得了两次重要的成功：《斯基台人组曲》（由库

◁《亚历山大·涅夫斯基》，2006年
2006年10月，纽约艾弗里·费雪音乐厅（Avery Fisher Hall），华人指挥家张弦指挥纽约爱乐乐团（下）为1938年谢尔盖·爱森斯坦的同名电影（上）演奏配乐。

塞维兹基指挥）以及为芭蕾剧《小丑》（*Buffoon*，也作*Chout*）创作的音乐。这些成功使他成为了当时著名的作曲家之一。1922年，他搬到欧洲长期居住（不过他还是会访问美国）。起初，他居住在德国的埃塔尔（Ettal），并在那里专注于准备出版自己的作品，这使他得以从巡演的舟车劳顿中解脱出来。接着，他于1923年开始定居巴黎。

家喻户晓

1927年，普罗科菲耶夫在苏联进行了一次为期2个月的巡演，受到了特别重要的贵宾待遇。他还在欧洲各地巡演，并在1925年、1930年和1933年访问了美国——相比早年的激进，此时他作品中的抒情性吸引了更多的听众。事实上，他在美国取得了很高的声望，并因此得到了级别很高的创作委托，包括首演于1931年的、由国会图书馆委托创作的第一弦乐四重奏。除了在音乐会上演出，普罗科菲耶夫也偶尔录音，其中最著名的是1932年在伦敦艾比路录音室（Abbey Road Studios）录制的第三钢琴协奏曲（这是他的5部钢琴协奏曲中最受欢迎的一部）。

最终的回归

1928年和1932年，普罗科菲耶夫分别再次访问苏联，并最终在1936年与他的妻子和两个孩子在苏联长期定居。这是一个重大的决定，作为一名享誉世界的作曲家，他不用担心失去优渥的生活。一开始，他被允许持有护照，并继续访问欧洲，甚至在1938年再次访问美国。然而，他后来被要求上交护照，表面上出于行政原因；但他再也没有拿回自己的护照，意味着他被困在了自己的祖国。

普罗科菲耶夫不断写出重要作品，包括为谢尔盖·爱森斯坦（Sergei Eisenstein）广受好评的电影《亚历山大·涅夫斯基》（*Alexander Nevsky*，1938年）所写的配乐，他也为政府领导人创作过作品。比如，一部庆祝斯大林60岁生日的康塔塔。第二次世界大战期间，出于安全考虑，他被转移出苏联，并被授予“荣誉艺术家”的称号。然而不久后，他的妻子琳娜（普罗科菲耶夫为另一名年轻女性抛弃了她）却因为间谍罪被捕，并在西伯利亚劳动营中度过了8年。普罗科菲耶夫的好几部作品被当局禁演，但是很快又被解禁了。1951年，他荣获了6枚斯大林奖的最后一枚。然而，在经历了一次严重的摔伤和一次中风后，此时作曲家已经病入膏肓。

普罗科菲耶夫在1953年3月5日死于莫斯科——与斯大林同日。这个巧合导致他的去世几乎没有引起人们的注意。据说莫斯科所有的花店都受令将所有的库存用于斯大林的葬礼，而悼念普罗科菲耶夫的人们不得不用纸花将就。

背景

社会主义现实主义
（Social Realism）

“社会主义现实主义”这一术语描述的是在1924年至1953年间受到苏联官方首肯的艺术理论与实践。所有的艺术家，包括画家、作家和作曲家的工作都应当是美化国家政权而非表达自我观点和个性。这种艺术理念的目的原本是通过逐渐灌输共产主义的社会原则来教育普通大众，但它最终导致了倾向明显、华而不实的作品。

“斯大林是我们的旗帜！”，苏共宣传部海报，1948年

> **“我对政治全然不顾——我彻头彻尾是一名作曲家。”**
>
> 谢尔盖·普罗科菲耶夫，1937年

▷**莉莉·布朗热，约1915年**
图中的年轻作曲家正值21岁，此时第一次世界大战正在进行中。2年前，她凭借《浮士德与海伦娜》荣获罗马大奖。仅仅3年后，她便去世了。

莉莉·布朗热

1893—1918年，法国

作曲家兼钢琴家布朗热的生命之短暂堪称悲剧。她是第一个获得令人垂涎的罗马大奖的女性，并被认为是20世纪颇具天赋的作曲家之一。

玛丽·朱丽叶·奥尔加·布朗热（Marie Juliette Olga Boulanger），人称莉莉（Lili），1893年出生于巴黎的一个音乐家庭：她的父母都是音乐家，而她的姐姐纳迪亚（Nadia）后来成为了一名著名指挥家和教师。莉莉的成长有同时代最顶尖的音乐家和知识分子们的陪伴，包括作曲家兼家庭世交加布里埃尔·福莱。他是莉莉的钢琴老师，且对她的职业产生了深远影响。

人物

纳迪亚·布朗热

纳迪亚·布朗热（1887—1979年）是莉莉生命中无比关键的人物。她是一名卓越的指挥家和管风琴演奏家，同时是20世纪很有影响力的作曲老师之一。和莉莉一样，纳迪亚在巴黎音乐学院接受了加布里埃尔·福莱的指导。1908年的罗马大奖评选中，她凭借《美人鱼》（*La Sirène*）获得了第二名。1903年父亲去世后，纳迪亚的教学成为了家庭重要的经济支柱。此后，她指导过许多名声显赫的作曲家们，其中不少来自美国，包括艾伦·科普兰和菲利普·格拉斯。在莉莉死后，纳迪亚不知疲惫地努力推广妹妹的作品。

纳迪亚·布朗热在曼彻斯特指挥乐团，时年76岁

克服艰难

莉莉短暂的生命中一直疾病缠身。2岁时（此时她已经可以将听到的旋律唱出）她因克隆氏症（Crohn's disease）而生命垂危，这也给她的一生带去了病痛。莉莉的父亲在她6岁时去世，而这被认为是激发她作曲的关键事件。她最早的作品是一首简单而富有诗意的为小提琴和钢琴而作的《夜曲》（1911年）。19岁时，她凭借《浮士德与海伦娜》（*Faust et Hélène*，1913年）荣获罗马大奖——她只用了4周创作这部作品。她是第一个获此殊荣的女性，而这成了她的职业生涯的转折点，帮助她成为罗马美第奇宫的入驻作曲家，同时收获了一些出版合约。

莉莉的作品受福莱、德彪西和瓦格纳的影响非常明显。她也在创作中采用宗教主题（如她的诗篇配乐）。她的许多重要作品创作于第一次世界大战期间，这段时期她经常抱恙。其中一些作品黑暗幽森，比如《交响诗》（*Poème symphonique*，1917年）和诗篇130，《深渊深处》（*Du fond de l'âbime*，1917—1918年）。相比之下，她的《佛事琴曲》（*Vieille prière bouddhique*，1914—1917年）和《春天的早晨》（*D'un matin de printemps*）则更令人精神振奋。

1918年，莉莉虽然职业达到顶峰，个人生活却因为疾病缠身而非常低迷。她在临终病榻上完成了忧郁、简朴而优美的《吾主耶稣》（*Pie Jesu*）。她在24岁去世时还没有来得及完成她的歌剧《玛莱娜公主》（*La Princesse Maleine*，1916—1918年）。

◁ **美第奇宫，罗马**

作为罗马大奖的胜出者，莉莉被邀请来到这座壮观的16世纪庄园中生活5年潜心创作。孱弱的身体和战争的爆发缩短了她的这份工作，不过她在这里完成了著名的《游行队伍》（*Cortège*，为长笛与钢琴而作）。

"高尚的品行和精神……我以她为楷模。"

纳迪亚·布朗热谈及妹妹莉莉

乔治·格什温（George Gershwin）

1898—1937年，美国

格什温写下了诸多百老汇经典旋律。他的许多作品，包括《蓝色狂想曲》（*Rhapsody in Blue*）和《波吉与贝丝》（*Porgy and Bess*），都试图将流行与古典融合起来。

格什温在格肖维茨（Gershowitz）家中4个男孩里排行第二。这是一个定居在纽约市布鲁克林区的乌克兰与立陶宛血统的犹太家庭。他的哥哥艾拉（Ira）出生于1896年，此时他们的父亲已经改名为格什温（Gershwine）；乔治出生于2年后，出生时的名字是雅各布·布鲁斯金·格什温（Jacob Bruskin Gershwine）。

格什温在儿时并未表现出对音乐格外的兴趣——直到他的哥哥艾拉开始学习音乐。1911年，乔治也开始学习钢琴。很快，他就成了一名卓越的钢琴家，深爱古典音乐，但几年后他却开启了流行音乐的事业。1913年，他从学校毕业，时年15岁，受雇于叮砰巷（Tin Pan Alley）的音乐出版商和销售商们，为人演奏最新的曲子，从而吸引乐谱购买者。

他在这份工作中学会了写歌曲的技巧，同时也学会了演奏当时最热门的曲子。他自己也创作了一些，并在1916年出版了第一集。他开始在伊奥利亚公司录制和改编歌曲。随着唱机、电台以及后来出现的配音的影响，音乐行业正处在巨变的前夕，而格什温在流行歌曲黄金时期来临的这一刻占尽了先机。

百老汇经典

1919年，他凭借《斯万尼》（*Swanee*）取得了关键突破。这首歌被流行歌手艾尔·乔逊（Al Jolson）录制，取得了数十万张的销量。他借势与百老汇剧院音乐总监威廉·戴利（William Daly）合作，为一系列经典剧目提供音乐。其中一部《千娇百媚》（*Lady Be Good*），由艾拉填词，这是当时世界上最了不起的歌曲创作组合合作的开端，一直持续到了20世纪30年代。此时，格什温开始了与作曲家凯·斯威夫特（Kay Swift）持续终生的恋情，不过两人最终都没有结婚。

雄心壮志

尽管他已经取得成功，格什温心中一直渴望能够被当作一名“严肃”的作曲家。他先拿出了《蓝色狂想曲》，这是一部为钢琴和乐队创作的音乐会曲目，其中主题受爵士影响；接着，他写下了一部充分完整的钢琴协奏曲《一个美国人在巴黎》（*An American in Paris*），作品中对他1926年访问巴黎的情景进行了音乐上的描绘。20世纪20年代写出一批风靡一时的作品后，他开始专注创作更为严肃的作品，其中最典型的是歌剧《波吉与贝丝》。作品首演于1935年，然而是一场商业上的失败。格什温前往好莱坞开始为阿斯泰尔与罗杰斯公司的电影《随我婆娑》（*Shall we dance*）制作音乐。

1937年，他接受手术摘除脑部的一个良性囊胞。手术期间，一个巨大的恶性肿瘤被医生发现。他在手术后没有再苏醒过来，几个小时后就去世了。

◁**《波吉与贝丝》中的鲁比·埃尔西（Ruby Elzy）**

美国女高音埃尔西因为在格什温的《波吉与贝丝》中饰演赛琳娜（Serena）一角而出名。这幅1935年的肖像由谢尔盖·尤里耶维奇·苏德金创作。

背景

美国长青歌曲集（The Great American Songbook）

20世纪20年代，电台的出现和唱机的改良催化了一场流行音乐行业的爆发。原先，主宰这个行业的是今天著名的纽约叮砰巷公司的乐谱售卖生意。乔治·格什温、科尔·波特（Cole Porter）、欧文·柏林（Irving Berlin）、杰罗姆·科恩（Jerome Kern）、约翰尼·默瑟（Johnny Mercer）和理查德·罗杰斯（Richard Rodgers）等作曲家都在叮砰巷磨练出了技艺，但此后他们都将注意力转向为百老汇音乐剧和电影写歌曲。这些节目的音乐触达了数量史无前例的听众，立刻成为了“行业标准”——其中最受欢迎的那些被无数表演者演出和录制。这些歌曲被视为“美国标准”并经常被一并称作《美国长青歌曲集》。

有把手的唱机，20世纪20年代早期

▷**乔治·格什温，约1925年**

照片中，20多岁、职业顺风顺水的年轻作曲家身着条纹西装，正优雅地坐在钢琴边。

▷ **弗朗西斯·普朗克，1920年**
尽管弗朗西斯·普朗克作为同性恋是一个公开的秘密，在二战期间可能会让他被纳粹逮捕，但他仍然留在巴黎，为支持法国抵抗运动而演出和创作爱国主义和反德音乐。图中是他20岁出头的样子。

弗朗西斯·普朗克（Francis Poulenc）

1899—1963年，法国

普朗克在20世纪20年代作为“六人团”的年轻作曲家之一而出名，他诙谐、不羁的音乐与他无所牵绊的生活相匹配；但他后来发展出一种更严肃的作曲风格。

人们很容易将普朗克音乐中严肃和光明这两个关键因素归因为他的父母：他的父亲是位成功的实业家和虔诚的天主教徒，母亲是波西米亚一位颇具音乐鉴赏力的业余钢琴家。普朗克1899年出生在巴黎，家人希望他继承家族的医药生意。他几乎没有受过正规的音乐教育。不过，他上过西班牙钢琴家里卡多·维涅斯的钢琴课。

启蒙与早期作品

普朗克的父母在他少年时逝世，维涅斯成为他生活中的一个关键人物。通过维涅斯，他认识了古怪的作曲家埃里克·萨蒂和他的年轻门徒们。普朗克还经介绍认识了一些前卫的诗人，如纪尧姆·阿波利奈尔（Guillaume Apollinaire）和保尔·艾吕雅（Paul Eluard），并受他们启发尝试作曲，尽管他基本上是自学成才。

他的第一批作品，包括众所周知的《三首无穷动》（*Trois mouvements perpétuels*），确立了他的作曲家地位。

▷ **“六人团”**

右图是“六人团”中的5名音乐家，围绕在女钢琴家马塞勒·梅耶尔（Marcelle Meyer，她不是六人团之一）四周。左侧自下：塔耶芙尔、米约、奥涅格；右侧：奥里克（坐）和普朗克。图中背景处还能看见作曲家让·维纳（Jean Wiéner，左上）和让·谷克多（右上）。

1920年，在一场专门演奏由萨蒂的一些门生创作的新音乐的音乐会上，这些作曲家被一位评论家戏称为“六人团”。尽管他们没有什么共同之处，这个名字还是一直延续了下来。在20世纪20年代，普朗克可能是这一群体中最成功的，既是一个出了名的锦衣玉食的公子，也擅长创作儒雅、诙谐音乐，包括芭蕾舞《母鹿》（*Les Biches*），以及由阿波利奈尔和艾吕雅写的一系列诗歌的配乐。

困难时期

然而，私下里，普朗克很容易抑郁，特别在接受自己的同性恋倾向上。从1930年起，也许受到他童年好友拉蒙德·林诺榭（Raymonde Linossier）之死的影响，他的音乐发生了重大转变，变得更加严肃，反映了他黯淡的精神状态。

1936年，普朗克访问了法国美丽的罗卡马杜尔（Rocamadour）圣地，并重新找回了他的天主教信仰。这促使他创作了一系列的宗教作品，其中最早的是《罗卡马杜尔黑衣圣母的连祷文》（*Litanies à la Vierge Noire de Rocamadour*）和《G大调弥撒》（*Mass in G Major*）。

◁ **罗卡马杜尔**

在普朗克生命中的一个困难时期，他访问了法国西南部的罗卡马杜尔圣地。这成了一个转折点，重新点燃了他的信仰，激发了他创作宗教音乐的热情。

二战后，普朗克作为钢琴家和伴奏者获得了成功，但他的作品被前卫派认为是传统的和轻浮的；即使是深刻的《圣母悼歌》（*Stabat Mater*）和一些沉重的歌剧，如《人类的心声》（*La Voix humaine*）和《圣衣会修女对话录》（*Dialogues des Carmélites*，讲述了法国大革命结束时，因拒绝放弃自己的使命而被送上断头台的圣衣会修女的故事）也都直到21世纪才得到应有的认真对待。

“普朗克的体内既有僧侣，也有无赖。”

克劳德·罗斯唐（Claude Rostand）

人物

皮埃尔·贝尔纳克（Pierre Bernac）

普朗克是一位非常有成就的钢琴家，他演奏并录制了许多自己的作品。在20世纪20年代，他开始与年轻的歌手皮埃尔·贝尔纳克建立了音乐伙伴关系。贝尔纳克和普朗克一样，于1899年出生在巴黎。贝尔纳克轻快的男中音适合于法国香颂（歌曲）。在他职业生涯的早期，他就开始演唱普朗克的作品，包括首演了《欢乐之歌》（*Chansons gaillardes*）。

贝尔纳克对其音乐的诠释给普朗克留下了深刻的印象。普朗克在20世纪30年代作为他的伴奏者举办了一系列的独唱会、巡演，并录制了他为贝尔纳克写的许多歌曲，一直持续到1960年贝尔纳克退休。

德米特里·肖斯塔科维奇

1906—1975年，俄罗斯

肖斯塔科维奇被认为是同时代作曲家中最为杰出的代表，成功地打造了一种独创的、时而叛逆的音乐风格。

◁**彼得格勒，1920年**
在肖斯塔科维奇的家乡（曾经的圣彼得堡）举行的共产国际大会。1924年后，这座城市被命名为列宁格勒。

肖斯塔科维奇1906年出生于圣彼得堡——这座城市的改名历程反映出作曲家有生之年发生在俄罗斯的翻天覆地的变化。1914年，圣彼得堡被改名为彼得格勒（Petrograd），之后在1924年又变成了列宁格勒（Leningrad），并最终在1991年又变回了圣彼得堡。肖斯塔科维奇的父亲是波兰后裔，与他的妻子（也是钢琴家）一样从西伯利亚移民至圣彼得堡。肖斯塔科维奇9岁时开始随母亲学习钢琴。他很快表现出卓越的天赋，以及对作曲的独特兴趣。

13岁时，他进入彼得格勒音乐学院学习，这所学校的校友包括柴可夫斯基和普罗科菲耶夫。然而，自从1917年的革命以来，音乐学院对创新的容忍度越来越低。作为一名年轻作曲家，肖斯塔科维奇对复刻伟大俄罗斯作曲家们的音乐不感兴趣，而是更热衷于斯特拉文斯基和普罗科菲耶夫等人的新音乐——他的老师们则对他的这个趋势无法苟同。

创新与发展

这成了他与苏联音乐界麻烦不断的关系的开端。在他独特的风格中可见端倪：他渴望实验与创新的冲动总是被“易理解性”，即混合在可接受的传统古典框架下的不同风格所抑制。因此，他的作品时常令人困惑和不安，有时在曲调中含有一抹讥嘲甚至强烈的讽刺。他的第一部重要作品是1926年作为毕业作品的第一交响曲。他最终在那年从音乐学院毕业了，年仅20岁。他希望做一名成功的钢琴演奏家，并搬到莫斯科居住，但是在激烈而残酷的竞争下，他决定将他的时间和精力投入在作曲上。

第一交响曲的成功促使肖斯塔科维奇创作了第二交响曲。虽然这部作品在政治倾向上支持苏联，但由于方法过于实验性，在1927年首演后，它并没有得到苏联音乐界的认可。

背景

外部阻力，1936—1938年

20世纪20和30年代，苏联社会主义的经济建设道路是曲折的。在斯大林时期，放弃新经济政策，实行工业化、农业集体化，尽管没有受到世界经济危机的冲击，但苏联国内的经济建设结果并不理想。经济上的挫折给苏联国内带来很大影响，政府当局对领导人和知识分子的诸多限制政策让许多画家和作曲家的创作道路并不顺利。

苏联内部秘密警察负责人，拉夫伦蒂·巴甫洛维奇·贝里亚

◁**德米特里·肖斯塔科维奇**
图中的作曲家30多岁，正在埋头工作，手里的乐谱应该是被称作《列宁格勒》的第七交响曲。

> **“真正的音乐总是革命性的，因为它可以凝聚各路人民，鼓舞并引领他们前行。”**
>
> 德米特里·肖斯塔科维奇，《音乐的力量》（*The Power of Music*），音乐期刊（*Music Journal*），1965年9月

“有创造力的艺术家总是会创作下一部作品，因为上一部令他不甚满意。”

德米特里·肖斯塔科维奇，纽约时报，1959年10月25日

▷**《穆森斯克郡的马克白夫人》**
这是肖斯塔科维奇的这部歌剧在英国的第一场音乐会演出的节目册封面。演出位于伦敦的皇后大厅，时间是1935年3月。

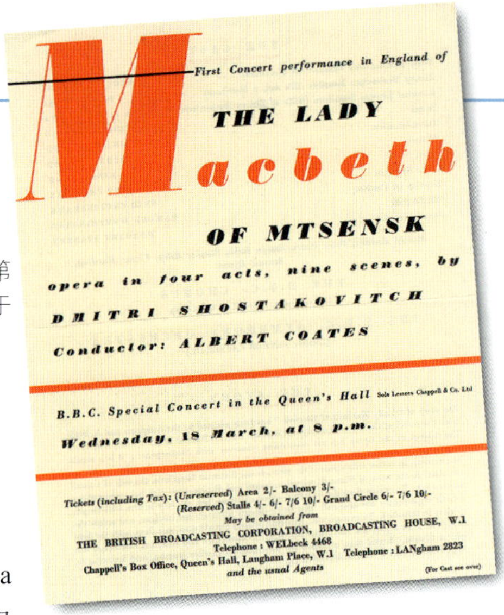

△**《鼻子》**
肖斯塔科维奇的歌剧《鼻子》基于尼古拉·果戈里（Nikolai Gogol）的讽刺故事创作。上图是2016年由伦敦皇家歌剧团演出的剧照，指挥家是尹苟.麦茨马赫（Ingo Metzmacher），导演是巴里·考斯基（Barrie Kosky），演出地点是科文特花园皇家歌剧院。

同时，他还在创作一部歌剧，《鼻子》（*The Nose*），以及第三交响曲。然而，《鼻子》中令人费解的现代主义却遭受到评论界猛烈的攻击。作品激起的这些反应使作曲家对自己免于遭受当局的盛怒的创作分寸产生了警醒，也让他意识到自己下一部重要作品——《穆森斯克郡的马克白夫人》（*Lady Macbeth of the Mtsensk District*）——将让他面临多大的危险。这部歌剧完成于1934年，并同时受到了来自观众和当局的热烈喜爱。然而好景不长——

肖斯塔科维奇与妮娜·瓦尔扎尔（Nina Varzar）的婚姻在1935年破裂。不过很快两人又复婚了，因为尼娜发现自己已经怀孕。两人的女儿加丽娜（Galina）在1936年出生，儿子马克森（Maxim）则出生于1938年。

1936年，肖斯塔科维奇接受建议参加一场斯大林将会出席的《穆森斯克郡的马克白夫人》的演出。很快，肖斯塔科维奇发现政府当局并不看好这部作品，而官方媒体《真理报》（*Pravda*）随即开始抨击该作品。他的作品还一度被贬斥为“形式主义”。

此后，肖斯塔科维奇的作曲工作变得极其艰难。他完成了自己的第四交响曲，但是因担心遭到进一步的制裁或更糟糕的下场，他在首演前撤回了作品。

他在1937年完成了第五交响曲——这是他为了挽回名誉的孤注一掷。作品的风格不再那么具有挑战性，并被认可为一个态度良好的姿态——当局将这部作品称作“一名艺术家面对合理的批评所做出的富有创造力的回应”。肖斯塔科维奇获得了列宁格勒音乐学院的一份教职。

战争岁月

二战伊始，他试图加入苏联军队，但是因为糟糕的视力被拒之门外。他作为一名消防员留在了列宁格勒，直到德国攻打列宁格勒时才离开。战事化作了一场漫长的围城。肖斯塔科维奇和他的家人被转移至了居比雪夫（Kuibyshev），他在那里完成了在列宁格勒就开始动笔的第七交响曲。对列宁格勒的围攻变成了持久战，而第七交响曲被视作抵抗德国侵略战的象征，被命名为《列宁格勒》。作品在1942年3月首演于居比雪夫（Kuibyshev），并在同年晚些时候在列宁格勒举行了一场感人肺腑的演出，担任演奏的是列宁格勒广播乐团中为数不多的幸存者们和城里还可以被找到的任何音乐家。

肖斯塔科维奇肩负着创作更多爱国音乐来鼓舞士气的期许。1943年，已经居住在莫斯科的他完成了第八交响曲，但作品描绘了战争的黑暗面，丝毫不令人振奋。一开始，政府认为作品“反苏维埃”，但后来还是以积极

关键作品

1925年
开始创作F小调第一交响曲。这是他在彼得格勒音乐学院的毕业作品。

1934年
基于尼古拉·列斯科夫（Nikolai Leskov）的小说完成的歌剧《穆森斯克郡的马克白夫人》首演。

1937年
在自己实验性作品遭受谴责后，作为回应而问世的D小调第五交响曲在列宁格勒获得了热烈的反响。

1938年
完成了他总共15部弦乐四重奏中的第一部。相比他的管弦乐团作品，他的弦乐四重奏更具私人意义，也更有冒险精神。

1942年
第七交响曲《列宁格勒》在这座被围困的城市中演出。

1953年
在第二次被当局谴责后，肖斯塔科维奇凭借第十交响曲重获声望。

1974年
完成了他的最后一部重要作品，降E小调弦乐四重奏。

的方式进行了处理，将其称作《斯大林格勒》(*Stalingrad*)交响曲，将作品当作是在向斯大林格勒战役中死去的人们表达纪念。

战后的几年里，肖斯塔科维奇与当局的关系有所缓解，不过他还是在作品中融入了一些犹太主题，这与当时俄罗斯愈演愈烈的反犹情绪唱了反调。不过总体而言，他的创作风格愈发轻快和保守。1947年，他被任命为最高苏维埃代表，嘉奖他在音乐方面的贡献。

△**救火，1941年**
上图中，肖斯塔科维奇在列宁格勒音乐学院的屋顶，身为一名消防员手持消防水龙头。这是二战期间列宁格勒围城战（1941—1944年）的第一年。

羞辱与陨落

然而，第二年，他和一些其他作曲家们被贬斥为形式主义。他被音乐学院免职，并被迫公开道歉。对他的羞辱还不止于此：1949年，他被选为参加在纽约举行的争取世界和平文化和科学大会（Cultural and Scientific Congress for World Peace）的与会代表，直到1953年后，他才凭借自己的第十交响曲重获名声。这是他很受欢迎的作品之一。

肖斯塔科维奇的第一任妻子妮娜死于1954年。有谣传认为作曲家在20世纪40和50年代至少与他的两名学生有染。他在1956年再婚的对象是列宁主义政治活动家玛嘉列塔·卡依诺娃（Margarita Kainova）。3年后，这场婚姻就破裂了，他在1962年娶了自己的第三任妻子，27岁的伊利娜·苏宾斯卡娅（Irina Supinskaya）。

20世纪60年代中期，肖斯塔科维奇的健康状况逐渐恶化。他被确诊患上了脊髓灰质炎，不过他更可能遭受的是运动神经方面的疾病。在他生命的最后10年，他逐渐丧失了对四肢的控制，还在几次摔倒中折断了骨头；他的视力也遭到了严重的削弱。由于长期的吸烟与饮酒，他甚至还突发过几次心脏病。然而，他在还能使用铅笔时从未停止过作曲，直到1975年死于肺癌。

背景

列宁格勒之围

1941年4月，希特勒联合来自北方的芬兰军队力量开始了对列宁格勒的军事侵犯。从6月开始，针对列宁格勒居民的疏散行动就开始了，然而到了9月，所有出城的路都被封死，漫长的围城行动开始了。希特勒的指示并非要占领这座城市，而是“列宁格勒必须饿死”。之后便是无休止的轰炸。数十万平民死于饥饿或严寒，以至于一些学者认为这次军事行动可以被归为种族灭绝。这次围城持续了872天，直到1944年1月才解除。

俄罗斯反围城军事行动领导人安德烈·日丹诺夫的海报

名录

亚历山大·格拉祖诺夫

1865—1936年，俄罗斯

出生于圣彼得堡的格拉祖诺夫在11岁时便开始作曲，并在私下跟随尼古拉·里姆斯基-科萨科夫学习。16岁时，他的第一交响曲成功上演，而这使他得以进入由俄罗斯音乐出版富商米特罗凡·别利亚耶夫（Mitrofan Belyayev）赞助的作曲家圈子。到了19世纪90年代，他已经发展出了自己成熟的风格，混合了浪漫与古典、俄罗斯与西方。他写下了一系列交响曲、协奏曲、芭蕾舞曲和室内乐，帮助确立了格拉祖诺夫作为一名国际著名作曲家的地位。1905年，他被任命为圣彼得堡音乐学院的院长。在教学和行政工作的压力之下，他的作曲产量开始减少。在1917年十月革命以后，他依然掌管音乐学院，当时肖斯塔科维奇是在校学生之一。然而格拉祖诺夫在1928年移居西方国家。他对现代主义音乐嗤之以鼻，因此1936年他在法国去世前有时会被批评为老古董。

关键作品：降E大调第四交响曲，作品号48，1893年；《四季》（*The Seasons*，芭蕾），作品号67，1900年；A小调小提琴协奏曲，作品号82，1904年；中音萨克斯协奏曲，作品号109，1934年

费卢西奥·布索尼（Ferruccio Busoni）

1866—1924年，意大利

作曲家、钢琴家兼音乐理论家布索尼在浪漫主义转向现代主义的过程中是一个关键性角色。他是一名音乐家的儿子，并且同时是一名钢琴和作曲神童。他从小见多识广，虽然出生在托斯卡纳，但在文化习性上受德国的影响比意大利更甚一些。他令人炫目的演奏能力以及对巴赫作品的钢琴改编使他自己的作品常常被人忽视。他的作曲富有创意，兼收并蓄，其中包括一部以合唱作为末乐章的钢琴协奏曲、基于美洲印第安人民歌的一些作品以及对无调性音乐的探索。布索尼写于1907年的论文《音乐美学纲要》（*Entwurf einer neuen Ästhetik der Tonkunst*）是一部对20世纪音乐具有预言性的宣言。晚年的他，大部分精力用于创作歌剧《浮士德博士》（*Doktor Faust*）。这部他未能完成的作品中的一些元素形成了超过20部的“周边”作品。

关键作品：C大调钢琴协奏曲，作品号39，1904年；《悲歌摇篮曲》（*Berceuse Élégiaque*，管弦乐作品），作品号42，1909年；《对位幻想曲》（*Fantasia Contrappuntisca*，钢琴独奏），1910年；《浮士德博士》（歌剧，未完成），1924年

△艾米·比奇，约1895年

恩里克·格拉纳多斯（Enrique Granados）

1867—1916年，西班牙

格拉纳多斯是一名西班牙军官的儿子，成长于加泰罗尼亚城市巴塞罗那。他是作曲家费利佩·佩德雷尔的学生；受到老师的影响，他对西班牙民间音乐产生了兴趣。在法国生活了2年后，他在1889年回到巴塞罗那，并成为了一名颇有名气的钢琴演奏家。他的第一部成功的作曲是深受民间音乐影响的迷人的《西班牙舞曲》（*Danzas Española*，为钢琴而作）。此后他又写下了歌剧《玛丽亚·卡门》（*María del Carmen*），作品首演于1898年。被画家戈雅（Goya）启发的钢琴曲集《戈雅之画》（*Goyescas*）被广泛认为是他的一大杰作。后来他将这套钢琴曲集扩写成了一部同名歌剧，并在1916年于美国首演。他搭乘英国的苏塞克斯号（Sussex）从美国返回欧洲，而此时正值第一次世界大战，德国潜水艇击沉了他所搭乘的这艘船，格拉纳多斯与他的妻子一起葬身英吉利海峡。

关键作品：《西班牙舞曲》（钢琴独奏），1888—1890年；《玛丽亚·卡门》（歌剧），1898年；《戈雅之画》（钢琴独奏），1911年；《古风歌曲集》（*Tonadillas en Estilo Antiguo*，人声与钢琴），1911—1913年

◁艾米·比奇（Amy Beach）

1867—1944年，美国

比奇是第一位成功上演自己重要作品的美国女性作曲家。她出生时的姓名是艾米·玛西·切妮（Amy Marcy Cheney），是一个显赫的新英格兰家庭的后代。在她很小的时候，人们就发现了她卓越的音乐天赋。16岁时，她在波士顿举办了第一场钢琴独奏会。1885年结婚后，她缩减了演出并开始专注作曲，成为了所谓第二新英格兰学派（一群位居波士顿的作曲家们）中唯一的一名女性。漫长而创作力旺盛的一生中，她写下了品种繁多的音乐作品，包括一部合唱弥撒、一部交响曲、一些室内乐、钢琴独奏和歌曲，其中一些大受欢迎且盈利不菲。1910年她的丈夫去世后，比奇搬到了欧洲，她的作品在那里也受到了欢迎。后来她又回到美国，在20世纪20年代以后，她的大部分音乐在新罕布什尔州的麦克道尔艺术村（MacDowell Artists' Colony）完成。

关键作品：《E大调盖尔交响曲》（*Gaelic Symphony*），作品号32，1897年；升C大调钢琴协奏曲，作品号45，1899年；《巴尔干主题变奏曲》（*Variations on Balkan Themes*，钢琴独奏），作品号60，1904年；《太阳颂》（*The Canticle of the Sun*，独奏家，合唱团和管弦乐团），作品号123，1924年

亚历山大·斯克里亚宾（Alexander Scriabin）

1872—1915年，俄罗斯

有着一身神秘气息的斯科里亚宾是一名作曲家和钢琴家，出生于莫斯科。他的父亲是一名贵族军人，母亲则是一名钢琴演奏家。他和拉赫玛尼诺夫一起跟随尼古拉·兹韦列夫学习钢琴，并在莫斯科音乐学院就读。他早期的钢琴作曲风格深受浪漫主义的肖邦与李斯特的影响。1897年，他和维拉·伊萨科维奇（Vera Isakovich）结婚，并成为了音乐学院的教师。他充满雄心的第一交响曲（末乐章中有合唱）在1900年问世。从大约1903年开始，他的创作风格逐渐变得具有创新性，与传统调性渐行渐远。1904年，他移居瑞士，与妻子分开的他在那里与塔季扬娜·施勒策（Tatiana Schloezer）成立了一个新家庭。他接纳了神秘主义的神智学（theosophy）理念，并寻求色彩与声音的对等关系——他的《普罗米修斯，火之诗》（*Prometheus, the Poem of Fire*，1910年）的乐谱中标记了色彩投射。他还筹备了一部多媒体的作品——《天启秘境》（*Mysterium*）。他认为这部演出于喜马拉雅山脉的作品将会在极乐中开启世界末日。回到俄罗斯后，他死于毒血症。

关键作品：12首练习曲（钢琴独奏），作品号8，1894年；升F大调第四钢琴奏鸣曲，作品号30，1903年；《狂喜之诗》（*Poem of Ecstasy*，管弦乐团），作品号54，1908年；5首前奏曲（钢琴独奏），作品号47，1914年

△卡罗尔·席曼诺夫斯基，1936年

约瑟夫·苏克

1874—1935年，捷克

引导小提琴家兼作曲家约瑟夫·苏克进入音乐世界的是他的父亲——一名乡村教师兼合唱指挥。11岁时，苏克进入了布拉格音乐学院学习，且在20岁前完成了若干部自己最成功的作品。他成了安东宁·德沃夏克最得意的学生，并在1898年娶了德沃夏克的女儿奥蒂利为妻。他人生中的这段幸福岁月在他为戏剧《拉杜兹与马胡列娜》（*Radúz a Mahulena*，1898年）的配乐中得到了反映。在1904—1905年，德沃夏克和奥蒂利相继去世，这致使他写下了悲情深重的《亚兹拉尔》（*Asrael*），这被广泛认为是他的最佳作品。在他的晚期音乐——包括令人赞叹的交响诗《成熟》（*Ripening*）——中，他采取了更为现代主义的风格，探索了多调性的写法。他还在享誉四方的捷克四重奏中担任了40年的小提琴演奏。他将晚年的主要精力倾注在了布拉格音乐学院的作曲教学中。

关键作品：《弦乐小夜曲》，作品号6，1892年；《亚兹拉尔》（交响曲），作品号27，1906年；《成熟》（管弦乐团与合唱），作品号34，1917年；《终曲》（*Epilog*，管弦乐团、独奏家与合唱），作品号37，1929年

奥托里诺·雷斯庇基（Ottorino Respighi）

1879—1936年，意大利

雷斯庇基是意大利很受欢迎的作曲家之一。他出生于博洛尼亚，并在该市的音乐高中上学。他在俄罗斯居住过一段时间，在乐团担任中提琴手。他还跟随里姆斯基-科萨科夫学习作曲，并采纳了后者华丽的配器风格。他最早凭借创作歌剧以及有乐团伴奏的声乐作品出名。自1913年起，雷斯庇基定居罗马。他在国立圣西西利音乐学院（St Cecilia Academy）教书，并在1919年娶了歌唱家兼作曲家艾尔莎·奥利维耶里-圣贾科莫（Elsa Olivieri-Sangiacomo）为妻。他对现代主义充耳不闻，而对音乐历史产生了广泛的兴趣。他基于古代意大利鲁特琴曲创作管弦乐，还于1919年在芭蕾《古代风格舞曲》（*La Boutique Fantasque*）中使用了罗西尼的旋律。1916年，他的交响诗《罗马喷泉》（*Fountains of Rome*）使这个体裁成为了作曲家最为成功的品类。他的罗马三部曲精神昂扬、色彩丰富且气势恢宏，使他名利双收。在他的晚年，墨索里尼的法西斯政权试图笼络雷斯庇基，但他坚决保持政治中立。

关键作品：《日落》（*Il tramonto*，人声和弦乐），1914年；《罗马喷泉》（交响诗），1916年；《罗马之松》（*Pines of Rome*，交响诗），1924年；《罗马节日》（*Roman Festivals*，交响诗），1928年

◁卡罗尔·席曼诺夫斯基（Karol Szymanowski）

1882—1937年，波兰

席曼诺夫斯基出生于乌克兰的一个地主家庭。他从小表现出音乐天赋，最早在1905年身为波兰青年音乐协会（Young Poland）的成员之一引起了人们的关注。一开始，他的音乐深受德国范式的影响，尤其是理查德·施特劳斯，但是一次前往西西里和北非的旅行激发了他对地中海文化的热爱。第一次世界大战期间，他在乌克兰的家庭庄园中与世隔绝，写下了一批令人惊艳的作品，它们体现了他对地中海文化的兴趣，也能看出来自同时代法国作曲家们的影响。1918年波兰宣布独立后，受到国家主义情绪感染的他在塔特拉山脉（Tatra Mountains）的民间音乐中搜寻灵感，试图借此创作原汁原味的现代波兰音乐。1927年，他被任命为华沙音乐学院的院长，但是相比在波兰国内，他的作品在国外更受欢迎。1932年以后，他主要居住在国外，最终死于瑞士的一家疗养院。

关键作品：《神话》（*Myths*，小提琴与钢琴），作品号30，1915年；第一小提琴协奏曲，作品号35，1916年；《罗杰王》（*Król Roger*，歌剧），作品号46，1924年；第四交响曲（钢琴与管弦乐），作品号60，1932年

▷珀西·格兰杰（Percy Grainger）

1882—1961年，澳大利亚-美国

格兰杰是一名作曲家、钢琴家和民歌收集者。他出生于澳大利亚墨尔本，从小在家接受母亲的教育。他在法兰克福的霍赫音乐学院（Hoch Conservatory）完成学业后，于1901年在伦敦开始了自己的钢琴家生涯。在英格兰居住期间，他带着一台留声机四处旅行并收集民歌。从1911年起，他自己的作曲开始形成一些影响，其中主要以小型作品和歌曲为主，而他时常将它们组合成套曲。他改编的民间音乐，比如组曲《乡村花园》（*Country Gardens*），为他带来了巨大的成功。1914年，他移居美国，并在1917—1919年间在美国的军乐队中演奏。格兰杰之后加入了美国籍。然而，他的母亲在1922年悲剧性地自杀，此后格兰杰的创作力一蹶不振。到了晚年，他鼓吹音乐的大众化并力挺电子乐器特雷门（theremin）的使用。他在纽约州的白原市（White Plains）去世。

关键作品：《山丘之歌第一首》（*Hill Song No.1*，两架钢琴），1901年；《河边茉莉》（*Molly on the Shore*，弦乐），1911年；《乡村花园》（钢琴独奏），1919年

安东·韦伯恩

1883—1945年，奥地利

现代主义作曲家韦伯恩出生于一个奥地利上层家庭，后来就读于维也纳大学。他的早期作品，包括音诗《在夏日风中》（*Im Sommerwind*，1904年），继承了晚期浪漫主义葱葱郁郁的血脉。1904年，他成为了勋伯格的学生，在老师的引导下开始朝无调性发展。1906年，韦伯恩因母亲的去世而悲痛，这在他充满力量的《六首管弦乐作品》中得以表达。这组作品首演于1913年维也纳著名的“丑闻音乐会”——充满实验性质的演出曲目引发了在场观众的骚乱。作为以勋伯格为首的第二维也纳乐派的一员，韦伯恩在20世纪20年代开始采用十二音体系，但是他的作品风格因其简短凝练以及时隐时现的美感而独具个人风格。1922—1934年间，他在维也纳指挥工人乐团。晚年的韦伯恩深居简出，过着亲近自然的生活，全心陪伴他的太太和四个孩子。1945年，盟军占领奥地利期间，韦伯恩遭到一名美军士兵射杀。

△珀西·格兰杰，雅克-埃米尔·布兰奇绘，1906年

关键作品：《六首管弦乐作品》（*Six Pieces for Orchestra*），作品号6，1910年；《六首小品》（*Six Bagatelles*，弦乐四重奏），作品号9，1913年；《钢琴变奏曲》（*Variations for Piano*），作品号27，1936年；《第一康塔塔》（*Cantata No. 1*），作品号29，1939年

阿尔班·贝尔格

1885—1935年，奥地利

贝尔格是第二维也纳乐派的成员。他使用现代主义的技法来创作饱含情绪的、与浪漫主义晚期遥相呼应的音乐。他出生于维也纳的一个富裕家庭，少年时期麻烦不断：学业不合格，还与一名女佣生下一名私生子。他从15岁开始创作歌曲，但是全然没有经受正统的训练，直到1904年被勋伯格收为学生。贝尔格最早的重要作品是《阿尔腾伯格歌曲》（*Altenberg Lieder*），首演于1913年维也纳的“丑闻音乐会”。第一次世界大战期间，他在奥匈军队服役。退役后，他在1922年写下了表现主义歌剧《沃采克》（*Wozzeck*）。1925年，柏林国立歌剧院演出了这部歌剧后，作曲家背上了巨大的骂名。纳粹党斥责他的音乐腐朽堕落；1933年纳粹上台后，他的音乐几乎被完全禁演。贝尔格的最后一部作品——广受赞誉的小提琴协奏曲——是为阿尔玛·马勒的女儿写的挽歌。他死于败血症，没有能够完成歌剧《璐璐》（*Lulu*）的创作。

关键作品：《阿尔腾伯格歌曲》（女高音与管弦乐团），作品号4，1912年；《沃采克》（歌剧），作品号7，1922年；《抒情组曲》（*Lyric Suite*，弦乐四重奏），1926年；小提琴协奏曲，1935年

博胡斯拉夫·马尔蒂努（Bohuslav Martinů）

1890—1959年，捷克

多产的捷克作曲家马尔蒂努出生于波西米亚乡村的一个穷人家庭。他的小提琴演奏令人惊叹，因此镇上的人们出资供他前往布拉格音乐学院上学。他的第一次成功是1919年创作的一部康塔塔。他一直在乐团担任小提琴手，并在1923年移居巴黎。在那里，他受到了时髦的爵士乐和新古典主义的影响。女裁缝夏洛特·凯纳昂（Charlotte Quennehen）对一贫如洗的他施以援手，后来两人在1931年结婚。凭借他的芭蕾、歌剧、管弦乐作品和协奏曲创作，马尔蒂努名声渐长，直到纳粹1940年占领法国迫使他逃往美国。他在美国一直居住到1953年，其间写下大量的作品，包括6部交响曲，一部小提琴协奏曲和一部由电视台委托的歌剧。晚年，他回到了欧洲，最终在瑞士离世。

关键作品：《厨房滑稽戏》（*La Revue de Cuisine*，芭蕾），1927年；《为两支乐团、钢琴和定音鼓而作的双重协奏曲》（*Double Concento for Two String Orchestras, Piano and Timpani*），1938年；第一交响曲，1942年；《希腊的受难》（*The Greek Passion*，歌剧），1957年

阿尔蒂尔·奥涅格

1892—1955年，瑞士

奥涅格是被称作“六人团”的巴黎作曲家团体的成员之一。他在法国出生于一个瑞士家庭，在苏黎世音乐学院上学后于1911年进

入了巴黎音乐学院，并在蒙马特定居。他一生的大部分时间在这里度过。早期的他凭借1918年的芭蕾《世界游戏故事》（*Le Dit des jeux du monde*）取得了一些名声，直到后来他的清唱剧《大卫王》（*Le Roi David*）使他名扬海外。他与“六人团”的关系基于友情而非创作风格。他写下了一系列具有鲜明的个人特色的作品，其中一些反映出他在音乐之外的兴趣，比如体育和火车头。除了创作重量级的管弦乐作品与合唱作品，他也为大众创作轻歌剧和电影配乐，其中包括为亚贝·甘斯（Abel Gance）史诗般的《拿破仑》（*Napoléon*，1926年）创作配乐。1931年，他与钢琴家安德烈·沃拉堡（Andrée Vaurabourg）结婚，但由于奥涅格需要独处，二人分开居住。他晚年的生活由于疾病缠身以及对世界局势的悲观思考而阴云密布。

关键作品：《大卫王》（清唱剧），1921年；《太平洋231》（*Pacific 231*，第一首交响乐章），1923年；《圣女贞德在火刑柱上》（*Jeanne d'Arc au bûcher*，清唱剧），1935年；第三交响曲［《礼拜交响曲》（*Symphonie liturgique*）］，1946年

保罗·欣德米特（Paul Hindemith）

1895—1963年，德国

作曲家兼音乐思想家欣德米特出生于美因河畔的法兰克福。他从小是一名很有天赋的弦乐演奏家。他在本地的音乐学院、几支交响乐团和弦乐四重奏里参加演出。从第一次世界大战的服役中全身而退之后，他在20世纪20年代作为一名先锋音乐家开始有了名声，写下了一批配器很不寻常的室内乐作品。1927年，他被任命为柏林音乐学院的院长。1933年纳粹接管德国后，他的音乐遭到禁演，他本人也遭到驱逐。他居住在土耳其期间帮助完成了音乐教育改革，接着在1940年移居美国。欣德米特保持着旺盛的创作力，从20世纪30年代起写下的作品有着更大的规模。作为一名教师和理论家，他对作曲实践持有一种反浪漫主义的观点。他既会写音乐供业余音乐家们和孩子们演奏，也会写更为正式的作品，比如钢琴赋格曲。他的晚年主要在瑞士度过。

关键作品：《小型室内乐》（*Kleine Kammermusik*，木管五重奏），1922年；《画家马蒂斯》（*Mathis der Maler*，管弦乐），1934年；《天鹅转子》（*Der Schwanendreher*，中提琴和管弦乐），1935年；《韦伯主题交响变形曲》（*Symphonic Metamorphosis of Themes by Weber*），1943年

▽卡尔·奥尔夫（Carl Orff）

1895—1982年，德国

奥尔夫的《布兰诗歌》（*Carmina Burana*）使他声名远扬。他出生于巴伐利亚的慕尼黑。从小展露出天赋的他在20岁时已经完成了一些颇具野心的作品。1917年，应征入伍的他在第一次世界大战的战壕里负伤。战后，他全新投入对文艺复兴与巴洛克音乐的研究。他还致力于开发一种实验性的教学法——通过戏剧、律动和舞蹈来教授音乐。这种教学法在1924年首次在一家由多萝特·金特（Dorothee Günther）兴办的学校中被采用。1937年，奥尔夫的《布兰诗歌》在法兰克福首演，使他终于获得了姗姗来迟的知名度。奥尔夫在希特勒的独裁时期的成功致使他在战后被指控与纳粹共谋。他的许多晚期作品都反映出他对古典珍传的喜爱。在20世纪30年代和50年代，他根据自己的教育方法《教学法》（*Schulwerk*）写过一些儿童音乐书籍。

关键作品：《布兰诗歌》（康塔塔），1937年；《卡图利之歌》（*Catulli Carmina*，康塔塔），1943年；《安提戈涅》（*Antigonae*，歌剧），1949年

库尔特·魏尔（Kurt Weill）

1900—1950年，德国

魏尔是流行音乐与严肃音乐的连接者。他出生于德绍（Dessau）的一户犹太家庭，20世纪20年代在柏林跟随布索尼学习作曲并写下了一些音乐会作品，包括第一部交响曲。1926年，他与歌唱家洛特·莱尼亚（Lotte Lenya）结婚，从此转而开始创作更为通俗易懂的音乐剧。他与左翼诗人兼剧作家贝托尔特·布莱希特（Bertolt Brecht）的合作始于1927年的具有讽刺意味的《马哈哥尼歌唱剧》（*Mahagonny-Songspiel*）；作品后来被扩展成一部完整的歌剧。次年，根据约翰·盖伊的《三分钱歌剧》（*Threepenny Opera*）改写而成的面向柏林听众的同名轻歌剧是一次巨大的成功。布莱希特与魏尔合作的歌曲，比如《麦克刀》（*Mack the Knife*）和《阿拉巴马歌曲》（*Alabama Song*）都是传唱于大街小巷的名曲。1933年希特勒掌权后，身为左翼犹太人的魏尔逃离了德国。他与莱尼亚离婚后在1937年又与她复婚。在美国生活期间，他为曲调优美的百老汇剧目创作的音乐极为成功，作品包括音乐喜剧《尼克博克的光荣》（*Knickerbocker Glory*）和“民间歌剧”《街景》（*Street Scene*）。

关键作品：《三分钱歌剧》，1928年；《马哈哥尼的兴衰》（*Aufsteig und Fall der Stadt Mahagonny*，歌剧），1930年；《尼克博克假日》（*Knickerbocker Holiday*，轻歌剧），1938年；《街景》（歌剧），1946年

△卡尔·奥尔夫，约1978年

20世纪晚期和21世纪

第六章

▷华金·罗德里戈
1940年，这位西班牙作曲家在他的《阿兰胡埃斯协奏曲》首演后登上了国际舞台。这部作品中忧愁的慢板乐章被认为是他在第一个孩子死去后受打击而创作的。

华金·罗德里戈

1901—1999年，西班牙

罗德里戈自幼失明。他最著名的作品是大受欢迎的《阿兰胡埃斯协奏曲》(*Concierto de Aranjuez*)。这部作品不仅奠定了他的国际地位，也使吉他作为一种音乐会乐器取得了认可。

**“生活中你永远无法在任何事上做到第一……
我只渴望成为更好的华金·罗德里戈。”**

华金·罗德里戈

华金·罗德里戈1901年11月22日（圣西西里日）在萨贡托（Sagunto）出生。3岁时，他和镇上的许多儿童都感染了白喉，这致使他永久性失明。之后不久，一家人搬到了瓦伦西亚。华金在这里的一家失明儿童学校上学，8岁时首次学习钢琴和小提琴。

少年时期，他跟随瓦伦西亚音乐学院的老师们学习音乐理论，并开始对作曲产生兴趣。他使用盲文记谱法写下音乐，之后口述给抄谱员拉斐尔·伊瓦涅斯（Rafael Ibáñez）。伊瓦涅斯是家人为他聘用的助理，他和华金一样深爱音乐与文学，长期陪伴华金并担任他的文书助手和秘书。

活力新世界

20世纪20年代中期，罗德里戈的音乐已经在瓦伦西亚和马德里得到了演出。1927年，他和伊瓦涅斯前往巴黎，跟随巴黎师范音乐学院（Ecole Normale de Musique）的作曲家保罗·杜卡斯（Paul Dukas）学习，接触到了生机勃勃的巴黎文学与音乐文化界。他结识了法雅，法雅成了他终生的朋友、导师，以及他作品的支持者。

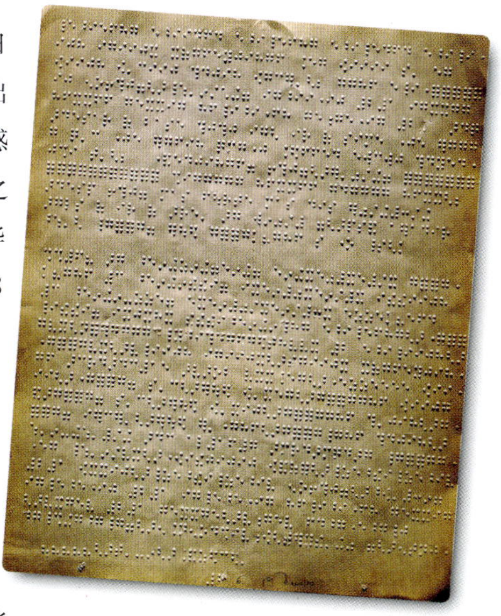

◁《阿兰胡埃斯协奏曲》
图中是罗德里戈的《阿兰胡埃斯协奏曲》的盲文乐谱，之后被转写为标准记谱法。

在巴黎音乐学院和索邦（Sorbonne）学习音乐理论后，罗德里戈在20世纪30年代游历欧洲，作曲的同时作为一名钢琴演奏家演出。在此期间，他认识了维多莉亚·卡米茜（Victoria Kamhi），并在1933年与她结婚。1941年，两人生下了一个女儿，起名为塞西利亚（Cecilia）。

西班牙内战期间，罗德里戈身在国外；1939年，他和维多莉亚在巴黎居住。然而，意识到了欧洲大陆上冲突在即的两人在第二次世界大战爆发前搬到了马德里。他把在巴黎完成的为吉他和管弦乐团而作的《阿兰胡埃斯协奏曲》也带到了马德里。这部作品帮他确立了国际声望。

◁维多莉亚与华金·罗德里戈
华金在欧洲巡游期间认识了土耳其钢琴家维多莉亚·卡米茜。两人在1933年结婚。无论在情感上还是职业上，她都是作曲家不可或缺的伴侣。

顶尖作曲家

此后，他成为了音乐圈里的重要人物。他同时是西班牙音乐广播的负责人、马德里康普顿斯大学音乐史学教授以及国家报纸的音乐评论员。他继续不断作曲，作品中包括11部协奏曲以及一些管弦乐与室内乐作品，但是后来的这些作品都没有取得与《阿兰胡埃斯协奏曲》相提并论的成功。

1997年，维多莉亚去世；2年后，罗德里戈也去世了，享年98岁。他们被一同埋葬在马德里南部阿兰胡埃斯的墓园中。

背景
受托创作协奏曲

《阿兰胡埃斯协奏曲》是罗德里戈为西班牙吉他演奏家雷希诺·萨因斯·德·拉·马萨（Regino Sáinz de la Maza）创作的。作品的成功促使了一些其他出色的吉他演奏家寻求委托罗德里戈创作。他还为竖琴演奏家尼卡诺尔·扎巴列塔（Nicanor Zabaleta）将这部作品进行了改编，而后者后来还向他委托了《小夜曲协奏曲》（*Concierto Serenata*）。

罗德里戈受委托创作的其他协奏曲还包括《嬉游协奏曲》（*Concierto Como un Divertimento*）、《田园协奏曲》（*Concierto Pastoral*）、《安达鲁西亚协奏曲》（*Concierto Andaluz*）以及《绅士幻想曲》（*Fantasía Para un Gentilhombre*）。

▽阿兰胡埃斯宫殿的花园
马德里附近的阿兰胡埃斯宫殿由西班牙的菲利普二世（Philip II）建造于16世纪下半叶。其令人叹为观止的花园是罗德里戈的杰作《阿兰胡埃斯协奏曲》的灵感来源。

威廉·沃尔顿（William Walton）

1902—1983年，英国

沃尔顿出身平平，但是在两次世界大战期间跻身伦敦音乐圈子里的热门人物。他过着花花公子的生活，晚年定居在意大利的伊斯基亚岛，最后去世于拉莫特亚（La Mortella）的庄园。

◁**《门面》，第一组曲，1926年**
这是沃尔顿的《门面》第一组曲的封面。作品根据伊迪丝·西特韦尔诡异的诗作而写，给他带去了声望，赢得了掌声。

威廉·沃尔顿1902年出生于兰开夏（Lancashire）的奥海姆（Oldham）。他的家境虽不算好，但是家庭里有着音乐文化，他的音乐天赋也很快被发现。1912年，他被牛津的基督教堂学院（Christ Church Cathedral School）录取，并在那里度过了6年。他在这所合唱学校里开始了作曲。

他的才能使他在年仅16岁时成为了基督教堂学院——属于牛津大学——的本科生。虽然他在音乐上表现出众，但他对其他学科全然无视，不断挂科，最终在1920年结业时没有拿到任何的学位。然而，他在牛津期间与齐格弗里德·沙逊（Siegfried Sassoon）、萨谢弗雷尔·西特韦尔（Sacheverell Sitwell）等诗人结为朋友。西特韦尔邀请沃尔顿在伦敦与他的哥哥姐姐一起居住。西特韦尔一家为沃尔顿在切尔西提供了一个可以用于工作的阁楼，同时也介绍他结识了伦敦的上层社会以及作家、画家和作曲家们。

◁**威廉·沃尔顿**
这位英国作曲家在1923年凭借极富争议的《门面》横空出世。他后来成为了20世纪中期的重要英国作曲家，并在1951年受封骑士。

一种不同的音乐

在这段时期，沃尔顿的作品（包括一部早期弦乐四重奏）的风格前卫而带有实验性。然而，1923年，他的《门面》（*Façade*）代表着一种全新的音乐形式问世——伊迪丝·西特韦尔（Edith Sitwell）创作的荒诞离奇的诗歌搭配沃尔顿为小型乐团而写的浮华、轻佻的音乐。作品迎合了是20世纪20年代风靡的思潮；虽然许多人对它表示愤慨，但沃尔顿的名声被确立了。

凭借自己的名声，沃尔顿开始创作一些更为严肃的管弦乐作品，包括大型康塔塔《伯沙撒王的宴会》（*Belshazzar's Feast*，1931年）以及为中提琴和小提琴所写的一些协奏曲。沃尔顿与西特韦尔一家也渐行渐远。他先后有了几个情人，其中持续最久的是柏凌敦子爵夫人（Viscountess Wimborne）埃利斯（Alice），两人的关系从1934年就开始了。第二次世界大战期间，他被免除兵役，因此居住在埃利斯的宅邸中的他可以为一些有政治宣传目的的电影——比如《少数中的第一个》（*The First of the Few*）和劳伦斯·奥利维尔（Laurence Olivier）的《亨利五世》（*Henry V*）——提供配乐。

晚期动态

战后，沃尔顿很少作曲，尤其是在1948年埃利斯去世后。不过那年晚些时候，他在布宜诺斯艾利斯的一个会议上与一名阿根廷女子苏珊娜·吉尔·帕索（Susana Gil Passo）相识。不久，两人结婚。

此时，作曲家的音乐已经不再流行。虽然他依然享有很高的地位，并受委托为伊丽莎白二世的加冕仪式创作《明珠与节杖》（*Orb and Sceptre*）进行曲，他的作品数量还是大幅下降，尤其是在1966年被检查出肺癌后。

背景

西特韦尔家

1915年至1930年，处于贵族阶层的西特韦尔家庭中的姐弟三人：伊迪丝、奥斯伯特（Osbert）和萨谢弗雷尔，成为了伦敦上层社会中文艺青年群体的中心人物。三人都取得了一定的成功且分别在某一段时间受到瞩目。伊迪丝是一位诗人，奥斯伯特是一名作家和艺术评论家，而萨谢弗雷尔是一名音乐家和艺术史学家。与同时代极为受人尊敬的布卢姆茨伯里派（Bloomsbury Group）相比，西特韦尔家的名声很大程度上来自争议与古怪举止，而非艺术特长。

伊迪丝·西特韦尔肖像，罗杰·弗莱（Roger Fry），1915年

▽**拉莫特利亚的花园**
花园由沃尔顿的妻子苏珊娜建造。花园位于两人于1956年迁入的伊斯基亚岛上的庄园中，1991年开始对公众开放。

▷迈克尔·蒂皮特，1973年

照片中的蒂皮特年过六旬，正坐在钢琴边，时值与卡尔·霍克分手3年后。这段时间他开始远离实验性的创作风格，回到了标志着他早期创作的抒情性上。虽然他长期持有反权势的立场，但他对音乐的卓越贡献使他在1966年被授予骑士称号，并在1983年获得了有着极高地位的功绩勋章（Order of Merit）。

迈克尔·蒂皮特

1905—1998年，英国

蒂皮特的动作缓慢而一丝不苟。他在职业生涯的较晚时候才名声大噪，很快就被认为是20世纪后半叶英国顶尖的作曲家之一。

“音乐是一种需要听众的表演。”

迈克尔·蒂皮特

蒂皮特出生于一个上层中产家庭，由思想开放的父母抚养长大。出生后不久，他们家迁往了苏佛克（Suffolk）的米德尔塞克斯（Middlesex）。在1914年之前，迈克尔和哥哥都在家中接受家庭教师的辅导；1914年，迈克尔被送往德文郡（Devon）的一家寄宿制学校，并在之后获得了爱丁堡的费蒂斯公学（Fettes College）的奖学金。

然而，费蒂斯公学并不适合像迈克尔这样敏感的男孩。1920年，他承认自己与另一名男生发生了恋情，后来被转学至林肯郡的斯坦福学校。这所学校的音乐教育颇有声望。他在这里开始迅速发展，但随着信心的提升，他越来越不讳言自己的左倾倾向和艺术见解。1922年，他被迫退学。

一段发展

第二年，蒂皮特进入皇家音乐学院学习，1928年毕业时获得音乐学士学位。他尝试作曲，但结果不尽如人意，于是他回学校修了一门对位法课程。此后，他认为自己的音乐生涯可以展开了。

△费蒂斯公学，爱丁堡

1918—1920年间，蒂皮特是这所学校的寄宿生。他是合唱团成员，也学习钢琴和管风琴。图中是这所学校宏伟的主建筑，约1870年。

为了支持自己作曲，他在南伦敦交响乐团（South London Orchestra）担任指挥一职。这是一家由公众筹款资助的失业音乐家们组成的乐团。这段时间对他的个人以及音乐发展都至关重要：他与威尔弗雷德·弗兰克斯（Wilfred Franks）有过一段认真的感情；他也将自己的第一部成熟作品——《第一弦乐四重奏》（*String Quartet No.1*）——题献给了弗兰克斯。他在政治上也更为活跃，曾经还加入了共产党。

1938年他与弗兰克斯的感情终结给他造成了沉重的打击，他也开始难以接受自己的同性恋倾向。他怀疑自己作为作曲家的价值，转而开始学习荣格心理分析法。这样的心理治疗帮他恢复了自信，也激励他将作曲置于对性取向的焦虑之上而继续坚持。这段时期之后出现的第一部重要作品是清唱剧《我们时代的孩子》（*A Child of Our Time*）。

反抗

第二次世界大战爆发后，蒂皮特被任命为伦敦莫利学院（Morley College）的音乐系主任。一生都是和平主义者的他坚定地持有反战立场；1942年，他因为拒绝履行公民的战争义务入狱3个月。然而，在《我们时代的孩子》1944年首演获得成功后，他的和平主义、社会主义以及同性恋倾向被人们忽略，还被邀请在英国广播公司（BBC）的广播里发表一系列讲话。

1960年，蒂皮特与伴侣卡尔·霍克（Karl Hawker）搬到了威尔特郡（Wiltshire）的科舍姆（Corsham）。在那里，他的创作风格开始变得实验性、不协和。1965年前往美国的旅行中，他也受到了爵士乐和布鲁斯音乐的影响。1970年与霍克分手后，他的作曲重新开始具有抒情性。尽管他在20世纪80和90年代早期身体抱恙，他还是周游四方，吸收不同的音乐影响。

1998年，他在一场中风后死于伦敦。

◁《普里阿摩斯国王》（*King Priam*），2014年

图中是2014年英国巡游歌剧团（English Touring Opera）正在演出其制作的迈克尔·蒂皮特的《普里阿摩斯国王》，詹姆斯·康威（James Conway）担任导演，迈克尔·罗斯维尔（Michael Rosewell）担任指挥，演出位于皇家歌剧院的林伯里小剧场（Linbury Studio Theatre）。

背景

莫利学院

成立于1880年的莫利学院是位于伦敦中心滑铁卢的一所著名的成人教育中心。它原本占据着音乐厅所在的位置，但后来被慈善家爱玛·康斯（Emma Cons）用于更有教化作用的娱乐活动以及教育性质的“一便士讲座”。在国会议员塞缪尔·莫利（Samuel Morley，1809—1886年）的捐赠之下，这个机构于1889年正式成为“劳动者们的莫利纪念学院”（Morley Memorial College for Working Men and Women），独立于剧院之外。1907年至1924年间由霍尔斯特，以及之后由蒂皮特在1940—1951年担任系主任期间，莫利学院音乐系的发展尤为生机勃勃。

塞缪尔·莫利，工业家和政治家，1882年

奥利维埃·梅西安（Olivier Messiaen）

1908—1992年，法国

梅西安是一位杰出的管风琴家、作曲家和教师。他的作品中吸取了诸多影响，从亚洲的节律到鸟鸣声，但他始终如一的灵感来源是他不可动摇的天主教信仰。

1908年12月10日，梅西安出生于法国阿维尼翁（Avignon），并在圣诞节接受了洗礼。他的父母都有很高的修养。他的父亲皮埃尔（Pierre）是一位英语教师，也是莎士比亚一些戏剧的翻译者，但梅西安更亲近他的母亲塞西尔·索瓦日（Cécile Sauvage）——一位杰出的诗人。在怀孕期间，她为自己未出生的孩子写了一本诗集《灵魂芽》（*L'Ame en Bourgeon*）。梅西安对这部诗集视若珍宝，并相信有些诗句极具预言性，如“我受着不知名的遥远音乐的折磨”和“所有的东方人都在这里与蓝色的鸟儿一起歌唱”。

◁**小奥利维埃**

图中的梅西安还是一名婴儿，坐在母亲塞西尔·索瓦日的膝盖上。作曲家后来曾说他的母亲“在一个童话世界里”抚养孩子们。

上路

第一次世界大战爆发时，皮埃尔被征召入伍，梅西安随母亲搬到了格勒诺布尔（Grenoble）。在那里，他的音乐天赋很快就显现了出来。他在叔叔家那架摇摇欲坠的老钢琴上自学，并开始创作自己的音乐。他还上了一些私人课程。全家在战后搬到巴黎后，奥利维埃的进步开始加速。1919年，年仅10岁的他进入巴黎音乐学院学习。

梅西安在音乐学院的老师包括保罗·杜卡斯和马塞尔·杜普雷（Marcel Dupré）。杜卡斯被认为是他那一代人中最优秀的管风琴家，他对梅西安的影响尤为重要。在他的指导下，管风琴取代了钢琴，成为梅西安的主要乐器，并在他的音乐生涯中发挥了重要作用。1931年，梅西安被任命为巴黎神圣三位一体教堂（La Ste-Trinité）的首席管风琴师，这对一个如此年轻的人来说是一个巨大的荣誉。在接下来的60年里，他经常在那里演奏。尽管他很谨慎，没有用它来进行任何更大胆的实验。梅西安在一封信中向他的馆长保证：“在音乐

△**马塞尔·杜普雷**

安布罗斯·麦克沃伊（Ambrose McEvoy）对管风琴师马塞尔·杜普雷在巴黎圣母院管风琴上的大气描写。杜普雷在早期对梅西安产生了重要影响。

方法

马特诺电子琴

（Ondes Martenot）

马特诺电子琴（马特诺“波”）是一种早期的电子乐器，由莫里斯·马特诺（Maurice Martenot）于1928年发明，他曾是一名无线电报务员和大提琴手，受到军队使用的无线电振荡器的启发。梅西安在1937年为世界博览会委托创作的作品中，首次使用了这种乐器奇怪的、具有未来感的、摇摆不定的声音（类似于特雷米琴）。他未来的小姨子让娜·洛里奥德（Jeanne Loriod）在这种不寻常的乐器上表现得非常出色。

由莫里斯·马特诺发明的马特诺电子琴，1928年

> “在钢琴上可能奏出比管弦乐团更富交响性的音乐。”
>
> 奥利维埃·梅西安

▷**奥利维埃·梅西安**

作为法国现代音乐界颇具影响力的人物之一，梅西安在他的歌剧《阿西西的圣方济各》2500多页的乐谱前拍照。这是他生前最后一部重要作品。

△**鸟类音乐会**
日渐痴迷于鸟类学的梅西安将鸟鸣作为他一些音乐的范本——这些创新的作品是钢琴曲目中最具挑战性的。这幅17世纪由猫头鹰合唱团团长（中间）领导的鸟类音乐会的画作出自佛兰德画家保罗·德·沃斯（Paul de Vos，1591—1678年）之手。

中，人们总是要寻求新的东西，但要把它保留给室内乐和管弦乐作品，因为它们对幻想更为接受。”然而，梅西安在教堂的工作确实与他作为作曲家的主要灵感来源相吻合：他的信仰。作为一个虔诚的天主教徒，他经常声称自己“生来就有信仰”。毫不奇怪，这反映在他对素材的选择上。他发表的第一部作品是一首庆祝圣餐仪式（Eucharist）的空灵风琴曲《天国之筵》（*Le Banquet Céleste*，1928年）。同样，《基督降生》（*La Nativité du Seigneur*，1935年）是他第一部真正成熟的作品，在这部作品中，他的作曲实验的所有组成部分都完美地结合在一起。

如果说宗教是梅西安作品的主导主题，那么他创作冲动背后的驱动力则是对新形式的不懈探索。当他还是个学生时，他就对超越西方音乐传统模式——大、小调音阶——的可能性产生了兴趣。

多年来，他探索了古代音乐的模式、素歌的形式和非欧洲的模式（特别是来自印度的）。他还定义了一些新的、现代的调式，后来将这些调式编为“有限转调调式”，并在他的《我的音乐语言》（*La Technique de mon Langage Musical*，1944年）一书中详细介绍了7种替代调式。梅西安是从实践到理论逆向工作的。他在音乐学院的一个朋友，让·朗格莱（Jean Langlais），描述了他如何通过即兴创作找到他喜欢的声音，然后开发出一个系统来适应它们：“他后来告诉我，他是通过分析自己的作品，包括音阶等各种元素来发现自己的系统的。他事先并未决定，而是事后发现的。”

梅西安在处理节奏方面也同样激进。他有时会延长单个音符的长度，或者把它们弹得很慢（他偶尔会把速度标为“无限慢”）。例如，《天国之筵》只有25小节，但当梅西安演奏时，这首曲子可以持续七八分钟。这赋予了作品一种庄严、沉思的品质。

时过境迁

与此同时，梅西安的个人境遇发生了巨大的变化。1927年，他的母亲去世。她多年来一直受到抑郁症的困扰，经常把自己与家人们隔绝开来。此后不久，梅西安遇到了他未来的妻子克莱尔·德尔博斯（Claire Delbos），并于1932年与她结婚。她是一位有才华的小提琴家，两人在20世纪30年代初一起举办了一些独奏会。他们的婚姻生活并不顺利：克莱尔在多次流产后终于在1937年生下儿子帕斯卡（Pascal）。

同年，梅西安赢得了一项著名的委托，为巴黎世界博览会上的美丽水典礼（Fêtes des Belles Eaux，烟花、灯光和水效果的组合）提供音乐。为此，他选择了用马特诺电子琴六重奏来创造一种具有未来感的声音。梅西安固然不是第

> **“我给居住在城里的人们带去鸟鸣声……并为那些看不见的人们绘出色彩。”**
>
> 奥利维埃·梅西安

关键作品

1935年
梅西安创作了《基督降生》，他的第一部管风琴曲集，其中包括9段沉思录。

1941年
在德国东部的西里西亚，受到赞誉的《时间尽头四重奏》被创作并演出。

1949年
梅西安的《图伦加利亚交响曲》首演。作品从特里斯坦与伊索尔德的传说中汲取灵感。

1953年
梅西安的《鸟儿醒来》中变化出了从午夜至中午的鸟鸣声。

1970—1974年
《峡谷至群星》（*From the Canyons to the Stars*）是一部漫长的12乐章作品，赞美了犹他州的布莱斯峡谷（Bryce Canyon）。

1975—1983年
梅西安晚期的作品之一，也是他的唯一一部歌剧，对阿西西的圣方济各的生涯进行了宏大的致敬。

一个使用这种不寻常的电子乐器的作曲家，但这将会成为他的标志之一。

梅西安无疑希望得到更多的委托，但第二次世界大战的爆发使他的职业生涯受到了阻碍。他应征入伍，被派往前线，在凡尔登（Verdun）被德军俘虏。和成千上万的战俘一样，他被强行塞进一辆运牛车前往东部，在没有食物、水和卫生设施的情况下，忍受了4天地狱般的旅程。

在被囚禁在西里西亚的8A战俘营（Stalag VIIIA）期间，梅西安创作并演奏了20世纪的一个重要音乐里程碑。他的《时间尽头四重奏》（*Quartet for the End of Time*）是一首令人震惊的室内乐作品，由小提琴、钢琴、大提琴和单簧管演奏——这是他当时唯一可以选择的乐器组合。鉴于其战争背景，作品的主题非常恰当地选自《启示录》中描述的天启（Apocalypse）。

遣返和悲剧

1941年，梅西安被遣送回法国。他回到特里尼特音乐学院工作，同时也在音乐学院获得了一份教职。他在那里的一个学生是一位出色的年轻钢琴家，名叫伊冯娜·洛里奥德（Yvonne Loriod）。她后来成为梅西安音乐的主要诠释者之一，特别是他创新的鸟鸣作品。她与姐姐让娜（Jeanne）一样，也是《图伦加利亚交响曲》（*Turangalîla Symphony*）的独奏家之一。

梅西安的家庭生活遭遇不幸，伊冯娜与他的私人关系却越来越密切。1940年后，克莱尔开始出现痴呆的迹象，她的病情在一次手术后恶化，此后她逐渐失去了记忆和大部分的身体能力。她于1953年进入疗养院，6年后在那里去世。伊冯娜和梅西安于1961年结婚。

克莱尔的病给梅西安职业生涯中最成功的时期蒙上了一层阴影——他的作品在这段时期获得了国际认可。《图伦加利亚交响曲》是对愉悦的爱的力量的肯定，随后他对鸟类学的迷恋也越来越深。梅西安绝不是第一个在其音乐中唤起鸟鸣声的作曲家，但没有其他人对这一主题进行过如此彻底的探索。他的作品集——《鸟儿醒来》（*Le Réveil des oiseaux*）、《异邦鸟》（*Le Réveil des oiseaux*）和《鸟志》（*Catalogue d'oiseau*）——确实是独一无二的，即使它们对涉猎的钢琴家来说是一个巨大的挑战。梅西安在他的最后一部重要作品《阿西西的圣方济各》（*St Francis of Assisi*）中，成功地将他的两大热情所在——宗教和自然——结合起来。这是一部关于圣人生活的5小时歌剧。

◁**梅西安和伊冯娜·洛里奥德**
钢琴家和作曲家伊冯娜·洛里奥德是梅西安的第二任妻子，也是他作品的主要诠释者之一。这张照片显示的是这对夫妇在1964年，也就是他们结婚3年后，正在检查一份乐谱。

背景

8A战俘营

《时间尽头四重奏》的首次演出是在位于德国最东部格尔利茨（Görlitz）附近的战俘营进行的。条件很恶劣：30,000人挤在一个只能容纳一半人数的空间里；天气严寒；食物匮乏——囚犯们靠炖土豆、白菜和萝卜稀饭维生。不过幸运的是，营地指挥官很有同情心，为梅西安配给了写作物资。四人管弦乐队最初在盥洗室里演奏，而《四重奏》本身则在用作剧院的小屋里上演。

《时间尽头四重奏》的一场演出，2010年

本杰明·布里顿（Benjamin Britten）

1913—1976年，英国

布里顿是一位享誉国际的英国作曲家，他最著名的作品是他的歌剧和《战争安魂曲》（*War Requiem*）。他发展了自己的音乐语言，在不放弃旋律或调性的前提下，具有鲜明的现代性。

布里顿1913年出生在英格兰东海岸的洛斯托夫特（Lowestoft）。他的父亲是一位牙医，对音乐没有兴趣，但他的母亲是一位业余音乐家。她很高兴发现他的儿子本杰明与她有着相同的品位。他所上的私立学校对音乐并无鼓励，但在家里，他学会了钢琴和中提琴。12岁时，他对在音乐会上听到的英国作曲家弗兰克·布里奇（Frank Bridge）的管弦乐作品表示出极大的热情。通过个人联系，他的母亲设法让他跟随布里奇学习作曲，而后者成为了他的音乐导师。

◁反战海报，1930年代

作为一名热心的和平主义者和和平誓言联盟的成员，布里顿于1942年在英国被授予依良心拒服兵役者的身份，并无条件地被免除了所有兵役。

早期作品

1930年，布里顿获得了伦敦皇家音乐学院的奖学金。在那里，他创作了第一批作品，包括合唱作品《有一婴孩诞生了》（*A Boy Was Born*）。该作品于1934年在BBC电台首播。大学毕业后，他找到了为英国皇家邮政总局电影部（GPO Film Unit）写音乐的工作，该电影部当时正处于纪录片制作的前沿。这使他接触到了正在为电影编写诗词配音的诗人威斯坦·休·奥登（W. H. Auden）——一位领先的左翼知识分子。1936年，诗人和作曲家两人合作拍摄了著名的纪录片《夜邮》（*Night Mail*），以及布里顿的第一个声乐套曲《我们狩猎的父老》（*Our Hunting Fathers*）。两人都是同性恋，而当时同性恋行为是非法的。奥登的影响帮助布里顿接受了自己的性取向。1937年，作曲家遇到了男高音彼得·皮尔斯（Peter Pears），后者成为他一生的伴侣。他们经常一起举办独唱会——布里顿是一名一流的钢琴伴奏者。

◁本杰明·布里顿

照片里，布里顿于1968年在柏林国家歌剧院［菩提树下国家歌剧院（Staatsoper Unter den Linden）］指挥。他是一位著名的指挥家和钢琴家，演出过许多他自己的作品。

战争与和平主义

20世纪30年代的最后几年笼罩在第二次世界大战逼近的阴影下。布里顿是和平誓言联盟（Peace Pledge Union）的坚定支持者。1939年初，他与皮尔斯一起前往北美。9月，战争爆发后，他留在那里，最终在纽约与奥登会合。像布里顿和奥登这样的自我放逐者在英国受到了严厉的批评，因为他们没有支持对纳粹德国的战争努力。但英国当局并不想通过惩罚著名的依良心拒服兵役者来引起争议。在布里顿于1942年回国后——他通过写合唱作品《圣诞颂歌仪式》（*A Ceremony of Carols*）来打发旅程——他被允许继续音乐家的工

人物

弗兰克·布里奇

布里顿的老师弗兰克·布里奇（1879—1941年）是一位专业的中提琴演奏家，后来以管弦乐音诗《大海》（*The Sea*，1911年）等作品建立了作为作曲家的声誉，这些作品在布里顿小时候就给他留下了深刻印象。部分是出于对第一次世界大战之恐怖的反应，布里奇后来采用了收敛的现代主义风格，因而疏远了他早期的许多崇拜者。他为大提琴和管弦乐队创作的强有力作品《演讲，悲怆协奏曲》（*Oration, Concerto Elegiaco*，1930年），是专门为反战抗议而创作的。布里奇给年轻的布里顿的重要建议是："你应该找到你自己，并忠于你所找到的。"

▽初次相遇

歌剧《比利·巴德》的初稿被播放给作家罗纳德·邓肯（Ronald Duncan，中）和音乐家阿瑟·奥尔德姆（Arthur Oldham）。在钢琴旁，布里顿为彼得·皮尔斯演唱其中一首咏叹调伴奏。

"音乐如此美妙……是近乎残忍的。"

本杰明·布里顿，论及马勒《大地之歌》（*On Mahler's The Song of The Earth*），1937年

关键作品

1937年
《弗兰克·布里奇主题变奏曲》(*Variations On a Theme of Frank Bridge*)取得了国际成功。

1945年
布里顿的歌剧《彼得·格赖姆斯》根据乔治·克雷布的诗作改编，在评论界和大众中都很受欢迎。

1954年
布里顿根据亨利·詹姆斯(Henry James)的鬼故事改编的歌剧《螺丝的旋动》在威尼斯首演。

1962年
《战争安魂曲》是对《安魂弥撒曲》和威尔弗雷德·欧文的诗歌的配乐，提升了布里顿的名声。

1964年
3部小型歌剧中的第一部《麻鹬河》在苏佛克郡奥福德的一座教堂首演。

1973年
在不利的健康状况之下，布里顿完成了他的最后一部歌剧《魂断威尼斯》。

作。战争年代对布里顿来说是一个产出丰富的时期，作品包括3个著名的歌曲集——《灵光集》(*Les Illuminations*, 1940年)、《米开朗基罗十四行诗七首》(*Seven Sonnets of Michelangelo*, 1942年)和《男高音、圆号与弦乐小夜曲》(*Serenade for Tenor, Horn, and Strings*, 1943年)，以及他最成功的纯管弦乐作品之一的《安魂交响曲》(*Sinfonia da Requiem*, 1940年)。最重要的是，他写完了《彼得·格赖姆斯》(*Peter Grimes*)的乐谱。这部强有力的作品汇集了布里顿最深刻的两个灵感来源——他对歌剧背景地苏佛克海岸的热爱，以及他作为一个同性恋者的孤独感。他通过格赖姆斯这个角色表达了这种孤独感；作品中，格赖姆斯被边缘化，最终被压抑的社会逼死。

从1945年在伦敦的首次演出开始，《彼得·格赖姆斯》就被誉为一部杰作。在接下来的10年中，从《卢克莱修受辱记》(*The Rape of Lucretia*, 1946年)和《阿尔伯特·赫林》(*Albert Herring*, 1967年)到《比利·巴德》(*Billy Budd*, 1951年)和《螺丝的旋动》(*The Turn of the Screw*, 1954年)，布里顿实际上重新确立了自17世纪以来逐渐消逝的英国歌剧的传统。1947年，他成立了英国歌剧团，作为一个表演室内歌剧的巡回演出公司，并在第2年兴办了奥德堡音乐节(Aldeburgh Festival)。1953年，皇家歌剧院为庆祝英国女王伊丽莎白二世的加冕，上演了他的《格洛里亚纳》(*Gloriana*)，这反映了他在英国音乐界的地位。不过，这部歌剧由于过于黑暗和具有挑战性，并未满足人们对庆典的期许。

受欢迎和创新

尽管他的名气越来越大，但布里顿的性取向让他对警察感到紧张，因为20世纪50年代初警方正在进行一场针对社会高层的同性恋者的恶毒清剿。除了他和皮尔斯的关系，布里顿还尤其喜爱男性少年，这使他很容易遭受攻击。与他关系最密切的年轻人们普遍赞扬他的善良和克制。这些令人紧张的私事为他一些最著名的作品提供了素材，特别是《比利·巴德》和《螺丝的旋动》，这些作品将儿童和青少年描绘成纯洁和天真的象征，受到邪恶和堕落势力的威胁。布里顿也喜欢为儿童写音乐，包括被广泛演奏的《青少年管弦乐队指南》(*Young Person's Guide to the Orchestra*, 1945年)和独幕歌剧《诺亚方舟》(*Noye's Fludde*, 1958年)。

在20世纪50和60年代的冷战和核军备竞赛的背景下，布里顿的和平主义有了新的紧迫性和现实意义。他的《战争安魂曲》于1962年首演，它将拉丁文弥撒与威尔弗雷德·欧文(Wilfred Owen)的反战诗集相融合。它被委托在考文垂大教堂演出，该教堂是在二战期间被空袭摧毁后重建的。这部作品出现在国际危机时期，当时西方大国和苏联之间的核战争一触即发，甚至可谓迫在眉睫的。作为一部古典音乐作品，它产生的公众影响颇为惊人，

▽俄国友人
俄罗斯大提琴家姆斯蒂斯拉夫·罗斯特罗波维奇(左)在他的奥德堡音乐室演奏完作曲家的大提琴奏鸣曲后，紧紧抓住布里顿的手。俄罗斯女高音歌唱家加琳娜·维谢涅夫斯卡娅(Galina Vishnevskaya)和瑞士指挥家保罗·萨克(Paul Sacher)在背景中鼓掌。

第一张唱片在6个月内售出了20多万张。部分程度上，这部作品是为了抗议冷战时期的世界分裂。布里顿与苏联作曲家德米特里·肖斯塔科维奇和苏联大提琴家姆斯蒂斯拉夫·罗斯特罗波维奇（Mstislav Rostropovich）有着公开的友谊，他在1963年为后者写了《大提琴交响曲》（*Cello Symphony*）。

在20世纪60年代，布里顿经常被前卫批评家贬低为音乐反革命者——这些批评者们坚信十二音序列主义才是当代音乐的唯一合理形式。但他的作品继续以其独特的方式进行创新，特别是整合了来自非欧洲音乐传统的影响。他在1964年至1969年间创作的一系列精致的小型音乐剧——《麻鹬河》（*Curlew River*）、《炽烈燃烧的火炉》（*The Burning Fiery Furnace*）和《浪子回头》（*The Prodigal Son*）从日本能乐戏剧和巴厘甘美兰音乐等方面获得了灵感。他受委托创作的歌剧《欧文·温格瑞夫》（*Owen Wingrave*）于1971年在电视上播出，但远没有那么成功，失败的原因可能是他不认可电视这种媒介（他从未拥有一台电视机）。

晚年

从1957年到他生命的最后阶段，布里顿与皮尔斯一起住在奥德堡的红房子里，那里正是他出生的荒凉的苏佛克海岸。20世纪70年代，他的健康状况不断恶化，他在疾病中挣扎着完成了他最后的主要作品、歌剧《魂断威尼斯》（*Death in Venice*）。托马斯·曼（Thomas Mann）讲述了一个垂死的艺术家对一个理想化男孩的迷恋，这对布里顿来说显然具有个人意义。这部作品于1973年首次演出，被普遍认为是他出色的成就之一。1976年，布里顿死于心脏衰竭。他被埋葬在奥德堡一个简朴的教堂墓地，皮尔斯后来也在那里与他并肩而眠。

△海边歌剧

2013年6月17日，演员们在奥德堡音乐节演出布里顿的歌剧《彼得·格林姆斯》，他们站在《沙滩上的格赖姆斯》的舞台上。

背景

奥德堡音乐节

本杰明·布里顿一生中大部分时间都生活在英格兰东部苏福克海岸的一个小镇奥德堡。1948年，他和朋友一起在当地的一个大厅举办了一个音乐节。此后该音乐节每年举行一次，其规模和声望不断提高。1965年，布里顿发现附近的斯内普（Snape）村有一座19世纪的工业建筑马尔丁（Maltings），适合当作音乐厅。1967年开放的斯内普马尔丁音乐厅成为年度音乐节里最引人注目的场所，至今仍吸引着来自世界各地的顶级表演者。

“我的主题是战争，以及战争的可悲。”

威尔弗雷德·欧文，用于布里顿的《战争安魂曲》封面的引用，1962年。

▷**维托尔德·卢托斯瓦夫斯基，1992年**
卢托斯瓦夫斯基回忆说，作为一个男孩，音乐"一直让我着迷，我无法想象除了音乐家，甚至作曲家之外还能从事什么其他职业"。尽管他有极强的创作才能，但在他一生中的大部分时间里，波兰的政治局势都很压抑，这意味着他在出生国之外几乎无人知晓，直到50多岁时情况才有所改变。图为作曲家去世前2年在家中花园里。

维托尔德·卢托斯瓦夫斯基（Witold Lutosławski）

1913—1994年，波兰

拥有大量成熟作品的卢托斯瓦夫斯基，被誉为优秀和有独创性的波兰作曲家之一。

“波兰文化遭受严重损失……所有文化活动都被禁止。”

维托尔德·卢托斯瓦夫斯基，论德国对波兰的占领（1939—1945年），1993年

维托尔德·卢托斯瓦夫斯基1913年生于华沙，是地主贵族的儿子。第一次世界大战爆发后，积极参与波兰民族主义政治的父亲约瑟夫（Józef）带着全家去莫斯科寻求庇护，以躲避德国的入侵。但这个计划很快泡汤：布尔什维克政府与德国达成了和约，约瑟夫和他的兄弟在1918年被处决。

△团结旗帜

20世纪80年代，中欧和东欧的反共情绪导致波兰成立了独立的“团结”工会，维托尔德-卢托斯瓦夫斯基对此大力支持。这里显示的是“团结”工会的旗帜，上面有标志性的红色字样。

苦难和动荡

他们一家回到了波兰，维托尔德在那里学习钢琴和小提琴，并在华沙音乐学院获得了钢琴和作曲的文凭。到20世纪30年代末，尽管在波兰同时被德国和俄罗斯入侵时服了兵役，但他的名气越来越大。1939年，在担任无线电报务员时，他被德国军队抓获，但逃脱后回到了华沙。在这里，他与钢琴家兼作曲家安德热·帕努夫尼克（Andrzej Panufnik）合作，以钢琴二重奏的形式在该市的咖啡馆里表演谋生。这对组合对流行经典进行了大量的改编，也有一些原创作品，但这些音乐在战争中几乎都没有保留下来。

华沙不再安全，卢托斯瓦夫斯基和母亲在1944年华沙起义期间，华沙被彻底摧毁之前逃离了这座城市，直到战后才回来。波兰的相对稳定给了他安家的机会。1945年，他与玛丽亚·达努塔·博古斯劳斯卡（Maria Danuta Bogusławska）结婚，并在她的帮助下开始认真地创作。他于1941年开始创作他的第一部重要作品——《第一交响曲》，但由于不得不分出精力做一个打零工的作曲家，这部作品直到1947年才完成。而且他受到的限制不止于此：卢托斯瓦夫斯基还被打上了形式主义作曲家的标签，并被剥夺了按照自己意愿进行创作的自由。

短暂的自由

1953年后，官方的态度变得更加宽松，卢托斯瓦夫斯基觉得他有了探索西方正在发展的新音乐语言的自由。他尝试了诸如序列音乐、无调性和声等技巧，甚至机遇音乐（aleatoric）等元素，但将它们纳入自己的、更传统的音乐语言中，而非试图完全模仿或采用它们。

在20世纪60年代，他作为一个极富创意的作曲家的声誉传遍了全世界，但在20世纪70年代和80年代，波兰的政治动荡又一次给他蒙上了阴影。虽然卢托斯瓦夫斯基长期以来一直反对苏维埃政权，但他从未在音乐里公开地表现出政治色彩。然而，他的音乐越来越被视为波兰民族主义的象征。随着1980年工会组织者莱赫·瓦文萨（Lech Wałęsa）的“团结”（Solidarność）运动的兴起，他开始在政治上愈发活跃，并在波兰独立之前拒绝参加任何活动，以此支持“团结”运动。这期间他继续作曲，并在他生命的最后10年里创作了许多最优秀的作品。他于1994年死于癌症。

人物

波兰学派（The Polish School）

卢托斯瓦夫斯基是一个波兰作曲家群体中的一员。1956年，波兰作曲家们开始举办国际当代音乐节，即华沙秋季音乐节，以展示他们的作品。这个团体还包括亨里克·戈雷茨基（Henryk Górecki）、克里斯托弗·潘德列茨基（Krzysztof Penderecki）和卡齐米兹·塞罗基（Kazimierz Serocki）。他们如今可以自由地尝试新的音乐技巧，并发展出一种独特的波兰新作曲方法。尽管他们风格不同，但被统称为“波兰学派”。

▷音乐节

1972年，卢托斯瓦夫斯基正在波兰第16届国际当代音乐节中指挥。

伦纳德·伯恩斯坦

1918—1990年，美国

伯恩斯坦因其张扬的指挥风格和自己不拘一格的作品而闻名于世，他对“严肃”音乐会和百老汇音乐剧的贡献受到全世界的称赞。

伦纳德·伯恩斯坦1918年出生在马萨诸塞州劳伦斯（Lawrence）市的一个乌克兰犹太移民家庭，从小就展现出音乐天赋。起初，他的父亲不愿意让他追逐自己的兴趣，但后来变得愈发支持他。家里买了一架钢琴后，他为儿子安排了音乐课。

伯恩斯坦在波士顿拉丁学校——一个以向波士顿精英阶层提供古典教育而自豪的机构——学习音乐，于1939年毕业后进入哈佛大学。他在几位杰出的学者和作曲家手下学习，但最重要的影响可能来自艾伦·科普兰，后者成为了他一生的朋友和导师。哈佛毕业后，伯恩斯坦在费城的柯蒂斯音乐学院学习了1年，然后于1940年在纽约定居。同年晚些时候，他开始在波士顿交响乐团的暑期学校坦格伍德（Tanglewood）学习指挥，师从谢尔盖·库塞维兹基（Serge Koussevitsky）。

由于患有哮喘病，伯恩斯坦在第二次世界大战期间被免除了兵役，这使他可以自由地进行创作和指挥。1943年，他被任命为纽约爱乐乐团的助理指挥，2年后成为新成立的纽约市交响乐团的音乐总监。他也开始以作曲家的身份崭露头角，既创作“严肃”的音乐会作品，也创作了一系列成功的百老汇音乐剧。

婚姻生活

随着他作为指挥家的声誉越来越高，伯恩斯坦担心他的私人生活可能会影响他获得顶级指挥工作的机会。他是同性恋者，这在当时的许多地方是非法的，当然也不能公开。也许是为了消除怀疑，他于1951年与女演员费利西亚·科恩·蒙蒂亚雷格雷（Felicia Cohn Montealegre）结婚。起初两人生活得很愉快，并有了3个孩子。这段婚姻一直持续到1976年，当时伯恩斯坦为了他的年轻男性情人“出柜”而离开了他的妻子。然而，第二年，费利西亚被诊断出患有癌症，伯恩斯坦又回到了她的身边照顾她，直到她于1978年去世。

家喻户晓

20世纪50年代，伯恩斯坦在美国成为一个家喻户晓的名字，这不仅仅是因为他在百老汇的成功和与重要交响乐团的合作，还因为他为电视艺术节目《总集》（*Omnibus*）提供了一系列关于音乐的讲座，并由NBC交响乐团现场演奏音乐实例。对作为作曲家的他来说，这也是一个产出颇丰的时期，他写了歌剧《天真汉》（*Candide*），以及可能是他最知名的音乐剧《西区故事》（*West Side Story*）。同时，他成为纽约爱乐乐团的音乐总监。他在爱乐乐团的日程安排使他在20世纪60年代几乎没有时间作曲。他一直没有重要作品问世，直到1971年完成《弥撒》（*Mass*）。

虽然他因长期吸烟而患上了肺气肿，在他生命的最后20年里，伯恩斯坦继续不知疲倦地指挥、作曲和制作电视纪录片。他最终于1990年10月退休，时年72岁。5天后，他因心脏病发作而去世。

◁《西区故事》
伯恩斯坦最著名的音乐剧《西区故事》于1961年被拍成电影，由罗伯特·怀斯（Robert Wise）和杰罗姆·罗宾斯（Jerome Robbins）导演。这个故事改编自莎士比亚的《罗密欧与朱丽叶》，故事被移植到20世纪50年代的纽约。

人物

纽约爱乐乐团

纽约爱乐乐团成立于1842年，是美国“五大”交响乐团（纽约爱乐乐团、波士顿交响乐团、芝加哥交响乐团、费城交响乐团和克利夫兰乐团）中历史最悠久的一个。伯恩斯坦与该乐团的联系始于1943年，当时他担任助理指挥一职。1957年，他与季米特里·米特罗普洛斯（Dimitri Mitropoulos）共同被任命为音乐总监，一年后被任命为唯一总监。他是第一位在美国出生并担任这个职位的指挥家。他担任这个职务直到1969年。之后他被称为乐团的“桂冠指挥”，并继续为乐团工作，直到他去世。

伯恩斯坦在纽约爱乐乐团卡内基厅排练

▷伦纳德·伯恩斯坦
图为1970年2月，伯恩斯坦在伦敦伊丽莎白女王音乐厅演出。1969年离开纽约爱乐乐团后，他作为客座指挥在世界各地的许多乐团合作演出。

▷**捷尔吉·利盖蒂，1965年**

二战期间，利盖蒂被送入劳改营，他的弟弟被送入集中营，他的父母被送入奥斯维辛。只有他和母亲在战争中幸存下来。然而，在1956年，他被迫逃离匈牙利，躲在一列火车的邮袋下，来到了奥地利边境附近。这种噩梦般的事件在他的音乐中得到了不同程度的演绎。照片中的利盖蒂并非处在这般痛苦的时期，而是他最富成效的40多岁的时期，此时他已稳居顶尖作曲家之列。

捷尔吉·利盖蒂（György Ligeti）

1923—2006年，匈牙利

作为20世纪下半叶出现的颇具原创性的作曲家之一，利盖蒂发展了一种个人风格，在尊重音乐传统的同时拥抱先锋派。

◁《伟大的死亡》
2009年，英国国家歌剧团在伦敦的科利瑟姆剧院（Coliseum）演出利盖蒂的“反-反歌剧”《伟大的死亡》。这是他唯一的歌剧作品，也是他最长的作品。

捷尔吉·利盖蒂出生在特兰西瓦尼亚（Transylvania）这个与哥特式恐怖有着千丝万缕联系的地方，这一点呼应了他的黑暗幽默感。他来自一个匈牙利犹太家庭，1923年出生在罗马尼亚特兰西瓦尼亚地区的迪斯克斯森玛伦［Dicsöszentmárton，现在的特尔讷韦尼（Târnăveni）］的犹太教堂旁边。后来，他们家搬到了克卢日（Cluj），利盖蒂于1941年开始在当地音乐学院学习。

黑暗与恐惧的岁月

当时，该地区有很大的政治不确定性。匈牙利已经吞并了北特兰西瓦尼亚。作为讲匈牙利语的人，利盖蒂夫妇是安全的，但作为犹太人，随着纳粹在欧洲的蔓延，他们面临着越来越大的威胁。1944年，利盖蒂被逮捕并被送往劳改营。

1945年，在战争中幸存下来的他重新开始学习，这一次是在布达佩斯的李斯特音乐学院，在作曲家佐尔坦·柯达伊的指导下学习。跟随着柯达伊和巴托克的脚步，利盖蒂采用了一种准民族主义的、带有民间色彩的风格，这主要是因为他接触欧洲其他地方音乐的机会非常有限。他于1949年毕业，并继续在李斯特学院任教。同年，他还与他的第一任妻子布丽吉特（Brigitte）结婚，但3年后以离婚告终，他又娶了维罗妮卡·斯皮茨（Veronika Spitz，又称维拉），这并非出于爱情，而是为了防止她因为资产阶级背景而被驱逐出境。1953年后，他们感到安全并离了婚，但仍然是朋友。

他们的乐观情绪是短暂的。1956年，因为战争原因，利盖蒂与维拉逃到维也纳。接着，他们来到科隆。在那里，利盖蒂得到了与卡尔海因茨·施托克豪森（Karlheinz Stockhausen）在电子音乐工作室工作的机会，他和维拉再度结婚，这次是认真的。

在科隆，他第一次真正接触到了当时的音乐潮流，并慢慢学会将这些潮流吸收到自己的创作中。他最富有成效的时期之一是20世纪60年代，当时他写了许多著名的作品［因为在斯坦利·库布里克（Stanley Kubrick）的电影中使用这些作品而获得了一些知名度］，包括《大气层》（*Atmosphères*）、《安魂曲》（*Requiem*）、《永恒之光》（*Lux Aeterna*）、《自远方》（*Lontano*），以及荒诞派戏剧作品《奇遇记》（*Aventures*）和《新奇遇记》（*Nouvelles Aventures*），这些作品显示了他黑暗幽默的一面。

他和维拉在1965年生了一个儿子卢卡斯（Lukas），利盖蒂在1968年取得了奥地利公民身份。这时，他的声誉已经得到保证，他的音乐在全世界被广泛演奏。在美国短暂停留一段时间后，他在1973年被任命为汉堡音乐和戏剧大学的作曲教授，并在那里一直任教至1989年。在这一时期，他的风格从早期成熟的声音织体块，转变为更有节奏和严格结构的风格，这是由于他受到了美国极简主义的影响。他在这一时期还专注于创作怪诞、荒谬主义的“反-反歌剧”（anti-anti opera）《伟大的死亡》（*Le Grand Macabre*）。

利盖蒂最后几年的大部分时间都在创作3部钢琴《练习曲》（*Etudes*）和各种乐器和管弦乐队的协奏曲，但健康状况的恶化越来越影响他的产量。他退而隐居，于2006年在维也纳去世。

△《交响诗篇》（*Poème Symphonique*），2018年
警钟长鸣室内乐团（Alarm Will Sound chamber orchestra）的成员与美国指挥家阿伦·皮尔森（Alan Pierson，中）在“这样的音乐不应存在”（This Music Should Not Exist）演出中表演利盖蒂为100个节拍器而写的《交响诗篇》（1962年）。在纽约赞克尔厅（Zankel Hall）的演出中，利盖蒂的音乐与安东·塞弗特（Anton Seifert）、施托克豪森和查理·卓别林（Charlie Chaplin）的音乐相互穿插。

技巧

微音复调（Micropolyphony）

二战后，一些作曲家，特别是中欧和东欧的作曲家，采用了一种技术，即用大量的音符集群形成声音的“块”，其中织体优先于和声和旋律等传统规范。利盖蒂不满足于这些集群和弦的必然静态性质。他将这种技术进一步发展，将大量的独立旋律叠加在一起（他称之为“微音复调”）。这样，各个部分就无法辨认，而整个乐块被视为一个动态的、不断变化的整体。

就像利盖蒂的微音复调那样，这群椋鸟可以被视作一个单一的整体

卡尔海因茨·施托克豪森

1928—2007年，德国

作为二战后先锋派的杰出人物，施托克豪森在50多年的时间里一直是一位毫不妥协的创新者。他的音乐既富有争议性，又具有影响力。

施托克豪森出生在科隆附近的姆德拉特（Mödrath）。1932年，他的母亲被送入精神病院，这给他的幼年生活带来了阴影。这一年，另一个悲剧降临到施托克豪森家族：他的弟弟赫尔曼（Hermann）去世。

1938年，他的父亲再婚，但施托克豪森的情况并没有改善——父亲的新妻子是家里以前的管家，这种情况让10岁的施托克豪森觉得难以忍受。接着，在1941年，他的母亲去世了。官方给出的死因是白血病，但她很可能是被纳粹毒死的。

不断的动荡

1942年，施托克豪森离开家到克桑滕（Xanten）上大学，但2年后他的教育因应征入伍而中断了。在二战余下的时间里，他是一名担架兵——这种经历对这个不快乐的少年产生了深刻的影响。1945年，他的父亲失踪了（推测死亡），这加重了他的不快乐。

战后，施托克豪森重新开始学习，先是在科隆音乐学院，然后在科隆大学。1952年，他来到巴黎，向奥利维埃·梅西安和达律斯·米约学习作曲，然后回到科隆，与赫伯特·艾默特（Herbert Eimert）一起在西北德意志电台的电子音乐工作室工作。

20世纪50年代，施托克豪森发展了一种独特的前卫作曲方法，其中包括对勋伯格发明的序列主义进行方法性、分析性的再创作（参见第232—235页），他在其中引入了一些不确定性的元素。他还探索了声音在空间中的位置以及电子音乐。随着他作为作曲家的声誉不断提高，他成为了前卫和实验作曲家团体达姆施塔特学派（Darmstadt School）的领军人物。

◁《光之星期四》（*Donnerstag aus Licht*）
这是施托克豪森的歌剧《光之星期四》的封面，这是一套7部系列歌剧之一，其中每一部代表一个星期中的一天。

国际声誉

到20世纪60年代，施托克豪森几乎成了一个家喻户晓的名字。他继续试验并发展其颠覆传统的作曲技巧，同时还作为表演者和教师进行国际巡演。他的主要项目是一个由7部歌剧组成的大型系列作品，名为《光：一个星期的七天》（*Licht: Die sieben Tage der Woche*）。该项目开始于1977年，并在2003年完成。此后，他又创作了另一部基于一天内的时间的《声》（*Klang*）。

施托克豪森结婚两次，离婚两次，他的6个孩子中有几个也成为了职业音乐家，经常在他们父亲的作品中合作。2007年，施托克豪森在屈尔滕（Kürten）的家中因心脏病发作去世，享年79岁。

方法

电子音乐先驱

施托克豪森在20世纪50年代因其在电子音乐方面的开创性工作而特别引人注目。当时，关于音乐的未来走向有着激烈的辩论：是由德国录音室制作的纯电子合成的声音，还是由法国录音室喜欢的具体音乐（musique concrète），即电子修改过的声音。在《年轻人之歌》（*Gesang der Jünglinge*，1955—1956年）中，施托克豪森找到了整合这些技术的方法。他将电子生成的声音与录下的人声及其电子变换结合起来，使用多通道录音来探索声音的空间定位，并将其作为音乐整体不可分割的一部分。

▷《调音》（*Stimmung*）
图片中，嗓音剧（Theatre of Voices）团体正在纽约的赞克尔厅演出施托克豪森的《调音》（1968年）。在这部作品中，表演者们背诵施托克豪森写的情色诗。

◁**卡尔海因茨·施托克豪森**
图为1965年这位创新作曲家在录音室里的照片，那是他职业生涯的巅峰时期。此时，他的名字几乎已经成为音乐现代性的代名词。

武满彻（Tōru Takemitsu）

1930—1996年，日本

作为第一位在古典音乐领域获得国际声誉的日本作曲家，武满彻写的音乐会作品和电影配乐实现了西方和日本音乐传统的空前融合。

在他的整个青少年时期，武满彻几乎没有接触过西方音乐，因为西方音乐在当时的日本是被禁止的。他1930年出生在东京，但当他只有几周大时，他的家人就搬到了被日本占领的大连。1938年，他回到日本上学，但未能完成学业，因为他在14岁时就被征召入伍，他对这段经历深恶痛绝。

武满彻和他的朋友们违抗日本当权者的意志，偷偷听了一张法国流行歌曲《对我细诉爱语》（*Parlez-moi d'amour*）的留声机唱片，他认为这对他产生了具有扭转意义的影响。二战结束后，他脆弱的身体致使他在医院里度过了不少时光。在那里，他收听美军广播，并对西方音乐产生了兴趣。尽管他没有接受过音乐训练，年仅16岁的他决定成为一名音乐家。除了在1948年跟随作曲家清濑保二（Yasuji Kiyose）上过几节课，武满彻的作曲技能全部是自学的。

◁武满彻

作为一名音乐家，武满彻几乎完全是自学成才，但他是第一个获得世界性赞誉的日本古典作曲家。

颠覆传统

这种非正统的音乐能力养成，不可避免地使他倾向于非传统的东西，1951年，他与友人一起成立了一个由前卫艺术家、作家和音乐家组成的团体，被称为实验工坊（Jikken Kōbō）。他们拒绝传统学术艺术。对武满彻来说，这是对日本传统一种有意识的背离——对他来说，日本传统只有负面关联。相反，他在德彪西的印象主义以及韦伯恩和后来的梅西安的十二音序列主义作品中找到了灵感。

斯特拉文斯基听到了武满彻1957年的弦乐《安魂曲》时，他对该曲予以盛赞，致使武满彻在西方国家得到宣传。大约在这个时候，武满彻发现了约翰·凯奇（John Cage）的实验音乐。他对凯奇在创作中使用的不确定性和偶然性，以及将沉默作为一种动态元素的想法产生了兴趣。具有讽刺意味的是，正是这位美国作曲家的作品促使武满彻重新审视日本的传统音乐，而日本的传统音乐与凯奇的理念有很多相似之处。他开始研究日本音乐及其乐器，试图找到一种将它们融入其西方音乐风格的方法。

◁日本花园

据武满彻说："听我的音乐可以比作在花园里散步，体验光线、图案和纹理的变化。"

他在这方面的第一部重要作品是为日本琵琶（biwa）、尺八（shakuhachi，一种木管乐器）和管弦乐队创作的《十一月的阶梯》（*November Steps*），于1967年首演。在20世纪70年代和80年代，他写下了一系列作品。在这些作品中，武满彻完善了他的风格，在不同程度上结合了日本和西方的元素。他后期作品的目标是创造一个"调性的海洋"，在东西方音乐之间建立联系，如他的"水景"和"梦想"系列作品中的那样。

武满彻身体一直很虚弱。20世纪90年代中期，他被诊断出患有膀胱癌。他还感染了肺炎，并于1996年去世，享年66岁。

方法

东西相遇

20世纪60年代，武满彻不无震惊地意识到了自己的日本文化认同感，并意识到它与他的大体上属于西方的审美理想之间的关系。他开始在《十一月的阶梯》（1967年）等作品中引入传统的日本乐器，还发现现代不确定性作曲法与传统的日本表演技术是相容的，这使得一定程度上的即兴性和表现力诠释成为可能。他还发现日本乐器中的音色和抑扬变化可以完美融入他深受德彪西启发的声响世界中。

传统日本竹笛

▷阿尔弗雷德·施尼特凯

1990年，施尼特凯在奥地利萨尔茨堡举办了一场大师班。从这一年开始，施尼特凯在德国汉堡安家，尽管健康状况不佳，但仍经历了一段伟大的创作期。

阿尔弗雷德·施尼特凯（Alfred Schnittke）

1934—1998年，俄罗斯

施尼特凯不顾国家官僚机构强加的惯例，使用他称之为“多样式主义”的技巧来发展自己独特的声音，这为他赢得了国际认可。

◁**基东·克雷默**
2002年，基东·克雷默（Gidon Kremer）与他的室内乐团克雷默与波罗的海（Kremerata Baltica）一起演出了施尼特克的作品。克雷默对提高施尼特凯的知名度贡献卓著。

施尼特凯出生在恩格尔斯（Engels），这是伏尔加德意志人苏维埃共和国的一个港口，这个地区保留了原来德国移民定居者的文化和语言。父亲是一个德国犹太人，为了工作而搬到恩格尔斯，他的母亲是有天主教背景的伏尔加德国人，但两人都接受了共产主义。不过阿尔弗雷德的成长过程却是世俗化的。

从很小的时候起，施尼特凯就感觉在文化上与祖国格格不入，因此有一种作为外来者的感觉。当他的父亲在1945年被派往维也纳时，他立即有了家的感觉。他爱上了维也纳的文化，特别是莫扎特和舒伯特等作曲家的音乐，而不是在苏联受到拥戴的19世纪俄罗斯民族主义作曲家的音乐。

1948年，他们全家搬到了莫斯科。施尼特凯在莫斯科音乐学院学习作曲，并在1961年完成了研究生课程。同年，他与钢琴家伊琳娜·卡塔耶娃（Irina Kataieva）结婚，并在莫斯科音乐学院教书。他的早期作品是以当时在苏联音乐界占主导地位的肖斯塔科维奇的模式创作的，但到了60年代，他开始在作品中探索现代主义技术，包括勋伯格和韦伯恩的序列主义。

多产的创造力

施尼特凯对传统的、苏联认可的模式和许多前卫音乐都不满意。除了其他的古典形式，甚至爵士和流行以外，他还开发了一种综合这些元素的方法，称之为“多样式主义”。到1972年，他在《第一交响曲》中展示了他对这一技巧的掌握，这是他的第一部成熟作品，问世于他离开音乐学院并开始专注作曲之时。他的主要收入来自于电影配乐的创作，但他也开始了一段多产的创作时期，几乎在所有的体裁中都创作了音乐会作品。

然而，当他在莫斯科，特别是在反体制的知识分子中崭露头角时，当局对他的现代主义表现出不悦，并在1980年禁止他出国。然而，由于有朋友支持他的工作，包括基东·克雷默、尤里·巴什梅特（Yuri Bashmet）和姆斯蒂斯拉夫·罗斯特罗波维奇，他逐步获得国际声誉。

20世纪80年代是施尼特凯的一个变化时期。他开始对宗教感兴趣，并在天主教堂接受了洗礼；他的音乐变得更加内省，甚至是神秘主义，风格也更加平易近人与和谐。他遭受了一系列中风，但他继续创作，尽管他的文字变得几乎难以辨认。当米哈伊尔·戈尔巴乔夫（Mikhail Gorbachev）推出“开放”和“改革”的自由化政策时，施尼特凯得以离开莫斯科，并于1990年与伊琳娜搬到汉堡。他的最后一部作品《第九交响曲》经过艰苦的破译，在1998年他去世前不久演出。

方法

多样式主义

尽管其他作曲家，特别是查尔斯·艾夫斯和卢恰诺·贝里奥（Luciano Berio），也采用了类似的对不同的音乐风格进行引用、影射和并置的技巧。但施尼特凯明确使用了“多样式主义”一词来描述他的音乐，而且从20世纪60年代中期到1985年，这几乎成为他所有作品的标志。这种外向的、粗暴的、有时是混乱的表现形式，结合和对比了从格里高利圣咏到电子实验主义的各种风格，并结合了古典和流行的风味，与当代后现代主义运动相吻合，特别是它模糊了高低文化之间的区别，以及将碎片化的不同想法进行拼贴。

▽**施尼特凯之墓**
施尼特凯在莫斯科的墓碑上的音乐符号包括一个带有“fff”标记的停顿，表示“一段漫长的、非常响亮的沉默”。

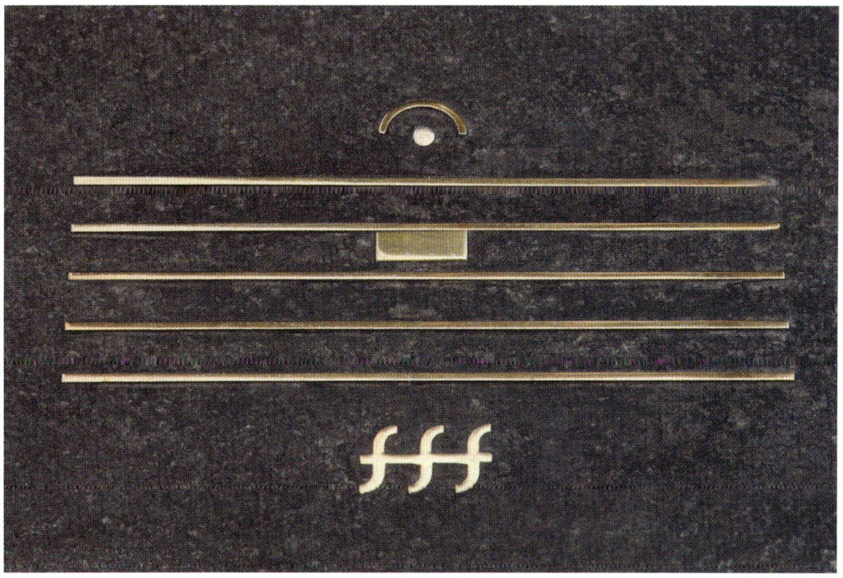

“每个人身上都潜藏着巨大的力量，但很多人至死都未发现这一点。”

阿尔弗雷德·施尼特凯

阿沃·帕特（Arvo Pärt）

出生于1935年，爱沙尼亚

帕特是所有在世作曲家中作品被演出最多的一位。他以其独特的钟鸣作曲法（tintinnabuli）技术创作的余音绕梁的沉思性音乐而获得国际认可。

阿沃·帕特1935年出生在爱沙尼亚中部耶尔瓦县（Järva County）的首府派德（Paide）；3岁时，他随母亲搬到北部的拉克韦雷（Rakvere）镇。1942年左右，他在那里上了第一堂音乐课。

他表现出了音乐天赋，尤其是作为一个作曲家。在青少年时期，他就写出了深受肖斯塔科维奇和普罗科菲耶夫影响的新古典主义风格的作品。除了受苏联政府批准的音乐，他几乎没有机会接触到任何可供模仿的东西，但他还是设法通过不合法的手段得到了一些乐谱和录音，从中了解到现代技术，如十二音序列主义。

早期作品

帕特在塔林（Tallinn）音乐中学继续自己的音乐教育，并从1958年开始在塔林音乐学院学习，同时为爱沙尼亚公共电台担任声音制作人。当他还是一个学生时，他就写了第一部主要管弦乐作品《死亡名册》（*Nekrolog*），献给大屠杀的受害者们。

这是头一次由爱沙尼亚作曲家写下十二音序列主义的作品，遭到了苏联当局的谴责。帕特并不气馁，在整个60年代继续探索前卫风格，并发展出了一种音乐拼贴技术，融入了各种现代主义思想。然而，他觉得他仍然需要找到自己的音乐语言。转折点出现在1972年。这一年，他的个人生活发生了两个重大变化：他结了婚，并从路德教改信东正教。这促使他从作曲中抽身出来，并开始研究中世纪和文艺复兴时期的音乐，更重要的是研究东正教礼拜仪式里的合唱音乐。

帕特的学习使他的音乐方法发生了根本性改变。他放弃了以前音乐中的复杂性和知识性，创造了一个朴素的、几乎是静态的声音世界。虽然这种风格的简单性与一些美国极简主义作曲家有一些相似之处，但在他被称为“钟鸣作曲法”的特异技术中，他找到了自己独特的个人声音。在这种风格的早期作品，包括可能是他最著名的作品《镜中之镜》（*Spiegel im Spiegel*，1978年）之后，他的创作主要聚焦在受到东正教信仰启发或精神性主题的宗教作品。

◁**音乐的开端**
这架属于帕特家族的钢琴现在存放在劳拉斯马的阿沃·帕特中心。作曲家的母亲喜欢以演奏巴赫的音乐开始一天的工作。

驱逐和回归

1980年，帕特受到批评家们的强烈抨击，被迫带着妻子和两个儿子离开爱沙尼亚。他们起初住在维也纳，并在1981年搬到西柏林，在那里他获得了德国公民身份。苏联解体后，他重新开始了与祖国的联系，有一段时间他在德国和爱沙尼亚之间来回奔波，最后永久地搬回了塔林附近的沿海村庄劳拉斯马（Laulasmaa）。

方法

钟鸣作曲法

自20世纪70年代中期以来，帕特使用了一种他自己发明的作曲技巧，他称之为“钟鸣作曲法”。这种方法是在最基本的三音和弦或三和弦的基础上，设置一个简单、缓慢的旋律和同样简单的伴奏。例如，在短篇钢琴独奏《致阿丽娜》（*Für Alina*，1976年）中，旋律是一个上升和下降的大调音阶，由该音阶的三和弦的音符伴奏。各个音符在任何时候的组合都会产生一个被帕特描述为“同时静止和变化的”声音。就像钟声（tintinnabulation）一样，这些声音可以不断鸣响，声效逐渐展开。

△**东正教大教堂，塔林**
亚历山大·涅夫斯基大教堂（Alexander Nevsky Cathedral）是塔林老城的一座东正教教堂。帕特皈依东正教后，他的音乐在风格上发生了重大变化，经常以宗教文本为基础。

“如果一个音符可以被美妙地奏出，就令人满足了。”

阿沃·帕特

▷**阿沃·帕特，2014年**
帕特的音乐，无论是管弦乐还是合唱，都被描述为“神圣的极简主义”。这似乎与寻求精神联系的当代观众产生了共鸣。

菲利普·格拉斯

出生于1937年，美国

格拉斯被认为是美国极简主义的奠基人。他对重复性音乐结构的独特使用使他成为了20世纪末颇具影响力的作曲家之一。

虽然人们经常将菲利普·格拉斯与纽约艺术界联系在一起，但他是在巴尔的摩出生和长大的。他的父亲在该市拥有一家唱片店，店内存放了大量的古典音乐。小时候，格拉斯会吹长笛，十几岁时开始作曲。他在芝加哥大学学习数学和哲学，然后转到纽约茱莉亚音乐学院（Juilliard School of Music），1962年毕业于作曲专业。

20世纪60年代中期，格拉斯获得了富布赖特奖学金（Fulbright Scholarship），使他得以前往巴黎，跟随广受尊敬的作曲老师纳迪亚·布朗热学习（参见第259页）。在那里的2年时间里，他接触到了布列兹和斯托克豪森等人的最新欧洲前卫音乐。他还沉浸在印度音乐中，与拉维·香卡（Ravi Shankar）一起为一部电影配乐。这（而非现代西方音乐）将是他选择的道路。印度古典音乐缓慢演变、百转千回的特质特别吸引他，很快就在他的作品中占据了重要位置。

◁**菲利普·格拉斯，2002年**

格拉斯花了很多年时间研究印度和实验音乐。他的作品影响了大卫·鲍伊（David Bowie）和布赖恩·伊诺（Brian Eno）等音乐家。

启发和改变

1967年回到纽约后，格拉斯受到斯蒂夫·莱奇（Steve Reich）音乐的启发，后者的音乐走的是与极简主义类似的路线，在小型乐团作品中使用了静态和声和重复的节奏模式。

虽然格拉斯经常在纽约表演自己的音乐，但这并没有帮他解决生计问题。1965年结婚后，为了维持生计，他还做过搬运工、水管工和出租车司机。

好在到了20世纪70年代中期，他已经充分确立了自己作为一个作曲家的地位，可以专心致志地从事他的音乐创作。他开始了音乐风格的变化时期。通过《再看和声》(*Another Look at Harmony*，1975年)，他发展了一种更精妙的极简主义，他更愿意称之为“具有重复结构的音乐”。他也开始写更多的大型作品。其中第一部是歌剧《沙滩上的爱因斯坦》(*Einstein on the Beach*)(关于阿尔伯特·爱因斯坦的生活)，与《非暴力不合作》(*Satyagraha*)[关于纳尔逊·曼德拉(Nelson Mandela)]和《埃赫那吞》(*Akhnaten*)(关于同名的埃及法老)一起构成了“肖像”歌剧三部曲。

格拉斯在80年代创作了大量的作品，包括歌剧和电影配乐。他的第一次婚姻以离婚告终，之后又有短暂而失败的第二次、悲剧性的第三次婚姻——1991年，他的妻子、艺术家坎迪·杰尼根（Candy Jernigan）因癌症去世。在他个人生活动荡不安的这段时期，格拉斯开始对创作更抽象的音乐产生兴趣，如交响曲和协奏曲，以及更多的歌剧——这一趋势一直持续到今天。

◁**《埃赫那吞》**

英国国家歌剧院在伦敦科利瑟姆剧院上演的格拉斯的《埃赫那吞》获奖作品中的一幕，该作品由费利姆·麦克德莫特（Phelim McDermott）导演。

方法

菲利普·格拉斯合奏团

1967年回到纽约后，格拉斯为小型合奏团写了大量的极简主义作品，通常以电子键盘、扩音管乐器和独唱为主。为了演奏这些作品，他在自己身边聚集了一批音乐家，并于1968年正式成立菲利普·格拉斯合奏团。乐团的乐器数量和组合因作品而异，核心成员约有10人，包括格拉斯本人。有几部作品——包括歌剧《沙滩上的爱因斯坦》（1975年）——是专门为菲利普·格拉斯乐团创作的。

菲利普·格拉斯合奏团现场演出

朱迪思·韦尔（Judith Weir）

出生于1954年，英国

韦尔因其歌剧和戏剧创作而闻名，但她也因其管弦乐和室内乐而广受称赞。她的作品借鉴了苏格兰、印度和中国的民间故事和丰富的文化传统。她还是第一位担任皇室音乐指导的女性。

朱迪思·韦尔1954年出生于剑桥，父母是苏格兰人。她的童年在伦敦附近度过。在学校时，她在英国国家青年管弦乐团演奏双簧管，并在约翰·塔文纳（John Tavener）的指导下学习作曲。她在这段早期岁月里就表现出了对编曲的兴趣，当时她会想出一些曲子，并和朋友们用不同的乐器组合来演奏。她的音乐创作就是从这里逐渐发展起来的。

早期作品

在剑桥大学，她得到了作曲家罗宾·霍洛韦（Robin Holloway）的指导。她还受到了更多音乐家的影响，包括蒙特威尔第、莫扎特、瓦格纳和威尔第，这些大师们对形式的精熟、他们的叙事力和音乐本身的辉煌一样令人着迷。

韦尔于1976年毕业于剑桥大学。3年后，她进入歌剧领域（歌剧已成了她工作的核心）。当时英国歌手简·曼宁（Jane Manning）（韦尔认为简是“新声乐的守护神”）邀请她为女高音独唱写一部作品。韦尔交出了《哈拉尔国王传奇》（*King Harald's Saga*，1979年），展示了她惊人的能力：她将一部史诗故事装入不到10分钟的作品中，并使用一个单独的人声表现了一个巨大的角色编制。

她的第一部戏剧作品是在1985年，创作了令人毛骨悚然的三幕歌剧《黑蜘蛛》（*The Black Spider*）。但2年后，韦尔因其三幕歌剧《中国戏曲之夜》（*A Night at the Chinese Opera*）的首演才终于引起了广泛的关注。这部险象环生的戏中戏的灵感来自于她对一本14世纪中国戏剧的阅读。这部歌剧成为了她很受欢迎的作品之一。

表现力

随后问世的是《消失的新郎》（*The Vanishing Bridegroom*，1990年），它借鉴并生动诠释了苏格兰西部高地的黑暗民间故事。韦尔的其他作品包括：《金发艾克贝尔特》（*Blond Eckbert*，1994年，根据一部关于恐惧症的德国民间故事的歌剧改编）、她为钢琴和弦乐创作的钢琴协奏曲（1997年）、为管弦乐队创作的《雨的到来》（*The Welcome Arrival of Rain*，2001年）以及她的歌剧《财富小姐》（*Miss Fortune*，2012年）。

◁《金发艾克贝尔特》演出海报

韦尔的歌剧《金发艾克贝尔特》根据路德维希·蒂克（Ludwig Tieck）的18世纪文本改编，于1994年在伦敦首次上演。

据韦尔说，她最欣赏的文学作品的品质是“简洁、清晰、轻松和（隐含的）智慧”——这些品质在她自己的许多音乐创作中都有体现。她也是一个有着巨大想象力的作曲家和格局宏大的叙事者。她的作品生动复杂、表现力丰富，且常是低调和讽刺的。她对这一领域的贡献获得了认可，为她赢得了包括在卡迪夫、格拉斯哥、普林斯顿和哈佛大学的职位，英帝国高级勋位（CBE，1995年），女王音乐奖章（2007年）。

背景

韦尔在巴比肯艺术中心（Barbican Centre）

2008年，BBC在伦敦的巴比肯中心举办了为期3天的韦尔音乐节，该中心是欧洲最大的综合艺术中心。韦尔的合唱主题曲《混凝土》（*Concrete*）——灵感来自于巴比肯建筑本身——在音乐节上首演。

韦尔将这首作品描述为对建筑的考古学探索，“在2500年的历史瓦砾中钻研”。正如混凝土是不同材料的混合物一样，《混凝土》也结合了各种元素：诗歌片段、日记条目和其他碎片化的文本与教堂和河神的名字混合在一起，构成了这部合唱作品。

▷朱迪思·韦尔

韦尔创作了许多歌剧，并为世界上若干支顶尖管弦乐队创作了管弦乐作品。她是女性作曲家中一个重要和鼓舞人心的榜样。

▷《财富小姐》，科文特花园剧院

《财富小姐》于2012年在伦敦皇家歌剧院上演。韦尔的歌剧为它所依据的西西里民间故事提供了当代背景——包括在洗衣店的场景。

名录

艾伦·科普兰

1900—1990年，美国

科普兰是20世纪美国音乐的杰出人物之一，他是一位钢琴家、指挥家、作家、教师和音乐会组织者，同时也作为作曲家写下了大量的、多样的、令人难忘的作品。他曾在巴黎跟随法国作曲家和指挥家纳迪亚·布朗热学习一段时间（1921—1924年）。尽管他有时受到各种先锋派元素的影响，但他最出名的是以一种易懂的、独特的美国风格创作的具有广泛的大众吸引力的作品，有时引用民歌，节奏活泼并融汇着露天开放空间的感觉。他的芭蕾舞剧《小伙子比利》（*Billy the Kid*）、《牧区竞技》（*Rodeo*）和《阿帕拉契之春》（*Appalachian Spring*）在这一领域尤其知名。他的其他作品包括三部交响曲、两部协奏曲（钢琴和单簧管）、室内乐和器乐、歌曲、合唱作品以及为舞台、电影和电视创作的作品。

关键作品：《为平凡人的号角》（*Fanfare for the Common Man*），1942年；《阿帕拉契之春》，1944年，单簧管协奏曲，1948年；《温柔乡》（*The Tender Land*），1954年

阿拉姆·哈恰图良（Aram Khachaturian）

1903—1978年，亚美尼亚

虽然他的父母是亚美尼亚人，但哈恰图良出生在格鲁吉亚，生命中的大部分时间在莫斯科度过。在他的职业生涯中一直被认为是一位苏联作曲家（亚美尼亚在1922年至1991年期间是苏联的一部分）。不过，他的音乐依然受到亚美尼亚民间传统的强烈影响，现在他被普遍认为是该国的主要文化英雄之一。与他同时代的伟大人物普罗科菲耶夫和肖斯塔科维奇一样，他在1948年被官方指责为在其作品中表现出“堕落的”的西方影响。但总的来说，他在苏维埃政权的限制中设法保全了自身。多年来，他在苏联获得了许多官方荣誉以及国际认可。哈恰图良的作品种类繁多，包括交响乐、协奏曲、器乐、室内乐和声乐，以及大量电影配乐。他最著名的作品可能是他的芭蕾舞剧《加雅涅》（*Gayane*）——其中包括著名的《马刀舞曲》（*Sabre Dance*）——和《斯巴达克斯》（*Spartacus*）。这些作品展示了他热情洋溢、色彩丰富的风格。

关键作品：小提琴协奏曲，1940年；《加雅涅》，1942年；《斯巴达克斯》，1956年；《为大提琴和乐团而作的狂想协奏曲》（*Concerto-Rhapsody for Cello and Orchestra*），1963年

塞缪尔·巴伯（Samuel Barber）

1910—1981年，美国

巴伯来自一个音乐世家，7岁开始作曲。虽然他的音乐有某些现代主义的特点，但他的作品风格大体上是相当保守且热情洋溢的，这为他的整个职业生涯带来了赞誉和荣誉。在他生命的最后阶段，他说：“音乐不必让听众难以理解”，而他的许多作品确实获得了广泛和持久的欢迎［最显著的是凄美、悲壮的《弦乐柔板》（*Adagio for Strings*），它经常伴随或纪念庄严的事件而被演奏］。巴伯的作品数量不多，但种类繁多，包括交响乐、协奏曲、歌剧、芭蕾舞剧、室内乐、器乐，以及许多歌曲——他非常喜欢的表达形式之一。他本人也是一位出色的歌唱家，他为女高音和管弦乐队创作的凄美的《1915年诺克斯维尔之夏》（*Knoxville Summer of 1915*）通常被认为是他的代表作之一。

关键作品：《弦乐柔板》，1936年；小提琴协奏曲，1940年；《1915年诺克斯维尔之夏》，1947年；钢琴协奏曲，1962年

▽约翰·凯奇（John Cage）

1912—1992年

凯奇是音乐史上伟大的实验主义者之一，从20世纪40年代初开始，他就是纽约先锋派圈子里的杰出人物，到了20世纪60年代中期，他已经成为国际知名人士：他到处旅

△约翰·凯奇，1982年

行，表演他的作品，还通过写作和演讲传播他的思想。他的音乐是极其非正统的，使用非常规来源的声音以及随机、偶然的过程。他尤其以使用“预制钢琴”而闻名——将各种小物件（例如金属、橡胶或布）放在琴弦上或中间，以改变乐器的声音。他最有争议的作品是《4'33"》。作品中，演奏者在4分33秒内保持沉默，这种安静突显出环境中随机的声音。晚年的凯奇也开始绘画和版画创作。

关键作品：单簧管奏鸣曲，1933年；《四季》（*The Seasons*，芭蕾舞曲），1947年；《4'33"》，1952年；《廉价模仿》（*Cheap Imitation*），1969年

伊阿尼斯·泽纳基斯（Iannis Xenakis）

1922—2001年，希腊-法国

泽纳基斯出生于罗马尼亚，父母是希腊人，主要在希腊长大。1947年在巴黎定居，1965年成为法国公民。在二战前后（期间他在希腊抵抗运动中失去了一只眼睛），他接受了工程师培训，之后在巴黎为伟大的建筑师勒·柯布西耶（Le Corbusier）工作了12年（1948—1960年）。他在音乐方面基本上是自学成才。他的工程背景使他对数学有深刻的理解，他高度原创性的作品被描述为将数学过程转化为具有原始力量的音乐。从20世纪60年代初开始，他经常使用计算机来帮助创作作品。他是一位多产的作家，在欧洲和美国的大学任教，并被广泛认为是为战后音乐创造实验氛围的主要人物。

关键作品：《转移》（*Metastaseis*，管弦乐团），1954年；《埃玛》（*Herma*，钢琴），1961年；《克拉内戈》（*Kraanerg*，管弦乐团和录音带），1968年；《珀塞法萨》（*Psappha*，打击乐），1975年

▽皮埃尔·布列兹

1925—2016年

作为一名作曲家、指挥家、作家和音乐机构的创始人，布列兹在其漫长的职业生涯中的大部分时间都是古典音乐的领军人物，并且是一个直言不讳、令人生畏的前卫艺术的支持者。最初，他是一名出类拔萃的数学家，而他的音乐也很复杂，且充满智慧。他开始指挥工作是为了倡导他自己的音乐和其他新音乐，然而后来他发展成了同时代人中重要的国际指挥家之一，与一些世界领先的交响乐团合作，并录制了许多广受赞誉的唱片（主要是20世纪的音乐，但也包括其他音乐，比如瓦格纳的《指环》系列）。他也是“声学/音乐研究和协作学院”（IRCAM，1978年成立）的创始人，这是一个由政府资助的巴黎音乐与科技研究机构，多年来他与该机构的演奏团体——巴黎当代乐团（Ensémble interContemporain）——一起巡回演出。

关键作品：第一钢琴奏鸣曲，1946年；《无主之槌》（*Le Marteau sans Maître*），1955年；《重重皱褶》（*Pli Selon Pli*），1962年；《双影对话》（*Dialogue de L'ombre Double*），1985年

卢恰诺·贝里奥

1925—2003年，意大利

贝里奥是20世纪下半叶意大利领先的先锋派作曲家。他的家族几代人都是音乐家，而他在十几岁时就开始作曲。最初，他受到斯特拉文斯基的影响，但他很快变得更具实验性；尤其是他探索了对电子音乐和街头噪音等声音的使用。他还为各种传统乐器和声乐创作了各种类型的作品［他的三位妻子中的第一位是美国女中音歌唱家凯西·伯贝里安（Cathy Berberian），是他音乐的著名诠释者］。虽然他的作品有着复杂的智性要求，但也被描述为富有同情心，具有强烈的抒情性和戏剧性元素以及幽默感。贝里奥在欧洲和美国的各种机构任教，他被许多崇拜者视为音乐大师。

关键作品：《圆圈》（*Circles*，为女声、竖琴和两个打击乐手），1960年；《交响曲》（*Sinfonia*，管弦乐团和8个扩音人声），1969年；《国王倾听》（*Un re in Ascolto*，歌剧），1984年；《演绎》（*Rendering*，管弦乐团），1990年

△1995年4月，皮埃尔·布列兹在伦敦皇家节日大厅（Royal Festival Hall）

汉斯·维尔纳·亨策（Hans Werner Henze）

1926—2012年，德国

虽然他从事各种类型的工作，但亨策首先是一个戏剧家——他是那个时代领先的先锋派歌剧作曲家。他在德国度过了他的早期职业生涯，然后在1963年移居意大利。他还到处旅行以监督和指挥他的作品，并进行教学（如在古巴、英国和美国）。他的作品受到社会主义政治观点的强烈影响——他始终希望创作“大众可以理解的东西”。他著名的作品之一，清唱剧《美杜莎之筏》（*The Raft of the Medusa*），是为纪念革命者切·格瓦拉（Che Guevara）而写的，1968年在汉堡首演时引发了一场骚乱。除了歌剧、芭蕾舞剧和其他舞台作品，他的作品还包括许多管弦乐（特别是10部交响曲）和室内乐。他的作品风格多样，受到爵士乐和阿拉伯音乐等的影响。

关键作品：《孤独的林荫道》（*Boulevard Solitude*），1951年；《美杜莎之筏》，1968年；《我们来到河边》（*We Come to the River*），1976年；第十交响曲，2000年

索菲娅·古拜杜丽娜（Sofia Gubaidulina）

出生于1931年，俄罗斯

作为俄罗斯的杰出女作曲家，古拜杜丽娜自1992年以来一直居住在德国，到21世纪初已享有国际声誉，赢得了众多奖项，并吸引了重要管弦乐队和独奏家的委托。她有

很高的精神性，作品经常受到宗教和哲学思想的影响，并有一种神秘的企盼（1979年，她被政府当局谴责为制造“嘈杂的泥巴而不是真正的音乐创新”）。她的作品包括管弦乐、合唱、室内乐和器乐、舞台作品和电影配乐。她有时会使用不寻常的乐器组合，并将西方古典传统的元素与亚洲音乐的影响相融合［她在现在的鞑靼斯坦共和国（Republic of Tatarstan）出生和长大，这个地方一直处于各种文明的十字路口］。

关键作品：《奉献》（*Offertorium*，小提琴协奏曲），1980年；《现在总是下雪》（*Jetzt immer Schnee*，为人声和器乐而作的康塔塔），1993年；《约翰受难》（*St John Passion*），2000年；《苏格兰女王玛丽》（*Mary Queen of Scots*，电影配乐），2013年

亨里克·戈雷茨基

1933—2010年，波兰

在接近60岁之前，戈雷茨基一直是当代音乐界受人尊敬的人物，但他在全世界范围内几乎无人知晓。1992年发行的《第三交响曲》的唱片在国际上大受欢迎，获得了相当大的电台曝光，销量超过了100万张，这对于一部严肃的现代作品来说是一个前所未有的数字，这也改变了他不为人知的状况。这部作品缓慢而沉思，由女高音演唱3段有关受苦和战争主题的波兰文。戈雷茨基本人无法理解这部交响曲的突然流行，对自己突然获得的名声深感困惑。他是一个虔诚的天主教徒，一些评论家将他的作品与当时其他具有精神意识的作曲家（特别是帕特和塔文纳）的作品联系在一起，冠以“神圣的极简主义”。在许多听众看来，他们宁静的作品是许多刺耳的现代音乐的解毒剂。

关键作品：《两首宗教歌曲》（*Two Sacred Songs*），1971年；第三交响曲［《悲愁之歌交响曲》（*Symphony of Sorrowful Songs*）］，1976年；《求主垂怜》（*Miserere*），1981年

△克里斯托弗·潘德列茨基在柏林演奏厅排练，1997年

△克里斯托弗·潘德列茨基

1933—2020年，波兰

潘德列茨基是他那个时代广受赞誉的作曲家之一。他的作品几乎从他的职业生涯一开始就吸引了大量的公众，这在先锋派艺术家中是极不寻常的，这反映出他设法强有力地传达自己人道主义观点的努力。他为弦乐乐队而作的《广岛受难者的挽歌》（*Threnody for the Victims of Hiroshima*）引起了国际社会的注意，这是一部典型的阴郁作品，他在其中创造了一个高度个性化、具有严酷表现力的声音世界，也是作曲家反对战争的内心表露。这部作品为他赢得了他一生中一长串重大奖项中的第一个，他还在欧洲和美国获得了多个驻团作曲家的职位。他的作品包括交响乐、协奏曲、歌剧、合唱和室内乐，以及为独奏乐器创作的作品。他经常指挥自己的作品，同时也因为指挥其他作曲家的作品而闻名。

关键作品：《广岛受难者的挽歌》，1960年；《劳敦的魔鬼》（*The Devils of Loudun*，歌剧），1969年；《波兰安魂曲》（*Polish Requiem*），1984年；单簧管四重奏，1993年

哈里森·伯特威斯尔（Harrison Birtwistle）

出生于1934年，英国

伯特威斯尔出生在兰开夏郡的阿克宁顿（Accrington），在军乐队和铜管乐队的世界里长大，铜管和打击乐的声音经常在他的音乐中占有显著位置。他的音乐具有活力和暴力的特点（尽管它也有幽默和抒情之美）。起初，他作为一名单簧管演奏家表现出色，但在20多岁时，他放弃了演奏，完全专注于作曲。伯特威斯尔尤其作为那一代英国顶尖的歌剧作曲家而闻名，不过直到《高文》（*Gawain*，1991年），他才真正将作品称作“歌剧”：例如，他在该领域的第一部作品《潘奇与朱迪》（*Punch and Judy*，1967年），被称为“喜剧性悲剧或悲剧性喜剧”。除了舞台作品（通常基于神话题材），他还写过管弦乐、室内乐和独奏器乐，以及合唱和独唱作品。

关键作品：《潘奇与朱迪》，1967年；《地球之舞》（*Earth Dances*），1986年；《高文》，1991年；《牛头人》（*The Minotaur*），2008年

斯蒂夫·莱奇

出生于1936年，美国

作为世界领先的极简主义作曲家之一，莱奇有着丰富多样的音乐成长和教育经历。他的母亲是一位百老汇的作词家。他在十几岁时成为一名出色的爵士鼓手，之后在著名的纽约茱莉亚音乐学院学习，并在加利福尼亚的密尔斯学院（Mills College）跟

随作曲家卢恰诺·贝里奥学习。莱奇的作品通常围绕对短乐句的重复和微妙展开。一开始，莱奇用磁带机播放录音的循环，之后渐行渐远，发展到使用更传统的乐器，有时还结合录制的语音。一个例子是《不同的火车》（*Different Trains*），这也许是他最受欢迎的作品。这首三乐章作品中，弦乐四重奏与火车的噪音和谈论火车的声音混合在一起。他经常与他的妻子、视频艺术家贝丽尔·科罗特（Beryl Korot）合作。

关键作品：《鼓声》（*Drumming*），1971年；《不同的火车》，1988年；《洞穴》（*The Cave*，多媒体歌剧），1993年；《三则故事》（*Three Tales*，视频歌剧），2002年

约翰·塔文纳

1944—2013年，英国

塔文纳因其灵性、冥想的作品而获得了巨大的成功，吸引了许多对现代音乐不感兴趣的人。他很早就凭《鲸鱼》（*The Whale*）造成了影响（披头士乐队很喜欢这部作品，并在他们的苹果厂牌的专辑里录制）。他引人注目的外表（非常高大，有一头飘逸的长发）使他始终存在于在公众视野中。1977年，他被俄罗斯东正教会接收。他的音乐深受其传统的影响，使用简单的主题来创造一种强烈的沉思情绪。1997年，威尔士王妃戴安娜（Diana）的葬礼上演奏了他的《雅典娜之歌》（*Song for Athene*，为纪念一位死于交通事故的朋友而写），使他的名声大振。塔文纳的大部分作品都是合唱，但为大提琴和弦乐创作的《保护面纱》（*The Protecting Veil*）也是他广受赞誉的作品之一。

关键作品：《鲸鱼》，1966年；《羔羊》（*The Lamb*），1982年；《保护面纱》，1988年；《雅典娜之歌》，1993年

雷德媛（Alexina Louie）

出生于1949年，加拿大

作为一名华裔加拿大人，雷德媛在她的作品中融合了东方和西方的影响，这为她带来了国际认可和一系列著名奖项。她出生在温哥华，在英属哥伦比亚大学和加州大学圣地亚哥分校学习，获得了作曲硕士学位。她在加利福尼亚住了10年，教钢琴、理论和电子作曲，最后在1980年定居多伦多。她的第一个重要成功是为弦乐乐队创作的《伟大的奇迹》（*O Magnum Mysterium*），作品纪念了1982年去世的加拿大知名钢琴家格伦·古尔德（Glenn Gould）。钢琴是她的主要乐器，为钢琴创作的独奏曲在她的作品中占有重要地位，但她也为各种乐器创作，包括完整的管弦乐队、室内乐团和声乐，并尝试使用合成器和计算机音乐。除了为音乐厅作曲，她还为舞蹈、电影和电视创作。

关键作品：《伟大的奇迹》，1982年；《我跃过星空》（*I Leap Through the Sky with Stars*，钢琴独奏），1991年；《血色公主》（*The Scarlet Princess*，歌剧），2002年；《为三把小提琴与乐团而作的三重协奏曲》（*Triple Concerto for Three Violins and Orchestra*），2017年

◁艾力·韦塔克（Eric Whitacre）

出生于1970年，美国

韦塔克在流行领域取得了巨大的成功，特别是在合唱作品方面，他的支持者们认为这些作品宁静而振奋人心。他早期的音乐教育很不完善，但他在参加莫扎特《安魂曲》的学生演出时发现了对合唱的热爱，随后在纽约茱莉亚音乐学院接受训练。自20世纪90年代末以来，他主要居住在洛杉矶。韦塔克作为公共演讲者的天赋增强了他的广泛吸引力，特别是在年轻人中。业余人士对他作品的演出次数不亚于专业歌唱家。2009年他推出了在线合唱团，世界各地的人在网上发布自己演唱他的作品的视频，这些视频被融合到一个综合表演中。

关键作品：《水夜》（*Water Night*），1995年；《眠》（*Sleep*），2000年；《金色之光》（*Lux Aurumque*），2000年；《迷失乐园：影与翼》（*Paradise Lost: Shadows and Wings*），2003年；《康河》（*The River Cam*），2011年

△艾力·韦塔克在伦敦皇家阿尔伯特大厅指挥，2015年

术语表

十二音音乐（12-tone music）
作品中，半音阶的每个音都被赋予相同的重要性，消除了任何调性或调性的概念。由阿诺尔德·勋伯格和其他人在20世纪20年代创建。又见序列主义。

无伴奏合唱（a cappella）
由一名独唱者或一个团体进行的无伴奏演唱。

男高音/女中音（alto）
最高的男声和最低的女声。也用于描述比高音乐器音高低的乐器。

咏叹调（aria）
字面意思是“空气”（意大利语），是歌剧或清唱剧中的声乐作品，通常为一个声部，比歌曲更正式。17和18世纪的咏叹调通常采用“达卡波咏叹调”的形式，有三段式结构。

琶音（arpeggio）
一个和弦，其中的音符从上到下分别演奏，或反之。

无调性（atonal, atonality）
任何没有可识别的调性或调的音乐，如序列主义音乐；与调性音乐相反。

巴洛克（Baroque）
1600年至1750年间创作的音乐；描述古典主义时期之前的作品。

低音（bass）
音高最低：形容最低男声，和弦或乐曲的低声部，或一个乐器家族中音高最低的乐器。

通奏低音（*basso continuo*）
和声伴奏，通常由大键琴或管风琴和低音提琴或大提琴组成，在巴洛克时期被广泛使用。

美声唱法（*bel canto*）
在意大利语中意为“美丽的歌声”，是18世纪和19世纪初的一个歌唱流派，其特点是注重音色的美感、技巧的敏捷性和呼吸的控制。

康塔塔（cantata）
有叙事性的作品，一般为独唱、合唱和管弦乐队，旨在讲述一个故事。

阉伶（castrato）
意大利语字面意思是“被阉割的”；一个在青春期前被阉割的男歌手，以便保留其高亢的男高音或童声高音。阉伶在17世纪和18世纪初的意大利歌剧中特别流行，但在18世纪末，以艺术为目的的阉割被禁止了。

室内乐（chamber music）
为两个或更多乐器组成的小团体而创作的乐曲，如二重奏、三重奏和四重奏。

和弦（chord）
一个同时存在的音符组合。最经常使用的是“三和弦”，由三个不同的音符组成，分别建立在**音阶**的第一、第三和第五个音符上。例如，在C大调中，音阶的音符是C、D、E、F、G、A和B；C大调三和弦由C、E和G组成。

半音阶（chromatic）
拉丁语字面意思是“彩色的”，基于一个八度内所有12个半音的音阶，与基于七个音的自然音阶不同。

古典主义（Classical）
在1750年至1830年之间创作的音乐；描述巴洛克之后那段时期的作品。

协奏曲（concerto）
为独奏乐器和管弦乐队演奏的大型作品，旨在展示独奏者的技能；而巴洛克的大协奏曲（concerto grosso），在较小的管弦乐队（ripieno）和一组独奏者（concertino）之间有更平等的互动。

大协奏曲（concerto grosso）
见协奏曲。

和谐（consort）
16和17世纪在英国流行的一种器乐合奏；也用于描述这些合奏所演奏的音乐以及表演本身。

女低音（contralto）
一个描述歌剧中最低的女声（中音）的术语。

对位（contrapuntal）
使用对位法，同时演奏或演唱两条或更多条同样重要的旋律线。

对位法（counterpoint）
参见对位。

自然音阶（diatonic）
在一个音阶里，八度被分为七个音，如大音阶和小音阶。

不和谐音（dissonance）
音符在一起演奏，产生不和谐的声音（听起来不悦耳）。

形式主义（Formalism）
在苏联和东欧国家，这个术语被笼统地用于批评不创作歌颂苏维埃政权作品的人们。

赋格（fugue）
源自意大利语的fuga，“追逐”或“飞行”；一种高度结构化的**对位**曲，由两个或多个部分组成，流行于巴洛克时代。独立的声部或线条互相模仿，一个接一个地进入。

甘美兰（gamelan）
印度尼西亚的传统合奏音乐，主要是打击乐器，如锣、木琴和鼓。

大歌剧（grand opera）
在法国得到发展的歌剧形式，包含历史情节、大型合唱团、人群场景、华丽的服装和壮观的布景。

间奏曲（intermezzo）
在正歌剧的两幕之间进行的轻松的插曲。间奏曲是从幕间剧（intermedio）发展而来的。在15和16世纪，间奏曲是在舞台台词剧的两幕之间表演的简短音乐剧。

转位（inversion）
当一个和弦或音乐线条的组成音符以不同的顺序重新排列时，就可以说是转位了。

调（key）
一首乐曲的调性中心，以音阶的第一个音为基础。

主导动机（leitmotif）
字面意思是“主导动机”（德语）；一个简短的音乐短语，在作品中反复出现，以表明一个人物、情感或物体的存在。

剧本（libretto）
歌剧或其他声乐戏剧作品的文本。

利德歌曲（Lied）
一种传统的德国歌曲，被舒伯特普及。

牧歌（madrigal）
文艺复兴时期和巴洛克早期的英国和意大利流行的一种无伴奏合唱歌曲；它通常与一首爱情诗搭配。

弥撒（Mass）
罗马天主教会的主要仪式，结构高度正规化，包括特定的部分——被称为“普通”——按以下顺序进行。慈悲经（Kyrie）、荣耀经（Gloria）、信经（Credo）、圣哉经［包括和散那（Hosanna）和降福经（Benedictus）］和羔羊经［Agnus Dei，包括《给我们安宁》（*Dona nobis pacem*）］。

女中音（mezzo-soprano）
字面意思是“半女高音”；最低的女高音；介于女高音和女低音之间。

极简主义（Minimalism）
一个以美国为主的音乐流派，偏爱一种涉及重复短句的几乎催眠性织体的声音世界。

调式（mode）
一种具有明显旋律特征的七音音阶；在民间音乐和素歌中最常听到。

经文歌（motet）
基于宗教文本的复调合唱作品，通常无伴奏。

夜曲（nocturne）
一种独奏、单乐章的钢琴曲，由约翰·菲尔德开创，肖邦将其发扬光大。

八度（octave）
一个音高和另一个频率为其两倍或一半的音高之间的间隔。在钢琴上，高音C和下一个更高的C音之间有一个八度音。

歌剧（opera）
所有或大多数角色都唱歌的戏剧，音乐是其中的一个重要元素。通常所有的对话都是唱出来的。

喜歌剧（*opera buffa*）
18世纪开始流行的一种喜剧歌剧；与正歌剧相反。

法国喜歌剧（*opéra comique*）
一种法国独特的歌剧类型，尽管它的名字是喜剧，但并不总是喜剧，也不一定很轻松。这种体裁里还包括口语对话。

正歌剧（*opera seria*）
字面意思是“严肃的歌剧”，与喜歌剧恰恰相反；其特点是英雄或神话情节，以及音乐和动作的正式性。

轻歌剧（operetta）
意大利语意为“小歌剧”，有时也被称为“轻歌剧”；19世纪的一种包括口语对话的轻快歌剧风格。

清唱剧（oratorio）
为声乐独唱和合唱团创作的宗教作品，有乐器伴奏。与**歌剧**不同的是，清唱剧是一首音乐会作品，而不是戏剧。

序曲（overture）
源自法语的“开场”；**歌剧**或芭蕾舞剧的器乐引子，其中展示了一些主要的音乐主题。

音高（pitch）
一个声音在**音调**范围内的位置——它有多高或多低。这取决于声波的频率。

素歌（plainsong）
中世纪的教堂音乐，也被称为“平咏”（plainchant）；由无声的、无伴奏的声乐线组成，节奏自由，像说话一样，没有固定的小节长度。

拨弦（pizzicato）
一种弦乐器的演奏方式，用手指拨动琴弦，而非通常的用弓演奏。

复调（polyphony）
指的是一种作曲风格，其中所有的部分都是独立的，具有同等的重要性，意味着这也是**对位法**音乐。这种风格的典型形式包括**赋格**和**经文歌**。

前奏曲（prelude）
一首短小的音乐作品，一般是作为长篇作品的引子，不过有时也作为独立的作品存在。

标题音乐（programmatic, programme music）
任何为描述非音乐主题（如事件、风景或文学作品）而写的音乐。

宣叙调（recitative）
歌剧和**清唱剧**中的一种唱法，与通过**音高**和节奏来演绎戏剧性讲话密切相关；通常用于在**咏叹调**和合唱之间进行对话和情节的阐述。

浪漫主义（Romantic）
一段在19世纪占主导地位文化时期，在音乐领域由贝多芬引领。

回旋曲（rondo）
一种在反复出现的主题之间穿插材料的乐曲；遵循ABACADAE等形式。

音阶（scale）
定义了一个曲调的一系列音符，通常也定义了作品的**调性**。不同的音阶赋予音乐不同的感觉和“色彩”。

半音（semitone）
西方**调性**音乐中音符之间最小的音乐间隔。一个全音有两个半音，一个**八度**有12个半音。

序列主义（serialism, serial music）
20世纪20年代发展起来的一种**无调性**作曲体系，其中以固定的音乐序列为基础，创造出更复杂的整体作品。

歌唱剧（*Singspiel*）
一般指用口语对话代替**宣叙调**的喜剧**歌剧**。莫扎特的《魔笛》为其典型。

奏鸣曲（sonata）
一种流传广泛的、由一名或多名乐手演奏的作品，起源于**巴洛克**时期。当时这个词指的是为独奏或小群乐器演奏的短曲，由**通奏低音**伴奏。**古典主义**时期的奏鸣曲通常采用一个或两个乐器，三或四乐章结构（不过三乐器奏鸣曲也时常很受欢迎）。

奏鸣曲式（sonata form）
古典主义时期流行的一种结构形式。从这一时期开始，奏鸣曲、交响曲和协奏曲的第一乐章主要以这种形式写成。

声乐套曲（song cycle）
一组讲述一个故事或有着一个共同主题的歌曲。作为一个单一的实体按顺序演出。

高音（soprano）
四个标准歌声中最高的一个——高于**中音**、**次中音**和**低音**。这个术语也指在这个声区演唱的女性或男孩。

谱表（stave）
由五条横线组成的栅格，用于书写音乐，也写作staff。

套曲（suite）
由一系列形成对比的舞曲乐章组成的多乐章作品——一般是器乐性的，通常都是一个**调式**。

交响诗（symphonic poem）
一部较长的单乐章交响乐作品，通常具有**标题音乐**性质，一般描述风景或文学作品。也被称为音诗。

交响乐（symphony）
一部为完整管弦乐团而写的大型交响乐作品。**古典主义**时期和一些**浪漫主义**时期交响乐都包含四个乐章——传统上由快板、较慢的第二乐章、谐谑曲和热烈的尾声组成。第一乐章通常采用**奏鸣曲式**，慢板和尾声可能遵循类似的结构。后来的交响曲也会有更多或更少的乐章。

男高音/次中音（tenor）
最高的天然成年男声；也指描述这一音域的乐器。

音色（timbre）
声音的特性或特征，使听众能够区分乐器（或人声）之间的差别；与“音色”（tone color）同义。

调性（tonal, tonality）
一个大、小调**音阶**和**调式**的系统，构成了从17世纪到20世纪初勋伯格之前的所有西方音乐的基础。

音诗（tone poem）
见**交响诗**。

高声部（treble）
最高的、不变的男性声音，或一首乐曲中最高的乐器或声部。

三和弦（triad）
见**和弦**。

真实主义（verismo）
一种后**浪漫主义**风格的**歌剧**，其主题材料和表现形式牢牢扎根于现实。

颤吟（vibrato）
在单个音符周围快速、有规律的音高变化，以加强表现力。

索引

致谢

The publisher would like to thank the following for their kind permission to reproduce their photographs:

(Key: a-above; b-below; c-centre; l-left; r-right; t-top)

1 Dorling Kindersley: Gary Ombler / National Music Museum (c). **2 Getty Images:** DEA / A. DAGLI ORTI / Contributor (c). **3 Alamy Stock Photo:** Peter Horree (c). **5 Getty Images:** DEA / G. DAGLI ORTI / Contributor (c). **12 akg-images:** Album / Oronoz (tr). **13 Alamy Stock Photo:** The Picture Art Collection (tr). aerial-photos.com (bl). **13 Getty Images:** Heritage Images / Contributor (br). **14 Alamy Stock Photo:** imageBROKER (c). **15 Alamy Stock Photo:** Peer Marlow (tr). **15 akg-images:** Erich Lessing (br). **16 Getty Images:** Mondadori Portfolio / Contributor (tl). **16 Alamy Stock Photo:** Niday Picture Library (br). **17 akg-images:** (ca). **17 Getty Images:** Heritage Images / Contributor (br). **18 Bridgeman Images:** Photo © Ravenna (c). **18 Getty Images:** Photo Josse/Leemage / Contributor (cr). **19 akg-images:** Erich Lessing (c). **20 Alamy Stock Photo:** James Hadley (tr). **21 Alamy Stock Photo:** Lebrecht Music & Arts (tr). Mike Booth (bc). **21 Getty Images:** DEA / G. NIMATALLAH / Contributor (br). **22 Getty Images:** Education Images / Contributor (cl). **22 Bridgeman Images:** © Marage Photos (bc). **23 Getty Images:** DEA / A. DAGLI ORTI / Contributor (c). **24 Bridgeman Images:** (c). **25 Alamy Stock Photo:** Lebrecht Music & Arts (c). Peter Horree (crb). **26 Getty Images:** Hulton Archive / Stringer (tr). **27 Alamy Stock Photo:** World History Archive (tc). PAINTING (tr). Ian Dagnall (bl). **28 Getty Images:** DEA / A. DAGLI ORTI / Contributor (c). **29 Alamy Stock Photo:** Lebrecht Music & Arts (tr). Lebrecht Music & Arts (br). **30 Getty Images:** Heritage Images / Contributor (tr). **31 Bridgeman Images:** © British Library Board. All Rights Reserved (tl). **31 Alamy Stock Photo:** ART Collection (cr). **31 akg-images:** historic-maps (br). **32 Alamy Stock Photo:** Photo 12 (br). **33 Alamy Stock Photo:** Art Collection 2 (tl). **36 Getty Images:** Heritage Images / Contributor (c). **37 Alamy Stock Photo:** Tibor Bognar (tr). Hemis (br). **38 Alamy Stock Photo:** UtCon Collection (tl). Westend61 GmbH (tr). **38 Getty Images:** DEA PICTURE LIBRARY / Contributor (bl). **39 Getty Images:** ullstein bild / Contributor (t). **40 Getty Images:** DEA / A. DAGLI ORTI / Contributor (bl). DEA / G. NIMATALLAH / Contributor (cr). **41 Alamy Stock Photo:** Heritage Image Partnership Ltd (c). **42 akg-images:** Erich Lessing (c). **43 Getty Images:** DEA PICTURE LIBRARY / Contributor (c). **43 Alamy Stock Photo:** Heritage Image Partnership Ltd (br). **44 Alamy Stock Photo:** The Picture Art Collection (tr). Lebrecht Music & Arts (br). **45 Alamy Stock Photo:** History and Art Collection (c). **46 Getty Images:** UniversalImagesGroup / Contributor (tr). **47 Getty Images:** DEA PICTURE LIBRARY / Contributor (tl). **47 Bridgeman Images:** (cr). **47 Alamy Stock Photo:** Lebrecht Music & Arts (br). **48 Getty Images:** DEA / A. DAGLI ORTI / Contributor (c). **49 Getty Images:** Mondadori Portfolio / Contributor (cl). DEA / E. LESSING / Contributor (br). **50 akg-images:** Fototeca Gilardi (tl). (bc). **51 Getty Images:** DEA / A. DAGLI ORTI / Contributor (l). **52 Getty Images:** DEA PICTURE LIBRARY / Contributor (tr). **53 Getty Images:** DEA / A. DAGLI ORTI / Contributor (tr). **53 akg-images:** (br). **54 Getty Images:** DEA / G. DAGLI ORTI / Contributor (c). **55 Getty Images:** DEA / A. DAGLI ORTI / Contributor (ca). AKSARAN / Contributor (bl). DEA / A. DAGLI ORTI / Contributor (crb). **56 akg-images:** (cl). **56 Bridgeman Images:** Graham Salter (cr). **57 Getty Images:** Print Collector / Contributor (c). **58 Alamy Stock Photo:** Lebrecht Music & Arts (tl). **58 Bridgeman Images:** (tr). **58 Alamy Stock Photo:** tilialucida (bc). **59 Bridgeman Images:** Lebrecht Music Arts (t). **60 Getty Images:** DEA PICTURE LIBRARY / Contributor (t). **61 Bridgeman Images:** (tl). **61 Getty Images:** DEA / A. DAGLI ORTI / Contributor (cr). Heritage Images / Contributor (cb). **62 Getty Images:** Heritage Images / Contributor (cl). DEA PICTURE LIBRARY / Contributor (cr). **62 Alamy Stock Photo:** age fotostock (br). **63 Getty Images:** DEA PICTURE LIBRARY / Contributor (c). **64 Getty Images:** Leemage / Contributor (c). **65 Alamy Stock Photo:** dpa picture alliance (cla). **65 Getty Images:** DEA PICTURE LIBRARY / Contributor (crb). **66 Bridgeman Images:** (tc). **66 Alamy Stock Photo:** ART Collection (bl). **67 Alamy Stock Photo:** Artokoloro Quint Lox Limited (bl). **67 Getty Images:** Leemage / Contributor (cra). **68 Getty Images:** Heritage Images / Contributor (tr). **69 Getty Images:** DEA / A. DAGLI ORTI / Contributor (tc). **69 Alamy Stock Photo:** Lebrecht Music & Arts (cr). dpa picture alliance (bl). **70 akg-images:** De Agostini Picture Lib. / A. Dagli Orti (bl). **70 Alamy Stock Photo:** Heritage Image Partnership Ltd (br). **71 Getty Images:** Leemage / Contributor (c). **72 akg-images:** Erich Lessing (t). **72 TopFoto:** Granger, NYC (cb). **73 Getty Images:** Imagno / Contributor (clb). **74 Getty Images:** DEA PICTURE LIBRARY / Contributor (cr). DEA / A. DAGLI ORTI / Contributor (tr). **75 akg-images:** (tc). **75 Getty Images:** ANDREAS SOLARO / Staff (bl). Imagno / Contributor (br). **76 Getty Images:** Leemage / Contributor (c). **77 Getty Images:** Stringer (tr). **77 Alamy Stock Photo:** filmfoto (br). **78 Getty Images:** Imagno / Contributor (t). **79 Bridgeman Images:** Photo © Luisa Ricciarini (cra). **79 Getty Images:** Leemage / Contributor (bc). Heritage Images / Contributor (br). **80 akg-images:** Marion Kalter (cl). **80 Getty Images:** Heritage Images / Contributor (cr). DEA / A. DAGLI ORTI / Contributor (bl).

81 Getty Images: Photo 12 / Contributor (t). **82 Getty Images:** Heritage Images / Contributor (bc). **83 Getty Images:** Hulton Archive / Stringer (tc). **86 Getty Images:** Heritage Images / Contributor (c). **87 Getty Images:** DEA / A. DAGLI ORTI / Contributor (tr). Photo Josse/Leemage / Contributor (br). **88 akg-images:** Erich Lessing (tr). **88 Alamy Stock Photo:** Lebrecht Music & Arts (br). **89 Alamy Stock Photo:** Ian Dagnall (c). **90-91 Getty Images:** Hiroyuki Ito / Contributor (tl). **90 Getty Images:** DEA / S. VANNINI / Contributor (bl). **91 akg-images:** Beethoven-Haus Bonn (tr). **91 Alamy Stock Photo:** Granger Historical Picture Archive (br). **92 Alamy Stock Photo:** GL Archive (tr). **92 Getty Images:** Imagno / Contributor (clb). **93 akg-images:** Beethoven-Haus Bonn (tr). **93 Getty Images:** DEA / A. DAGLI ORTI / Contributor (b). **94 Alamy Stock Photo:** Heritage Image Partnership Ltd (tr). **94 Getty Images:** DE AGOSTINI PICTURE LIBRARY / Contributor (tl). **95 Alamy Stock Photo:** Ian Dagnall (bc). **95 Getty Images:** Hulton Archive / Stringer (br). **96 Getty Images:** DEA / A. DAGLI ORTI / Contributor (c). **97 Alamy Stock Photo:** Lebrecht Music & Arts (cla). Heritage Image Partnership Ltd (br). **98 Alamy Stock Photo:** The Picture Art Collection (bl). **98 Getty Images:** DEA / A. DE GREGORIO / Contributor (br). **99 akg-images:** (br). **100 Getty Images:** DEA / A. DAGLI ORTI / Contributor (c). **101 Getty Images:** Central Press / Stringer (cr). **101 Alamy Stock Photo:** Artokoloro Quint Lox Limited (br). **102 Getty Images:** Imagno / Contributor (cl). **102 Alamy Stock Photo:** Granger Historical Picture Archive (bc). **103 Getty Images:** Imagno / Contributor (t). **104 Getty Images:** DEA / A. DAGLI ORTI / Contributor (tr). **105 Getty Images:** DEA / A. DAGLI ORTI / Contributor (tl). **105 akg-images:** (cr). **105 Getty Images:** Hulton Archive / Stringer (br). **106 Getty Images:** Stefano Bianchetti / Contributor (c). **107 Getty Images:** DEA / A. DAGLI ORTI / Contributor (tr). UniversalImagesGroup / Contributor (bl). **108 Getty Images:** DEA / G. DAGLI ORTI / Contributor (tr). **108 Alamy Stock Photo:** Photo 12 (br). **109 Getty Images:** Heritage Images / Contributor (c). **110 Getty Images:** Heritage Images / Contributor (bl). Apic / Contributor (br). **111 Getty Images:** Robbie Jack / Contributor (t). DE AGOSTINI PICTURE LIBRARY / Contributor (br). **112 Getty Images:** Heritage Images / Contributor (c). **113 akg-images:** (cla). **113 Getty Images:** Hiroyuki Ito / Contributor (bl). **113 Alamy Stock Photo:** The Picture Art Collection (crb). **114 akg-images:** (tr). **114 Alamy Stock Photo:** Artokoloro Quint Lox Limited (br). **115 Bridgeman Images:** DHM (c). **116 Alamy Stock Photo:** allan wright (b). **117 Getty Images:** Heritage Images / Contributor (tl). **117 Bridgeman Images:** Lebrecht Music Arts (cr). **117 Alamy Stock Photo:** Lebrecht Music & Arts (cb). **118 Getty Images:** Photo 12 / Contributor (c). **119 akg-images:** (c). Erich Lessing (br). **120 Getty Images:** Universal History Archive / Contributor (tr). DEA / A. DAGLI ORTI / Contributor (bc). **121 Getty Images:** Fine Art Photographic / Contributor (t). Heritage Images / Contributor (br). **122 Getty Images:** DEA / A. DAGLI ORTI / Contributor (c). DEA / A. DAGLI ORTI / Contributor (bl). **122 Getty Images:** Heritage Images / Contributor (cr). **123 akg-images:** (c). **124 Getty Images:** DEA / A. DAGLI ORTI / Contributor (tl). **125 Getty Images:** DEA / A. DAGLI ORTI / Contributor (tr). Bettmann / Contributor (b). **126 Getty Images:** Imagno / Contributor (tr). **127 Getty Images:** Imagno / Contributor (tl). Raphael GAILLARDE / Contributor (tr). **127 Bridgeman Images:** Archives Charmet (br). **128 Getty Images:** DEA / A. DAGLI ORTI / Contributor (t). DEA / A. DAGLI ORTI / Contributor (bl). **129 Getty Images:** API / Contributor (tl). DEA / A. DAGLI ORTI / Contributor (br). **130 Getty Images:** Imagno / Contributor (bl). **131 Getty Images:** Universal History Archive / Contributor (tr). **134 Getty Images:** Apic / Contributor (tr). Heritage Images / Contributor (bl). **135 Getty Images:** Heritage Images / Contributor (c). **136 Getty Images:** DEA / A. DAGLI ORTI / Contributor (cl). **136 Alamy Stock Photo:** Lebrecht Music & Arts (br). **137 akg-images:** (t). **137 Getty Images:** Imagno / Contributor (br). **138 Getty Images:** DEA / A. DAGLI ORTI / Contributor (tr). DEA / A. DAGLI ORTI / Contributor (br). **139 Getty Images:** Heritage Images / Contributor (c). **140 Alamy Stock Photo:** Heritage Image Partnership Ltd (tr). **140 Getty Images:** DEA PICTURE LIBRARY / Contributor (cl). **140 Alamy Stock Photo:** MB_Photo (br). **141 Getty Images:** Jean-Marc ZAORSKI / Contributor (t). **142 Getty Images:** Heritage Images / Contributor (tr). **143 Getty Images:** DEA / A. DAGLI ORTI / Contributor (c). **143 Alamy Stock Photo:** Lebrecht Music & Arts (bl). INTERFOTO (br). **144 Alamy Stock Photo:** Art Collection 3 (tr). **144 Bridgeman Images:** Archives Charmet (tl). **145 Getty Images:** Bettmann / Contributor (bc). **145 Alamy Stock Photo:** Gabriele Dessì (cr). **146 Getty Images:** DEA / A. DAGLI ORTI / Contributor (ca). Imagno / Contributor (cr). **146 Alamy Stock Photo:** Marek Zuk (bl). **147 Getty Images:** DEA / A. DAGLI ORTI / Contributor (c). **148 Getty Images:** Heritage Images / Contributor (tr). **149 Getty Images:** DEA / A. DAGLI ORTI / Contributor (cr). **149 Alamy Stock Photo:** imageBROKER (bl). **150 akg-images:** Erich Lessing (tr). **150 Getty Images:** DEA / A. DAGLI ORTI / Contributor (bl). **151 Getty Images:** Imagno / Contributor (tr). **152 Getty Images:** DEA / A. DAGLI ORTI / Contributor (c). **153 akg-images:** Fototeca Gilardi (tr). **153 Getty Images:** Heritage Images / Contributor (br). **154 Alamy Stock Photo:** Pictorial Press Ltd (tr). **155 Getty Images:** Heritage Images / Contributor (tr). **155 Alamy Stock Photo:** Heritage Image Partnership Ltd (bl). Lebrecht Music & Arts (cr). **156 akg-images:** (ca). **156 Getty Images:** ullstein bild Dtl. / Contributor (bl). Heritage Images / Contributor (crb). **157 Getty Images:** DE AGOSTINI PICTURE LIBRARY / Contributor (c). **158 Getty Images:** UniversalImagesGroup / Contributor (tl). W. and D. Downey / Stringer (tr). **158 Getty Images:** DE AGOSTINI PICTURE LIBRARY / Contributor (bl). **159 Getty Images:** Imagno / Contributor (t). **160 Alamy Stock Photo:** Heritage Image Partnership Ltd (tr). **161 Getty Images:** DE AGOSTINI PICTURE LIBRARY / Contributor (tl). DEA / A. DAGLI ORTI / Contributor (cr). ND / Contributor (br). **162 Getty Images:** DEA / A. DAGLI ORTI / Contributor (cla). **162 Alamy Stock Photo:** The Picture Art Collection (tr). **162 Getty Images:** Christophel Fine Art / Contributor (br). **163 Getty Images:** DE AGOSTINI PICTURE LIBRARY / Contributor (c). **164 Bridgeman Images:** Lebrecht Music Arts (tr). **164 akg-images:** Sputnik (bl). **165 Getty Images:** Fine Art / Contributor (c). **166 Getty Images:** Heritage Images / Contributor (c). **167 Alamy Stock Photo:** Lebrecht Music & Arts (cl). **167 Getty Images:** Heritage Images / Contributor (br). **168 Getty Images:** Imagno / Contributor (cl). **168 Bridgeman Images:** (c). **169 Getty Images:** Bojan Brecelj / Contributor (t). **169 Alamy Stock Photo:** Lebrecht Music & Arts (br). **170 Alamy Stock Photo:** Lebrecht Music & Arts (ca). **170 akg-images:** De Agostini Picture Lib. / A. Dagli Orti (crb). **170 Alamy Stock Photo:** Lebrecht Music & Arts (bl). **171 Getty Images:** DEA / A. DAGLI ORTI / Contributor (c). **172 Alamy Stock Photo:** Chris Fredriksson (tl). **172 Getty Images:** DEA / A. DAGLI ORTI / Contributor (br). **173 Alamy Stock Photo:** CBW (cr). **173 Getty Images:** ullstein bild Dtl. / Contributor (bl). **174 Getty Images:** Heritage Images / Contributor (c). **175 Getty Images:** DEA / A. DAGLI ORTI / Contributor (cla). **175 Alamy Stock Photo:** age fotostock (crb). **176 Getty Images:** Time Life Pictures / Contributor (tr). Culture Club / Contributor (cl). **177 Alamy Stock Photo:** The History Collection (tr). **177 Bridgeman Images:** Graham Salter (b). **178 Getty Images:** Universal History Archive / Contributor (c). **179 Bridgeman Images:** Lebrecht Music Arts (bl). **179 Alamy Stock Photo:** Heritage Image Partnership Ltd (br). **180 Getty Images:** Heritage Images / Contributor (tr). **181 akg-images:** (tl). **181 Getty Images:** DEA / G. DAGLI ORTI / Contributor (br). **181 Alamy Stock Photo:** Lebrecht Music & Arts (bc). **182 Getty Images:** Bettmann / Contributor (c). **183 Bridgeman Images:** A. Dagli Orti / De Agostini Picture Library (cr). **183 Getty Images:** DEA / A. DAGLI ORTI / Contributor (br). **184 Getty Images:** MPI / Stringer (bl). DEA / ARCHIVIO J. LANGE / Contributor (br). **185 Getty Images:** DEA / A. DAGLI ORTI / Contributor (t). DEA / A. DAGLI ORTI / Contributor (br). **186 Alamy Stock Photo:** INTERFOTO (tl). Painters (cr). INTERFOTO (bl). **187 Getty Images:** Imagno / Contributor (c). **188 Getty Images:** DEA / A. DAGLI ORTI / Contributor (c). Imagno / Contributor (bl). Imagno / Contributor (br). **189 Getty Images:** Heritage Images / Contributor (tr). **190 Getty Images:** DEA / G. DAGLI ORTI / Contributor (tr). **191 Getty Images:** Christophel Fine Art / Contributor (tl). **191 Alamy Stock Photo:** Granger Historical Picture Archive (tr). **191 Getty Images:** DEA / G. DAGLI ORTI / Contributor (br). **192 Getty Images:** Barney Burstein / Contributor (t). **193 Alamy Stock Photo:** Granger Historical Picture Archive (bl). **193 Getty Images:** UniversalImagesGroup / Contributor (br). **194 Getty Images:** Hulton Deutsch / Contributor (tr). **195 Getty Images:** DEA / A. DAGLI ORTI / Contributor (br). **198 Bridgeman Images:** AFC (tr). **199 Bridgeman Images:** AFC (tl). **199 Getty Images:** DEA / A. DAGLI ORTI / Contributor (tr). DEA / A. DAGLI ORTI / Contributor (bl). **200 Bridgeman Images:** (tr). **201 Alamy Stock Photo:** Heritage Image Partnership Ltd (tr). **201 Bridgeman Images:** Tully Potter (cr). **201 Alamy Stock Photo:** David Jones (bl). **202-203 Getty Images:** Laurie Noble (tl). **202 Getty Images:** DE AGOSTINI PICTURE LIBRARY / Contributor (br). **203 Alamy Stock Photo:** Lebrecht Music & Arts (cr). travelib history (br). **204 Getty Images:** Sasha / Stringer (c). **205 Getty Images:** Heritage Images / Contributor (c). **205 Alamy Stock Photo:** David Cole (br). **206 Bridgeman Images:** Lebrecht Music Arts (tr). **206 Getty Images:** Michael Ward / Contributor (br). **207 Bridgeman Images:** Stefano Baldini (c). **208 Getty Images:** Bettmann / Contributor (c). **209 Alamy Stock Photo:** Lebrecht Music & Arts (cl). **209 Getty Images:** Galerie Bilderwelt / Contributor (br). **210 Getty Images:** DEA / A. DAGLI ORTI / Contributor (tl). Heritage Images / Contributor (tr). **211 Getty Images:** Imagno / Contributor (b). **212 Alamy Stock Photo:** Granger Historical Picture Archive (tr). **213 Bridgeman Images:** Lebrecht Music Arts (tl). **213 Alamy Stock Photo:** Lebrecht Music & Arts (tr). Frank Bach (br). **214 Alamy Stock Photo:** 915 collection (cr). **214 akg-images:** (bl). **215 Getty Images:** DE AGOSTINI PICTURE LIBRARY / Contributor (c). **216 Bridgeman Images:** A. Dagli Orti / De Agostini Picture Library (tr). **216 Getty Images:** Heritage Images / Contributor (b). **217 Getty Images:** DEA / A. DAGLI ORTI / Contributor (tl). **217 Alamy Stock Photo:** World History Archive (br). **218 Getty Images:** API / Contributor (tr). LL / Contributor (bl). **219 akg-images:** (c). **220 Getty Images:** Heritage Images / Contributor (tl). Print Collector / Contributor (b). **221 Alamy Stock Photo:** Lebrecht Music & Arts (tl). INTERFOTO (cr). **222 Getty Images:** ullstein bild Dtl. / Contributor (tr). **223 Bridgeman Images:** British Library Board. All Rights Reserved (tr). **223 Alamy Stock Photo:** The National Trust Photolibrary (bl). **224 Bridgeman Images:** Lebrecht Music Arts (tc). **224 akg-images:** Fototeca Gilardi (bl). **225 Bridgeman Images:** Lebrecht Music Arts (b). **226 Bridgeman Images:** (c). **227 Alamy Stock Photo:** Lebrecht Music & Arts (cla). **227 Bridgeman Images:** Richard Bebb Collection (br). **228 Alamy Stock Photo:** Granger Historical Picture Archive (tr). **228 Bridgeman Images:** Lebrecht Music Arts (cl). **229 Alamy Stock Photo:** Lebrecht Music & Arts (tr). **229 Getty Images:** Heritage Images / Contributor (bc). **230 Alamy Stock Photo:** Painters (tr). **231 akg-images:** (tc). **231 Alamy Stock Photo:** BRIAN HARRIS (b). **232 Getty Images:** Imagno / Contributor (c). **233 Getty Images:** DEA / A. DAGLI ORTI / Contributor (tr). Fine Art / Contributor (br). **234 Getty Images:** Heritage Images / Contributor (bl). **235 Bridgeman Images:** (tl). **235 Getty Images:** PhotoQuest / Contributor (br). **236 Bridgeman Images:** Lebrecht Music Arts (tr). **237 akg-images:** (tl). **237 Alamy Stock Photo:** Lebrecht Music & Arts (tr). **237 Getty Images:** DEA / A. DAGLI ORTI / Contributor (bc). **238 akg-images:** TT News Agency / SVT (c). **239 Alamy Stock Photo:** Lebrecht Music & Arts (cla). **239 Getty Images:** swim ink 2 llc / Contributor (br). **240 Alamy Stock Photo:** Painters (t). Lebrecht Music & Arts (br). **241 Getty Images:** DEA / G. DAGLI ORTI / Contributor (tl). **241 akg-images:** Imagno (cr). **242 Bridgeman Images:** Lebrecht Music Arts (tr). **242 akg-images:** Album / Oronoz (br). **243 Getty Images:** Heritage Images / Contributor (c). **244 Alamy Stock Photo:** Everett Collection Inc (tr). **245 Getty Images:** UniversalImagesGroup / Contributor (tl). Museum of Science and Industry, Chicago / Contributor (tr). DEA / A. DAGLI ORTI / Contributor (br). **246 Getty Images:** DEA / A. DAGLI ORTI / Contributor (b). **247 Alamy Stock Photo:** Lebrecht Music & Arts (tl). **247 Getty Images:** Sasha / Stringer (cr). DEA / A. DAGLI ORTI / Contributor (cb). **248 Getty Images:** George Hoyningen-Huene / Contributor (c). **249 Getty Images:** Photo Josse / Leemage / Contributor (bl). **249 Alamy Stock Photo:** Lebrecht Music & Arts (br). **250 Getty Images:** Keystone-France / Contributor (tr). DE AGOSTINI PICTURE LIBRARY / Contributor (clb). **251 akg-images:** (br). **252 Alamy Stock Photo:** Hale Erguvenc (tr). **252 Getty Images:** GAB Archive / Contributor (br). **253 Getty Images:** Time Life Pictures / Contributor (c). **254 Getty Images:** Heritage Images / Contributor (c). **255 Getty Images:** Bettmann / Contributor (tr). ullstein bild / Contributor (br). **256 Getty Images:** Heritage Images / Contributor (tl). Photo Josse / Leemage / Contributor (b). **257 Getty Images:** Hiroyuki Ito / Contributor (tc). Heritage Images / Contributor (br). **258 Alamy Stock Photo:** Granger Historical Picture Archive (tr). **259 Getty Images:** Erich Auerbach / Stringer (tr). **259 akg-images:** Eric Vandeville (bl). **260 Alamy Stock Photo:** Heritage Image Partnership Ltd (bl). **261 Getty Images:** Hulton Archive / Stringer (c). **262 Getty Images:** Choumoff / Contributor (tr). **263 Alamy Stock Photo:** The Picture Art Collection (tr). Brian Lawrence (bl). **264 Alamy Stock Photo:** Lebrecht Music & Arts (c). **265 Getty Images:** Heritage Images / Contributor (cla). UniversalImagesGroup / Contributor (br). **266 Getty Images:** Robbie Jack / Contributor (cla). **266 Alamy Stock Photo:** Lebrecht Music & Arts (tr). **267 Bridgeman Images:** Lebrecht Music Arts (tr). **267 Getty Images:** Heritage Images / Contributor (bc). **268 Alamy Stock Photo:** Granger Historical Picture Archive (bc). **269 Getty Images:** Lipnitzki / Contributor (tc). **270 Alamy Stock Photo:** The Picture Art Collection (tc). **271 Getty Images:** ullstein bild / Contributor (br). **274 Getty Images:** Keystone / Staff (tr). **275 akg-images:** Album / Oronoz (tc). **275 Bridgeman Images:** Rodrigo Foundation (bl). AISA (br). **276 Alamy Stock Photo:** Pictorial Press Ltd (c). **277 Alamy Stock Photo:** Lebrecht Music & Arts (tl). The History Collection (cr). Brenda Kean (br). **278 Getty Images:** Radio Times / Contributor (tr). **279 Alamy Stock Photo:** Stephen Taylor (ca). **279 Getty Images:** Print Collector / Contributor (cr). Robbie Jack / Contributor (bl). **280 Alamy Stock Photo:** Art Collection 4 (c). Lebrecht Music & Arts (bl). **280 Bridgeman Images:** Peter Forrest (br). **281 Getty Images:** Manuel Litran / Contributor (c). **282 Getty Images:** DEA / G. DAGLI ORTI / Contributor (tl). **283 Getty Images:** INA / Contributor (bl). Hiroyuki Ito / Contributor (cr). **284 Getty Images:** ullstein bild / Contributor (c). **285 Bridgeman Images:** (c). **285 Getty Images:** Kurt Hutton / Stringer (br). **286 Getty Images:** Erich Auerbach / Stringer (bl). **287 Getty Images:** Bethany Clarke / Stringer (t). **288 Alamy Stock Photo:** (tr). **289 Alamy Stock Photo:** Peter Probst (tc). **289 Getty Images:** Imagno / Contributor (br). **290 Alamy Stock Photo:** SilverScreen (bl). **290 Getty Images:** Alfred Eisenstaedt / Contributor (br). **291 Getty Images:** Fox Photos / Stringer (c). **292 akg-images:** Imagno / Otto Breicha (tr). **293 Getty Images:** Robbie Jack / Contributor (tl). Hiroyuki Ito / Contributor (tr). **293 Alamy Stock Photo:** David Tipling Photo Library (br). **294 Getty Images:** Hulton Deutsch / Contributor (c). **295 akg-images:** Fototeca Gilardi (c). **295 Getty Images:** Hiroyuki Ito / Contributor (br). **296 TopFoto:** Clive Barda / ArenaPAL (c). **297 Alamy Stock Photo:** Jui-Chi Chan (bl). **297 TOKYO SHOSEKI:** YAMADE Takashi / courtesy of YOZAN MEI SHAKUHACHI HIKICHI Yozan (r). **298 Bridgeman Images:** Marion Kalter (tr). **299 Getty Images:** Hiroyuki Ito / Contributor (tl). Amy T. Zielinski / Contributor (br). **300 Alamy Stock Photo:** dpa picture alliance (c). Peeter Kalmet (crb). **301 Getty Images:** The Washington Post / Contributor (c). **302 Alamy Stock Photo:** Allstar Picture Library (c). **303 Getty Images:** Robbie Jack / Contributor (bl). Hiroyuki Ito / Contributor (br). **304 TopFoto:** University of Bristol / ArenaPAL (c). **304 Getty Images:** Robbie Jack / Contributor (br). **304 TopFoto:** Hanya Chlala / ArenaPAL (c). **306 Getty Images:** Peter Noble / Contributor (br). **307 Getty Images:** David Levenson / Contributor (bc). **308 Getty Images:** ullstein bild / Contributor (tr). **309 Bridgeman Images:** Chris Christodoulou (bl).

Endpaper images: *Front*: **Alamy Stock Photo:** Paul Whitmarsh; *Back*: **Alamy Stock Photo:** Paul Whitmarsh